회심, 언약, 교회, 삶 위에 세우는
개혁신앙 기본진리

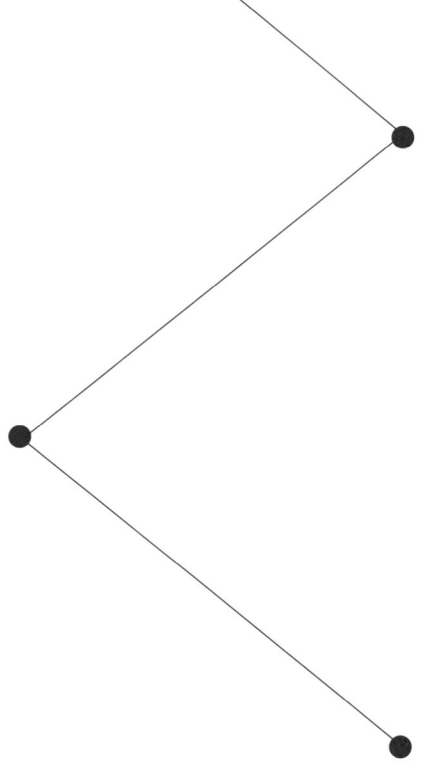

데이비드 하고피언, 더글라스 윌슨,
더글라스 존스, 로저 와그너 지음

생명의말씀사

BACK TO BASICS
by David G. Hagopian

Copyright ⓒ 1996 by David G. Hagopian
Originally published in English under the title,
BACK to BASICS: Rediscovering the Richness of the Reformed Faith
Translated and published by permission of
P&R Publishing, P.O. Box 817, Phillipsburg, NJ 08865, USA
All rights reserved.

Korean Edition published by Word of Life Press, Seoul 2016
Translated and published by permission.
Printed in Korea.

회심, 언약, 교회, 삶 위에 세우는
개혁신앙 기본진리

ⓒ 생명의말씀사 2016

2016년 5월 4일 1판 1쇄 발행

펴낸이 | 김재권
펴낸곳 | 생명의말씀사

등록 | 1962. 1. 10. No.300-1962-1
주소 | 서울시 종로구 경희궁1길 5-9(03176)
전화 | 02)738-6555(본사) · 02)3159-7979(영업)
팩스 | 02)739-3824(본사) · 080-022-8585(영업)

기획편집 | 박미현, 유영란
디자인 | 김혜진, 윤보람
인쇄 | 예원프린팅
제본 | 정문바인텍

ISBN 978-89-04-03157-3 (03230)

저작권자의 허락없이 이 책의 일부 또는 전체를
무단 복제, 전재, 발췌하면 저작권법에 의해 처벌을 받습니다.

나의 소중하고 사랑스런
아리안느 앨리스 하고피언을 기억하며

하나님의 주권과 은혜로우신 손길에서 왔다가
하나님의 주권과 은혜로우신 손길로 되돌아갔음을.

추천의 글

믿음의 근본으로 돌아가라

두 명의 유명한 신학자 웨스트민스터신학교의 코넬리우스 반틸(Cornelius Van Til)과 네덜란드 암스테르담 자유대학의 H. M. 카이터르트(H. M. Kuitert)가 논쟁하는 장면을 목격한 적이 있다. 그때 나는 카이터르트 박사에게 구술시험을 받으려고 기다리던 중이었는데 그 덕에 이 사적인 논쟁을 살짝 엿들을 수 있었다. 카이터르트는 '변증법적' 방식으로 자신의 생각을 거듭 주장했는데 그 생각은 배타적인 영역에 속해 상호대립되는 개념이었다.

반틸은 카이터르트를 가차 없는 논리로 추궁했고 카이터르트는 계속해서 변증법적 방식으로 피했다. 마침내 반틸 박사는 매우 격노하면서 소리쳤다. "카이터르트 교수, 당신의 신학을 변증적 논리 없이 설명해 보시오. 내가 이해할 수 있도록 말이오!"

성경신학에서 명백하게 모순은 있을 수 없다. 역설은 언뜻 모순처럼 보이지만 사실은 의미가 통한다는 점에서 다르다.

예를 들어 개혁주의 신학은 '하나님에 대한 교리'(the doctrine of God)에 있어 여타 광범위한 기독교 신학과 큰 차이가 없다. 그러나 하나님에 대한 교리가 개혁주의 신학의 가장 독특한 특징이다.

BACK
TO
BASICS

　어떻게 두 진술이 참이 될 수 있을까? 답은 이렇다. 개혁주의 신학은 하나님에 대한 교리만을 **독립적으로** 다루지 않는다. 개혁주의 신학에서 하나님에 대한 교리는 다른 모든 교리들에까지 철저히 적용된다. 일례로 개혁주의 신학은 하나님의 주권을 말하는 데서 그치지 않는다. 구원에 대한 하나님의 계획에까지 하나님의 주권이 확대되어야 한다고 강력히 주장한다. 하나님의 섭리는 참으로 신학의 모든 영역을 포함한다. 한마디로 하나님의 본성과 성품에 대한 교리는 모든 신학의 **기본**이다.

　이 책은 강력하게 추천할만한 작품이다. 저자들은 가장 중요한 '기본' 혹은 모든 참된 신학의 기초는 하나님 그분에 대한 본성과 성품임을 일관되게 제시하고 있다. 읽기 쉽고 유익하며 개혁주의 사상의 정수(精髓)를 드러내는 놀라운 해설서이다. 찰스 스펄전(Charles Spurgeon)은 칼빈주의를 오직 성경적 기독교에 대한 별칭이라고 평가했다. 같은 맥락에서 이 책은 개혁주의 신학이 기독교의 기본에 대한 가장 순수한 표방임을 보여준다. 이것은 하나님 우리 아버지로 말미암아 그리스도 안에 있는 믿음의 근본으로 되돌아가라는 강력한 외침이다.

_ R. C. 스프로울 (R. C. Sproul)

편집자의 글

참된 주권자이시며 은혜로우신 하나님

　상상할 수 없는 충격으로 마음이 무너졌다. 온몸이 굳어 아무런 감각을 느낄 수 없었다. 초음파 화면은 소중한 어린 딸의 모습을 비추고 있었다. 거기에는 아무런 움직임이 없었다.
　그토록 두려워했던 최악의 상태가 현실이 되려는 걸까? 나는 아내의 발치에 앉았다. 의사는 딸의 심장박동을 살려보려 고군분투했지만 여전히 고요했다. 의사는 다시 침착하게 그리고 신중히 아내의 복부를 압박했다. 아무 소리가 없었다. 그는 윤활제를 더 바르고는 조금 더 세게 압박을 가했다. 더욱 고요하기만 했다.
　의사는 당혹스런 표정으로 나를 향해 고개를 돌렸다. 그의 얼굴에서 그가 하려는 말을 읽을 수 있었다. 그러나 물어볼 용기가 나지 않았다. 아니, 나는 모든 것이 잘될 거라고 스스로에게 확신을 불어넣고 있었다. '딸은 문제가 있을 뿐이고 신속히 조치하면 된다.' 나 자신에게 말했다.
　담당 의사와 간호사가 왜 더 빠르게 움직이지 않는지 이해할 수 없었다. 왜 저렇게 느린 거지? 지금 응급 상황인 걸 모르나? 나만 긴급하다고 느끼나?
　초음파 화면은 죽음의 적막함만을 비췄다.
　"어떻게 이런 일이 일어날 수 있는가!"

BACK
TO
BASICS

아내의 진통이 시작된 건 꼭 1주 전이었다. 나의 건강한 딸이 막 태어나려 했다. 그러나 예정일보다는 살짝 일렀다. 의사는 4주 일찍 태어나면 심각하지 않은 합병증에 걸리거나 아이의 폐가 완전히 자라지 못할 가능성이 조금 있다며 출산을 미루자고 했다. 우리는 두 시간 후 병원에서 나왔다. 모든 것이 잘 관리되고 있다고, 적어도 그렇게 생각했다.

일주일 후, 진통이 너무 잦아 다시 병원에 갔다. 그리고 몇 시간 전에 배 속의 아이가 죽었다는 말을 들었다. 희귀 박테리아에 감염됐다고 했다. 후에 알게 되었지만 희귀 박테리아가 안전했던 모체 환경에 급작스럽게 침투했다고 한다. 이런 감염은 매우 희귀한 경우라고 했다. 당시 그 박테리아에 감염되어 죽은 아이는 나의 딸이 거의 유일했다.

그렇지만 왜? 왜 우리는 발병률이 낮은 사소한 합병증에 걸려 흔하지는 않지만 치명적인 박테리아에 감염될 희박한 가능성을 지나쳤나? 왜 우리는 통계상 잘 일어나지 않는 일을 전혀 일어나지 않는 일처럼 생각했나? 왜 나의 딸은 빛도 보지 못한 채 죽어야만 했는가?

우리는 이런 의문들에 사로잡혀 그때까지 없던 열심으로 무릎을 꿇고 기도할 수밖에 없었다. 그리고 성경에 기록된 주권자시며 은혜로우신 하나님은 어떤 일도 무의미한 비극으로 마치지 않으시고 참으로 다른 의미들을 부여하신다는 사실을 배웠다.

이 책은 우리 가족이 시련을 겪기 수개월 전에 완성되었다. 그러나 책에 담긴 진리는 그 깊고 풍부한 의미로써 순식간에 우리 삶을 새롭게 했다. 그렇다. 성경에 기록된 주권자시며 은혜로우신 하나님, 곧 자기 백성과 그 상속자들을 **회심** 가운데 부르시고, **교회**와의 친밀한 **언약** 관계로 이끄시며, **그리스도인의 삶** 가운데 영광을 받으시는 그 하나님 안에서 우리의 모든 위안을 찾는 것보다 더 의미 있는 일이 또 있을까?

네 가지 진리인 회심, 언약, 교회, 그리고 그리스도인의 삶은 나와 같이 슬퍼하는 가족들에게 큰 위로를 줄뿐 아니라 하나님의 백성 모두에게 깊고 끊임없는 위로를 준다. 이들 네 가지는 종교개혁자들과 그 계승자임을 자처하는 사람들에 의해 매우 열정적으로 지켜진 믿음의 핵심이기 때문이다. 또한 살아있는 믿음, 즉 인생의 가장 극심한 연단 가운데 참으로 개혁되었으나 여전히 쉼없이 개혁되는 믿음을 가졌다는 것이 무엇인지 우리에게 가르친다.

책을 통해 이 진리야말로 강력하면서 실제적인 길임을 밝히려 한다. 물론 나를 사로잡은 의문들에 대한 답을 아직 다는 알지 못한다. 하지만 한 가지는 분명히 안다. 우리 가족이 겪은 상실은 고통스러웠다. 비록 딸아이는 우리 곁을 떠났지만 지금 하늘 위 더 광명한 곳에서 영광스러운 모습으로 그리스도 품에 있다.

BACK
TO
BASICS

하늘에 계신 우리 아버지께서 우리 가족이 경험한 고통을 여러분에게는 겪지 않게 해주시기를 바란다. 그러나 그럼에도 아버지께서 우리 안에 역사하셔서 전례 없는 성숙을 이루신 것처럼 이 책의 진리들을 여러분의 인생에서 사용하심으로써 그분께 기쁨이 되기를 원한다!

_ 데이비드 하고피언 (D. G. Hagopian)

목차

추천의 글 / R. C. 스프로울　4
편집자의 글 / 참된 주권자이시며 은혜로우신 하나님　6
들어가는 글 / 개혁은 계속되어야 한다　12

01 회심의 기본으로 돌아가자 : 더글라스 윌슨

1. 하나님의 주권　19
2. 인간의 자유와 책임　25
3. 자유의지 해석　35
4. 하나님의 선택　49
5. 그리스도의 죽으심　65
6. 성령의 유효한 부르심　79
7. 오직 은혜　91

02 언약의 말씀으로 돌아가자 : 더글라스 존스

8. 하나님의 언약사역　99
9. 언약사역의 전개　109
10. 새 언약, 그 성취　137
11. 앞으로의 전개　167

BACK
TO
BASICS

03 **교회의 본질을 회복하자** : 로저 와그너

12. 교회로 부르심   195
13. 예배의 회복   209
14. 성례의 재발견   233
15. 장로의 지위와 역할   257

04 **그리스도인의 삶을 회복하자** : 데이비드 하고피언

16. 그리스도를 바라보는 삶   287
17. 그리스도를 닮아가는 삶   305
18. 참 자유를 누리는 삶   327
19. 왕 같은 제사장의 삶   343
20. 하나님께 영광 돌리는 삶   367

나가는 글 / 지금, 새 노래로 찬양   387
더 깊은 연구를 위한 도서들   394

들어가는 글

개혁은 계속되어야 한다

언젠가 C. S. 루이스(C. S. Lewis)는 우스갯말로 위스키를 스트레이트로 마시는 것 같은 기독교 신앙을 갖고 싶다고 했다. 비록 어떤 사람들은 루이스의 비유에 깜짝 놀랄지도 모르지만, 그 요점은 결코 놓치지 말아야 한다. 성경적 참된 기독교는 강하고 진하다. 그래서인지 교회는 매혹적인 혼합물들로 물 타기를 하자는 유혹에 자주 넘어가고는 했다. 여기서 실용주의 조금, 저기서 신비주의 조금, 보라! 끝내주지 않는가!

그러나 물 타기는 참된 성경적 믿음이 전혀 아니다. 루이스가 적절히 지적했듯이 그것은 희석되고 약해진 믿음이다. 더 심각한 것은 교회에 다니는 많은 사람이 문제를 전혀 의식하지 못한다는 사실이다. 그들은 강하고 진한 성경적 참된 믿음을 마시는 체하면서 실제로는 세상의 신조들이나 물로 믿음을 희석해 무미건조한 용액으로 만든다. 뭐든 마시기라도 하는 게 어디냐고 말하는 사람도 있다. 하지만 그것은 강하고 진한 성경적 진리와는 거리가 멀다.

많은 그리스도인이 성경적인 믿음이 강력하다는 사실뿐 아니라 믿음이 무엇인지조차 잊어버린 것은 놀랄 일이 아니다. 그들은 믿음이 다음과 같다는 사실을 잊어버렸다.

- 믿음은, 그의 백성의 회심을 포함해 그의 뜻을 따라 모든 것을 계획하시는 주권자시며 은혜로우신 하나님께서 시작하고 마치신다는 사실.
- 믿음은, 주권자이시고 은혜로우신 하나님께서 과거부터 미래까지 그의 백성 및 그 후손과 교통하시고 연합하기로 하신 신실한 언약에 기반을 둔다는 사실.
- 믿음은, 하나님의 교회로서 함께 부르심을 받은 하나님의 언약백성이 모여 함께 하나님과 교통하며 연합하는 가운데 성장한다는 사실.
- 믿음은, 그분과 연합한 가운데, 지금까지 행하셨고 지금도 행하시며 앞으로 신자 안에서 완성하실 하나님의 영광된 행하심을 기억하면서, 신자답게 삶으로써 하나님을 영화롭게 하도록 그의 백성들을 부른다는 사실.

이것은 성경에서 분명히 가르치는 영광된 믿음의 특징 중 일부에 불과하다. 중세 후기 사람들은 강하고 진한 성경적 참된 믿음의 희석을 거부하며 위와 같은 믿음을 아주 강력히 옹호했다. 종교개혁자 대부분과 스위스 종교개혁자 일부는 개혁주의 신앙으로 알려진 이 믿음을 표방했다. 믿고 행하는 모든 부분에서 성경적 참된 믿음의 기본으로 돌아가기를 요구했던 그들의 목적은 삶의 개혁뿐만 아니라 교회를 개혁하는 것이었다.

희석되고 약해진 믿음에 대해 우리도 종교개혁자들과 같은 태도를 취해야 한다. 우리 주변에 있는 매혹적인 혼합물들을 거부하고 강하고 진한 기독교로 돌아가는 일이 필요하다. 개혁주의 신앙, 곧 성경적 참된 신앙이 무엇인지 배움으로써 기본으로 돌아가야 한다.

이것이 책의 목적이다. 다만 철저한 척하는 게 아닌, 사람들이 상상하는 것보다 훨씬 더 풍요롭고 깊고 위엄차고 아름다운 개혁주의 신앙의 기본적 진리를 조망하는 것이다. 결코 '5대 교리'라는 상자에 맞추려는 게 아니다. 앞으로 알겠지만 개혁주의 신앙은 주권자이시며 은혜로우신 하나님을 중심으로 전개되는 영광스러운 믿음이다. 우리를 회심토록 하시며, 그분께서 그분의 백성과 함께 맺은 언약 안으로 부르시고, 그리하여 우리로 그리스도인답게 살면서, 그분의 백성인 교회와 더불어 예배하고 그분께 영광을 돌리며 그분을 즐거워하도록 능력 주시는 하나님을 중심으로 말이다. 즉 이 책은 회심, 언약, 교회, 그리스도인의 삶에 대한 기본들, 그 기본들로 되돌아가라고 촉구한다.

개혁주의 신앙의 기본을 배움으로 우리는 오직 성경만을 모든 삶과 행위의 기초로 삼고 성경의 모든 내용을 변함없이 굳게 붙잡았던 종교개혁자들을 더욱 흠모하여 따르는 데 능숙해질 것이다. 물론 성경을 기본으로 삼는 것은 전혀 새로운 일이 아니다. 누가에 의하면 베뢰아 성도들은 사도 바울의 가르침마저도 사실 여부를 확인하기 위해 최종적 규범인 성경과 비교해 보았다.

여러분도 이 책의 가르침이 맞는지 성경을 살펴보며 확인해야 한다. 각 장 끝에는 간략한 연구 질문을 첨부했다. 개인적 심화 연구나 소그룹 학습에 활

BACK
TO
BASICS

용하면 유익할 것이다. 또한 이 책은 개혁주의 신앙의 기본 진리 중 일부만을 다루는 입문서이기에 더 깊은 연구를 위한 폭넓은 참고문헌을 준비했다.

여러분이 개혁주의 신앙에 회의적으로 접근하든 생소하게 다가가든 혹은 그냥 받아들이든, **성경을 따라 개혁되었으나 항상 성경을 따라 개혁해야 한다는 것**이 무엇인지 책을 통해 알기 바란다. 교회가 다시 한 번 그 신조를 자신의 것으로 삼게 되기를 소망한다. 오로지 이 소망은 우리 모두가 기본으로 돌아가라는 부르심에 심혈을 기울일 때 실현될 것이다.

_ 데이비드 하고피언

● 회심

● 언약

BACK
TO
BASICS

● 교회

● 삶

01

회심의 기본으로 돌아가자

더글라스 윌슨
(Douglas J. Wilson)

들어가며

기본으로 돌아가려면 반드시 어느 지점에서 시작하고 멈추어야 한다. 종교개혁자들과 그 계승자들에게는 그곳이 항상 주권자이시며 은혜로우신 하나님, 성경에서 자기를 계시하신 하나님이었다. 그런데 누구도 우리의 바른 시작점과 멈추는 지점을 밝히는 데는 분명한 초점을 두지 않는 것 같다. 오히려 우리의 회심으로 누가 명예를 얻는지에 더 많은 관심을 기울인다. 하나님 홀로이신가, 아니면 사람도 어떤 식으로든 스포트라이트를 받는가? 개혁주의 신앙은 온 세상의 주인이신 삼위일체 하나님과 함께 시작하고 멈춤으로써 진실로 살아 움직인다. 제1부에서 만날 삼위일체 하나님은 자신의 거룩한 뜻을 따라 모든 만물을 주권적으로 계획하셨다. 그리고 회심을 통해 우리를 그분으로 은혜롭게 이끄셨다. 성부 하나님께서는 영생하도록 우리를 지명하셨고, 성자 하나님께서는 우리를 자신의 피로 값 주고 사셨으며, 성령 하나님께서는 믿음과 회개를 통해 그분께 돌아서도록 우리 마음을 여셨다. 알파와 오메가이신 하나님은 단지 일반적인 의미에서뿐만 아니라 우리의 회심에 있어서도 시작과 끝이시다. 우리의 회심은 시작부터 끝까지 그분의 주권적인 다스리심과 은혜로우신 역사가 하나님의 백성인 우리 안에 우리를 위해 역사한 결과이다. 많은 사람이 하나님과 영광을 나누어 누리려고 자신의 방식을 가미하는 이때 우리는 회심의 기본으로 돌아가야 한다.

_ 데이비드 하고피언

제 1 장

|

하나님의 주권

태초에 하나님이 계셨다. 아담이 첫 번째 결정을 하기 전부터 하나님께서는 계셨다. 아브라함이 그 약속을 믿기 전부터 하나님께서는 계셨다. 예수님께서 겟세마네 동산에서 아버지의 뜻과 씨름하기 전부터 하나님께서는 계셨다. 죄인이 용서함 받았다는 선언을 듣기 전부터 하나님께서는 계셨다. 온 세계가 조성되기도 전에 죄인을 사하기 위해 죽임당할 어린양을 미리 정하신 그 한 분 하나님께서 계셨다.

모든 성경신학은 성경이 시작하고 마치는 곳에서 하나님과 함께 시작하고 마쳐야 한다. 그런데 오늘날 어떤 그리스도인은 성경이 하나님에 대해 말하는 진실을 약화시키거나 완전히 무시한다. 슬픈 일이다. 그런 방식이 계속된다면 그들은 결국 바른 신학을 완전히 파괴하고 말 것이다. 몇몇 교회는 하나님을 권좌에서 몰아내고 사람에게 왕관을 씌움으로써 현대교회를 괴롭히는 가장 큰 죄악 중 하나에 빠지고 말았다. 성경의 가르침을 짝퉁으로 만드는 '사람 중심의 신학'을 구축한 것이다.

신학이 성경대로 바르게 되려면 반드시 하나님 중심이어야 한다. 다시 말해 우리 생각에 좋을 것 같은 신이 아닌 성경에서 자신을 계시하신 바로 그 참되신 한 분 하나님께 중심을 두어야 한다. 만약 우리가 참되신 한 분 하나님께 초점 맞추기를 소홀히 한다면 우리는 결국 우리 상상 안에 존재하는 신, 곧 우리의 마음으로 고안해낸 신, 혹은 우리 손으로 빚은 신을 만들고 말 것이다.

성경은 그것이 바로 우상숭배라고 지적한다.

선한 의도를 지닌 많은 그리스도인처럼 나 역시 수년 동안 성경이 가르치는 하나님의 주권과 구원하시는 은혜에 생소한 사람이었다. 이제는 나의 무지가 나 자신의 편견에서 일차적으로 기인했으며 그 편견은 내가 그때까지 받은 가르침에 의해 확장되고 강화되었음을 안다. 그 편견들 때문에 나는 이 중요한 성경의 교리들을 정의하고 설명하는 데 특별한 주의를 기울이려 한다. 겸손히 조심하는 일은 매우 중요하다. 결국 거룩한 땅에 설 우리에게 신발을 벗으라는 요구는 결코 무리한 것이 아니다. 사도 바울이 크게 놀라며 "누가 주의 마음을 알았느냐 누가 그의 모사가 되었느냐"(롬 11:34)라고 물었을 때 뒷줄에 있던 누군가가 자신만만하게 손을 들고 앞으로 나오기를 기대했던 것은 아니다.

무지 혹은 거부

많은 그리스도인이 하나님의 주권에 대한 성경의 가르침을 힘들어하는 데는 두 가지 근본적인 이유가 있다.

첫째, 그들은 결코 하나님의 주권의 본질이 무엇인지 확실하게 이해한 적이 없다. 이것은 많은 설교가 성경에서 발견되는 모든 진리 체계를 있는 그대로 가르치지 않는다는 데 어느 정도 책임이 있다. 동시에 이 교리를 정말 이해한 사람은 좀처럼 가르치지 않고, 가르친다 해도 들릴 듯 말 듯 속삭인다. 이 교리의 반대자들은 종종 오해하며 큰 소리로 잘못 전한다. 결과적으로 많은 그리스도인이 거부하는 것은 성경의 가르침이 아닌 성경의 가르침을 왜곡시킨 것이다. 이 문제는 성경을 주의 깊게 연구할 때 해결된다.

둘째, 많은 사람들이 성경의 중요성을 진심으로 이해하면서도 동시에 어떤 식으로든 성경을 거부한다. 이런 문제를 해결하는 방법은 수많은 가르침이나 설명, 이를 뒷받침하는 말씀들이 아닌 오직 회개뿐이다. 성경적 진리를 알면서도 거부하는 사람들은 하나님의 말씀으로부터 피하기를 멈추어야 한다. 그리스도인이 성경의 가르침을 고의로 거부하는 것은 죄다. 물론 하나님의 주권에 대한 성경의 가르침을 제대로 이해하지 못해서 따르지 못하는 경건한 그리스도인도 많다. 그러나 성경의 가르침을 숙고하려는 마음이 없는 것은 죄다.

오직 성경을 기준으로

그러므로 앞으로 다룰 하나님의 주권에 대한 논의는 두 가지 중대한 전제를 근거로 한다.

첫 번째 전제는 예수님의 이름을 고백하는 모든 사람은 하나님의 주권을 포함한 어떤 주제든지 성경의 분명한 가르침을 받아들여야 한다는 것이다. 다시 말해 **오직 성경, 그리고 전체 성경으로**(sola et tota Scriptura)라는 개혁주의자의 신조를 자기 것으로 받아들여야 한다. 무엇이 진리인지 결정하는 우리의 규준은 **오직 성경** 그리고 **전체 성경**이어야 한다. 무엇이 진리이며 무엇이 중요한지 우리가 결정해서는 안 된다. 성경이 말씀하는 그것만을 말하고 성경이 침묵하는 그곳에서 우리도 침묵해야 한다. 모든 그리스도인은 이 주제에 대한 성경의 분명한 가르침과 성경에 의해 밝혀질 수 있는 가르침은 무엇이든 순순히 받아들일 의무가 있다. 우리가 말씀을 공부하는 데 묵살해도 되거나 살펴보지 않고 무턱대고 받아들여도 되는 것은 아무것도 없다.

두 번째 전제는 첫 번째 전제와 관련이 있다. 성경이 모든 믿음과 행위의 유일한 규준이기에 유한한 인간의 이성은 계시된 진리의 최종적 결정권자가 아니며 또한 될 수도 없다. 인간의 이성은 하나님께서 주신 선물이다. 그러므로 이성은 하나님께서 한정하신 범위 안에서 사용되어야 하며 이 범위는 성경을 통해 설정되어 있다.

이성의 가장 우선적인 역할은 성경이 정말로 무엇을 말하는지 결정하는 것이다. 즉, 성경을 공부하는 사람은 성경의 진리를 해석하고 적용하기 위해 자신의 지성을 사용해야 한다. 이성의 역할은 성경 밖의 철학에 기초하여 성경이 무엇을 말할 수 있고 없는지를 결정하는 것이 아니다. 다른 모든 피조물처럼 우리의 생각 역시 그리스도의 주 되심과 통치에 종속되어 있다(고후 10:4, 5).

그러므로 이성의 정당한 역할을 인식하는 것은 중요하다. 그동안 이 논의가 진행되는 데 있어 가장 빈번한 문제 중 하나는 서로 동의하지 않는 사람들이 그들 각자의 소송을 서로 다른 상소법원에 맡기는 것이다.

예를 들어 한쪽에서는 성경에 호소하고 다른 쪽에서는 '상식' 혹은 이성에 호소한다. 한쪽에서는 하나님께서 사람을 택하는 주권적 다스리심을 가르치는 구절을 강조하지만, 다른 쪽에서는 이런 관점은 인간의 책임을 무력화한다는 주장으로 맞선다. 한 부류는 하나님께서 구원하고자 하는 사람들을 구원하신다고 하는 반면, 다른 부류는 이런 관점은 우리의 행동에 대해 하나님께서 우리에게 책임을 묻지 못하시게 만들 것이라 응수한다. 그 논의는 여전히 진행형이다.

이 두 진영을 구분 짓는 것은 단순한 견해 차이만이 아니다. 그들은 서로 동의하지 않을 뿐만 아니라 다른 권위에 지지를 호소한다. 사실 그들은 각각 다른 판사에게 호소하기 때문에 의견이 정확하게 다르다.

다음 장에서 우리는 하나님께서 사람의 선택을 완전히 주장하시지만 그 사람의 생래적 자유(natural liberty)를 절대 훼손하시지 않는다는 사실을 배울 것이다. 성경은 처음부터 끝까지 하나님의 주권과 인간의 책임은 서로 양립할 수 있음을 가르친다. 성경 그 어디에도 하나님의 주권에 대한 말씀이 인간의 자유를 부인하는 데로 이끈다는 암시조차 없다. 하지만 하나님의 주권을 반대하는 사람들은 인간의 이성이라는 법정에 계속 상소하고 또 그런 관점으로 하나님의 주권이 인간의 자유를 파괴한다고 외친다.

무한한 심판자이신 하나님께서는 성경 안에 자신을 정확무오하게 계시해 오셨다. 그러므로 우리의 최종 상소법정, 실로 우리의 유일한 상소법정은 성경이다. 따라서 우리는 성경의 진술로 성경의 용어를 사용하면서 성경의 범주 안에서 이 주제를 다룰 것이다. 그 목적을 이루기 위해 각 장은 몇몇 연관된 성경 구절들을 검토하고 논의를 계속 거쳐 그 구절들을 적용할 것이다. 아직 개혁주의 신앙을 완전히 이해하지 못한 많은 복음주의권 독자들이 있지만 그들도 이 조건을 아주 기분 좋게 수락할 것이다. 하나님의 영이 그 일을 가능케 하실 것이다. 성경에 의해 세워진 범주 안에서 사고하도록 하자.

연구 질문

1. 바른 신학은 어디에서 시작해야 하는가? 그 이유는? 당신의 신학은 거기서 시작하는가?

2. 왜 그리스도인 사이에 성경이 말하는 하나님의 주권에 대한 견해차가 있는가? 이런 견해차를 해결하는 가장 좋은 방법은 무엇인가? 하나님의 주권에 대한 교리에 당신도 다른 관점을 가지는가? 당신은 그것을 어떻게 해결해야 하는가?

3. 하나님의 주권에 대한 성경적 교리를 부인하는 사람과 받아들이는 사람을 근본적으로 구별하는 것은 무엇인가? 당신은 이 경계선에서 어느 쪽으로 쏠리고 있는가? 당신은 어디에 속해야 하는가?

제 2 장

인간의 자유와 책임

하나님은 제우스가 아니시다. 하나님은 단순히 어마어마하게 큰 피조물이 아니시다. 그분은 영원에 존재하신다. 그분은 곧 영원부터 영원까지 하나님 이시다(시 90:2). 그분은 모든 것의 위, 모든 것의 안, 그리고 모든 것들 사이에 존재하신다. 그분의 완전한 지식과 존재하심을 떠나서는 무엇도 존재할 수 없다(히 4:13). 그러나 하나님은 우리가 사는 동일한 환경에 거주하지 않으신다. 쉽게 말해 그분은 세계 안에 갇히거나 세계가 담을 수 있는 분이 아니시다.[1] 반대로 하나님은 세계를 자신의 계획과 목적을 따라 창조하셨고 통치하신다.

그리스도인들은 하나님의 계획과 목적을 신앙의 분명한 진리로 믿고 기꺼이 받아들인다. 하지만 많은 사람이 이 진리에서 파생되는 몇 가지를 부인하고픈 유혹에 여전히 넘어간다. 하나님께서 창조된 질서를 다스리시는 주권자시라면, 완전히 무작위로 일어나는 일들을 포함해 모든 자연 발생적인 일들을 주관하신다는 뜻이 된다.

예를 들어 주사위 굴리기를 생각해 보라. 이보다 더 무작위로 결정되는 일이 있을까? 그러나 솔로몬은 "제비는 사람이 뽑으나 모든 일을 작정하기는 여

---

1) "어떤 사람들은 다음과 같이 가정한다. 우리는 작은 물고기이며 하나님은 아주아주 큰 물고기시다. 그래서 그분은 우리에게 줄 수 있는 많은 것을 가지신다. 그분은 우리를 보호하실 수 있으며 우리는 그분께 말을 걸 수 있다. 그분은 매우 뛰어나시다. 그러나 우리는 그 동일한 가능성의 바다 안에서 주위를 빙빙 떠돌아다닐 뿐이다."(Steve Schlissel, "The Unchanging Character of God's Word," *Antithesis* 2, no. 1 [January/February 1911]: 11)

호와께 있느니라"(잠 16:33)고 말했다. 전쟁은 어떠한가? 이보다 더한 혼돈이 있을까? 그러나 선지자 미가야는 곧 있을 전쟁에서 아합이 죽을 것을 예언하면서 주님께서 자신을 통해 분명하게 말씀하신다는 사실을 알았다(왕상 22:28). 그리고 그 말씀은 전쟁 가운데 이루어졌다. "한 사람이 무심코 활을 당겨 이스라엘 왕의 갑옷 솔기를 맞힌지라"(34절).

주사위를 던지거나 전쟁에서 활을 쏜 결과는 뜻대로 조작할 수 없는 일 같다. 그러나 우리가 설사 '뜻하지 않은' 일이라 생각해도 그것이 곧 최종 결론은 아니다. 저녁노을을 잠깐 생각해보라. 왜 우리는 저녁노을을 볼 때 '지구가 자전하고 있다'고 생각하지 않는가? 그 답은 간단하다. 우리는 태양이 실제로 돌지 않는다는 걸 알지만 우리 눈에는 태양이 도는 것처럼 보이고, 그래서 때로는 사물이 실제 존재하는 방식과 다르다는 걸 알면서도 보이는 방식대로 사물을 표현한다.

이처럼 우리는 성경이 가르치는 진리를 기억하면서도 어떤 결과에 대해 우연 혹은 뜻하지 않은 일이라 말할 수 있다. 그러나 성경의 관점에서는 궁극적인 우연은 없는데, 이는 하나님께서는 활과 주사위를 포함한 피조물의 모든 것을 주관하시기 때문이다.

주님께서 피조물의 모든 것을 주관하심을 나타내는 구절은 많다. 예를 들면 그분은 날씨(욥 36:32)와 참새가 땅에 떨어짐(마 10:29)과 바람의 움직임(나 1:3)과 머리털의 개수(마 10:30)와 나라의 흥망성쇠(단 4:17)와 왕들의 결정(잠 21:1)과 자연재해들(암 3:6)까지도 주장하신다.

긴장이 아닌 공존

그러나 인간의 자유로운 선택에 대해서는 어떤가? 하나님께서 우리의 선택을 주장하시는가? 그렇다면 어떻게 인간을 자유롭다 말할 수 있는가? 다음 장에서 살펴보겠지만 하나님의 주권은 인간의 자유로운 선택을 무너뜨리지 않는다. 오히려 자유로운 선택을 실제로 가능하게 한다. 자유로운 선택을 파괴하는 것은 하나님의 주권이 아니다. 자유의지에 대한 인간의 생각이다.

그러나 하나님의 주권이 어떻게 자유로운 선택을 가능하게 하는지 알아보기 전에 우리는 성경이 하나님의 주권과 인간의 책임에 대해 무엇을 말하는지 살펴보아야 한다. 성경은 정말 하나님께서 인간의 선택을 주장하시며 그 선택은 진정으로 자유롭다는 두 가지를 모두 가르치는가? 이 지극히 중요한 질문에 대한 솔로몬의 대답을 받아들이기 바란다. "마음의 경영은 사람에게 있어도 말의 응답은 여호와께로부터 나오느니라"(잠 16:1).

많은 그리스도인은 사람이 계획을 세울 수는 있지만 그 삶을 궁극적으로 주장하는 분은 하나님이시라는 것을 어렵지 않게 인정한다. 그들은 하나님께서 자신의 행동 하나하나를 주관하시는 것처럼 기도하며 살아간다. 물론 실제로도 하나님께서 주관하신다. 그러나 죄의 존재 때문에 많은 사람에게 문제가 제기된다. 하나님께서는 인간의 죄 된 선택까지도 주관하시는가?

내가 이 문제와 처음 씨름했을 때가 생각난다. 그때 이 문제를 푼 말씀은 바로 사도행전 4:27, 28이었다. "과연 헤롯과 본디오 빌라도는 이방인과 이스라엘 백성과 합세하여 하나님께서 기름 부으신 거룩한 종 예수를 거슬러 **하나님의 권능**과 **뜻대로** 이루려고 **예정하신** 그것을 행하려고 이 성에 모였나이다."

인간이 저지른 죄악 중 가장 극악무도한 죄는 그리스도를 십자가에 못 박아 죽인 것이다. 몇몇 사람들은 이 중요한 진리를 피하려고 발버둥 치지만 성경은 하나님께서 그리스도가 처형될 것을 작정하셨다고 선언한다. 그러나 하나님께서 그리스도의 처형을 작정하셨을지라도 하나님은 그리스도를 처형했던 사람들 곧, 하나님의 작정을 성취했던 사람들을 유죄로 판결하셨다.

사도행전 2:23이 가르치는 진리를 보라. "이 사람[그리스도]이 하나님께서 미리 정하신 계획과 미리 아신 대로 넘겨졌으며 **너희가 하나님을 믿지 않는 자들의 손으로** 십자가에 못 박았고 **그분을 죽음에 몰아넣었다**"(NASB 직역). 이 말씀은 그리스도께서 하나님의 주권적 계획에 따라 넘겨졌으며, 그리스도를 죽음으로 몰아넣은 사람들은 그들의 불신앙에 대해 책임이 있음을 숨도 쉬지 않고 연이어 선언한다.

이 구절과 씨름하며 처음에 나는 하나님께서 **모든** 일을 주장하신다는 확신이 들지 않았다. 그러나 마침내는 하나님께서 그리스도를 십자가에 못 박아 죽이신 일까지 주장하셨음을 인정하게 되었다. 그러자 하나님의 주권에 대항하는 중요한 반론을 잃어버리게 되었다.

이것에 주의하라. 헤롯과 본디오 빌라도, 이스라엘 사람들은 꼭두각시 인형이 아니었다. 다시 말해 그들은 하나님 앞에서 진정 책임 있는 실재로서 살아있는 사람이었다. 그리스도께서는 빌라도에게 죄가 있다고 말씀하셨다(요 19:11). 그럼에도 불구하고 빌라도의 죄는 예정되어 있었으며 하나님의 완전한 주장하심 아래 있었다.

하나님께서 인간을 로봇으로 만들지 않으시고 또 그분 스스로 죄를 유발하지 않으면서 죄악 된 행위를 포함해, 인간의 행위를 주관하신다는 사실을 받아들이자마자, 나는 하나님께서 다른 곳에서도 그처럼 역사하심을 받아들일 수밖에 없었다. 하나님의 주권은 그리스도를 나무에 못 박은 사람들의 책임을 파괴하지 않으며, 하나님을 불의한 분으로 만들지도 않는다는 사실을 깨닫게 되니 도대체 그동안 무엇때문에 그토록 호들갑스런 논쟁을 했었는지 이해할 수 없었다.

나는 성경의 분명한 뜻에 충실하기 위해 하나님의 주권과 인간의 책임은 성경에서 아무런 문제없이 공존한다는 점을 받아들여야 했다. 성경은 하나님의 주권과 인간의 책임 사이에는 아무런 긴장이 없다고 말한다. 그것은 하나님의 주권이냐 인간의 책임이냐 하는 **양자택일**의 문제가 아니다. 그것은 하나님의 주권과 인간의 책임 **양쪽 모두**이다.

물론 한 구절만으로도 충분하겠지만, 더욱이 하나님의 주권과 인간의 책임이 공존한다는 사실은 단지 한 구절만이 가르치는 진리가 아니다. 성경은 계속해서 인간의 행위가 하나님의 완전한 주권 아래 있음을 드러낸다. 요셉을 생각해보라. 요셉은 자신을 종으로 팔아넘긴 형제들과 다시 결합한 후 형제들을 용서하며 다음과 같이 말했다. "당신들은 나를 해하려 하였으나 하나님은 그것을 선으로 바꾸사 오늘과 같이 많은 백성의 생명을 구원하게 하시려 하셨나니"(창 50:20).

요셉의 형제들은 비록 요셉을 극심한 고통으로 모는 죄를 저질렀지만 그렇더라도 결국 하나님의 뜻은 성취되었다. 이는 하나님께서 원래 완벽한 계획 A를 세우셨지만 요셉의 형제들이 죄를 짓자 그 차선책 B로 계획을 바꾸셨다는 뜻이 아니다. 하나님께서는 줄곧 요셉의 형제들이 저지를 죄를 포함한 단 하나의 계획만 가지고 계셨다. 하나님은 주권자셨고 또한 그들은 책임자였다.

성경 몇 쪽만 더 내려가면 바로가 마음을 완악하게 하는 것을 보게 된다(출 8:15, 32; 9:34). 그런데 성경은 또한 하나님께서 바로의 마음을 완악하게 하셨다고 말한다(출 7:13, 14, 22; 8:19; 9:7, 12, 35; 10:1, 20, 27; 11:10; 14:8).

또한 엘리의 아들들을 보자. 엘리는 그들의 부도덕을 꾸짖었지만 성경은 그들이 "자기 아버지의 말을 듣지 아니하였으니 이는 여호와께서 그들을 죽이기로 뜻하셨음이더라"(삼상 2:25)고 말한다. 그렇다면 하나님의 권위에 도전하는 죄악 된 반역을 계속 저지른 것에 대한 책임이 엘리의 아들들에게 있는가? 물론 그들에게 책임이 있다. 그러나 왜 그들은 아버지의 경고를 무시했는가? 성경은 주님께서 그들을 죽이기로 뜻하셨기 때문이라 말한다.

욥의 예도 있다. 욥의 고통은 모두 누가 준 것인가? 성경은 분명하게 사탄의 역사(욥 1:12; 2:6, 7)라고 말한다. 그러나 욥은 거기서 주님의 손길을 보았다. "주신 이도 여호와시요 거두신 이도 여호와시오니 여호와의 이름이 찬송을 받으실지니이다"(욥 1:21).

이 같은 구절들은 하나님께서 자신의 완전하고 거룩한 목적을 이루기 위해 피조물의 행위를 사용하실 수 없다고 생각하는 사람들에게 다음과 같은 딜레마를 준다. 욥에게 연단을 준 건 과연 하나님이신가, 아니면 사탄인가? 이 딜레마는 우리가 성경의 분명한 진술들에 단순히 굴복할 때 사라진다. 사탄이 이 드라마에서 연기를 수행하는 동안 하나님께서는 줄곧 사탄을 주관하셨다. 그러므로 하나님과 사탄의 목적은 완전히 달랐지만 양쪽 모두의 결과로 보는 것이 전적으로 정확하다.

마찬가지로 우리는 자신의 목적과 계획을 따라 살아가지만 하나님께서는 미리 정한 그분의 목적을 이루기 위해 우리의 계획을 사용하신다. 이것은 빌립보 교인들을 향한 바울의 격려가 우리에게 가르치는 내용과 정확히 일치한다. "두렵고 떨림으로 너희 구원을 이루라 너희 안에서 행하시는 이는 하나님이시니 자기의 기쁘신 뜻을 위하여 너희에게 소원을 두고 행하게 하시나니"(빌 2:12, 13).

하나님께서 그분의 선한 기쁨을 이루시고자 우리 안에서 주권적으로 역사하신다는 사실은 우리가 성화 가운데 자라가도록 동기를 부여한다. 하나님께서 일하시니 우리도 일한다. 이처럼 하나님의 주권은 인간의 책임을 불가능하게 하는 것이 아니라 오히려 인간의 책임을 실제로 가능하도록 한다.

하나님의 주권은 인간의 책임을 파괴하지 않는다. 성경 자체가 그 증거이다. 하나님의 주권은 성경의 모든 쪽에, 실제로는 모든 말씀에 배어있다. 그런데 생각해보라. 로마서의 저자는 누구인가? 그것은 누구의 말인가? 매 쪽에서 누구의 인격이 두드러지게 나타나는가? 물론 바울이다(롬 1:1). 그러나 바울의 말은 **또한** 하나님의 말씀이다. 올바른 그리스도인은 이 사실을 믿는다. 만약 하나님께서 의도하신 바를 이루기 위해 피조물의 자유로운 행동을 사용하신다는 것을 인정하지 않는다면, 우리는 성경이 하나님에 의해 정확 무오하게 영감 되었다는 믿음을 포기해야만 한다.

하나님께서 사람의 자유로운 결정을 주관하신다는 사실을 부인하는 그리스도인은 영감을 이해하는 데 큰 문제를 느낄 것이다. 그들은 하나님께서 성경 저자들의 자유를 파괴하셨으며 기계적으로 받아 적는 몇몇을 통해 성경을 쓰게 하셨다고 주장하든가, 아니면 성경의 축자영감은 불가능하므로 버려야만 한다고 주장해야 한다. 만약 그들이 전자를 택한다면 다양한 성경 저자의 개성이 어떻게 그렇게 눈에 띄는지("내가 드로아 가보의 집에 둔 겉옷을 가지고 오고"_딤후 4:13) 설명해야 한다. 만약 후자를 택한다면 기독교 밖으로 먼 길을 떠날 그들에게 우리는 작별을 고해야 한다.[2)]

---

2) 하나님의 주권에 대한 더 깊은 연구를 위해 다음을 보라. 창 18:14; 50:20; 출 11:7; 12:36; 14:17; 민 23:19; 삼하 16:10, 11; 스 6:22; 7:6; 느 9:6; 욥 14:15; 36:32; 42:2; 시 33:10, 11; 37:23; 104:21; 115:3; 135:6; 139:16; 잠 21:1; 사 14:24-27; 45:7; 46:9-11; 55:11; 64:8; 렘 32:17; 겔 36:27; 단 2:21, 28; 4:17, 35; 암 3:6; 4:7; 합 1:6; 마 5:45; 6:26; 10:29; 25:34; 막 14:30; 눅 22:22; 요 6:64; 행 1:24-26; 3:18; 17:28; 롬 8:28; 11:36; 고전 4:7; 엡 1:11; 4:6; 빌 2:13; 골 1:17; 히 1:3; 약 4:15; 벧전 1:20.

하나님의 뜻에 대한 혼란

하나님의 뜻은 방해받을 수 없음을 이제 명확히 알겠는가? 만약 하나님께서 어떤 일이 일어나기를 전적으로 정하셨다면 그 일은 반드시 일어난다. 하나님의 계획은 실행될 것이며 하나님의 영원한 목적 또한 성취될 것이다.

그러나 이것은 단순히 우리가 '하나님의 뜻'이라고 부르는 것만을 의미하지 않는다. 어떤 면에서 우리는 하나님의 뜻을 어기기도 한다. 예를 들어 죄를 지을 때마다 우리는 하나님의 뜻을 어긴다. 바울은 데살로니가인들에게 말했다. "하나님의 뜻은 이것이니 너희의 거룩함이라 곧 음란을 버리고"(살전 4:3).

그리스도인이 죄를 짓는 것은 하나님의 뜻이 아니다. 하나님은 죄를 금하신다. 그러나 여전히 많은 그리스도인이 데살로니가인에게 바울이 경고했던 문제처럼 하나님께 불순종할 수 있음을 우리는 안다. 이처럼 하나님께 복종하지 않는 그리스도인을 볼 때 하나님의 뜻은 반드시 이루어진다는 말은 모순처럼 들린다. 여기서 의미를 분명히 하기 위해 이러한 하나님의 뜻을 '교훈적(preceptive) 하나님의 뜻'이라 부르겠다.

하나님께서는 우리에게 많은 일들을 행할 것을 명하셨다. 그러나 어떤 일들은 행할 것을 금하셨다. 다시 말해 하나님께서는 우리에게 하나님의 교훈을 주셨다. 그러나 우리는 죄인이기에 하나님의 교훈을 어기고 그렇게 함으로써 교훈적 하나님의 뜻을 어긴다. 죄인들은 매일 그렇게 교훈적 하나님의 뜻에 불순종한다.

그러나 성경은 또 다른 의미의 '하나님의 뜻'을 언급한다. 우리가 '주권적(decretive) 하나님의 뜻'이라 부르는 것이다. 주권적 하나님의 뜻은 하나님께서 앞으로 일어날 일들을 이미 결정하셨다는 사실과 관련이 있다. 하나님께서 "빛이 있으라"고 말씀하실 때 흑암은 황급히 사라졌다. 하나님께서는 선지자 이사야를 통해 자신의 주권적 뜻이 꺾일 수 없음을 선언하셨다. "내가 시초부터 종말을 알리며 아직 이루지 아니한 일을 옛적부터 보이고 이르기를 나의 뜻이 설 것이니 내가 **나의 모든 기뻐하는 것을 이루리라** 하였노라"(사 46:10).

그것이 교훈적인지 혹은 주권적인지 나타내지 않고 누군가 그저 '하나님의 뜻'이라 말할 때 많은 혼란이 빚어진다. 그러나 둘을 구별하는 것은 어렵지 않다. 실제로 성경은 우리가 둘을 구별하기 바란다.

마음에 늘 죄를 품은 사람은 따라야 할 교훈적 하나님의 뜻이 많다는 것을 안다. 성경은 하나님의 목적은 좌절될 수 없다고 매우 분명히 보여준다. 그 진리는 욥에게 일어난 사건에 잘 나타난다. "욥이 여호와께 대답하여 이르되 주께서는 못 하실 일이 없사오며 무슨 계획이든지 못 이루실 것이 없는 줄 아오니"(욥 42:1, 2).

잠언 19:21에서도 볼 수 있다. "사람의 마음에는 많은 계획이 있어도 오직 여호와의 뜻만이 완전히 서리라." 진정한 그리스도인은 하나님께서 원하시는 일은 무엇이든 다 하실 수 있다는 사실을 절대로 진지하게 의심하지 않는다. 만약 하나님께서 어떤 일을 하실 수 없다면 그것은 능력이 없어서가 아니라 오직 하나님께서 그것을 행하기를 원치 않으시기 때문이다.

하나님의 계획은 좌절될 수 없다. 이를 진리로 받아들인다고 해서 하나님의 도덕법과 계시된 뜻에 대한 사람의 불순종을 부인하는 것은 아니다. 그러나 불순종 역시 하나님의 뜻을 전복시킬 수 없다. 하나님께서 어떻게 불순종을 완전하게 주관하시는지 생각할 때 우리 마음에는 수많은 질문이 일어난다. 아마도 인간의 선택이 정말로 자유로운지에 대한 질문이 가장 앞설 것이다. 다음 장에서 그 답을 알아보겠다.

연구 질문

1. 주사위 굴리기 같은 일은 뜻하지 않은 결과를 일으킨다는 견해에 동의하는가? 당신의 인생에 누가 봐도 뜻하지 않은 일들이 있다면 정말로 그러한지 성경을 통해 설명하라. 이 사실은 당신에게 어떤 위로를 주는가?

2. 하나님은 주권자시며 사람에게는 책임이 있다고 가르치는 성경 본문들을 인용하라. 이 본문들을 기초로 할 때 당신이 저지른 죄를 하나님 탓이라고 말할 수 있겠는가? 왜 아닌가?

3. 관련된 성경 말씀을 고려할 때 하나님의 뜻에는 두 가지 방식이 있다고 정확히 말할 수 있는가? 하나님의 뜻조차도 좌절될 수 있는가? 당신의 답에 도움이 되는 성경 본문을 인용하라.

제 3 장

자유의지 해석

자유의지, 누가 반대하겠는가? 아니, 이 질문이 더 좋겠다. 자유의지, 그것은 무엇인가? 많은 사람이 자유의지를 강력히 옹호하면서도 정작 그 의미를 설명하는 것은 어려워한다.[1] 그들의 정의를 면밀히 살펴보면, 일반적으로 이해되는 자유의지가 성경적 개념과 다르다는 것을 명백히 알게 될 것이다.[2]

인간의 두 가지 자유

일반적인 생각과 달리 성경은 이 중요한 주제에 풍부한 빛을 비춘다. 실제

---

1) 루터(Luther)와의 논쟁에서 에라스무스(Erasmus)가 당한 당혹감이 전형적인 예이다. 루터의 말을 숙고하라. "비록 당신이 '자유의지'에 대해 생각하고 쓴 내용은 틀렸지만, 나는 당신에게 감사하고 싶다. 그렇지 않아도 상황이 점점 더 악화되던 차에 당신이 우수한 재능을 활용해 내놓은 '자유의지'에 대한 논거를 살펴본 후 나의 관점이 더욱 확실해졌기 때문이다. 자유의지는 그 자체로 '자유의지'가 전적인 오류라는 명백한 증거가 된다. 마치 복음서에 나오는 여인과 같다. 의사들이 다루면 다룰수록 그 병은 점점 더 악화된다."(Martin, Luther, *The Bondage of the Will* [Old Tappan, N.J.: Revell, 1957], 65).

2) 펠라기우스(Pelagius)부터 피기우스(Pighius)까지, 그리고 피기우스부터 핀녹(Pinnock)까지 자유의지는 의심할 여지없이 옹호되었다. 그러나 비논리적인 개념 설명일 뿐 충분히 설명된 적은 전혀 없다. "나는 알미니안들(Arminians)이 주장하는 의지의 자유와 같은 것이 정말 가능한지 혹은 믿을 수 있는지 숙고하려 한다."(Jonathan Edwards, *On the Freedom of the Will*, in *The Works of Jonathan Edwards*, 2 vols. [Edinburgh: Banner of Truth, 1974], 2:13).

로 예수님께서는 의지가 어떻게 작동하는지 분명히 설명하셨다. 주님의 설명은 많은 사람의 생각과 달랐다. 예수님은 마태복음 12:33-37에서 말씀하셨다.

"나무도 좋고 열매도 좋다 하든지 나무도 좋지 않고 열매도 좋지 않다 하든지 하라 그 열매로 나무를 아느니라 독사의 자식들아 너희는 악하니 어떻게 선한 말을 할 수 있느냐 이는 마음에 가득한 것을 입으로 말함이라 선한 사람은 그 쌓은 선에서 선한 것을 내고 악한 사람은 그 쌓은 악에서 악한 것을 내느니라 내가 너희에게 이르노니 사람이 무슨 무익한 말을 하든지 심판 날에 이에 대하여 심문을 받으리니 네 말로 의롭다 함을 받고 네 말로 정죄함을 받으리라."

그리스도께서는 이 구절에서 선택이란 마음에서 나온다는 사실을 가르치신다. 의지는 마음에게 명령하지 않는다. 마음이 의지에게 명령한다. 이런 견해를 따라 그리스도께서 말씀하신 세 가지 핵심을 숙고해보라.

첫째, 말과 행위는 우리의 본성을 드러낸다. 선한 본성은 선한 말을 낳고 악한 본성은 악한 말을 낳는다. 좋은 나무는 좋은 열매를 맺고 악한 나무는 악한 열매를 맺는다. 그러므로 우리의 말과 행위는 선하든 나쁘든 모두 자율적인 의지가 아닌 우리의 본성대로 결정된다.

둘째, 본성이 말과 행위를 결정한다. 그러므로 악한 본성을 가진 사람은 선한 말을 할 수 없다. 이러한 무능, 이 굴레는 마음에서 비롯된다. 우리는 우리가 바라는 것에 속박당한다. 즉, 우리의 마음은 제한된 원칙 안에서 움직인다. 우리의 바람은 우리 마음에서 뿜어져 나온다. 그러므로 우리는 무엇을 행할지 외부적으로 강요받지 않는다. 간단히 말해 우리는 우리의 마음 때문에 우리가 바라는 것을 바란다. 이러한 이유로 악한 사람들은 자신이 **바라는 바**를 행할 자유가 있는 반면, **마땅히 해야 할 바**를 행할 자유가 없다.

셋째, 우리의 선택은 우리 마음에서 비롯된다. 그러므로 우리는 하나님 앞에서 조금도 책임을 면제받지 못한다. 마음은 말을 결정짓고 말은 마음을 반영한다. 우리는 바로 그 말에 근거해 심판을 받을 것이다.

예수님께서는 열매 맺는 비유뿐 아니라 보물 상자 비유를 통해서도 마음과

의지의 관계를 분명히 강조하신다. 위 구절에서 주님은 선한 행위는 선한 보물 상자에서 나오는 반면, 악한 행위는 나쁜 보물 상자에서 나온다고 말씀하신다.(한글 개역개정판은 35절을 "선한 사람은 그 쌓은 선에서 선한 것을 내고 악한 사람은 그 쌓은 악에서 악한 것을 내느니라"고 했다. 그러나 대부분의 영어역본들(KJV, NASB, RSV, YLT 등)은 'the good treasure'(선한 보물), 'the evil treasure'(악한 보물)로 '보물'이라 번역했다. 저자는 KJV를 인용했다. 헬라어 원문 성경도 'qhsaurou'(데사우루)라는 단어를 사용해 보물의 개념을 분명히 한다._역자주) 상자 안에 손을 넣은 사람은 누구든 상자 안에 든 것만을 꺼낼 수 있다. 좀 더 자세히 설명하자면, 한 상자에는 금이 있고 다른 상자에는 자갈이 있는데 금이 든 상자에 손을 넣은 사람은 금을 꺼낼 것이지만 자갈이 든 상자에 손을 넣은 사람은 자갈을 꺼낼 것이다.

각 상자에 각기 다른 물건이 들었듯 각 사람은 각기 다른 마음을 가진다. 각기 다른 마음에는 각기 다른 물건이 들었으므로 각 사람은 각기 다른 선택을 한다. 의지는 마음 상자에 든 것을 꺼내도록 하나님께서 우리에게 주신 손과 같다. 손이 상자의 내용물을 결정할 능력이 없듯, 의지도 마음의 내용물을 결정할 능력이 없다. 의지는 마음의 내용물을 꺼낼 능력만 가진다. 그리고 의지는 그 일을 아주 잘한다.

결과적으로 누구도 마음의 강력한 열망을 거슬러 선택할 수 없다. 이것은 철칙이다. 즉, 예외가 없다. 이 법의 근원은 하나님 안에서 발견된다. 그분의 선택은 변함이 없고 거룩한 그분의 속성에서 비롯된다. 예수님께서는 누구도 "네, 저는 **이것**을 하려고 선택했지만 저의 가장 강력한 열망이 **저것**을 하도록 했어요."라고 말할 수 없다고 가르치셨다. 우리가 선택한 것은 우리가 바라는 것이다. 우리가 다른 열망을 가졌고 그것이 아무리 강렬할지라도(롬 7:18-23) 결국 우리가 행하는 것은 우리가 가장 바라는 것이다. 그러므로 우리는 우리의 선택에 대한 책임이 있다.

만일 어떤 선택이 우리의 가장 강력한 열망에서 비롯되지 않는다면 우리는 애초에 그 선택을 하지 않았을 것이다. 예를 들어 내가 누군가에게 바퀴벌레 한 줌을 먹으라고 권했다 하자. 그는 당연히 바퀴벌레를 먹고 싶지 않을 것이고 나의 제안을 거절할 것이다. 그런데 먹고 싶지 않아 먹지 않았다는 이유로 내가 그에게 "아, 당신의 의지는 노예가 되었군요!"라고 말했다면 어떨까? 그는 이렇게 쏘아붙일 것이다.

"말도 안 돼! 어떻게 나의 의지를 노예가 되었다고 말할 수 있소?"

"바퀴벌레를 먹는 데 당신의 의지를 사용할 수 없기 때문이죠."

"지적은 고맙지만 나의 의지는 완벽하게 잘 작동하고 있소. 나는 그냥 바퀴벌레를 먹지 않을 거요."

맞는 말이다. 그의 의지는 그가 원하는 것을 선택했고 그는 바퀴벌레를 먹고 싶지 않았다.[3] 그런데 의지는 마음이 원하는 것을 선택한다는 우리의 생각을 반박하려고 그가 "나는 바퀴벌레를 먹고 **싶지** 않지만 여하간 먹겠소. 그러니 그만하시오!"라고 말했다면 그의 반박은 합당한가? 아니다. 전혀 그렇지 않다. 그는 그가 지닌 가장 강력한 열망, 곧 논쟁에서 이기고픈 열망에 근거해 행동했을 뿐이다.

이제 살펴본 사실을 정리해 보자. 마치 우리 안에 자율적인 요소가 있고, 우리는 어느 쪽으로든 행동할 수 있으며, 자유의지란 마음에서 일어나는 동기와 상관없다는 듯 말한다면 잘못이다. 만약 마음의 열망과 동떨어진 선택을 하는 피조물이 존재한다면 우리는 그것을 자유의지의 모범으로 여기며 박수갈채를 보낼까? 아니다. 오히려 아무렇게나 미친 듯이 선택하는 무리라며 동정할 것이다. 모두에게 존경받는 자유롭고 책임 있는 행위자가 아니라 모두가 희한하게 여기는 기이한 존재가 될 것이다. 마음의 열망과 동떨어진 선택은 자유의 표현이기보다는 정신이상의 표현인지 모른다. 마치 "왜 당신은 벽을 향해 꽃병을 던졌나요?"라는 물음에 "왜냐하면 꽃병이 벽으로 가기 원했기 때문이죠."라고 대답하는 식이다.[4] 불은 켜졌는데 집에 불을 켠 사람은 아무도 없다!

---

3) "누구도 배고픈 말을 베이컨으로 꾀어내거나 건초로 배고픈 사람을 꾀어내지 않는다."(R. L. Dabney, *Systematic Theology* [Edinburgh: Banner of Truth, 1985], 129).

4) "만약 의지가 이성 및 마음의 열망, 좋아하는 것들과 반대로 결정한다면 그것은 괴물이 될 것이다. 당신은 몹시 싫어하는 음식을 주문하는 자신을 발견할 것이며 당신이 혐오하는 기업체를 선택하는 자신을 발견할 것이다. 그러나 의지는 괴물이 아니다. 의지는 당신의 지능과 의논하지 않거나 당신의 느낌을 반영하지 않고 또는 당신의 열망을 고려하지 않으면서 선택할 수 없다. 당신은 당신 자신이 되는 데 자유롭다. 의지는 당신을 다른 어떤 사람으로 탈바꿈하지 못한다." (Walter Chantry, *Man's Will-Free Yet Bound* [Canton, Ga.: Free Grace Publications, 1988], 5).

자유의지보다 자유로운 사람에 대해 말하는 것이 더 성경적이다. 자유로운 사람은 외부의 강요로부터 자유롭다. 그래서 자기 마음이 바라는 대로 자유롭게 행할 수 있는 사람이다. 이런 종류의 자유를 '**생래적 자유**'(natural liberty)라 부르기로 한다. 이 자유는 모든 사람에게 있다. 이것은 참된 자유이며 하나님께서 주신 선물이다. 그리스도인이든 비그리스도인이든 하나님의 주재 아래 모든 사람은 왼쪽으로 갈까 오른쪽으로 갈까, 초콜릿 아이스크림을 고를까 바닐라 아이스크림을 고를까, 이 도시로 이사할까 저 도시로 이사할까 등 그들의 바람에 전적으로 의존하는 생래적 자유를 가진다.[5]

생래적 자유는 죄로부터의 자유와 다르다는 것에 주목하라. 죄로부터의 자유는 '**도덕적 자유**'(moral liberty)라 부르겠다. 로마서 6:20-22에서 바울은 모든 사람이 가지는 생래적 자유와 오직 신자만이 가지는 도덕적 자유를 구별한다. "너희가 죄의 종이 되었을 때에는 의에 대하여 자유로웠느니라 ……그러나 이제는 너희가 죄로부터 해방되고 하나님께 종이 되어 거룩함에 이르는 열매를 맺었으니 그 마지막은 영생이라."

도덕적 자유의 반대, 즉 죄에 속박된 종이야말로 진짜 종이다. 그러나 심지어 죄도 생래적 자유를 부인하지 못한다. 죄의 종은 의에 대해 자유롭지만, 자신의 열망에서는 여전히 벗어나지 못한다. 죄의 종은 죄를 사랑하고 그 결과 자신의 충동에 따른다. 죄의 종은 피조물로서 자신이 원하는 바를 행할 자유가 본성적으로 있고 그 자유는 계속해서 죄에 머문다. 그의 죄악 된 마음은 의로운 것을 사랑하지 않기 때문에 의를 갈망하는 도덕적 자유가 없다. 모두가 그러하듯 그 역시 자신에게 혐오스러운 것을 택할 자유가 없다. 그런데 그에게는 참된 경건이 혐오스러운 것이다. 그에게는 좁은 의미의 자유가 있다. 다시 말해 의의 주관을 벗어난 자유다. 하나님께서 은혜로 죄를 사랑하는 마음의 굴레에서 그를 해방시키실 때 그는 하나님의 종이 된다. 그리고 하나님의 종으로서 새로운 마음으로 자유롭게 그리스도를 따르게 된다. 그리스도인에게는 죄의 종에서 도덕적으로 벗어나 의를 행할 자유가 있다.

---

5) 하나님의 예정은 이러한 열망을 야기하지만 침해하지 않는다. 이것은 뒤에서 더 설명하겠다.

참된 자유의 기반

지금까지 자유의지의 정의를 둘러싼 수많은 오해들을 처리했다. 이제는 하나님의 주권에 대한 성경적 교리를 확고히 주장할 때 종종 일어나는 오해, 곧 하나님의 주권이 자유를 파괴한다는 오해를 정리하려 한다.

어떤 사람들은 만약 하나님께서 모든 일을 주권적으로 미리 정하신다면 인간은 참된 자유를 가질 수 없다는 잘못된 결론을 내린다. 이것은 완전히 틀린 결론이다.

삼백여 년도 더 전에 몇몇 훌륭한 웨스트민스터 신학자들이 한자리에 모였다. 그들은 하나님께서 영원 전에 작정하신 그 주권은 "피조물들의 의지를 침해하지 않는다. 또한 제2원인들의 자유나 우발성은 제거되지 않으며 오히려 굳게 확립된다"(웨스트민스터 신앙고백 3장 1절)라고 선언했다.

웨스트민스터 신학자들은 하나님의 주권은 인간의 자유에 일치할 뿐 아니라 참으로 인간의 자유를 위한 기초라고 언급했다. 그러므로 하나님의 주권 교리를 부인하는 사람이 있다면 그는 인간 자유의 유일하며 참된 기반을 공격하는 것이다. 따라서 이는 피조물의 자유와 책임을 '지지하는' 그리스도인과 '부인하는' 사람 간에 일어나는 논의가 아니다. 이는 피조물이 지닌 자유의 기반을 '하나님의 힘과 능력 안에' 둔 사람과 '사람의 힘과 능력 안에' 둔 사람 사이에 일어나는 논의이다.

어떤 사람들은 피조물의 자유에 대한 이 진술을 성경적 입장에 '덧붙여진' 일종의 미끼 정도로 여기며 묵살한다(dismiss).[6] 또 다른 사람들은 하나님의 주권과 참된 인간의 자유는 둘 다 '비논리적'이라고 강하게 주장한다. 이에 대해 아주 간단히 답하겠다. 만약에 하나님의 주권과 인간의 책임 둘 다 비논리적이라고 한다면 그것을 오류라고 한다. 하나님의 무한하신 지혜로 가득 찬 고도의 신비와 논리적 모순 사이에는 어마어마한 차이가 있다. 당신이 인정하든

---

6) '묵살하다'(dismiss)라는 단어에 주의하라. 이 단어는 '논증'(argue)과 동의어가 아니다. 하나님의 주권이 참된 인간의 책임과 모순된다고 생각하기 쉽다. 그러나 정말 중요한 것은 그것이 모순되지 않는다는 것을 논증하는 것이다.

안 하든 거기에는 인간 이성에 필연적으로 반하지 않으면서 인간 이성을 넘어서는 무엇이 있다.[7]

적어도 바울시대 이후로 사람들은 하나님의 주권을 묵살하는 본성적 실수를 계속 범해왔다(롬 9:19). 무한하신 창조주와 유한한 피조물의 관계를 생각할 때 우리는 어떻게 참된 생래적 자유가 세계 안의 모든 사건을 주관하시는 주권자 하나님과 공존할 수 있는지 이해하는 데 큰 어려움을 느낀다.

그러나 두 성경적 진리의 조화는 궁극적으로 하나님의 지혜 안에서 알게 된다. 하나님께서 밤에도 깨어계시는 것은 우리처럼 밤낮없이 풀어야 할 문제가 있어서가 아니다. 피조 된 우리의 유한한 지성으로는 무한하신 창조주의 영광을 꿰뚫어볼 수 없음을 인정해야 한다.[8] 창조주의 주권적 권세는 생래적 자유와, 또 피조물이 지니는 참된 책임과도 모순되지 않는다. 어떻게 그럴 수 있는가? 예를 들면 마 18:7처럼 성경은 때때로 한 구절에서 두 가지를 동시에 가르친다.[9]

성경은 두 진리를 모두 가르친다. 그러므로 하나님의 주권이 참된 인간의 자유를 파괴한다고 주장하는 사람은 무거운 짐을 진 것이다. 그들은 결국 인간 자유의 유일하고 진정한 기초, 곧 하나님의 주권을 거부함으로써 인간의 자유를 파괴하고 있다.[10]

---

7) 인간 이성을 능가하면 인간 이성에 필연적으로 반한다는 주장은 신비에 대한 비그리스도인의 관점이다. 비그리스도인은 하나님과 인간 모두 이해할 수 없는 신비가 존재한다며 하나님을 왕의 자리에서 몰아내는가 하면, 또는 그런 신비란 존재하지 않는다며 인간을 높인다. 반면 그리스도인의 관점은 유한한 피조물인 사람에게는 신비가 존재하지만, 무한한 창조주이신 하나님께는 신비가 없다고 한다. 신비에 대해 그리스도인은 무한하신 창조주와 유한한 피조물 사이의 구별을 분명히 인정하는 반면, 비그리스도인은 어떻게든 이 구별을 부정한다.

8) 여호와의 증인 신도 한 명과 이야기할 때였다. 그는 이해할 수 없어서 삼위일체를 믿지 않는다고 했다. 내가 하나님께서 무한한 분이심을 믿냐고 묻자 그는 믿는다고 했다. 나는 그 무한하심을 내가 이해할 수 있도록 설명해달라고 했다. 물론 그는 못 했다. 무한하신 하나님도 삼위일체 하나님도 우리는 이해할 수 없다. 인간의 지성은 하나님에 대한 진리를 판결할 수 없다.

9) "하나님의 주권과 인간의 책임은 나란히 동일한 성경 안에서, 때로는 같은 본문 안에서 우리를 가르친다."(J. I. Packer, *Evangelism and the Sovereignty of God* [Downers Grove, III: Inter Varsity Press, 1962], 22).

10) "우리가 믿는 예정교리 대신 이교도들이 따르는 운명론이 있다. 그러나 이 둘은 완전히 반대의 것이며 반드시 양자택일해야 한다. 우리는 둘 사이, 곧 기계적인 상호작용으로 그 결과가 주어지거나 혹은 뜻과 목적 없는 우연에서 비롯되었다는 운명론, 그리고 우리를 위해 여지를 남겨두신 하늘 아버지께서 본연의 자유를 행사하심 가운데 모든 것을 주관하신다는 섭리 중 하나를 선택하여 확고히 해야 한다. 자기 자신을 이해하는 모든 사상가는 둘 중 무엇을 따라야 할지 안다. 성경의 예정교리와 모순되는 철학 및 과학의 권위에 매달려 젠체하는 사람들은 결국 그들끼리만 틀림없

우리의 선택은 우리의 마음에서 비롯된다. 이것이 성경이 말하는 사실이다. 그러므로 전적인 자율에서 비롯되는 선택은 불가능하다. 만약 자율적인 선택, 곧 아무 동기 없이 주어지는 선택이 가능하다면 우리는 그것을 어떤 의미로든 더는 선택이라 부를 수 없다. 대신 의도하지 않은 사건이라 불러야 할 것이다. '자율적인 선택'을 논하는 것은 '둥근 사각형'을 논하는 것과 똑같은 모순이다.

마음으로부터 출발해 의지를 향해 흐른다. 그 반대는 성립하지 않는다. 이제 질문을 요약하자. 의지가 마음의 방향을 결정짓지 않는다면 과연 무엇이 하는가? 성경은 하나님께서 인간의 선택을 주관하신다고 가르친다. 하나님께서는 직접 개입으로, 또는 보조적 동인을 통해 간접적으로 주관하실 것이다.

만약 이 논의를 위해 인간 선택의 영역에서 하나님 홀로 지니신 주권을 제거한다면 무엇이 남는가? 오직 앞을 볼 수 없고 변경 불가능한 결정론적 운명론뿐이다. 강한 바람 앞에 펄럭이며 타는 양초를 상상해보라. 그리고 그 주위를 컵처럼 감싸는 손을 상상해보라. 이 불꽃은 인간의 의지를 상징한다. 바람은 우리 주변의 세상이다. 컵처럼 감싸는 손은 주님의 것이다. 기독교 안에서 '자유의지'를 지지하는 사람들은 양초가 더욱 밝게 주변을 비추도록 주님께서 손을 치우시기를 바란다. 자유의지라는 이름으로 이 같은 낙관적인 운동을 시작하던 이들은 항상 맹목적 행동주의와 결정론이라는 열병의 늪에 빠지는 것으로 끝이 난다. 현대 철학을 통해 우리는 그보다 나은 것을 배워야 한다고 나는 생각한다.

간단히 말해 의지는 마음을 지배할 수 없다. 몇몇 선한 의도를 가진 그리스도인은 주님께서 우리 마음을 주관하시는 것이 자유의지와 모순된다고 한다. 이 논의를 위해 마음을 다스리시는 주님의 주권을 제거해보자. 무엇이 남아 마음에 영향을 주는가? 오직 물리적 세계, 그리고 철학이 결정론이라 부르는 것뿐이다. 양초의 불꽃은 꺼진다.

유일한 성경적 결론은 이렇다. 피조물인 인간에게 자신이 기뻐하는 대로 행

이 남겨질 것이다. 그들은 우리 등 뒤에서라도 위협적인 적으로 드러나지는 않을 것이다."(A. A. Hodge, *Evangelical Theology* [Edinburgh: Banner of Truth, 1976], 135-36).

할 자유가 있는 것은 하나님께서 그것을 허락하시고 지속케 하시며 완전히 주관하시기 때문이다.

죄로 죽은 인간의 무능

우리는 피조물로서 남자와 여자로 지어졌으며 참된 생래적 자유를 가진다. 하나님께서는 우리가 기뻐하는 대로 자유롭게 행할 수 있도록 세상을 만드셨다. 그러나 우리는 우리의 의무로부터 완전히 자유롭다고 말할 수 없다.

우리는 피조물로서 참된 생래적 자유를 가지므로 각자의 열망을 기초로 자유롭게 행동한다. 기뻐하는 일을 행하는 데도 자유롭다. 그러나 우리는 본성적으로 죄인이다. 그래서 죄악된 것을 열망한다. 죄에 속박된 본성은 그 속박 안에서 생래적 자유를 표출할 수밖에 없다. 피조물로서 우리는 왼편으로 돌거나 오른편으로 돌 자유가 있다. 그러나 죄인으로서 우리는 왼편으로 돌아 죄 안으로 들어가거나 오른편으로 돌아 죄 안으로 들어간다. 피조물로서 우리는 자만심이나 거짓 겸손, 술 취함이나 폭음, 자기 의나 명백한 부도덕함을 택할 자유가 있다. 피조물로서 우리는 우리의 열망을 행할 자유를 가진다. 그러나 우리는 악한 마음을 가지므로 항상 죄를 열망한다.

그리스도께서는 악한 마음과 악한 행위의 관계에 대해 다음과 같이 말씀하셨다. "속에서 곧 **사람의 마음에서** 나오는 것은 악한 생각 곧 음란과 도둑질과 살인과 간음과 탐욕과 악독과 속임과 음탕과 질투와 비방과 교만과 우매함이니 이 모든 악한 것이 다 **속에서** 나와서 사람을 더럽게 하느니라"(막 7:21-23).

죄인에게는 하나님을 영화롭게 할 열망이 없다. 성령께서 도덕적 의미에서의 자유를 창조하시기 전에는 자유가 없다. 따라서 구원은 하나님과 죄인이 서로 협력하여 노력할 때 이루어지는 것이 아니다. 구원은 하나님께서 홀로 이루시는 일방적인 역사하심에서 비롯된다. 하나님께서 죄인의 마음을 변화시키지 않으시면 죄인은 참된 구원을 갈망할 수 없다.

거듭나지 못한 자에게는 이 도덕적 의미에서의 자유가 전혀 없다고 성경은 가르친다. 매우 역설적이게도 바로 이 지점에서 곧 구원에 영향을 미치는 선택이 이루어진다. 실제로 많은 그리스도인은 거듭나지 못한 자들이 이런 도덕적 자유가 있다고 열렬히 주장하려 한다.

거듭나지 못한 자들의 상태에 대한 성경 말씀을 논의할 때 생래적 자유와 도덕적 자유의 구분, 피조물로서 인간과 죄인으로서 인간의 구분을 염두에 두어야 한다. 피조물인 인간은 하나님께로부터 생래적 자유를 부여받았지만 죄인인 인간은 도덕적 자유를 갖지 못한다.

"그는 허물과 죄로 **죽었던** 너희를 **살리셨도다** 그 때에 너희는 그 가운데서 행하여 이 세상 풍조를 따르고 공중의 권세 잡은 자를 따랐으니 곧 지금 **불순종의 아들들** 가운데서 역사하는 영이라 전에는 우리도 다 그 가운데서 우리 육체의 욕심을 따라 지내며 육체와 마음의 원하는 것을 하여 다른 이들과 같이 **본질상 진노의 자녀**이었더니"(엡 2:1-3).

바울은 에베소 교인들에게 하나님께서 살리시기 전에는 그들이 죽어있었다고 말한다. 그들은 병들었던 것도 아니고 감염되었던 것도 아니며 앓던 것도 아니었다. 그들은 죽어있었다. 그들에게 복음을 처음으로 전한 설교자는 환자를 상대하는 의사였다기보다는 오히려 마른 뼈와 같은 신자들과 직면한 선지자 에스겔 같은 입장이었다.

거듭나지 못한 자의 죽음은 불운한 상황으로 생긴 임시적인 상태가 아니다. 거듭나지 못한 자들은 모두 본질상 진노의 자녀들이다. 또한 그들은 하나님이 하시는 일에 선천적인 적의를, 즉 그들 스스로 아무것도 할 수 없다는 것에 대한 선천적인 적의를 가진다. 그들은 생래적 자유, 예를 들면 그들의 악한 본성에서 뿜어져 나오는 것을 행하는 자유를 가지기에 현재 상태를 두고 아무것도 하고 싶어 하지 않는다. "육신의 생각은 **하나님과 원수가 되나니** 이는 하나님의 법에 굴복하지 아니할 뿐 아니라 **할 수도 없음이라** 육신에 있는 자들은 **하나님을 기쁘시게 할 수 없느니라**"(롬 8:7, 8).

육에 속한 인간이 하나님을 기쁘시게 하는 일에 무능한 것은 외부의 강압에서 비롯된 것이 아니다. 다시 말해 하나님께서 그의 회개를 막고자 그 머리에 총을 겨누고 계신 게 아니다. 그는 회개를 허락해 주시기를 하나님께 구걸하는 불운한 희생자가 아니다. 전혀 그렇지 않다. 위 구절에 따르면 무능은 원수 된 상태에 기인한다. 육에 속한 인간은 하나님을 기쁘시게 할 수 없다. 왜냐하면 그는 하나님과 전쟁 중에 있기 때문이다.

바울은 로마서 앞부분에서 거듭나지 못한 자들, 유대인과 이방인 모두를 논하면서 이 주제에 관해 의심의 여지를 조금도 남겨두지 않았다. "의인은 **없나니 하나도 없으며** 깨닫는 자도 **없고** 하나님을 찾는 자도 **없고** 다 치우쳐 함께 무익하게 되고 선을 행하는 자는 **없나니 하나도 없도다**"(롬 3:10-12).

기억하라. 하나님은 자신의 뜻을 우리에게 나타내기 위해 성경을 주셨다. 그분은 자신을 계시하는 수단으로 특별한 단어들을 택하셨다. 그러므로 이 단어들을 하나님께서 우리가 믿기 원하시는, 신뢰할 수 있는 증거로서 다루어야 한다. 이러한 맥락에서 로마서 3장에 나오는 단어들이 무엇을 의미하는지 주목하라. 하나님을 한 번이라도 찾아본 적이 있는 사람 중에 거듭나지 못한 사람은 하나도 없다. 정말이다. 하나도 없다.

하나님을 사랑하는 일에 있어 육에 속한 인간이 지닌 무능은 바울 서신들의 공통 주제이다. 비단 로마서에만 국한되는 것이 아니다. 예를 들어 고린도전서 2:14을 보자. "육에 속한 사람은 하나님의 성령의 일들을 **받지 아니하나니** 이는 그것들이 **그에게는 어리석게 보임**이요, 또 그는 그것들을 알 수도 없나니 그러한 일은 영적으로 분별되기 때문이라."

육에 속한 사람은 오직 복음으로만 구원을 받을 수 있다. 그런데 유일한 소망인 이 복음이 그에게는 뜻 모를 말이다. 그에게는 복음이 어리석게 들린다. 바울은 그가 그것을 알 수 없다고 말한다. 복음을 아는 지식은 영적 안목이 요구되기 때문이다. 성령이 없는 사람은 그 안목을 가질 수 없다. 하나님께서 은혜로 그들에게 새 마음을 주시기까지는 누구도 갖지 못할 것이다.

예수님도 육에 속한 사람을 하나님께서 먼저 이끄셔야 비로소 하나님을 알 수 있다고 가르치신다. "나를 보내신 아버지께서 이끌지 아니하시면 **아무도 내게 올 수 없으니** 오는 그를 내가 마지막 날에 다시 살리리라"(요 6:44).

이 말씀이 강조하는 것은 매우 분명하다. 만약 아버지께서 이끌지 않으시면 믿지 않는 자는 그리스도께 나아올 수 없다. 같은 장 후반부에서 몇몇 사람이 주님을 떠났을 때 그리스도께서는 같은 진리를 반복하셨다. "그러므로 전에 너희에게 말하기를 내 아버지께서 오게 하여 주지 아니하시면 **누구든지 내게 올 수 없다** 하였노라 하시니라"(요 6:65). 다시 말해 몇몇 사람들이 그리스도를 떠난 것은 그들이 원했기 때문이다. 하나님께서 주셨으면 그들은 다른 열망을 가질 수도 있었겠지만 하나님은 그렇게 하시지 않았다.

거듭나지 못한 사람은 하나님을 향한 열망을 가질 수 없기에 주님께 나아올 수 없다고 성경은 단호히 말한다. 그들의 무능은 그들 외부에서 비롯된 제약이라기보다는 오히려 그들 마음속의 죄악을 드러내는 것이다. 그들은 하고 싶지 않기 때문에 할 수 없다. 그들의 의지로 자기 마음의 열망을 택하는 자유가 있기 때문에 그들은 하고 싶지 않다. 그들은 자신이 기뻐하는 일을 행할 생래적 자유를 지니기에 도덕적 속박 상태에 있다.

이런 진리의 관점에서 볼 때 사람은 어떻게 구원을 받을 수 있을까? 성경의 말씀대로 모든 사람이 이런 상태에 놓였다면 우리는 어떻게 회개와 믿음으로 나아갈 수 있을까? 구원은 어떻게 가능한가?

죄인들은 죄를 사랑하기에 하나님을 택할 수 없다. 그러나 이 말이 곧 하나님께서 죄인들을 택하실 수 없다는 의미는 아니다. 죄인들이 죄를 사랑하는 것보다 훨씬 더 하나님께서는 죄인들을 사랑하신다. 하나님의 순수한 사랑은 우리의 불결한 사랑보다 위대하다. 그 순수한 사랑은 정복하려는 자들을 정복하기 위해 나아간다. 성경은 이렇게 가르친다. 우리의 구원은 세상의 기초가 놓이기 전부터 반역자와 배은망덕한 죄인들을 택하기로 스스로 결정하신 사랑의 하나님께 근거를 둔다.[11]

---

11) 하나님을 사랑하거나 또는 믿는 일에 무능한 사람의 죄에 대해 심화 학습을 원한다면 다음을 보라. 창 2:7; 욥 14:4; 15:14, 15; 시 51:5; 전 9:3; 사 64:6; 렘 13:23; 17:9; 마 7:16-18; 12:33; 요 3:3, 5-7, 19; 5:21; 6:53; 8:34, 44; 14:16; 행 13:41; 롬 5:12; 6:20; 고전 1:18; 고후 5:17; 엡 2:12; 4:17-19; 5:8; 골 2:13; 딤후 2:25, 26; 딛 1:15; 요일 3:10.

연구 질문

1. 하나님의 피조물이 소유할 수 있는 두 가지 자유는 무엇인가? 둘은 어떻게 구별하는가? 믿지 않는 사람도 이 두 가지 자유를 모두 소유할 수 있나? 신자들은 어떤가?

2. 자유의지를 옹호하는 사람들은 자유의지라는 양초의 불을 어떻게 꺼뜨리는가? 당신은 자유의지라는 양초의 불을 꺼뜨리지 않으려고 했지만 바람에 꺼뜨린 적이 있나?

3. 에베소서 2:1-3이 믿지 않는 자를 묘사하는 세 가지는 무엇인가? 요한복음 3:19과 고린도전서 2:14, 에베소서 4:17-19; 5:18과 디도서 1:15은 믿지 않는 자의 상태를 어떻게 묘사하는가? 로마서 8:7, 8에 따르면 믿지 않는 자는 정말 하나님을 기뻐하기 원하는가? 그는 늘 하나님을 즐거워하는가? 왜 아닌가? 누가 죽은 자를 생명으로 이끄는가?(골 2:13을 보라.) 그리스도와 함께 당신을 살리시고 당신의 모든 범죄를 용서하신 분께 마지막으로 감사를 표시한 적은 언제인가? 지금 당장 그렇게 하는 것은 어떤가?

제 4 장

하나님의 선택

　바울은 토기장이에게 같은 진흙 덩어리로 하나는 명예스러운 그릇을, 다른 하나는 불명예스러운 그릇을 만들 권한이 없겠느냐고 물었다(롬 9:20, 21). 물론 있다! 그렇다면 거룩한 토기장이 되시는 하나님의 권한도 그와 같다는 사실에 놀라지 말아야 한다.

　하나님께서는 세계의 기초를 놓으시기 전에 인류라는 덩어리 중 일부는 영광을 위한 그릇으로, 다른 일부는 불명예를 위한 그릇으로 택하셨다. 다르게 말하면 토기장이 되시는 하나님께서는 일부는 택하셨고 나머지는 내버려두셨다. 아니, 선택받은 일부와 완악해진 나머지 모두가 하나님의 이름을 영화롭게 하도록 그렇게 행하셨다.

성도가 택함받았다는 것

　하나님께서 택하신 사람, 즉 선택받은 자를 논할 때 우리는 성경이 반복해서 그리스도인을 단지 성도만이 아니라 택함받은 자 또는 선택받은 자로 언급한다는 진리를 먼저 이해해야 한다. 이 단어들은 실제로 매우 중요하다. 그러나 안타깝게도 많은 사람들은 이 단어의 의미를 부정하거나 또는 완전히 거꾸로 이해하고 있다.

언젠가 마태복음 22장에 관한 학회에 참석했다. 강연자는 훌륭한 그리스도인 형제였는데 그의 강연은 전체적으로 좋았고 신앙을 고양시켰다. 그러나 "청함을 받은 자는 많되 택함을 입은 자는 적으니라"는 14절에 대해서만큼은 예외였다. 그는 이 구절을 설명하는 대신 잘 해명했다. 강연이 끝난 후 누군가 내게 논평을 요구했다. 나는 강연자가 '택함을 입은'이라는 단어를 '택하는'으로 바꾼 것을 제외하고는 좋았다고 말했다. 성경은 '많은 사람이 청함을 받았으나 소수만이 그것을 택했다'고 말씀하지 않는다. '택함을 입은 자는 적으니라'고 말씀한다.

선택(elect)은 '유권자'(elector)를 뜻하지 않는다. **택함을 입은 자**(Chosen) 또한 '택하는 자'(chooser)를 뜻하지 않는다. 성경의 가르침은 명확하다. 이를 부정하는 것은 성경의 단어들을 뒤집어서 반대로 이해하는 것이다. 택함을 입은 사람은 택함을 실행하는 사람이 아니다. 다시 말해 그는 택하는 사람이 아니다. 조금 표현을 바꿔 보자면, 어떤 사람이 선택을 받는다면 그는 선택을 하는 사람이 아니다.

하나님께서 택하시며 사람은 택함을 입는다. 즉 하나님께서 선택하시며 사람은 선택을 받는다. 우리는 이 사실에 동의해야 한다. 그렇다면 이제 하나님께서 언제, 왜 택하시는가를 알아보도록 하자.

베드로의 첫 번째 서신에서부터 시작해보겠다. 베드로는 교회의 구성원을 다음과 같이 묘사한다. "그러나 너희는 **택하심을 입은** 족속이요 왕 같은 제사장들이요 거룩한 나라요 **그의 소유가 된 특별한 백성이니** 이는 너희를 어두운 데서 불러 내어 그의 기이한 빛에 들어가게 하신 이의 아름다운 덕을 선포하게 하려 하심이라"(벧전 2:9, NKJV 직역).

여기서 우리는 그리스도인이란 하나님의 특별한 백성이 되도록 택함을 입고 부름받은 자임을 배운다. 그리스도인이 그리스도인(Christians)인 것은 하나님에 의해 택하심을 입었기 때문이다. 그런데 하나님의 택하심은 언제 이루어졌는가? 그 선택은 한 부류의 사람들을 나머지 사람들로부터 언제 구별했는가? 성경은 우리가 태어나기 전에, 정확히 말하면 시간이 시작되기도 전에 일어났다고 가르친다.

"그러므로 너는 내가 우리 주를 증언함과 또는 주를 위하여 갇힌 자 된 나를 부끄러워하지 말고 오직 하나님의 능력을 따라 복음과 함께 고난을 받으라 하나님이 우리를 구원하사 거룩하신 소명으로 부르심은 **우리의 행위대로 하심이 아니요 오직 자기의 뜻과 영원 전부터 그리스도 예수 안에서 우리에게 주신 은혜대로 하심이라**"(딤후 1:8, 9).

이 말씀에서 바울이 말하는 것은 무엇인가? 회심에 있어서 우리는 모두 무엇을 따라 그리스도께 부름받았나. 그 무엇은 우리의 행위가 아니라 바로 하나님의 뜻과 은혜다. 하나님께서는 시간이 시작되기도 전부터 자신의 뜻과 은혜를 우리에게 주셨다. 주님의 선택하시는 은혜는 우리가 믿을 때 주어지는 것이 아니다. 하나님께서 먼저, 즉 창세전부터 은혜를 주셨고 그래서 우리는 믿게 된다.

하나님의 선택하시는 은혜는 우리가 지금까지 행했고 또 앞으로 행하려는 그 무엇에도 의존하지 않는다. 언제나 그렇다. 그 은혜는 우리가 그것을 받을 손조차 가지기도 전에 우리에게 주어졌다.

우리가 받은 선택은 역사(history) 이전에 이루어졌다. 그러므로 역사 가운데 어떤 사건이 일어나든지 그 선택을 흔들 수 없다. 이는 하나님의 백성에게 흔들리지 않는 확신을 준다. 바울은 이 교리를 바로 이렇게 적용했다. 하나님께서는 되돌릴 수 없는 방식으로 자신이 선택하신 자들의 구원을 보장하셨다. "누가 능히 **하나님께서 택하신 자들을** 고발하리요 의롭다 하신 이는 하나님이시니"(롬 8:33).

복이 주어지는 복된 개인을 포함해 하나님께 택함을 입은 피조물은 그 택하심을 이전 상태로 되돌릴 수 없다. 만약 이 교리가 확신의 근거를 제공한다면 목사들이 연구해야 할 목록에 반드시 포함시켜야 할 것이다. 목사들은 이를 선포해야 하고 그리스도인은 시련의 때에 그 안에서 위로 얻는 법을 배워야 한다.

선택의 진리는 고통 가운데 위로를 줄 뿐 아니라 경건한 삶을 위한 기초이기도 하다. "그러므로 너희는 **하나님이 택하사** 거룩하고 사랑 받는 자처럼 긍휼과 자비와 겸손과 온유와 오래 참음을 옷 입고"(골 3:12).

바울은 골로새 교인들에게 그저 다정하고 친절하고 겸손하고 온유한 사람이 되라고 말한 것이 아니다. 그들은 하나님의 선택받은 자로서 그렇게 행해야 했다. 다시 말해 이런 성품들이 주입되는 것으로는 충분치 않았다. 하나님의 거룩하고 사랑받는 백성으로 선택받았기에 우리는 긍휼과 자비와 겸손과 온유와 오래 참음을 옷 입어야 한다.

하나님의 선택이란 개념은 성경 여러 곳에서 발견된다. 예를 들어 사도행전 13:48에서 우리는 하나님의 선택은 믿음에 선행한다는 사실을 배운다. "이방인들이 듣고 기뻐하여 하나님의 말씀을 찬송하며 **영생을 주시기로 작정된 자는 다 믿더라**." 이 구절에서 복음이 선포되는 것을 보자. 여느 때처럼 어떤 사람들은 믿었고 어떤 사람들은 믿지 않았다. 영생을 약속받은 사람들은 믿었고 다른 사람들은 죄악의 불신 가운데 계속 처하게 되었다. 누가는 복음이 왜 이런 방식을 취하는지 분명히 밝힌다.

에베소서 첫 장에서 바울은 하나님의 선택은 죄인들이 죄 가운데 계속 머물기 위해 조작할 수 있는 것이 아니라고 지적한다. 하나님의 택하심, 곧 선택은 성도의 거룩함을 목표로 한다. "곧 창세 전에 그리스도 안에서 **우리를 택하사 우리로 사랑 안에서 그 앞에 거룩하고 흠이 없게 하시려고 그 기쁘신 뜻대로 우리를 예정하사 예수 그리스도로 말미암아 자기의 아들들이 되게 하셨으니**"(엡 1:4, 5).

세상이 창조되기 전 하나님께서는 거룩하고 흠 없는 삶을 살도록 어떤 개인들을 택하셨다. 곧 그들이 그분의 양자 될 것과 몸의 최종적 속량을 받을 그날까지 거룩함 가운데 인내하도록 그들을 예정하셨다(롬 8:23). 성경은 선택이 그 선택을 지속할지 의심할 필요가 없다고 말한다. 우리는 하나님의 택하심을 통해 구원을 선물로 받는다. '변함이 없으신' 하나님께서는 자신의 택함에 있어 흔들림이 없으시다.

바로 몇 구절 뒤에 바울은 이를 한층 더 확고히 한다. "**모든 일을 그의 뜻의 결정대로 일하시는 이의 계획을 따라 우리가 예정을 입어** 그 안에서 기업이 되었으니"(엡 1:11).

어떤 사람들은 예정은 오직 사도들 또는 초대교회 그리스도인에게만 적용된다며 이 단어의 강렬함을 피하려 한다. 그러나 그것은 불가능하다(엡 1:12). 하나님께서는 모든 일을 자신의 뜻이 결정하는 대로 행하신다. 하나님께서는 사울의 회심에 대한 뜻만을 세상이 존재하기 전부터 결정하신 것이 아니다. 모든 믿는 자들의 회심에 대해 그렇게 하셨다.

물론 선택 교리를 논하는 전형적인 구절은 로마서 9장이다. 특히 10-16절을 숙고하라.

"그 뿐 아니라 또한 리브가가 우리 조상 이삭 한 사람으로 말미암아 임신하였는데 그 자식들이 아직 나지도 아니하고 **무슨 선이나 악을 행하지 아니한 때에 택하심을 따라 되는 하나님의 뜻이 행위로 말미암지 않고 오직 부르시는 이로 말미암아 서게 하려 하사** 리브가에게 이르시되 큰 자가 어린 자를 섬기리라 하셨나니 기록된 바 **내가 야곱은 사랑하고 에서는 미워하였다** 하심과 같으니라

그런즉 우리가 무슨 말을 하리요 하나님께 불의가 있느냐 그럴 수 없느니라 모세에게 이르시되 **내가 긍휼히 여길 자를 긍휼히 여기고 불쌍히 여길 자를 불쌍히 여기리라** 하셨으니 그런즉 **원하는 자로** 말미암음도 **아니요 달음박질하는 자로** 말미암음도 **아니요** 오직 긍휼히 여기시는 **하나님으로** 말미암음이니라."

이 구절에서 바울은 우리의 논의와 관련된 몇 가지를 조심스럽게 강조하고 있다. 그중 하나는 하나님께서 자신의 목적을 **위해** 그들이 출생하기도 전에 에서가 아닌 야곱을 택하셨다는 부분이다. 만약 그 택함이 야곱과 에서가 내릴 선택을 하나님께서 미리 아신 것에 기초했다면 바울은 왜 하나님께서 그들이 선이나 악을 행하기 전에, 출생도 하기 전에 그들 중 하나를 선택하셨다고 강조할까?

그것은 하나님의 택하심과 야곱과 에서의 우열은 아무런 관계가 없음을 주장하기 위해서다. 하나님께서는 그들이 출생하기 전, 그들이 어떤 선이나 악을 행하기 전 자신의 목적을 위해 야곱을 택하셨고 에서는 거부하셨다. 하나님께서는 야곱의 선행을 이유로 그를 택하신 것이 아니다.

이 구절은 몇몇 사람들의 주장처럼 야곱을 뿌리로 하는 이스라엘 민족과 에서를 뿌리로 하는 에돔 족속에 대한 것이 아니다. 이러한 주장은 바울이 이미 분명한 답을 제공해 해결한 문제를 혼란스럽게 만든다. 로마서 9장을 보자. 바울은 이스라엘 민족이 선택받았음에도 여전히 불신앙 가운데 있다는 이의에 대해 대답한다. 그는 처음 다섯 구절에서 자신의 동족인 유대인의 불신앙을 애통해한다. 유대인들은 양자됨과 영광과 언약과 율법과 약속과 하나님에 대한 섬김을 소유했다. 뿐만 아니라 그리스도께서 그들로부터 나오셨다. 문제는 이것이다. 어떻게 선택받은 민족인 이스라엘이 자신들의 메시아를 거부할 수 있는가?

바울은 6절에서 이스라엘 민족의 불신앙을 이유로 하나님의 말씀은 아무런 영향력이 없다고 추론해선 안 된다고 말한다. 그리고 민족적 선택의 특권을 누리는 사람들이라고 해서 그 민족 구성원 모두가 개인적 구원에 이르는 선택을 받은 것은 아니라고 논박한다. "이스라엘에게서 난 그들이 다 이스라엘이 아니요 또한 아브라함의 씨가 다 그의 자녀가 아니라"(6, 7절).

다른 말로 바울은 하나님의 말씀은 결코 폐하여지지 않는다고 주장한다. 그는 6절 이하를 통해 유대 민족 전체가 선택받았다는 이해는 얼마나 분명하게 잘못된 것인지, 하나님의 개인에 대한 참된 선택이 얼마나 주권적이며 효과적인지 보여준다.[1] 만약 로마서 9장에서 바울이 논하는 것이 민족적 선택에 대한 것이라면 하나님의 말씀은 '효력이 없어질 **수** 있는데, 이는 그가 분명하게 거부하는 것이다. 민족적 선택은 문제이지 해답은 아니다.

그렇다면 로마서 9장에서 끌어내야 할 적절한 결론은 무엇인가? 하나님께서는 자신이 적절하다고 생각하시는 때에 자비와 긍휼을 나타낼 권한을 가지시며, 하나님께서 이를 행하시는 데는 불의가 없다는 것이다. 이것이 바로 하나님께서 죄인을 구원하시는 방법이기 때문이다. 또한 우리는 바울과 동일한 결론을 내리게 된다. 구원받음은 죄인들이 원해서도 아니요 죄인들이 **달음박**

---

[1] "이스라엘에 대한 집단적 선택 혹은 야곱과 세상에서의 그 상속자, 그 역사적 인물에 대한 선택이 어떻게 영원히 잃어버린 유대인에 대한 문제를 풀겠는가? 문제가 어떻게 그 답이 되겠는가?" (C. Samuel Storms, *Chosen for Life* [Grand Rapids: Baker, 1987], 80)

질'했기 때문도 아니다. 구원은 오직 하나님의 긍휼로 말미암는다. 인간의 선택과 선함에 의해 구원받는다는 말은 성경 그 어디에도 없다(16절).[2)]

택함받지 못한 사람들

이제 동전의 다른 면을 보자. 하나님께서는 구원받을 사람을 선택하셨고, 모든 사람이 구원받는 것은 아니다. 그렇다면 하나님께서는 어떤 이들, 곧 궁극적으로 버림받은 상태로 남겨질 자들은 구원하지 않기로 선택하신 것이다. 동전의 한 면이 선택이라면 그 다른 면은 선택받지 않은 자들을 하나님께서 간과하신 결과 나타난 완악함이다. 선택에 대한 이해만큼이나 성경이 말하는 완악함 또한 아는 것이 중요하다.

완악함에 대한 성경 구절들은 중요하다. 어떤 사람은 택하고 어떤 사람은 택하지 않는 그 선택은 무분별한 것이 아님을 나타내기 때문이다. 몇몇 논쟁에서처럼 하나님께서 만약 선택받지 않은 사람들을 완악하게 하시지 않는다면 우리는 선택받은 자를 하나님께서 택하신다는 관점을 거부해야 한다.[3)] 완악함과 선택은 서로 동전의 다른 면이기 때문이다. 로마서 9:17-24을 더 깊이 숙고하라. 바울은 성령의 영감을 받아, 어떤 사람에 대한 긍휼과 다른 사람에게 대한 완악함 둘 다를 하나님께서 가지셨다고 설명한다.

"성경이 바로에게 이르시되 내가 이 일을 위하여 너를 세웠으니 곧 너로 말미암아 내 능력을 보이고 내 이름이 온 땅에 전파되게 하려 함이라 하셨으니 그런즉 **하나님께서 하고자 하시는 자를 긍휼히 여기시고 하고자 하시는 자를 완악하게 하**

---

2) 선택에 대한 더 깊은 연구를 위해 다음을 보라. 출 33:19; 시 65:4; 마 11:27; 22:14; 24:22, 24, 31; 막 13:20; 눅 18:7; 요 6:37, 65; 13:18; 15:16; 17:9; 롬 8:18-11:36; 고전 1:27-29; 엡 2:10; 살전 1:4, 5; 5:9; 살후 2:13, 14; 딤전 5:21; 딤후 2:10; 딛 1:1; 약 2:5; 벧전 1:1, 2; 5:13; 계 13:8; 17:8, 14.
3) "힘든 시기를 지나 칼빈은 다음과 같은 판단을 내릴 수 있었다. 간과 없는 선택은 성립할 수 없다는 사실이다. 이것이 모든 개혁교회의 확고한 신념이다."(B. B. Warfield, *The Works of Benjamin B. Warfield*, vol. 9: *Studies in Theology* [Grand Rapids: Baker, 1981], 227)

시느니라 혹 네가 내게 말하기를 그러면 하나님이 어찌하여 허물하시느냐 누가 그 뜻을 대적하느냐 하리니 이 사람아 네가 누구이기에 감히 하나님께 반문하느냐 지음을 받은 물건이 지은 자에게 어찌 나를 이같이 만들었느냐 말하겠느냐 토기장이가 진흙 한 덩이로 하나는 귀히 쓸 그릇을, 하나는 천히 쓸 그릇을 만들 권한이 없느냐 만일 하나님이 그의 진노를 보이시고 그의 능력을 알게 하고자 하사 **멸하시기로 준비된 진노의 그릇**을 오래 참으심으로 관용하시고 또한 **영광 받기로 예비하신 바** 긍휼의 그릇에 대하여 그 영광의 풍성함을 알게 하고자 하셨을지라도 무슨 말을 하리요 이 그릇은 우리니 곧 유대인 중에서뿐 아니라 이방인 중에서도 부르신 자니라."

이 구절을 보면 하나님의 주권적인 긍휼은 분명하다. 하나님께서 주권적으로 죄인들을 완악하게 하심 또한 마찬가지로 분명하다. 하나님께서는 자신의 뜻에 따라 누군가에게는 긍휼을 나타내시고 누군가의 마음은 완악하게 하신다. 우리는 여기에 "왜?"라고 외치며 괴로워하고 저항한다. 우리는 답을 요구한다. 바울은 이 구절에서 직접적으로 답하지는 않지만 그들의 대항하는 생각을 꾸짖은 후 답이 될 수밖에 없는 힌트를 준다.

바울은 택함받은 자들을 긍휼의 그릇이라 부른다. 그들은 그렇게 되도록 미리 준비되었다. 반면 영광을 위해 준비되지 않은 그릇들을 향해 바울은 멸하시기로 준비된 진노의 그릇이라 부른다. 하나님께서는 자신의 진노와 능력을 나타내기 위해 이 진노의 그릇들에게 큰 인내심을 갖고 오래 참으셨다. 다른 말로 하면 하나님께서는 멸망을 위해 풀어놓은 이 그릇들에게 인내하셨다. 그들은 하나님의 목적에 따라 멸망하게 되었으나 사실 하나님께서는 그들에게 할당된 인내 이상으로 오래 참으셨다.

바로는 이 진리를 나타내는 좋은 예다. 하나님께서는 모세가 애굽에서 그의 사명을 시작하기까지 바로가 방해할 것이라 말씀하셨다(출 3:19). 바로와의 갈등은 이처럼 예정된 결과였다. 그러나 하나님께서는 바로의 완강함을 큰 인내심으로 참으셨다. 바로는 각각의 재앙을 통해 주님의 목소리에 복종할 기회를 새로이 얻었지만 받아들이지 않았다. 그는 죄인이었고 자신의 죄악 된 욕망에 사로잡혔기 때문에 불순종했다. 하나님께서는 그에게 큰 인내심을 보이시는 동안에도 그를 그의 죄 가운데 완악하게 하셨다.

자신의 능력과 진노를 우리에게 알리시고자 하나님께서 이 모든 일을 행하셨다고 바울은 말한다. 성경 어디에도 하나님께서 이 교리를 먼 곳에 숨기기 원하신다는 암시는 없다. 그리스도인은 이 문제로 당황하거나 이 문제를 피할 이유가 없다. 성경을 믿는 사람이라면 성경에서 분명하게 가르치는 이 진리를 아주 분명하게 확언해야 한다.

바울은 두 장 뒤에서 다시 선택받은 자와 선택받지 못한 자를 분명하게 대조하여 제시한다.

"그런즉 이와 같이 지금도 **은혜로 택하심을** 따라 남은 자가 있느니라 만일 은혜로 된 것이면 행위로 말미암지 않음이니 그렇지 않으면 은혜가 은혜 되지 못하느니라 그런즉 어떠하냐 이스라엘이 구하는 그것을 얻지 못하고 오직 **택하심을 입은 자가 얻었고 그 남은 자들은 완악하게 되었느니라** 기록된 바 하나님이 오늘까지 그들에게 혼미한 심령과 보지 못할 눈과 듣지 못할 귀를 주셨다 함과 같으니라(롬 11:5-8, KJV 직역).

여기서 바울이 은혜와 행위를 대조하지 않음에 주목하라. 그는 은혜로 받는 택하심과 행위를 대조한다. 이 은혜가 성경적으로 이해되는 한, 인간의 행위와 은혜로 받는 택하심 사이에는 근본적인 대조가 있다. 바울은 은혜로 받는 택하심과 행위 사이의 대조에서 어떤 결론을 끌어내는가? 선택받은 자는 구원을 얻는다. 그리고 나머지는 완악해진다. 그들은 왜 완악해졌는가? 누가 그들을 완악하게 만들었나? 하나님께서 그들에게 혼미한 심령을 주셨다. 이 대조는 로마서에서만 발견되지 않는다. 바울은 데살로니가에 있는 교회를 향해 다음과 같이 썼다. "하나님이 **우리를** 세우심은 노하심에 이르게 하심이 아니요 오직 우리 주 예수 그리스도로 말미암아 **구원을 받게 하심이라**"(살전 5:9). 신자들의 구원은 정해졌다. 불신자와는 달리 그들에게는 정해진 진노가 없다.

인간이란 존재는 각각 두 종착지, 진노 혹은 구원을 향해 간다. 모든 개인은 어느 한쪽을 위해 예정되었다. 이 예정은 모든 개인에게 공평히 이루어진다. 불신자들은 하나님의 예정이 불공평하다 반박하며 이 멋진 은혜의 교리를 하나님께 불평할 기회로 삼는다. 자신은 진노가 예정된 자들 가운데 속했음을 그렇게 드러내는 것이다. 우리는 같은 이유로 그들의 불평을 심각하게 받아들이지 말아야 한다. 그들은 하나님의 공정한 정죄 아래 있다. 지옥으로 가는 복도에서 정의의 본질에 대해 깊이 통찰하며 답을 찾겠는가? 그렇게 행하는 많은 사람들은 여전히 그것이 무엇인지 모른다.

사도 바울만이 하나님께서 죄인들을 완악하게 하신다고 가르치는 것은 아니다. 베드로는 믿지 않는 유대인에 대해 다음과 같이 말했다. "그들이 말씀을 순종하지 아니하므로 넘어지나니 이는 **그들을 이렇게 정하신 것이라**"(벧전 2:8). 여기서 베드로는 선택받지 못한 자가 넘어지는 이유를 제시한다. 먼저는 말씀에 대한 불순종이다. 그들은 자신의 죄에 대해 분명한 책임을 지닌다. 그런데 그들의 불순종에는 숨겨진 이유가 있다. 그들은 그렇게 되기로 정해진 자들이라는 것이다. 베드로는 다음 구절에서 이들을 선택받은 자들, 곧 '택하신 족속'과 대조한다.

이 말씀은 어렵다. 그러나 마음이 부드럽고 순한 사람은 하나님께 이 말씀을 받을 것이다. 반대로 하나님의 말씀을 독단적으로 약화시키거나 무시한다면 그는 결과적으로 마음이 완악해졌음을 드러내는 것이다. 우리는 그리스도인이다. 우리는 하나님께서 우리의 믿음을 위해 하신 말씀을 믿어야 한다.[4]

두 가지 의문

그런데 믿음에 대한 이 놀라운 진리를 거부하는 사람들이 있다. 그들은 이 진리가 하나님을 불공정한 분 또는 죄의 창시자로 만든다며 이의를 제기한다.

---

4) 하나님께서 죄인들을 완악하게 하심에 대한 더 깊은 연구를 위해 다음을 보라. 출 4:21; 신 2:30; 수 11:20; 시 105:24, 25; 잠 16:4; 사 6:9, 10; 마 7:6; 11:25; 13:10-15; 막 4:12; 눅 2:34; 8:10; 요 9:39; 12:39, 40; 행 13:41; 28:27; 롬 11:9, 10; 살후 2:11; 벧후 2:12; 유 4; 계 13:8; 17:17.

하나님은 과연 공정하신가?

몇몇 신자들은 하나님의 주권에 대한 성경적 교리에 반대하며 다음과 같이 책잡는다. 모든 일의 주권자이신 하나님께서 어떻게 자신이 만든 피조물에게서 허물을 찾을 수 있는가? 이에 대한 가장 간단한 대응은 로마서 9장에 기록된 바울의 대답을 따르는 것이다. 바울은 최대한 강력한 용어로 하나님의 주권적 권위를 진술했다. "하나님께서 하고자 하시는 자를 긍휼히 여기시고 하고자 하시는 자를 완악하게 하시느니라"(18절).

바울은 인간의 본성을 잘 이해했고 이러한 주장 다음에 무엇이 뒤따르는지 정확하게 알았다. 아마도 그는 이 같은 경우를 여러 번 경험했을 것이다. 곧이어 그는 반대자들이 할 법한 말을 늘어놓는다. "혹 네가 내게 말하기를 그러면 하나님이 어찌하여 허물하시느냐 누가 그 뜻을 대적하느냐 하리니"(19절).

이 질문의 본질에 주목하라. 만약 하나님께서 자기 뜻에 따라 긍휼을 보이시고 또 완악하게 하신다면, 하나님 뜻대로 했을 뿐인 우리의 행동에 하나님께서 허물하시는 것이 과연 공정한가? 이번에는 바울의 대응에 주목하라. 바울은 매우 직설적으로 그 형세를 역전시킨다. "이 사람아 네가 누구이기에 감히 하나님께 반문하느냐 지음을 받은 물건이 지은 자에게 어찌 나를 이같이 만들었느냐 말하겠느냐 토기장이가 진흙 한 덩이로 하나는 귀히 쓸 그릇을, 하나는 천히 쓸 그릇을 만들 권한이 없느냐"(20, 21절). 바울은 연속적으로 질문을 던지며 이 문제를 되돌린다. 피조물은 창조주께 말대꾸할 권한이 없다. 지음을 받은 사람은 그를 지으신 이를 추궁할 권리가 없다. 그러나 지으신 이는 그 목적에 따라 그릇을 이렇게도 저렇게도 만들 모든 권리를 가진다.

바울은 하나님의 주권에 대한 이의를 피하는 대신 오히려 확언할 기회로 사용한다. 하나님께서는 긍휼의 그릇들 위에 자신의 영광의 풍성함을 보여주시고자 어떤 사람은 택하시고 어떤 사람은 완악하게 하셨다. 이 놀라운 진리는 하나님께서 우리에게 내려주신 긍휼에 대해 겸손히 감사로 무릎 꿇게 한다. 하나님을 향해 분노를 일으키는 원인으로 삼을 것이 아니다.

내가 구원에 있어 하나님의 완전한 은혜를 이해한 것은 목회를 시작한 지 11년이 지난 후였다. 그때까지 이 주제에 대한 나의 가르침은 혼란과 회피의 전형적인 뒤죽박죽이었다. 되돌아보면 로마서 9장에 나온 것과 같은 반대가 그때 나의 설교에는 단 한 번도 없었다. 약간의 궁금증까지는 아니더라도 이렇게 말한 사람이 아무도 없었다니 재미있지 않은가? "더글라스, 당신의 말이 사실이라면 우리는 그저 꼭두각시란 말인가요? 우리가 꼭두각시라면 우리가 행한 일에 대해 하나님께서 어떻게 탓하실 수 있나요?" 이제 나는 진리를 알기에 바울처럼 직설적으로 주장한다. 그래서 지금은 저런 이의를 수없이 듣는다. 그들은 진리에 반대하는 자신의 주장이 성경에 나온다는 사실을 모른다. 바울이 이미 지적하고 그 다리를 뺑 차서 무력하게 만든 사실을 말이다.

언젠가 하나님의 주권을 부인하는 두 사람과 대화한 적이 있다. 그중 한 사람은 나의 신학이 바울이 했던 반박에서 비롯되었음을 이해했다. 그러나 다른 한 사람은 "왜 하나님께서는 아직도 우리를 허물하시나요?"라고 물으며 계속해서 나의 의견에 반대했다. 나중에 두 번째 사람과 대화하며 알아챈 것은 그는 내가 이런 식으로 말함으로써 반대자들을 속이려 한다고 생각한다는 것이다. 그의 이의는 너무나도 분명하게 비성경적이었다. 그러나 바울이 말하는 진리에는 전혀 속임수가 없다. 모든 사람이 해야 할 일은 하나님께서 하나님의 적절한 때에 긍휼을 베푸시고, 또 하나님의 적절한 때에 사람을 완악하게 하신다고 주장하는 것이다. 그러고 나면 반대가 빗발친다. 이런 일이 일어나는 이유는 커다란 비밀이 아니다. 사람들은 특히 성경이 말하는 바가 달갑지 않을 때 그 말씀에 굴복하려 하지 않는다.

바울이 설교했던 것처럼 복음을 전한다면 우리는 이런 반대에 필연적으로 직면할 것이다. 그 같은 이의를 아무도 제기하지 않는다면 우리가 바울이 설교했던 것처럼 복음을 전하지 않았다는 뜻이다. 하나님께서 자신의 뜻에 따라 누군가를 선택하거나 완악하게 하신다는 진리를 부인하는 사람은 그들의 신학이 이러한 반대를 어떻게 제기하게 할 수 있는지 설명해야 한다.

죄의 책임은 누구에게 있는가?

구원에 있어서 하나님의 주권에 대해 어떤 사람은 '하나님께서 그런데도 어떻게 잘못을 찾아내실 수 있는가?'라는 의문을 제기하고, 어떤 사람은 '그런 관점 때문에 사람들이 하나님으로 인해 시험을 받는다'며 당당하게 이의를 제기한다. 여기에 대응하는 두 가지 방법이 있다.

첫째는, 하나님께서 그분의 계시로 인해 받는 '중상모략'으로부터 그리스도인이 그분을 '방어하기'란 전적으로 부족함을 지적하는 것이다. 조롱하는 자들과 어리석은 자들은 책망을 받을 것이다. 그러나 이사야나 요한, 바울, 그리스도는 그중에 없다. 우리는 하나님의 거룩하심을 안다. 하나님께서 성경을 통해 계시하셨기 때문이다. 같은 이유로 하나님께서 주권자이심을 안다. 우리에게는 성경의 한 부분은 받아들이면서 다른 부분은 거부할 권한이 없다. 만약 우리가 그렇게 한다면 그 부분을 이해하지 못했음을 드러낼 뿐이다.

성경을 보라. 하나님께서는 완전히 거룩하시며 죄의 창시자가 아니심을 진실로 가르친다. "사람이 시험을 받을 때에 내가 하나님께 시험을 받는다 하지 말지니 하나님은 악에게 시험을 받지도 아니하시고 친히 아무도 시험하지 아니 하시느니라"(약 1:13). 성경은 스스로를 부인할 수 없다. 그러므로 이 가르침은 반드시 하나님의 주권과 일치해야 한다. 하나님의 거룩하심에 대한 이의는 성경이 아닌 인간 철학에서 비롯되는 것이다. 성경 어디에도 "내가 죄와 악을 주관한다고 말하지 말며 생각지 말라"는 구절은 없다.

하나님의 거룩하심에 이의를 제기하는 사람들이 하나님의 완전한 거룩하심을 부인하는 것은 아니다. 그들은 인간 자율 개념에서 끌어낸 비성경적 추론으로 하나님의 거룩하심에 대한 성경 구절을 해석한다. 거룩하신 하나님께서는 그의 피조물에게 주권을 행사하지 않으실 것이며 실제로도 행사하지 않으신다고 그들은 말한다. 그들은 거룩하신 하나님에 대한 성경적인 전제를 충분히 지녔지만 추론하는 방법이 잘못되었기에 성경적인 결론에 이르지 못한다. 실제로도 성경은 이러한 일을 명확하게 부인한다.

두 번째 문제는 이 이의가 실제로 장애물을 제거하지 못한다는 사실이다. 모든 그리스도인은 하나님께서 언제든 죄를 멸하실 수 있다고 믿는다. 그러나 하나님께서는 그러지 않기로 정하신다. 왜일까?

만약 하나님께서 사람으로부터 비난받으실 수 있다면(물론 불가능하다) 개혁주의 신앙이 주장하는 하나님의 주권에 대한 사람들의 비난을 막을 이유가 없다. 개혁주의 신앙을 따르지 않는 사람들은 작위 죄(sin of commission, 의식을 가지고서 적극적으로 취한 죄를 의미한다._역자주)에 대한 책임을 성경의 하나님께 떠넘긴다. "그렇다면 당신은 오늘 아침 신문에 실린 어린 소녀의 살인사건을 하나님께서 완전히 주관하셨다고 말하는 거요?" 무신론자들은 개혁주의 신앙을 따르지 않는 신자들에게 부작위 죄(sin of omission, 마땅히 해야 할 일을 하지 않은 죄를 의미한다._역자주)에 대한 책임을 떠넘긴다. "당신은 하나님께서 어린 소녀가 살해당할 것을 모두 아셨으면서도 막지 않으셨다고 말하는 거요?"

만약 하나님께 죄에 대한 책임을 지울 수 있다면 비난의 목록을 제한할 이유가 없다. 어떤 훌륭한 인도주의자가 개혁주의 신앙의 하나님을 살피더니 폭군과 살인자에 대한 생각에 잠겼다. 그러고는 돌아서서 비개혁주의 신앙의 하나님을 살피더니 태만 죄를 짓는 자와 인간의 생명을 무모할 정도로 무시하는 사람에 대한 생각에 잠겼다고 한다.

이들의 상상은 하나님을 인간의 법정에 기소할 수 있으며 그 결과 하나님은 모든 것을 주관하심과 모든 능력을 가지심, 그리고 심지어 존재까지도 포기해야 한다는 생각에 이를 만큼 과열되었다. 물론 모든 그리스도인은 이러한 상상을 용납할 수 없다.

하나님께서는 우리에게 답할 필요가 없으시다. 우리는 하나님이 완전하시다는 것, 즉 하나님께는 부정이 없다는 것을 안다. 또한 우리는 하나님께서 주권자이심을, 다시 말해 하나님은 자신을 미워하는 사람들을 완전하게 주관하시며 마침내 그들을 멸하실 것을 안다. 그리스도의 심판대 앞에서는 이런 논의가 거론되지 않을 것이다.

기독교 내에서 이런 반론이 제기되는 것은 일부 기독교인들이 모든 수준의 기독교인들이 믿는 것을 여과없이 드러내기 때문이다. 하나님의 주권을 긍정하는 이들을 향한 비난은 그리스도인이라면 모두 당할 수 있는 비난이다. 그러나 하나님의 주권을 긍정하는 그리스도인은 "이 사람아, 네가 누구이기에 감히 하나님께 반문하느냐?"라는 성경의 대답을 가진 사람들이다.

연구 질문

1. 에베소서 1:12; 2:10; 요 15:16; 빌 2:12, 13; 살후 2:13, 14을 근거로 아래 질문에 답하라.

   a. 하나님의 선택은 하나님과의 동행을 등한시 여기는 핑계거리가 되는가? 아니면 오히려 그것이 하나님과 동행하게 하는 기초가 되는가?

   b. 신자들은 그저 믿기로 정해진 사람들인가? 아니면 선한 행위를 통해 하나님을 영화롭게 하도록 정해진 사람들인가?

   c. 당신은 선한 행위로 하나님을 영화롭게 하는가?

2. 로마서 9장에서 바울은 하나님의 선택과 완악하게 하심을 지지하며 활기차게 논쟁한다. 일부 사람들은 하나님의 선택이 하나님의 예지에 의존한다고 말한다. 즉 하나님께서는 누가 자신을 믿고자 나아올지 아시기에 그들을 택하신다는 것이다. 그들은 이렇게 바울과의 논쟁을 피하려고 애써왔다. 10-13절에서 바울이 이 추론을 어떻게 반박하는지 보라. 하나님께서는 언제 야곱을 택하시고 에서를 거절하셨나? 당신의 선한 행위는 당신의 구원과 어떤 관계가 있는가? 설명하라.

3. 성경 안에 답이 주어짐에도 불구하고 신자들은 어떻게 성경의 진리들에 대한 이의를 계속 제기할 수 있나? 전지한 것은 우리인가, 하나님인가? 하나님의 주권에 대한 궁극적인 비밀들을 하나님은 아시지만 우리는 알 수 없는가? 하나님께 반문하는 우리는 누구인가?

제 5 장

그리스도의 죽으심

　개혁주의 신앙이 십자가의 능력에 대해 가르치기 전에는 많은 그리스도인이 개혁주의 신앙에 일반적으로 동의한다. 이들은 모순이 없는 듯한 성경신학에는 찬성하지만 그리스도께서 죽으시되 모든 사람을 위해서는 아니라는 사실은 받아들이기 어려워한다. 그들은 '제한 속죄'(limited atonement)라는 개혁주의 개념을 제대로 고려해보지도 않고 거부한다. 앞으로 살펴보겠지만, 결국 어떤 의미에서 속죄는 무제한적이라고 말한다.

　물론 그리스도의 속죄는 그동안 많은 논란을 일으켰다. 그러므로 우리는 적절한 곳에서 그 논의를 시작해야 한다. 그렇지 않으면 증거 본문들로 벽을 쌓고 대립하는 두 진영 중 한 곳에서 금세 자신을 발견할 것이다. 그러나 이러한 진영 의식과 달리 성경의 속죄에 대한 가르침은 한결같다.

　마치 하나님께서 이 중요한 교리에 대해 분명히 밝히지 않으셨다는 듯, 한 진영에서는 이 구절들이 우리의 증거라 말하고 다른 진영에서는 저 구절들이 우리의 증거라 말할 수 없다.

　하나님께서 스스로 이 중요한 교리에 대해 분명하게 밝히셨다. 성경은 나뉘어져 스스로 싸우지 않는다. 성경의 모든 부분은 모든 그리스도인에게 주어졌다.

십자가가 보장하는 것

우리는 속죄의 **외연**(extent)이 아닌 **본질**(nature)에 초점을 맞추며 논의를 시작해야 한다. 그 본질을 이해할 때 우리는 외연 역시 이해하게 된다. 즉, 그리스도께서 **왜** 죽으셨는지를 알게 될 때 주님께서 **누구를 위해** 죽으셨는지를 알게 된다.

우리가 우리 자신에게 물어야 하는 가장 중요한 질문은 이것이다. 예수 그리스도의 십자가는 죄인들을 위해 정확히 무엇을 **하는가**? 그리스도인들은 보통 두 가지로 대답을 한다. 대다수의 대답은 십자가는 모든 사람을 구원하는 **가능성**을 창조한다는 것이다. 반면 성경적인 대답은 십자가는 그리스도를 믿는 사람들을 **실제로** 구원한다는 것이다. 대다수의 대답은 구원받는 사람들의 구원을 십자가와 십자가의 은택을 얻기 위한 그들의 결단에 돌린다. 그에 반해 성경적인 대답은 구원받는 사람들의 구원은 오직 십자가에만 돌려야 한다고 말한다.

로마서 5장에서 바울은 십자가만이 실제로 구원한다는 사실을 보여주기 위해 첫 아담과 마지막 아담(그리스도) 사이의 몇 가지 대비를 이끌어낸다. 아담은 불순종을 통해 그의 모든 후손을 불순종과 죽음에 빠뜨렸다. 그리스도께서는 순종을 통해 그분의 모든 후손을 위해 의를 창조하셨다. 아담이 죄를 지었을 때 그는 후손들이 죄를 지을 가능성만 열어놓은 것이 아니다. 마찬가지로 그리스도께서도 그분의 후손들이 구원받을 가능성만 열어놓지 않으셨다. 아담은 멸망을 가져왔지만 그리스도께서는 영생을 가져오셨다.

이것은 누구에게 주어졌는가? 우리는 지금 두 아담, 즉 두 계열(race)을 대표하는 두 머리에 대해 이야기하고 있음을 기억하라. 아담은 그의 모든 후손에게 사망을 가져왔고 그리스도께서는 그분의 모든 후손들에게 생명을 가져오셨다.

"한 사람의 범죄로 말미암아 사망이 그 한 사람을 통하여 왕 노릇 하였은즉 더욱 **은혜와 의의 선물을 넘치게 받는 자들은** 한 분 예수 그리스도를 통하여 생명 안에서 왕 노릇 하리로다 ……한 사람이 순종하지 아니함으로 많은 사람이 죄인 된 것 **같이 한 사람이 순종하심으로 많은 사람이 의인이 되리라**"(롬 5:17, 19).

아담의 불순종이 불의를 창조한 것과 같은 방식으로 그리스도의 순종이 의를 창조한다는 것을 이해하는 일은 중요하다. 여기에 불명확한 부분은 전혀 없다. 아담이 죄를 지었을 때 그는 그의 후손들에게 비참한 미래를 보장했다. 그리스도께서 십자가에서 죽기까지 순종하셨을 때 그분은 자신의 후손들을 위해 영원한 영광을 보장하셨다.

이것이 앞에서 내가 속죄의 본질에 대해 말하면서 설명하려고 했던 것이다. 십자가가 실제로 사람의 구원을 보장하는가? 복음을 잘못 이해한 많은 사람들은 그렇지 않다고 대답한다. 대중적인 복음 속에서 십자가는 오직 구원의 가능성만을 보장한다. 그러나 아담은 죄의 가능성을 보장하지 않았다. 아담은 죄와 죽음을 실제로 들여왔다. 그리스도의 순종은 아담의 불순종보다 훨씬 크다. 그 오래된 십자가와 영원한 복음은 실제로 수많은 죄인들의 구원을 보장한다.[1] 이것은 얼마나 멋진 보장인가!

십자가는 보장의 원천이다. 그리스도께서 단지 가능성을 위해서가 아니라 목적을 위해 죽으셨기 때문이다. "그러므로 예수도 **자기 피로써 백성을 거룩하게 하려고** 성문 밖에서 고난을 받으셨느니라"(히 13:12). 예수님께서 자기 피로써 자기 백성을 거룩하게 하기 위해 성문 밖에서 고난을 당하셨다. 종종 신약성경은 그리스도께서 특정한 목적을 이루기 위해 죽으셨음을 가르치고자 목적절을 사용해 그리스도의 죽으심을 묘사한다.

성경은 그리스도께서 구속의 가능성을 위해 죽으셨다고 말하지 않는다. 성

---

[1] "자, 그리스도의 죽음을 제한하는 분이 계십니까? 왜 당신은 그리스도의 죽음이 사람의 구원을 확실하게 보장하지 못한다고 하십니까? 이렇게 말하는 것을 용서하십시오. 당신은 우리가 그리스도의 죽음을 제한한다고 말하지만, 아닙니다. 그렇게 말하는 것은 당신입니다. 우리는 분명히 말할 수 있습니다. 그리스도께서는 죽으심으로써 셀 수 없는 많은 사람의 구원을 확실히 보장하셨습니다. 그들은 그리스도의 죽으심을 통해 구원받을 수 있을 뿐 아니라 구원받으며 구원받아야 합니다. 그렇게 받은 구원을 위협할 가능성은 무엇도 존재하지 않습니다. 당신의 속죄에는 전혀 문제가 없습니다. 그것을 고이 간직하셔도 됩니다. 우리는 결코 그것을 위해 우리의 몫을 포기하지 않을 것입니다."(Charles Spurgeon, as quoted by J. I. Packer in his introduction to John Owen, *The Death of Death in the Death of Christ* [reprint, Edinburgh: Banner of Truth, 1959], 14.

경은 그리스도께서 자기 백성을 자신의 소유로 구속하기 위해 즉, 값을 치르고 사기 위해 죽으셨다고 말한다(갈 3:13; 골 1:13, 14; 딛 2:14; 히 9:12). 그리스도께서는 의의 가능성을 위해 죽지 않으셨다. 그리스도께서는 의롭게 하기 위해 즉, 우리를 하나님께 바로 고쳐놓기 위해 죽으셨다(롬 3:24, 25; 5:8, 9). 그리스도께서는 화목을 이룰 가능성을 위해 죽지 않으셨다. 그리스도께서는 화목을 이루시기 위해 즉, 완전히 거룩하시고 완전히 의로우신 하나님의 진노를 돌려보내기 위해 죽으셨다(롬 3:25; 4:10). 그리스도께서는 속죄함의 가능성을 위해 죽지 않으셨다. 그리스도께서는 속죄함을 위해 즉, 죄책과 오염에서 우리를 정결케 하도록 죽으셨다(엡 5:25, 26; 딛 2:14; 히 9:14; 요일 1:7). 그리스도께서는 화해의 가능성을 위해 죽지 않으셨다. 그리스도께서는 화해시키기 위해 즉, 죄로 인해 단절된 하나님과의 교제를 회복하기 위해 죽으셨다(롬 5:10; 고후 5:18, 19; 엡 2:15, 16; 골 1:21, 22).

제한 속죄

이제 우리는 속죄의 본질에 대한 관점이 속죄의 외연에 대한 관점에 얼마나 깊은 영향을 주는지 알아볼 수 있다. 만약 그리스도의 죽으심이 그분의 후손에게 실제로 구원을 보장한다면, 그리고 우리가 이미 아는 대로 모든 사람이 다 구원을 받는 것이 아니라면, 그리스도께서는 모든 사람을 위해 죽지 않으셨다. 성경은 이 사실을 명쾌하게 진술한다. 그리스도께서는 요한복음을 통해 자신이 오서서 해야 할 일이 무엇인지 직접 말씀하신다.

"나는 선한 목자라 **나는 내 양을 알고** 양도 나를 아는 것이 아버지께서 나를 아시고 내가 아버지를 아는 것 같으니 **나는 양을 위하여 목숨을 버리노라** 또 이 우리에 들지 아니한 다른 양들이 내게 있어 내가 인도하여야 할 터이니 그들도 내 음성을 듣고 한 무리가 되어 한 목자에게 있으리라 내가 내 목숨을 버리는 것은 그것을 내가 다시 얻기 위함이니 이로 말미암아 아버지께서 나를 사랑하시느니라 이를 내게서 빼앗은 자가 있는 것이 아니라 내가 스스로 버리노라 나는 버릴 권세도 있고 다시 얻을 권세도 있으니 이 계명은 내 아버지에게서 받았노라 하시니라"(요 10:14-18).

이 구절은 예수님께서 자기의 양을 아시며 그들을 위해 목숨을 버리고자 오셨음을 나타낸다. 이 중요한 지점에서 모든 사람이 그분의 양이라고 말하고픈 유혹을 받는 사람이 있을지 모르겠다. 그러나 예수님은 바로 몇 구절 뒤에서 이 가능성을 제거하신다.

"예수께서 대답하시되 내가 너희에게 말하였으되 믿지 아니하는도다 내가 내 아버지의 이름으로 행하는 일들이 나를 증거하는 것이거늘 **너희가 내 양이 아니므로** 믿지 아니하는도다 **내 양은** 내 음성을 들으며 나는 그들을 알며 그들은 나를 따르느니라 **내가 그들에게 영생을 주노니** 영원히 멸망하지 아니할 것이요 또 그들을 내 손에서 빼앗을 자가 없느니라 그들을 주신 내 아버지는 만물보다 크시매 아무도 아버지 손에서 빼앗을 수 없느니라 나와 아버지는 하나이니라 하신대"(요 10:25-30).

그리스도의 가르침은 참으로 분명하다. 그리스도께서는 자기 양을 아시고 그들을 위해 자신의 생명을 주신다. 그런데 그분의 양이 아닌 어떤 개인들이 있다. 다음에 주목하라. 예수님께서는 그들이 믿지 않기 때문에 자기의 양이 아니라고 말씀하시지 않았다. 그들이 자기의 양이 아니기 때문에 믿지 않는다고 말씀하셨다. 그들이 믿지 않는 이유는 그들이 그리스도께서 자신의 생명을 내어준 양 가운데 없기 때문이다. 예수님께서는 자기의 양에게 영생을 주신다고 계속 말씀하신다.

그렇다면 그리스도께서는 어떻게 자기 양을 위해 영생을 보장하시는 걸까? 바로 십자가를 통해 그렇게 하신다. 그리스도의 다음 두 가지 말씀을 묵상하는 일은 중요하다.

"나는 양을 위하여 목숨을 버리노라"(15절).

"너희가 내 양이 아니므로"(26절).

만약 그리스도께서 자기 양을 위해 목숨을 버리셨다면, 그런데 이 말씀을 자기 양이 아닌 청중들을 향해 하셨다면, 그리스도께서는 그 청중을 위해 자신의 생명을 버리신 게 아니다. 그 청중을 위해 그리스도께서 생명을 버리지 않으셨다면, 그리스도께서는 모든 사람을 위해 생명을 버리신 게 아니다. 그렇지만 참으로 그리스도께서는 죽으심으로써 수많은 사람의 구원을 실제로 보장하셨다.

그러므로 성경은 그리스도의 죽으심을 모든 사람에게 무차별적으로 적용하지 않는다. 그분의 백성에게 적용한다. "한번 죽는 것은 사람에게 정해진 것이요 그 후에는 심판이 있으리니 이와 같이 그리스도도 많은 사람의 죄를 담당하시려고 단번에 드리신 바 되셨고 구원에 이르게 하기 위하여 죄와 상관 없이 자기를 바라는 자들에게 두 번째 나타나시리라"(히 9:27, 28).

이 구절에서 우리는 그리스도께서 많은 사람의 죄를 담당하셨음을 배운다. 다르게 말하면 그리스도께서는 지금까지 존재했던 마지막 한 사람의 죄까지 모두 담당하시지 않았다. 히브리서 저자는 바로 몇 구절 앞에서 같은 지적을 한다. "이로 말미암아 그는 새 언약의 중보자시니 이는 첫 언약 때에 범한 죄에서 속량하려고 **죽으사 부르심을 입은 자**로 하여금 영원한 기업의 약속을 **얻게 하려** 하심이라"(15절).

성경에 충실하고픈 사람은 누구든 여기서 명쾌하게 선언된 그 진리를 부인할 수 없다. 그리스도께서는 '부르심을 입은 자들로' 영생의 약속을 얻게 하려고 죽으셨다. 예수님은 모든 사람이 응하기를 바라면서 복음을 세상에 던지시지 않았다. 오히려 어떤 목적, 즉 히브리서 9:15의 서술처럼 부르심을 받은 사람들이 받아들이도록 하시려는 목적을 위해 그리스도의 죽음은 계획되었다.

요한복음에는 그리스도를 미워했음에도 십자가의 구원 목적을 심지어 증언하는 사람이 나온다.

"그 중의 한 사람 그 해의 대제사장인 가야바가 그들에게 말하되 너희가 아무 것도 알지 못하는도다 한 사람이 백성을 위하여 죽어서 온 민족이 망하지 않게 되는 것이 너희에게 유익한 줄을 생각하지 아니하는도다 하였으니 이 말은 스스로 함이 아니요 그 해의 대제사장이므로 예수께서 그 민족을 위하시고 **또 그 민족만 위할 뿐 아니라 흩어진 하나님의 자녀를 모아 하나가 되게 하기 위하여 죽으실 것을 미리 말함이러라**"(요 11:49-52).

다른 말로 하면 예수님은 단지 유대인뿐 아니라 온 세상의 모든 하나님의 자녀를 위해 이 땅에 오셨다. 이런 맥락에서 우리는 그리스도께서 세상을 위해 죽으셨다(요 1:29)고 말할 수 있다. 즉, 그리스도께서 유대 민족을 위해(요 11:51) 죽으셨고 또 모든 족속들과 나라들(계 5:9)을 위해 죽으셨다고 말할 수 있다. 그러나 그 가운데 그분의 양이 아닌 사람들, 즉 바로나 유다나 네로와 같이 믿음 없이 죽은 자들을 위해서는 그리스도께서 죽으셨다고 말할 수 없다.

그렇지만 예수님의 죽으심은 모든 나라, 모든 인종의 사람들을 위해 참으로 유효하다. 유대인이나 헬라인이나 종이나 자유인이나 남자나 여자나 왕이나 소작농(딤전 2:1-6)이나 말이다. 그러나 밀이 곳간으로 모이는 영광스러운 그날에 천국에서는 그리스도께서 왜 쭉정이와 잡초들을 위해 죽지 않으셨는지 크게 궁금해할 사람이 없을 것이다.[2]

세상은 '전 인류'를 의미하는가?

그러나 그리스도께서 세상 죄를 위해 죽으셨다고 가르치는 구절들은 어떻게 생각하는가? 그리스도께서 모든 인간을 위해 죽으셨다고 가르치는 것이 아닌가? 요한은 "그는 우리 죄를 위한 화목제물이니 우리만 위할 뿐 아니요 온 세상의 죄를 위하심이라"(요일 2:2)고 말한다.

어느 쪽이 분명한 진리일까? 예수님께서 모든 사람의 죄를 위해 죽으셨다.

---

[2] 속죄의 본질에 대한 더 깊은 연구를 위해 다음을 보라. 마 1:21; 20:28; 26:28; 눅 19:10; 요 17장; 행 20:28; 롬 3:24, 25; 5:8-10; 8:32-34; 고후 5:18, 19, 21; 갈 1:3, 4; 3:13; 엡 1장; 2:15, 16; 골 1:13, 14, 21, 22; 딤전 1:15; 딛 2:14; 3:5, 6; 벧전 2:24; 3:18; 히 2:17; 3:1; 9:12, 14, 15, 28; 계 5:9.

맞는가? 아니다. 이 구절에서 말하는 것은 그런 뜻이 아니다. 왜 그런지 알아보기 위해 관련된 부분들을 단순한 명제로 줄여보자.

― 예수님은 온 세상의 죄를 위한 화목제물이시다.

우리는 예수님이 누구신지 안다. 그런데 화목제물이란 무엇일까? 그리스도께서 죄를 위한 '화목제물'이 되셨다는 성경 구절의 의미는 우리의 죄로 인해 초래되었던 하나님의 진노를 그리스도께서 돌이키셨다는 뜻이다. 그리스도께서 화목제물이 되셨을 때 그분은 하나님의 공의가 요구하는 것을 완전하게 충족시키셨다. 그래서 이제 그 명제를 아래와 같이 읽을 수 있다.

― 예수님은 온 세상의 죄로 인한 하나님의 진노를 돌이키셨다.

이 문장에서 무언가 빠진 개념이 있는가? 그렇지 않다. 요한은 만약 세상이 믿으면 예수님께서 화목제물이 되신다고 말하지 않는다. 그는 세상에서 하나님의 진노가 돌이키셨다고 단순하게 진술한다.

이 본문이 전력을 다해 하는 말을 듣는다면 우리는 문제가 무엇인지 분명히 알게 될 것이다. 이 구절은 만일 그들이 믿는다면, 세상에 있는 모든 사람들을 위해 그리스도께서 화목제물이 될 잠재력 또는 가능성을 가져오신다고 가르치지 않는다. 그리스도께서 실제로 온 세상의 죄를 위한 화목제물이 되셨다고 가르친다.

신약성경에서 **화목제물**이란 단어는 항상 하나님의 진노를 실제적으로 벗어나는 문제와 관련이 있다. 그리고 **세상**이라는 단어는 여러 가지 의미를 지닌다. **세상**이라고 번역된 헬라어 단어는 **코스모스**(kosmos)인데 신약성경에서는 적어도 일곱 가지 방식으로 사용되었다. 그것은 다음과 같다.

1) 전체로서 우주(universe)(행 17:24)
2) 지구(요 13:1; 엡 1:4).

3) 세상 체계(요 12:31; 요일 2:15)

4) 전 인류(롬 3:19)

5) 신자를 포함하지 않는 인류(요 15:18)

6) 유대인과 대조를 이루는 이방인들(롬 11:12)

7) 하나님의 종말적이며 구속적인 계획의 빛 가운데 있는 인류(요 3:16, 17; 6:33)[3]

우리는 4)번 정의를 근거로 예수님께서 마지막 한 사람도 빠짐없이 모든 사람을 위해 화목제물이 되셨다고 주장하기 쉽다. 그런데 이 정의는 과연 요한일서 2:2에 적절한가? 왜 6)번이나 7)번 정의로 **세상**이라는 단어를 이해하지 않는가? 특별히 요한은 유대인과 이방인의 대조, 그리고 이 위대한 종말적 소망에 대해 자주 언급했다. 그런데도 4)번 정의로 이해해야 할까? 예수님께서 세상을 위해 죽으셨다는 말은 매우 성경적이며, 또한 그리스도의 죽으심은 유효하므로 이런 의미에서 세상은 구원을 받을 것이다.[4] 세상에 하나님의 진노는 떨어지지 않을 것이다. 그렇게 될 것이다.

그리스도를 잠재적 화목제물이 아닌, 온 세상 죄를 위한 화목제물이라 말하는 이 구절에서 **세상**을 모든 인류로 해석한다면 우리는 모든 사람이 구원받는다는 만인구원설(universalism)에 빠지게 될 것이다. 다시 말해 만약 그리스도의 죽으심이 하나님의 진노를 모든 인간으로부터 돌려지게 한다면 모든 사람은 구원을 받는다. 그러나 이미 알듯이 성경은 그렇게 가르치지 않는다. 그러므로 요한일서 2:2의 **세상**이라는 단어는 이 땅에 존재하는 마지막 한 사람까지를 가리킨다고 할 수 없다.

---

[3] "주어진 구절에서 **세상**이라는 단어의 정확한 뜻을 파악하기란 결코 일반적으로 생각하는 것만큼 쉽지 않다." (A. W. Pink, *The Sovereignty of God* [Grand Rapids: Baker, 1930], 253).

[4] 이 논쟁은 우리를 종말론, 특히 후천년설이 희망하는 영역으로 이끈다. 상당수의 개혁주의 그리스도인들 또한 하나님께서 세상 전체를 구원하신다고 생각한다는 것 정도로만 말해두자. "성경이 지속적으로 풍부하게 증거하는 것은 하나님의 나라는 땅을 가득 채운다는 것이다. '바다에서 바다로, 강에서 흘러 땅의 끝까지.'" (Loranie Boettner, *The Reformed Doctrine of Predestination* [Philadelphia: Presbyterian and Reformed, 1963], 132).

모든은 '전부'를 뜻하는가?

디모데전서 2:3, 4도 요한일서 2:2만큼이나 흥미롭다. "이것이 우리 구주 하나님 앞에 선하고 받으실 만한 것이니 하나님은 **모든 사람이 구원을 받으며** 진리를 아는 데에 이르기를 원하시느니라."

이 구절은 지금까지 우리가 말한 모두를 반박하는 듯 보인다. 하나님께서 모든 사람이 구원받기를 원하신다는 말은 아직 모든 사람이 구원받지 못했다는 뜻이다. 그러면 죄악 된 인간이 하나님의 구속 사역을 거절했다는 말은 참이 될 수 없는가? 그렇다면 우리가 어떻게 하나님께서 모든 것을 주관하신다고 진실로 말할 수 있나?

이 구절에서 '모든'으로 번역된 헬라어 단어는 **파스**(pas)이다. 이 단어는 적어도 세 가지 방식으로 사용된다.

첫째, **모든**이라는 단어는 보편적 의미에서 예외 없이 특정 계층의 모든 구성원을 가리키는 말로 사용될 수 있다. 앞에서 본 것처럼 아담의 죄는 예외 없이 모든 그의 후손들을 죄의 비참함과 죽음으로 빠뜨렸다(롬 5:17-19).

둘째, **모든**이라는 단어는 때때로 과장법적 의미에서 특정 계층의 많은 수를 가리키는 말로, 곧 **많은**의 동의어로 사용될 수 있다. 예를 들어 그리스도께서 제자들에게 모든 사람이 그들을 미워할 것(마 10:22)이라 말씀하셨을 때 주님은 인류 전체가 그들을 미워하게 될 것을 의미하시지 않았다. 제자들의 동료인 그리스도인들은 이런 식으로 그들을 미워하지 않을 것이기 때문이다. 그리스도께서는 자신 때문에 많은 불신자들이 신자들을 미워할 것이라 강조하기 위해 의도적으로 과장법을 사용하셨다.

셋째, **모든**이라는 단어는 설명적인 의미로써 온갖 종류의(all kinds of) 또는 온갖 부류(all sorts of)를 가리키는 말로 사용될 수 있다. 예를 들어 그리스도께서 갈릴리에서 '모든' 병자와 '모든' 약한 자를 고치셨다는 마태의 기록에 대해 성경 번역자들은 매우 적절히 **모든**을 '모든 종류의'라는 의미로 옮긴다. "예수께서 온 갈릴리에 두루 다니사 그들의 회당에서 가르치시며 천국 복음을 전파하시며 백성 중의 **온갖 병과 온갖 약한 것**을 고치시니"(마 4:23).

이처럼 '모든'은 세 가지 의미가 가능하므로 보편적 의미로서의 '모든'을 디모데전서 2:3, 4에 적용할 수 없다. 자칫 만인구원설로 흐르기 때문이다. 만약 하나님께서 '모든' 사람을 구원하기로 절대적으로 작정하셨다면, 또 여기의 '모든'이 '예외 없는 모든'을 의미한다면, 모든 사람은 결국 구원받을 것이다. 그러나 우리가 이미 알아보았듯 모든 사람이 다 구원받지는 않을 것이다. 그러므로 여기서 '모든'이라는 단어는 보편적 의미로 받아들일 수 없다.

그렇다면 과장법이나 설명적인 의미로써는 어떤가? 두 가지 모두 적절하다. 하나님께서 '많은' 사람이 구원받기를 원하신다는 말은 참이다. 또 하나님께서 '모든 부류의' 사람들이 구원받기를 원하신다는 말도 참이다.

둘 다 적절하긴 하지만 설명적 의미가 특별히 잘 어울리는 것 같다. 바울은 이 장을 시작하며 '모든 사람'을 위해 기도하기를 강력히 권고한다. 그가 '모든'을 어떻게 사용하는지 주목하라. "그러므로 내가 첫째로 권하노니 **모든 사람**을 위하여 간구와 기도와 도고와 감사를 하되 **임금들과 높은 지위에 있는 모든 사람**을 위하여 하라 이는 우리가 모든 경건과 단정함으로 고요하고 평안한 생활을 하려 함이라"(1, 2절). 이 구절의 문맥은 '모든'이라는 단어를 설명적 의미에서 받아들여야 한다는 결론에 힘을 더한다.

또한 '모든'의 설명적 의미는 신약성경의 공통된 주제, 즉 특별한 인종이나 성별이나 사회적 계층을 가리지 않는 복음과 일치한다. 그리스도 안에서는 유대인이나 헬라인이나 백인이나 흑인이나 종이나 자유인이나 남성이나 여성이나 왕이나 영세 농민이나 그 어떤 구별도 없다(갈 3:28). 그러므로 그리스도인으로서 우리는 모든 부류의 사람들을 위해 기도하도록 지도를 받는다.

바울은 계속해서 특별한 계층 또는 포함될 수 있는 사람의 범주, 즉 임금들과 높은 지위에 있는 모든 사람을 명시한다. 그런데 우리는 왜 모든 부류의 사람을 위해 기도해야 하는가? 이 질문은 우리를 다시 처음의 구절로 이끈다. 그것은 하나님께서 모든 사람이 구원받기를 원하시기 때문이다. 따라서 '모든 부류의 사람'은 디모데전서 2:4에 있는 **파스**(pas)의 의미와 완전하게 맞아떨어지는 번역이다. 이 해석은 신약성경의 더 큰 문맥뿐만 아니라 근접 문맥과도 꼭 맞는다.

1세기 교회의 가장 큰 논란 중 하나가 먼저 유대인이 되지 않고도 그리스도인이 될 수 있는지를 묻는 것이었음을 결코 잊지 말아야 한다. 교회는 그 질문에 성경적으로 대답했다. 곧 유대인이 되는 것은 구원의 전제조건이 아니라는 것이다.

그리스도께서는 유대인만을 위해 오시지 않았다. 모든 부류의 사람을 위해 오셨다. 그리스도께서는 부유한 자만을 위해 오시지 않았다. 모든 부류의 사람을 위해 오셨다. 그리스도께서는 가난한 자만을 위해 오시지 않았다. 모든 부류의 사람을 위해 오셨다. 이것이 디모데전서 2:4을 포함해 그리스도께서 모든 사람을 위해 죽으셨다고 가르치는 여러 구절들이 밝히는 강조점이다.

연구 질문

1. 죄인을 위해 그리스도의 십자가가 한 일을 바라보는 두 가지 기본적 관점은 무엇인가? 그것들은 서로 어떻게 다른가?

2. 다음 구절들에 따르면 그리스도께서는 누구를 위해 죽으셨나? 마 1:21; 20:28; 26:28; 요 11:50-53; 행 20:28; 롬 5:8-10; 8:32-34; 고후 5:18-21; 갈 1:3, 4; 3:13; 엡 1:3-12; 2:14-16; 5:25-27; 골 1:2, 13, 14, 21, 22; 히 2:17; 3:1; 9:15, 28; 딛 2:14; 벧전 2:24; 3:18; 계 1:5

3. 특별히 당신을 구원하고자 그리스도께서 죽으셨음을 아는 일이 당신의 믿음이 든든해지는 데 어떤 도움이 되는가? 당신에게 어떻게 위안을 주는가?

제 6 장

성령의 유효한 부르심

사람은 자신의 죄로 죽으며 자기 자신의 부활을 이루거나 열망하는 데 전적으로 무능함을 알아보았다. 하지만 하나님 아버지께서는 큰 자비와 긍휼로 진노 가운데 있는 죄인들 중 어떤 이들을 영생을 얻을 자로 선택하셨다. 이 선택 또는 택하심은 창세전, 곧 시간이 시작되기 전에 이루어졌다.

성부 하나님께서 구원하기로 택하신 이들을 위해 성자 하나님께서는 육체를 입고 이 땅에 오셔서 그들의 구원을 값 주고 사셨다. 그리스도께서는 아버지의 뜻을 행하러 왔다고 말씀하셨는데(요 6:38) 아버지의 뜻은 바로 그리스도께서 성취하신 그 일이다. 그리스도께서는 아버지께서 주신 자들을 구원하기 위해 죽으셨다.

성령에 의한 중생

이제 우리는 그리스도께서 대신 죽으심으로써 이루신 사람들의 구원이 어떻게 적용되는지 생각할 때가 되었다. 즉, 우리의 중생 안에 역사하신 성령 하나님의 역사를 말이다.

디도서 3:5에서 바울은 성부께서 선택하심으로 성자께서 대신해 피 흘려 죽으신 자들을 중생시키는 성령의 적극적인 역할에 대해 희미한 빛을 던진다.

"우리를 구원하시되 우리가 행한 바 의로운 행위로 말미암지 아니하고 오직 그의 긍휼하심을 따라 **중생의 씻음과 성령의 새롭게 하심으로 하셨나니**."

선택받은 사람들의 구원은 오래전에 정해졌다. 그들의 수 역시 오래전에 정해졌으며 변경될 수 없다. 하나님께서는 택함받은 자들을 아신다. 그러나 성령께서 그들의 삶을 초자연적으로 변화시켜 그 신분을 나타내기 전까지 우리는 그들을 알 수 없다. 이 변화는 성령께서 그들을 중생시키실 때 시작된다. 성령께서는 계속해서 그들을 거룩하게 하시며 그들이 영화되기까지 그들을 인 치신다.

베드로는 그의 첫 서신에서 참 신자들을 다음과 같이 언급하며 성부와 성자와 성령의 구원하시는 역사에 대해 암시한다. "곧 하나님 아버지의 미리 아심을 따라 **성령이 거룩하게 하심으로** 순종함과 예수 그리스도의 피 뿌림을 얻기 위하여"(벧전 1:2).

성부께서 택하심으로 성자께서 값 주고 사신 사람들은 성령에 의해 인침을 받고 구별된다. 구원의 아름다움은 그 논리적 일관성뿐만 아니라 구원의 외적 역사 가운데 우리가 보는 삼위일체 하나님의 조화 속에서도 찾을 수 있다.

성부, 성자, 성령께서는 동일 집단의 사람들의 구원이라는 동일한 목적을 위해 함께 역사하신다. 이는 성부께서 구원을 위해 일부 사람을 선택하시나, 성자께서는 모든 사람의 구원을 값 주고 사시려 혼자 훌쩍 떠나신다는 것이 아니다. 성령께서도 아무나가 아니라 성부께서 변화시키기로 구별하신 자들을 변화시키신다. 성부, 성자, 성령께서는 **하나**이시다. 비록 한 분 한 분이 우리가 구원받는 데 저마다 다른 역할을 성취하시지만 그 완전한 조화 가운데 사역을 이루신다.

성령에 의한 중생은 앞서 논의된 진리, 곧 거듭나기 전에 우리는 우리 죄악으로 죽었다는 진리와 일치한다. 다시 말해 우리를 죽음에서 일으키시려 성령께서 우리 안에 역사하신다는 뜻이다. 영적으로 죽은 우리는 확실히 이 사역에 있어 그분과 협력할 수 없다. 성령께서는 스스로의 능력과 의지로 우리를 부활시키신다. 예수님께서 나사로를 죽음에서 일으키셨을 때 그것은 주님과 나사로가 함께 이룬 역사가 아니었다. 그 능력은 분명 나사로 안에서 나타났지만 나사로에 의해 이루어진 역사는 아니었다.

마찬가지로 성령께서 우리를 일으키셔서 새 생명 가운데 행하게 하실 때 그분의 능력은 분명 우리 안에 나타나지만, 우리의 부활은 우리에게서 비롯된 것이 아니다. 성경은 이러한 죽음에서의 부활을 거듭남이라 부른다. "예수께서 대답하시되 진실로 진실로 네게 이르노니 사람이 물과 성령으로 나지 아니하면 하나님의 나라에 들어갈 수 없느니라 **육으로 난 것은 육이요 영으로 난 것은 영이니**"(요 3:5, 6).

거듭남에 대해 성경이 어떻게 그리는지 보라. 모두 분명한 순서로 일어난다. 태어나지 못한 자가 노력한다고 태어나는 게 아니듯, 죽은 자는 자신의 부활에 관여할 수 없다. 나는 1953년에 있던 나의 육체적 출생에 관해 누구와 어떤 상의조차 한 적 없다. 마찬가지로 나는 나의 거듭남에 있어서도 상의한 것이 없다. 오직 성령의 역사가 생명을 가져왔다. 지나치게 단순화하는 것 같은 위험을 무릅쓰고 말하자면, 성령께서 생명을 가져오시지 않는다면 거기에 생명은 없다. 성령께서 생명을 주신다(고후 3:6).

거듭남의 증거

성령께로부터 새 생명을 받은 후 우리는 새 생명을 따라 사는 자들이 된다. 우리는 새 생명을 받고 실행하며 사는 것을 경험하는 자들이다. 성령께서 생명을 주셨기에 생명의 증거는 즉시 분명하게 나타난다.

그렇다면 성령께서 행하신 유효한 역사의 첫 증거는 무엇인가? 성령으로 인해 되살아난 사람의 첫 징후는 회개와 믿음이다. 많은 사람이 잘못 생각하는데 거듭남은 회개와 믿음의 결과가 아니다. 사실은 거꾸로다. 회개와 믿음은 하나님께서 성령을 통해 주시는 선물이다. 말이 마차를 끌어야지 마차가 말을 끌어서는 안 된다.

이렇게 반문하는 사람이 있을지도 모르겠다. 우리가 반드시 회개해야 하고 우리가 반드시 믿어야 한다면 그것이 어떻게 하나님의 선물인가? 혹은 하나님께서 주셔야만 가능하다면 과연 회개와 믿음을 우리의 것이라 부를 수 있는 가? 답은 이렇다. 회개와 믿음은 하나님께서 우리에게 주셨으므로 우리의 것이다. 만일 하나님께서 주시지 않았다면 우리는 결코 그것들을 소유할 수 없다. 다시 한 번 우리는 이 쟁점에 대한 성경의 해결책을 받아들여야 한다.

"**이스라엘에게 회개함과 죄 사함을 주시려고** 그를 오른손으로 높이사 임금과 구주로 삼으셨느니라"(행 5:31). 다시 "그들이 이 말을 듣고 잠잠하여 하나님께 영광을 돌려 이르되 그러면 하나님께서 이방인에게도 생명 얻는 **회개를 주셨도다** 하니라"(행 11:18).

바울은 하나님께서 그들에게 회개의 선물을 주시기를 소망하면서 잘못된 가르침을 받은 사람들을 교정하고자 신자들을 권고했다. "거역하는 자를 온유함으로 훈계할지니 **혹 하나님이 그들에게 회개함을 주사** 진리를 알게 하실까 하며 그들로 깨어 마귀의 올무에서 벗어나 하나님께 사로잡힌 바 되어 그 뜻을 따르게 하실까 함이라"(딤후 2:25, 26).

구원하는 믿음에 대해서도 똑같이 말할 수 있다. 그것 역시 하나님의 선물이다. 구원하는 믿음이 우리에게서 나오지 않음은 누구도 그것을 자랑치 못하게 하려 함이다. 바울이 빌립보에서 복음을 전했을 때 루디아에게 구원이 주어진 순서에 주의하라. "두아디라 시에 있는 자색 옷감 장사로서 하나님을 섬기는 루디아라 하는 한 여자가 말을 듣고 있을 때 **주께서 그 마음을 열어** 바울의 말을 **따르게** 하신지라"(행 16:14).

주님께서 선으로 루디아의 마음을 여셨기 때문에 루디아는 믿었다. 바울의 설교에 대한 루디아의 반응에 앞서 주님께서 그 마음에 역사하신 것이지 그 반대가 아니다. 바울은 후에 빌립보 교회에 보내는 서신에서 믿음의 선물에 대해 이렇게 말했다. "그리스도를 위하여 너희에게 은혜를 **주신** 것은 다만 **그를 믿을 뿐 아니라** 또한 그를 위하여 고난도 받게 하심이라"(빌 1:29). 하나님께서는 빌립보 교인들에게 고난의 특권과 마찬가지로 믿음을 주셨다. 둘 다 하나님의 선물이었다.

믿음에 대한 동일한 강조가 아가야에서 그리스도인들에게 주어진다. 성경은 아볼로가 아가야에서 사역하면서 하나님께서 은혜로 말미암아 구원하신 사람들에게 유익을 주었다고 말한다. "아볼로가 아가야로 건너가고자 함으로 형제들이 그를 격려하며 제자들에게 편지를 써 영접하라 하였더니 그가 가매 은혜로 말미암아 믿은 자들에게 많은 유익을 주니"(행 18:27).

누가는 아가야에 있는 사람들이 '은혜를 믿었다'고 말하지 않는다. 오히려 '은혜로 말미암아', '은혜에 의해' 그들이 믿었다고 말한다. 즉 하나님께서 그들에게 은혜를 주셨고 그 은혜가 그들의 믿음을 낳았다. 믿음은 하나님의 선물이라는 성경의 명쾌한 가르침 덕분에 우리는 에베소서 2:8, 9을 그 분명한 의미대로 받아들일 수 있다. "너희는 그 은혜에 의하여 **믿음으로** 말미암아 구원을 받았으니 **이것은** 너희에게서 난 것이 아니요 **하나님의 선물이라** 행위에서 난 것이 아니니 이는 누구든지 자랑하지 못하게 함이라."

바울은 은혜로 받는 구원의 순수성을 유지하는 데 대단한 열정을 보였다. 그는 인간의 공로가 그럴 듯한 방식으로 은근히 그 과정 중에 스며들려는 것을 알았다. 이 구절에서 바울은 '적어도 나는 믿기 위해 선한 의식을 지니고 있다'고 생각하면서 믿음을 자신의 공로로 여기는 사람이 생기지 않도록 경계하는 듯하다.[1] 하나님께서 주시지 않는다면 누구도 믿음을 가질 수 없다. 그러므로 누구도 구원을 자신의 공로로 여길 수 없다.

정하신 자를 부르심

회개와 믿음이 하나님의 선물이라는 가르침에 더해 성경은 하나님께서 우리를 그분의 빛 안으로 부르신다고 강조한다. 성경이 반복해서 그리스도인을

---

1) 어떤 사람들은 엡 2:8에서 '저것'과 '이것'으로 번역된 헬라어 용어가 '믿음'이 아니라 '은혜'와 관련된 것이라며 논쟁한다. 예를 들어 클락 핀녹(Clark Pinnock)은 "많은 경우 엡 2:8은 믿음이 선물이라는 증거 구절로 주어진다. 그러나 선행사들은 성에 일치해야 하므로 대명사 '이것'의 헬라어 어형의 성은 선행사로 '믿음'보다는 오히려 '은혜'가 맞다"고 언급했다(Clark Pinnock, ed., *Grace Unlimited* [Minneapolis: Bethany Fellowship, 1975], 200). 그러나 반대로 고든 클락(Gordon Clark)은 핀녹과 같이 논쟁하는 저자들은 "이 같은 문장 구조에서 자주 절대형 여성 명사는 중성을 취한다는 사실을 알지 못한다"고 적절하게 지적한다(Gordon Clark, *Predestination* [Phillipsburg, N.J.: Presbyterian and Reformed, 1987], 153).

'부름받은 자'라 밝히는 데 주목하라. 택하심을 입은 각 사람의 구원의 때가 이르면 하나님께서는 오래전에 마련하신 구원으로 그들을 부르신다. "너희도 그들 중에서 예수 그리스도의 것으로 **부르심을 받은** 자니라 로마에서 하나님의 사랑하심을 받고 **성도로 부르심을 받은** 모든 자에게"(롬 1:6, 7).

선택은 창조 전에 있었고 속죄 역시 오래전에 성취되었다. 그러나 부르심은 누군가가 회심할 때마다 일어난다. 이것은 우리 가운데서 그리고 우리를 위해 하나님께서 역사하시는 중요한 지점이다. "또 미리 정하신 그들을 또한 **부르시고 부르신** 그들을 또한 의롭다 하시고 의롭다 하신 그들을 또한 영화롭게 하셨느니라"(롬 8:30). 성령께서는 홀로 사람들을 부르실 때 십자가에 못 박힌 그리스도의 복음을 도구로 사용하신다. "우리는 십자가에 못 박힌 그리스도를 전하니 유대인에게는 거리끼는 것이요 이방인에게는 미련한 것이로되 오직 **부르심을 받은** 자들에게는 유대인이나 헬라인이나 그리스도는 하나님의 능력이요 하나님의 지혜니라"(고전 1:23, 24).

복음을 듣는 모든 사람이 복음을 이해하진 않는다. 바울 당시 유대인들은 복음에 걸려 넘어졌고 헬라인들은 뜻 모를 말이라 생각했다. 그러나 부르심을 받은 자에게는 복음이 하나님의 능력과 지혜이다. 모든 사람이 다 부르심을 받지 않았다는 사실에 주의하라. 이 부르심은 유효하다. 즉, 유효한 부르심이다. 이 말씀을 듣는 자는 얼마가 되었든 모두 영원히 구원을 받는다.[2]

영원한 보장

자신이 받은 구원을 잃어버릴 수 있는지 궁금해하는 그리스도인이 많다. 그러나 지금까지 논의한 것들을 생각했을 때 우리는 이것이 올바른 질문이 아니

---

2) 은혜로 얻는 부활에 대한 더 깊은 연구를 위해 다음 구절들을 보라. 신 30:6; 겔 36:26, 27; 마 11:25-27; 13:10, 11, 16; 눅 8:10; 10:21; 요 1:12, 13; 3:3-8; 5:21; 6장; 17:2; 행 13:48; 롬 1:6, 7; 9:23, 24; 고전 1; 6:11; 고후 3:17, 18; 5:17, 18; 갈 1:15, 16; 6:15; 엡 2:1-10; 4:4; 골 2:13; 빌 2:12, 13; 딤후 1:9; 히 9:15; 약 1:18; 벧전 1:3, 15, 23; 2:9; 5:10; 벧후 1:3; 요일 5:4, 20; 유 1; 계 17:14.

라는 것을 알 수 있다. 바른 질문은 이것이다. 하나님께서 그리스도인을 잃어버리실 수 있는가?

　구원은 자동차 열쇠처럼 우리가 여기 두었다 저기 두었다 할 수 있는 소유물이 아니다. 영원에서 선택받고 십자가에 의해 값 주고 사신 바 되었으며 죽음에서 일으킴을 받은 사람은 그 결과 하나님의 영원한 소유가 된다. 우리는 우리 자신의 것이 아니다. 우리는 값 주고 사신 바 되었다(고전 6:20; 7:23). 하나님께서 택하신 것이다. 하나님께서 우리를 택하셨으므로 그분이 우리를 지키신다.

　만약 구원을 잃어버릴 수 있다면 그것은 하나님께서 잃어버리는 것이지 우리가 아니다. 하나님께서는 성경의 많은 곳에서 자기 사람을 잃어버리지 않는다고 확언하신다.

　'영원한 보장'은 위로로 가득한 교리이다. 이 교리는 모래 위에 세워질 수 없다. 즉 하나님께서 우리를 택하셨고 그리스도께서 우리를 사셨으며 성령께서 우리를 죽은 자 가운데서 일으키셨다는 사실이 주는 확신을 제거한다면, '영원한 보장'에 대한 기반은 성경 어디서도 찾을 수 없다.

　삼위일체 하나님의 구원하시는 역사를 제외한 채 '영원한 보장'을 믿는다면 육적인 위로만을 얻게 될 것이다. 이는 주님과 함께하는 영원한 집을 기대하면서도 마귀처럼 사는 외형만 그리스도인인 사람들을 인정하는 생각이다. 하나님의 완전한 계획에 의해 신자의 보장이 뒷받침되지 않는다면 그것은 죄를 완화시키거나 둔감하게 하는 부정직한 도구가 될 수밖에 없다.

　성경은 아주 분명하게 신자의 보장을 하나님 안에 두라고 말한다. 우리는 우리 자신을 구원하지 않았고 받은 구원을 지킬 수도 없다. 바울이 이 점을 어떻게 강조하는지 귀를 기울이라.

"누가 정죄하리요 죽으실 뿐 아니라 다시 살아나신 이는 그리스도 예수시니 그는 하나님 우편에 계신 자요 **우리를 위하여 간구하시는** 자시니라 **누가 우리를 그리스도의 사랑에서 끊으리요** 환난이나 곤고나 박해나 기근이나 적신이나 위험이나 칼이랴 기록된 바 우리가 종일 주를 위하여 죽임을 당하게 되며 도살 당할 양

같이 여김을 받았나이다 함과 같으니라 그러나 이 모든 일에 우리를 사랑하시는 이로 말미암아 우리가 넉넉히 이기느니라 내가 확신하노니 사망이나 생명이나 천사들이나 권세자들이나 현재 일이나 장래 일이나 능력이나 높음이나 깊음이나 다른 어떤 피조물이라도 우리를 우리 주 그리스도 예수 안에 있는 하나님의 사랑에서 **끊을 수 없으리라**"(롬 8:34-39).

이 구절은 창조된 그 무엇도 우리를 그리스도 안에 있는 하나님의 사랑에서 끊을 수 없다고 가르친다. 바울이 본문에서 나열한 요소들은 이 진리를 반박하는 사람들이 구원을 위협하는 외부적인 요소로 흔히 주장했던 것들이다. 그들의 주장대로라면 우리는 떠나기를 결정함으로써 그리스도 안에 있는 하나님의 사랑에서 우리 자신을 끊을 수 있다. 그러나 참된 신자가 왜 그런 어리석은 짓을 하겠는가? 바울이 나열한 모든 요소, 즉 생명, 사망, 영적 세력들, 장래 일, 어떤 피조물 등으로 생길 유혹에 대응하는 것이 낫지 않겠는가?

게다가 우리의 결정 역시 이 목록에 포함된다. 우리 역시 피조물이기 때문이다. 그러므로 우리는 그리스도 안에 있는 하나님의 사랑에서 우리를 끊을 수 없다. 우리의 장래 결정은 장래 일들 가운데 틀림없이 있을 것이며, 그것들은 우리를 그리스도 안에 있는 하나님의 사랑에서 끊을 수 없다. 그리스도의 말씀을 다음처럼 완화해보자. 우리가 정말 그 말씀을 믿지 않고 위로를 받을 수 있을까? "기운을 내라. 내가 세상을 이기었노라. 세상이 너희를 이기지 못한다는 것을 너희가 확신한다면 말이다. 물론, 그렇겠지?"

그리스도께서는 자신의 소유를 지키신다고 약속하셨다. 우리는 주님의 양이고 주님은 선한 목자로서 우리를 안전하게 지키실 것을 약속하셨다. "내 양은 내 음성을 들으며 나는 그들을 알며 그들은 나를 따르느니라 내가 그들에게 영생을 주노니 영원히 **멸망하지 않을 것이요** 또 그들을 내 손에서 **빼앗을 자가 없느니라** 그들을 주신 내 아버지는 만물보다 크시매 아무도 아버지 손에서 빼앗을 수 없느니라"(요 10:27-29).

우리의 보장은 우리의 신실함에 달려있지 않다. 하나님과 하나님 말씀의 신실함에 달려있다. 우리 자신의 수단을 의지한다면 우리는 남아있지 못할 것이다. 우리는 우리 자신의 손안에 있지 않다. 우리는 그리스도와 성부 아버지의 손안에 있다. 우리는 영원한 천국에서 제거될 수 없다.

하나님께서 선택하시는 사랑 안에서 미리 아신 바 된 사람들은 마침내 그리스도의 형상을 따르게 된다. "하나님이 미리 아신 자들을[3] 또한 그 아들의 **형상을 본받게 하기** 위하여 **미리 정하셨으니** 이는 그로 많은 형제 중에서 맏아들이 되게 하려 하심이니라 또 미리 정하신 그들을 또한 부르시고 부르신 그들을 또한 의롭다 하시고 의롭다 하신 그들을 또한 영화롭게 하셨느니라"(롬 8:29, 30).

다가올 영광에 대한 하나님의 약속만으로도 충분하지만 은혜가 많으신 하나님께서는 자신의 말씀을 자신의 영을 통해 우리 마음에 인치기까지 하셨다. "그 안에서 너희도 진리의 말씀 곧 너희의 구원의 복음을 듣고 그 안에서 또한 믿어 약속의 성령으로 **인치심**을 받았으니 이는 **우리 기업의 보증**이 되사 그 얻으신 것을 속량하시고 그의 영광을 찬송하게 하려 하심이라"(엡 1:13, 14).

하나님께서는 우리가 실력을 충분히 발휘하여 특정 조건을 충족시키면 우리를 지키겠다고 약속하지 않으신다. 하나님의 주권적인 은혜만이 우리를 정해진 방향대로 가도록 하며 목적지까지 안전하게 도착하도록 보장한다. 이것이 우리의 목적지가 예정인 이유이다. 하나님께서는 우리가 출생하기도 전에 그 문제를 해결하셨다. 그래서 우리의 신실함은 우리의 확신의 근거가 아니다. 오히려 우리의 확신이 우리의 신실함의 근거이다. 이것은 신실하지 않은 신자들에게 그가 진짜 확신을 가졌는지 질문할 수 있는 좋은 근거가 된다.

하나님을 사랑한다고 말하면서 그의 형제를 미워하는 사람은 거짓말쟁이다. 즉 그의 안에는 진리가 없다(요일 4:20; 2:4). 어떤 사람이 자신에게는 영원한 보장이 있다고 말하면서 마귀처럼 산다면 그가 원하는 대로 주장하도록 내버려두라! 그런 주장들은 구원을 가져오지 않는다. 주 예수 그리스도만이 구원

---

[3] '하나님이 미리 아신 자들을'이라는 구문은 "'그가 관계를 설정한 사람들' 혹은 '그가 영원부터 구별하는 보살핌과 큰 즐거움으로 알아온 사람들', 그리고 사실상 동등한 의미인 '그가 미리 사랑한 사람들'을 의미한다."(David N. Steele and Curtis C. Thomas, *The Five Points of Calvinism* [Phillipsburg, N.J.: Presbyterian and Reformed, 1963], 87).

하시며 그분께서 구원하신 자들을 변화시키신다.

어떤 사람들은 이 진리를 오용하려 하지만 불가능한 일이다. 왜냐하면 성부께서 자기 백성을 거룩하게 하려고 예정하셨고, 그들이 영화되기까지 거룩함 가운데 그들을 안전하게 지키시려 미리 정하셨다는 것이 진리의 전부이기 때문이다. 이렇게 멋진 교리가 도덕률폐기론자와 율법주의자에 의해 죄에 대한 방종으로 해석되는 걸 보면, 우리가 성경 안에 자신을 계시하신 하나님께 굴복하지 않을 때 얼마나 쉽게 정도에서 벗어나는지 알 수 있다.

예를 들어 누군가가 스미스는 익사하는 데서 구출받기로 예정되어 있으며 그 여생은 사하라에서 보내기로 정해졌다고 말했다 하자. 그런데 반대자가 나타나 "만약 그것이 사실이라면 스미스가 태평양 밑바닥에 가라앉는 일을 막을 것은 아무것도 없겠네"라고 비꼬며 말한다고 가정해보자. 반대자의 말은 그가 요점을 완전히 놓쳤음을 나타낼 뿐이다.[4]

---

4) 자신의 성도들을 지키시는 하나님의 보존에 대해 더 알고 싶다면 다음 구절들을 보라. 시 34:7; 사 43:1-3; 54:10; 렘 32:40; 겔 11:19, 20; 마 18:12-14; 24:24; 눅 10:20; 요 3:16, 36; 4:14; 5:24; 6:47, 51; 17:11, 12, 15; 롬 5:8-10; 8:1; 14:4; 고전 1:7-9; 고후 4:8, 9; 엡 1:5, 13, 14; 4:30; 빌 1:6; 골 3:3, 4; 살전 5:23, 24; 살후 3:3; 딤후 2:19; 4:18; 히 9:12, 15; 10:14; 벧전 1:5; 요일 2:19, 25; 5:11, 13; 유 1, 24, 25.

연구 질문

1. 죄인의 구원에 있어 성부 하나님의 역할은 무엇인가? 성자 하나님과 성령 하나님의 역할은 무엇인가? 삼위일체 하나님께서 어떻게 조화롭게 역사하셔서 죄인들을 구원하시는지 설명하라. 하나이신 세 위격께서 당신을 구원하고 소망과 위안을 주시기 위해 함께 일하신다는 것을 어떻게 아는가?

2. 거듭남은 회개와 믿음의 결과인가? 자신의 회개와 믿음을 일으키는 데 죄인은 스스로 책임을 지는가? 구원받은 사람을 회개케 하고 믿음을 주시는 분은 누구인가?(행 5:31; 11:18; 13:38; 빌 1:29; 딤후 2:25, 26을 보라.) 회개와 믿음이 우리에게 속한 이유를 적절히 설명해보라.

3. 누가 죄인들을 구원하는가? 이 사실에 기초했을 때 신자들이 자신의 구원을 잃을 수 있는가 하는 질문은 왜 부적절한가? 당신은 구원을 잃어버릴 수 있는지 자문한 적 없는가? 지금부터 당신이 자문해야 할 올바른 질문은 무엇인가? 이 진리는 당신에게 어떤 위로를 주는가?

제 7 장

|

오직 은혜

사람은 그의 자율적인 인간 이성으로 궁극적인 진리를 결정할 수 없다. 이성의 능력은 성경에 계시된 하나님께서 우리에게 주신 선물이므로, 계시된 다른 진리를 부인하는 데 그 선물을 사용할 수 없으며 그런 행위는 신학적인 자살 행위이다. 그리스도인은 성경 안에서 영적 진리를 찾기 시작하고 마쳐야만 한다.

성경에 계시된 하나님은 인간의 유한한 지성 안에 담을 수 없다. 하나님은 인간이 만들어낼 수 있는 그런 존재가 아니시다. 그분은 초월적인 존재이시며 하늘 위에 좌정해 계신다. 즉 나라들과 모든 세상의 대학들과 신학대학들은 그분의 눈에는 다만 먼지에 불과하다. 그분은 전능하시므로 창조의 능력이 있으시며 피조물을 자유롭게 주관하신다. 이것이 그분께서 행해오신 일이다.

주위를 둘러보라. 모든 사람이 자기 마음의 열망을 실행한다. 이 열망들은 하나님의 영원한 뜻을 막지 못하며, 하나님께서는 이 열망들을 통해 자신의 놀라운 계획을 성취하신다. 우리가 그분의 손안에 있다는 사실을 거부한다 해서 그분을 권좌에서 몰아낼 수 있는 것이 아니다. 모든 이러한 불신앙은 우리가 하나님의 자리에 무엇을 올려두든 필연적으로 그것을 무너뜨린다. 다곤과 같이 자유의지라는 우상은 넘어지며, 이런 불순종에 이런 일이 일어날 때에 하나님께서는 영광을 받으신다.

사람은 피조물로서 자신이 원하는 대로 행할 자유가 있다. 그러나 죄인으로서는 마땅히 해야 할 바를 행할 자유가 없다. 모든 아담의 후손들은 본질상 진노의 자녀요 그릇이다. 우리 모두는 허물과 죄로 죽었다. 그러나 하나님께서는 창세전에 진노의 그릇들 중 일부는 남겨놓기로 작정하셨다. 그래서 긍휼을 나타내실 자들을 택하신 반면 나머지 사람들은 간과하셨다.

때가 되매 하나님께서 자신의 백성을 위한 속죄 제물로 그의 아들을 보내셨다. 예수 그리스도, 우리의 구주께서는 교회를 위해 자신의 생명을 쏟아내셨고 교회의 영원한 구원을 보장하셨다. 그분으로 인해 교회는 어떤 흠이나 점 없이 영원히 존재할 것이다.

택하심을 받은 각자가 교회에 더해질 때에 이르면 하나님의 거룩한 영께서는 그들의 돌 같은 마음을 고기와 같이 바꾸신다. 신자는 새로운 마음이 되어 회개와 믿음으로 하나님께 외친다. 그 동일한 영께서는 거듭난 성도는 결코 죽지 않을 것을 보증으로 인치시며 새로워진 신자들의 마음에 각각 거하신다.

이 은혜는 유한한 인간의 지성으로 완전히 이해하기에는 너무 놀라워 반대하는 사람들이 많다. 특히 그들은 은혜가 정의를 약화시킨다고 말한다. 그러나 정의에 대해 우리가 가져야 할 단 하나의 믿음직한 생각은 무엇보다 성경에서 나온다. 성경의 다른 진리들을 부인하고서는 정의에 대한 성경적인 개념을 방어할 수 없다. 결과적으로 두 가지 진리, 곧 하나님께서 존재하시며 우리는 하나님이 아니라는 점을 인정할 때 이 문제는 해결된다. 그러므로 우리는 감히 그분을 비난할 수 없다.

성경은 한결같이 도처에서 우리가 하나님의 말씀에 복종한다면 하나님께서 우리를 가르치심을 확신할 거라고 말씀한다. 그러나 이 귀중한 진리를 배움으로 당쟁하여 다른 진짜 그리스도인과 분리하는 데 사용해서는 안 된다. 우리는 칼빈주의자가 되려는 것이 아니라 성경에 대한 우리의 확언에 한결같은 자가 되려는 것이다. 이것이 정말이라면 우리는 교리를 엄격히 지키는 것뿐만 아니라 평화를 사랑하고 형제들을 사랑하며 마음의 겸손함이 드러날 것이다. 그리고 이는 하나님의 언약 공동체의 구성원으로서 우리가 믿는 것을 실행하도록 이끈다.

죄의 핵심에는 하나님께 영광을 돌리고 감사하기를 거절하는 마음이 있다.

이 죄는 교회 밖 사람들에게만 국한된 것이 아니다. 이 죄는 20세기 말 우리의 가정과 교회와 신학교와 출판사와 음악 스튜디오에 넘쳐났다. 우리는 이제 하나님을 경외하는 백성으로 세상에 알려지지 않는다.

우리가 마음으로 회개하여 그분께 돌아가고 하나님께서 기쁨으로 받으실 때 그 결실은 언제나 단순한 신학에 대한 애착 이상으로 나타난다. 하나님의 능력의 손아래 있는 우리 자신을 겸손히 깨달을 때 그 겸손은 다른 곳에서도 드러날 것이다. 어떤 사람이 거리낌 없이 자신을 칼빈주의자라고 부르면서 집과 교회에서 오만하다면 그는 전혀 참된 칼빈주의자가 아니다.[1] 가장 높으신 분의 주권에 대한 참된 경험은 항상 성도의 공동체 안에서 겸손과 사랑으로 드러나게 된다.

사도 바울은 단호하게 파벌주의를 책망했다. 그는 어떤 형태로든 파벌을 만들지 않았다. "어떤 이는 말하되 나는 바울에게라 하고 다른 이는 나는 아볼로에게라 하니 너희가 육의 사람이 아니리요"(고전 3:4). 바울과 아볼로의 이름 대신 루터와 칼빈 혹은 웨슬리의 이름을 집어넣는다 해도 이 육욕은 제거되지 않는다. 그리스도의 이름으로 높은 도덕적 기반을 취하려 한다 해도 제거되지 않는다(고전 1:12).

우리는 당파심을 품으려는 육욕에 대해 마음으로 회개해야 한다. 그때에야 겸손함이 우리의 책과 논의하는 말들에 스며들 것이다. 심지어는 그리스도 안에 있는 우리의 형제들과 의견이 다를 때에도 스며들 것이다. 진리는 살았든 죽었든 한 개인에 대한 충성심에 의해서가 아닌 성경 말씀에 의해 결정됨을 기억하자.

은혜 교리에 대한 참된 이해는 분명한 사랑과 겸손으로 파벌주의를 대체할 뿐 아니라 강력한 복음 설교로 인도한다. 십자가에 못 박혀 죽으신 주님을 설

---

[1] "그리고 나는 이런 칼빈주의자가 있다는 사실이 두렵다. 그들은 말로써 피조물의 품격을 마다하지 않고 떨어뜨리면서 겸손의 증거로 구원의 모든 영광을 주님께 드린다. 하지만 아직 그들이 무슨 정신을 가졌는지 모른다. ……자기 의는 행위와 마찬가지로 교리들을 키울 수 있다. 그리고 사람은 머리로는 피조물의 무가치함과 값없는 은혜의 풍성한 전통적 사고들을 축적하면서도 바리새인과 같이 외식하는 마음을 가질 수 있다."(John Newton, *The Works of John Newton* [Edinburgh: Banner of Truth, 1985], 1:272)

교하기보다 교회 자체의 마케팅을 더욱 생각하는 이때 우리는 이러한 결과를 참으로 바라야 한다. 어쩌면 이 시대에 휘트필드, 스펄전, 또는 에드워즈가 없다는 사실이 통탄스러울지 모른다. 그러나 더욱 통탄할 것은 그러한 설교자들이 자랄 토양이 거의 없다는 사실이다.

능력 가운데 회복된 복음이 설교될 때 은혜에 대한 그리스도인의 이해는 더욱 깊어지며, 하나님께서 찬양받으실 것이다. 시작만 은혜이고 끝은 인간의 노력이 아니다. 시작부터 끝까지 모두 은혜이다.

하나님께서 선하시기에 사도 바울의 기도가 응답될 그날이 이를 것이다. 모든 성도들은 은혜 가운데 그 영광을 보러 나아올 것이다. 붙잡을 수 없는 것을 붙잡게 되며, 알 수 없는 것을 알게 되고, 무가치하고 가엾은 자들이 자신의 것이 아닌 의를 입는 놀라운 경이를 볼 것이다. 삼위일체 하나님께서, 곧 시간이 창조되기 이전부터 우리를 사랑하신 성부와 십자가에서 우리를 값 주고 사신 그리스도와 무덤에서 우리를 이끌어내신 성령께서, 그날을 앞당겨 도래케 하시기를 소망한다. 아멘.

연구 질문

1. 죄의 마음에는 무엇이 자리 잡고 있나? 그것은 어떻게 가정과 교회와 신학교와 출판사와 음악 스튜디오에 영향을 미쳤나?

2. 가장 높으신 분의 주권에 대한 짧지만 참된 경험은 어떻게 겸손과 사랑으로 드러나는가? 당신은 최근에 이러한 경험을 한 적이 있나?

3. 삶에서 참된 복음을 회복하기 위해 당신은 무엇을 하는가? 당신의 가족은 어떠한가? 당신의 교회는? 당신의 일터는? 당신의 문화는?

02

언약의 말씀으로 돌아가자

더글라스 존스
(Douglas M. Jones III)

들어가며

개혁주의 신앙은 성경에 자기 자신을 계시하신 하나님과 함께 시작하고 멈추고 움직인다. 개혁주의 신앙이 우리를 어둠으로부터 그분의 기이한 빛으로 회심케 하는 하나님의 주권을 강조하는 것은 놀랍지 않다. 하나님의 은혜는 틀림없이 주권이다. 그러나 그것이 전부는 아니다. 하나님의 은혜는 또한 언약적이다. 요약하자면 하나님께서는 자기 백성 및 그들의 자손과 연합, 교제의 속죄 관계를 주권과 은혜로 맺으셨다.

2부에서 우리는 하나님과 그분의 백성 사이에 있는 언약 관계를 보게 될 것이다. 우리는 과거와 영광스런 미래에 걸쳐 그리스도의 인격과 사역의 예기(豫期, anticipation)와 성취에 초점을 맞추려 한다. 과거에서 미래까지 주권자시며 은혜로우신 만유의 하나님께서는 우리를 속죄하시고 우리와 우리의 자손들을 그분과의 언약 관계로 이끄실 것을 언약으로 약속하셨다. 그분은 지금부터 영원히 우리의 하나님과 우리 후손들의 하나님이 되실 뿐 아니라 우리가 그분의 백성이 될 것을 약속하신다.

언약이라는 말을 거의 듣지 못하는 시대에 더욱더 우리는 언약의 기본으로 돌아가는 일이 절실하다.

_ 데이비드 하고피언

제 8 장

하나님의 언약사역

당신은 어디서 최고의 아름다움을 느끼는가? 어떤 아름다움이 당신을 존재의 깊은 심연으로 이끄는가? 생생한 교향곡 연주인가? 렘브란트의 풍부함인가? 셰익스피어가 쓴 독백의 운율과 힘인가? 은빛 찬란한 바다를 가로지르는 해돋이인가? 눈 덮인 대초원인가? 마음을 안정시키는 배우자의 포옹인가? 아이의 진심 어린 기도인가?

하나님의 언약사역의 아름다움에 다가서기 위해 무엇이든지 당신이 발견한 특별한 아름다움을 크게 확대하라. 하나님의 언약사역은 굉장히 아름다운 패턴들과 조용한 코러스들, 절경들, 감미로운 리듬, 비극과 환희 그리고 두려운 경외감을 포함한다. 하나님의 은혜의 언약사역과 비교할 만한 것은 정말 아무것도 없다. 하나님께서는 그 아름다운 사역을 창세기부터 요한계시록까지 우리 앞에 장대하게 펼쳐놓으셨다.[1] 이번 장에서 우리는 하나님의 언약사역을 완성하는 가슴 뭉클한 모자이크에 대해 훌륭한 경험을 하게 될 것이다.

언약사역이란 무엇인가? 여기에 답하기 위해 언약이란 무엇이며 하나님과 그의 백성 간의 결혼 구속은 무엇인지 잠시 생각해보라. 우리가 살펴볼 언약사역은 한마디로 성경의 믿음과 역사의 **핵심**, 곧 복음이다. 복음은 하나님의

---

1) 이 부분을 나의 누이 루시 조에 존스(Lucy Zoe Jones)에게 바친다. 그녀는 수년 동안 아름다움에 대해 아주 많은 것을 나에게 가르쳐주었다.

좋은 소식으로서 신실한 그리스도인의 삶과 문화를 모든 면에서 끊임없이 고양시킨다.

신실한 우르시누스(Ursinus)는 이런 글을 작성했다. "사나 죽으나 유일한 위로는 무엇입니까? 바로 하나님께서 무한하고 결코 변함없으신 인애로 나를 그 은혜의 언약 안으로 받아들여주신 것입니다."[2] 인간이 타락한 이후 이 풍성한 위로는 하나님의 백성에게 소망과 믿음이 되었다. 곧 우리를 둘러싼 죄의 흉포함과 절망에도 불구하고 "모든 위로의 하나님"(고후 1:3)께서 언약으로 "자기 백성을 그들의 죄에서 구원"(마 1:21)하기까지 자비롭게 낮추셨다는 이 위로는 바로 그리스도의 복음이요 성부 아버지의 사역이며 성령의 약속이다.

왜 언약사역에 주목하는가?

하나님의 언약사역은 왜 그리스도인의 사상과 경건과 문화에 그토록 중대한 것일까? 첫째, 여호와께서는 언약으로 자기 자신을 우리에게 계시하기까지 자비롭게 낮추셨다. 그분께서 선택하신 표현 방식을 무시한다면 그분을 바르게 알 수 없다. 그리스도께서는 "영생은 유일하신 참 하나님과 그가 보내신 자 예수 그리스도를 아는 것이니이다"(요 17:3)라고 선포하셨다. 하나님께서 우리와 관계 맺으시는 방식을 무시한다면 우리는 심각한 위험에 처하게 된다. "내 백성이 지식이 없으므로 망하는도다"(호 4:6).

둘째, 하나님께서는 그분의 백성을 새 언약 신자로서 복음을 선포하고 가르치고 옹호하도록 임명하셨다. 신약성경의 저자들은 그리스도의 복음과 하나님의 언약의 약속들을 동일시했다(갈 3:8; 히 4:2; 롬 1:1-2). 따라서 복음을 하나님의 언약사역으로 이해하지 못한다면 복음을 선포하고 가르치고 옹호하는 일을 신실하게 할 수 없다.

---

2) Zacharias Ursinus, *Explicationum catecheticarum* (Heidelberg, 1612), William Hendriksen, *The Covenant Grace* (1932; reprint, Grand Rapids: Baker, 1978), 13에서 인용함.

셋째, 언약을 제대로 알지 못하면 성경을 제대로 이해할 수 없다. 성경의 모든 것이 하나님의 언약사역과 매우 복잡하게 얽혔기에 언약의 기초를 제외하고서는 성경의 역사와 시(詩)와 율법과 예언과 교리들을 제대로 이해할 수 없다. 해롤드 브라운(Harold O. J. Brown)은 언약적 믿음, 즉 개혁주의 신앙은 "기독교의 가장 유대교적 분파이며 이런 점으로 미루어 유대인들과 그 단체들 안에서 처음으로 흥미를 불러 일으켰다"고 주지시킨다.[3]

새 언약은 근대 세대주의와 대중적 복음주의, 루터주의가 암시하는 것처럼 역사에서 단절된 새로운 것이나 옛 언약과 완전히 분리된 것으로 묘사되지 않는다. 오히려 새 언약의 메시지는 옛 언약의 약속에서 연속적이며 점진적으로 뻗어 나온 것이다. 여호와께서는 둘이나 일곱이 아닌 단 하나의 지속적인 사역을 성경에 계시하신다. 언약을 놓치는 것은 성경을 놓치는 것이다.

넷째, 하나님의 언약을 바르게 깨달아야 우리는 하나님에 대한 확신과 견고함과 담대함과 감사와 경외 가운데 자란다. 우리의 믿음은 거의 아무것도 할 수 없지만 그분을 우리의 언약의 주님으로 알고 적극적으로 받아들일 때 자랄 수 있다. 또한 창세기부터 요한계시록까지 나타난 언약의 유일성과 깊은 상호 연계성을 알 때 하나님의 언약사역의 변증적 중요성을 보다 제대로 이해할 수 있다. 여호와 외에 누가 이와 같은 경이로운 사역을 할 수 있겠는가? 따라서 언약은 모든 면에서 중요하다. 언약 없이는 하나님을 바르게 알 수도, 복음을 선언할 수도, 성경을 이해할 수도, 그리스도인의 삶을 살 수도 없다.

구속사의 뼈대

그렇다면 하나님의 언약사역은 무엇인가? 언약신학은 부분적으로는 역사, 즉 구속사(redemptive history)라고 알려진 구원에 관한 하나님의 사역의 역사에

---

[3] Harold O. J. Brown, *Heresies: The Image of Christ in the Mirror of Heresy from the Apostles to the Present* (Grand Rapids: Baker, 1984), 114.

초점을 둔다. 그러나 이것만으로는 설명이 충분하지 않다. 구속사의 어떤 특별한 관점이 하나님의 언약사역을 끌어들이는가? 무엇이 구속사의 '뼈대'인가?

언약신학은 하나님께서 언약들과 약속, 혹은 사도 바울이 "약속의 언약들"(엡 2:12)이라고 선언한 용어들로 구속사를 구성하셨다고 주장한다. 하나님께서는 언약사역, 곧 창세기에서 요한계시록까지 나온 '결혼 구속'을, 자기를 위해 백성을 반드시 속죄하실 것이란 약속과 "나는 너희 하나님이 될 것이요 너희는 나의 백성이 될 것이라"는 성경 도처에 나오는 공식(formula)을 통해 가장 영광스럽게 표현된 약속으로 통합하신다.

하나님의 말씀에 대한 이 언약 관점은 다른 관점들과 어떻게 구별되는가? 하나님께서 구속사를 구성하실 수 있었던 몇 가지 방법을 통해 알아보자.

예를 들어 하나님께서는 '믿음의 위대한 영웅들'이란 용어로 구속사를 구성하실 수 있었다. 이 관점에서 본다면 구속사는 스포츠 명예의 전당에서 볼법한 단순히 주목할 만한 성도들의 이야기가 연결이 끊어진 채 나열된 것으로 보일 수 있다.

하나님께서는 또한 구속사를 '결코 앞으로 나가지도 않고 끝도 없이 순환하는 원들'이라는 용어나 '정치적 해방을 위해 계속 진행 중인 계급투쟁'이라는 용어로도 구성하실 수 있었다. 혹은 많은 현대 복음주의가 견지하는 '세대(dispensations)라 불리는 중단되고 내적으로 변화하는 시기'란 용어로 구성하실 수 있었다.

구속사의 선택 가능한 모든 구성들, 다시 말해 영웅들, 원들, 계급투쟁, 세대는 분명히 언약신학과 크게 다르다. 성경의 뼈대에 대한 이해뿐 아니라 복음과 그리스도인의 삶을 위한 근본적인 귀결에 있어서도 그렇다.

하나님께서 자기 백성과 맺으신 계약

언약신학의 뼈대를 알아보았다면 이제는 언약신학의 중요한 몇몇 특징들을 살펴보며 거기에 약간의 살을 입힐 필요가 있다.

좀 더 자세히 질문해보자. 언약이란 무엇인가? **언약**이라는 말은 우리 문화에서는 자주 사용하지 않는 단어다. 그러나 다양한 고대 문화, 특히 구약성경과 그 주변에 있어서는 언약이 중심 역할을 했다. 언약은 통치자와 시민, 국가와 국가, 사람과 사람, 남편과 아내, 아이와 부모 등을 구속하는 관계의 중심에 있었다.

이 예들을 통해 언약이란 우선 사람들 사이의 관계임을 알 수 있다. 그러나 보통의 인간관계로는 충분하지 않다. 즉 언약은 **구속하는 인간관계**이다. 성경을 보면 인간을 어떤 조건, 의무로 구속하는 몇 가지 언약의 예들이 있다(창 21:22-34; 수 9장; 삼상 18:3; 삼하 3:6-21; 5:3; 왕상 5장).

야곱과 라반에 대해 생각해보라. 하나님께서 라반의 재물로 야곱을 축복하신 후 야곱은 도망갔고 라반은 해명을 요구하며 그를 붙잡았다. 그들은 서로의 부당함을 제기한 후 언약을 맺음으로써 분쟁을 풀기로 결정했다. "이제 오라 나와 네가 언약을 맺고 그것으로 너와 나 사이에 증거를 삼을 것이니라"(창 31:44). 하나님께서 증인과 복수자가 되시기를 호소하면서 야곱은 라반의 딸인 자신의 아내들 및 다른 아내들에게 해를 끼치지 않기로 자신을 구속했고 라반은 야곱의 인생에 끼어들지 않기로 자신을 구속했다. 언약의 표시 혹은 증표로써 그들은 특별히 고안된 돌무더기를 세웠고 제사를 드린 후 함께 떡을 먹음으로써 그들 사이에 화평을 나타냈다(54절).

두 사람이 언약할 때 각각은 하나님께서 약속을 깨는 자에게 심판자와 복수자가 되실 것이라 동의하고 그 약속을 한다. 그러나 사람 간의 이러한 언약은 하나님과 사람 사이의 언약, 즉 여호와와 그분의 종들 사이의 언약과는 구별되어야 한다.

사람 간의 언약은 일반적인 동등성을 띠고 사람들 간의 상호 협정을 포함한다. 이것은 하나님과 사람 사이의 언약에는 분명히 없는 것이다. 동등한 참여자는 조건들을 제시하고 정하고 혜택들을 교환할 수 있다. 그러나 주권자이신 여호와와 그분의 유한한 피조물 사이에는 그런 교환이 가능하지 않다. 야곱과 라반은 서로 협상할 수 있었지만 아담과 아브라함은 하나님과 협상할 위치에

있지 않았다.[4]

여호와와 그분의 종들 즉 아담, 노아, 아브라함, 모세, 다윗 그리고 그리스도 사이의 언약에서는 항상 이 위계질서가 발견된다. 종들은 여호와께 어떤 규정이나 조건을 내걸 수 없다. 하나님께서 조항과 조건과 제재와 약속과 예식을 주권적으로 그리고 은혜롭게 부여하신다. 이 언약은 상호적이기보다는 일방적으로 수립된다.[5] 하나님의 언약은 구원에 있어 그분의 주 되심과 모든 피조물을 다스리심을 선언한다. 존 프레임(John Frame)은 이러한 주 되심과 언약 사이의 연결을 다음과 같이 잘 표현했다.

> 주 되심은 언약 개념이다. ……하나님께서 그분의 언약을 종들에게 수립하시고(사 41:4; 43:10-13; 44:6; 48:12 이하) 그들을 완전히 주장하신다(출 3:8, 14). 여호와로서 그분은 주권적으로 그들을 속박에서 빼내시고(출 20:2) 자신의 목적을 이루기 위해 모든 상황(애굽에 내려진 돌림병 참조)을 인도하신다. 권위는 순종되어야 할 하나님의 권리이다. ……언약의 여호와께서는 거듭 되풀이하심으로 자신의 종들이 어떻게 자신의 명령에 순종해야 하는지 강조하신다(출 3:13-18; 20:2; 레 18:2-5, 30; 19:37; 신 6:4-9). 하나님의 권위가 절대적이라는 말은 그분의 명령에는 의심의 여지가 없다는 뜻이다(욥 40:11 이하; 롬 4:18-20; 9:20; 히 11:4, 7, 8, 17 등). 하나님의 권위는 다른 모든 것에 대한 충성을 넘어서고(출 20:3; 신 6:4; 마 8:19-22; 10:34-38; 빌 3:8) 이 권위는 인간의 삶 전 영역으로 확장된다(출; 레; 민; 신; 롬 14:32; 고전 10:31; 고후 10:5; 골 3:17, 23).[6]

이 같이 성경에 있는 여호와와 종의 언약은 동등한 위치에서의 상호계약이 아니라 하나님께서 주권적이며 일방적으로 부여하시는 것이다. 아담은 하나님께 어떤 조언도 하지 않았고 아브라함 역시 어떤 조건도 협상하지 않았으며

---

4) John Murray, *The Covenant of Grace* (London: Tyndale, 1953), 9.
5) Ibid., 12.
6) John Frame, *The Doctrine of the Knowledge of God* (Phillipsburg, N.J.: Presbyterian and Reformed, 1987), 12, 15-16.

다윗 또한 어떤 조항도 제안하지 않았다. 그 언약은 오로지 주권자이신 여호와의 은혜로운 지시일 뿐이었다.

여기까지 우리가 살펴본 내용을 정리하자면 여호와와 종의 언약은 첫째로 여호와와 종들이라는 인격 사이에 상호 구속적 관계이고, 둘째로는 조건들 즉, 계명, 약속, 제재들을 포함하며, 셋째로 모든 면에서 하나님에 의해 주권적으로 부여된다.

하나님의 약속은 여호와와 그분의 종들 사이의 연합과 교제, 상호 사랑의 구속, 신실함이라는 것이다. 위에 언급된 조건적 약속에서, 여호와와 그 종들이 맺는 언약의 최종적이고 중요한 특징이 하나 흘러나온다. '연합과 교제'라는 명칭은 언약신학에서 오랫동안 귀중히 묘사되었는데 이는 우리가 성경에서 발견하는 친밀함, 화평, 신뢰, 헌신 그리고 경외로 요약된다. 요컨대 구속사의 영광스럽고 가장 중요하며 통합적인 약속은 "나는 너희의 하나님이 되고 너희는 나의 백성이 되리라"라는 연합과 교제의 약속이다.

성경은 이 연합과 교제의 약속을 남편과 아내의 관계, "이는 너를 지으신 이가 네 남편이시라 그의 이름은 만군의 여호와이시며"(사 54:5; 또한 렘 31:31, 32을 보라; 참조. 3:1, 6-10; 겔 16:5-8; 호 1:2; 3:1; 엡 5:24, 25, 32; 계 21:9) 그리고 부모와 자식 관계, 나는 "너희에게 아버지가 되고 너희는 내게 자녀가 되리라 전능하신 주의 말씀이니라"(고후 6:18; 참조. 삼하 7:14; 출 4:22; 신 1:31; 8:5; 호 11:1; 롬 8:15; 요일 3:1)는 말씀으로 표현한다.

언약은 여호와와 그분의 종들 사이의 어떤 공허하고 형식적이고 법적인 관계가 아니다. 귀중하고 친밀하고 신실하며 사랑으로 맺어진 결혼과도 같은 연합과 교제이다. 남편 되시는 여호와께서는 자신의 생명을 내어줌으로써 자신의 신부를 섬기셨고 신부가 되는 그 종들은 남편을 존경하며 영광을 돌린다. 마찬가지로 아버지 되시는 여호와께서는 자녀가 되는 자기 백성들을 따사로이 사랑하시고 보호하시며 양육하신다. 자녀가 되는 그분의 백성들은 아버지의 임재 가운데 순종하고 경외하며 기뻐한다.

여기서 잠시, 여호와께서 인간의 공로를 어떻게 배제하시는지 주목하라. 다시 말해 신부나 자녀들 모두 그들의 생활비를 '벌지' 않고 그들 각자 사랑으로 섬긴다. 이처럼 여호와의 은혜로운 언약의 약속들은 연합과 교제이다. "하나님의 장막이 사람들과 함께 있으매 하나님이 그들과 함께 계시리니 그들은 하나님의 백성이 되고 하나님은 친히 그들과 함께 계셔서"(계 21:3).

하나님과 사람 사이의 언약의 요소들은 다음과 같다.

- 주님과 그분의 종들 사이의 상호 구속적 관계
- 주권적 집행
- 조건들(계명과 제재)
- 연합과 교제의 약속들

간략히 말해 여호와와 종들의 언약은 **하나님께서 여호와와 자기 백성 사이에 제정하신 연합과 화평과 친교와 섬김의 계약**이다. 우리가 아담과 아브라함과 모세와 다윗과 그리고 그리스도와 맺으신 하나님의 언약들을 살필 때 분명히 알게 된다.

이어지는 장에서는 언약의 과거와 미래의 측면들을 살피면서, 자기 백성을 위한 하나님의 언약사역의 더욱 풍요로운 모자이크 안으로 들어갈 것이다. 성경은 아담부터 그리스도에 이르기까지 하나님의 언약사역의 아름다운 전개에 대한 많은 것을 계시한다. 또한 미래에 있을 언약의 영광이라는 최절정의 경험을 우리에게 선사한다. 과거에 있던 하나님의 언약사역부터 시작해 각 언약의 삶과 구속사를 차례로 살펴보자.

연구 질문

1. 사나 죽으나 당신의 변함없는 위로는 무엇인가? "그분의 무한하시고 결코 변함이 없으신 인애, ……그분의 은혜의 언약 안으로 [당신을] 받아들이신" 그 하나님이신가? 왜인가? 또는 왜 아닌가?

2. 구속사는 무엇인가? 어떤 구성 원리가 구속사 안에 있는 하나님의 사역을 특징짓는가? 각각의 구성 원리가 그리스도인의 사상과 경건과 문화에 미친 영향은 무엇인가? 어떤 구성 원리가 당신의 구속사에 대한 관점을 가장 잘 묘사하는가? 그것은 당신의 인생에 어떤 영향을 미쳤는가?

3. 하나님께서 자기 백성과 맺으시는 언약을 공허하고 형식적이고 법적인 관계로 특징짓는 것은 옳은가? 왜 아닌가? 하나님과 결혼한 것 또는 그분의 자녀임을 아는 일이 당신과 하나님과의 관계에 어떤 영향을 미치는가?

제 9 장

언약사역의 전개

성경의 영웅 이야기들은 사실 주님께서 영광스럽게 발전시켜온 하나의 메시지다. 이는 "나는 너희의 하나님이 되고 너희는 나의 백성이 되리라"는 그분의 중심 약속을 엮은 다면체의 다양한 외부 모습인데, 성경이 그것들을 연관 없이 뒤죽박죽 묘사했다는 말을 종종 듣는다. 가장 중심이 되는 이 약속은 여호와와 아브라함의 관계에서 처음 나타나지만, 그 뿌리와 동기는 하나님께서 아담 및 노아와 맺으신 언약 관계에서 찾을 수 있다. 이번 장을 간략히 설명하자면 아담과 노아에서 시작해 그 후 이어지는 하나님의 언약사역의 분명한 특징에 대한 각각의 검토이다.

- 이전 언약과의 연계성
- 백성에 대한 약속
- 땅에 대한 약속
- 언약을 요약한 약속
- 주 언약을 추가로 밝힘

이 패턴을 통해 하나님의 언약의 풍요로움을 더욱 쉽게 이해할 수 있다. 결국 우리는 이것을 알게 된다. 여호와께서는 창조물의 대표자인 아담과 언약을 맺음으로써 그분의 연합과 교제의 사역을 시작하셨다. 그러나 아담은 그 최초의 언약을 어겼다. 여호와께서는 큰 은혜로 또 다른 언약, 다시 말해 타락한 자들을 위한 언약, 즉 구원 혹은 속죄언약을 마련하셨다.

　타락이 있은 후 그 계획에 즉시 착수하신 여호와께서는 타락한 아담에게는 자신의 약속들을, 노아 이후로는 구속을 위한 세상의 보존을, 아브라함에게는 백성과 땅에 대한 약속들을, 모세와 다윗과 그리고 선지자들에게는 이 약속들에 대한 더욱 위대한 계시를 주심으로 은혜로운 속죄언약을 계속해서 나타내셨다. 각각의 새로운 단계는 이전의 언약으로부터 확장되며 하나의 복잡한 사슬처럼 아름답게 발전했다.

　궁극적으로 이 단일하고 통일되고 영광된 속죄언약은 마지막 아담이신 그리스도의 사역에서 최고의 절정에 이른다. 우리의 대표자이신 그리스도께서는 창세전 성부와의 언약을 통해 첫 아담이 폐기한 연합과 교제를 회복하셨다. 전체적으로 하나님의 언약사역은 연합과 교제의 상실에 대한 계시와 인식이며, 이어서 시종일관 주님께서 자신의 최고의 영광과 은혜로우심을 드러내면서 그것들을 회복하는 것이었다.

창조 후 시작된 두 언약

　하나님의 언약사역에 있어 타락 전 하나님의 언약과 타락 후 하나님의 언약 사이에는 현저한 차이가 있다. 인간이 타락하기 전 여호와께서는 은혜롭게 자신을 낮추시어 진정한 의의 상태에 있는 아담과 언약을 맺으셨다. 그러나 인간이 타락한 후 여호와께서는 죄로 원수가 된 반역자들을 속죄하기 위해 언약을 맺으셨다.

　이 두 가지 언약은 기독교 역사에서 수많은 이름으로 불려졌지만 우리는 **창조언약**과 **속죄언약**이라 부르겠다. 이 명칭은 각각의 언약과 관련하여 인류의 다른 상태를 보여준다. 흥미롭게도 두 언약의 차이는 옛 언약과 새 언약의 차이보다 우선적이며 근본적으로 주목할 만하다. 옛 언약과 새 언약의 중요한 차이는 무엇인가? 속죄언약에서 예기(옛 언약)와 성취(새 언약) 사이의 차이이다. 즉 속죄의 복잡한 언약 사슬은 파기되지 않고 옛 언약과 새 언약 모두를 관통한다.

창조언약

속죄언약과 그 안에 있는 옛 언약 및 새 언약을 대조하기에 앞서 창조언약의 특성과 아름다움을 확실히 파악할 필요가 있다.

연합과 교제의 약속

창세기 서두에서 우리는 하나님께서 '심히 좋다'고 평가하신 그분의 영광스러운 창조사역뿐 아니라 우리의 첫 조상과 연합하고 교제하신 하나님의 은혜를 읽는다. 하나님께서는 먼저 자기 자신의 형상을 따라 사람, 곧 남자와 여자를 창조하심으로 은혜를 나타내셨다. 더 나아가 우리의 첫 조상에게 복을 주시고(1:28) 그들이 생명을 유지하도록 먹을거리를 마련하시고(1:29) 그들에게 식물들과 나무들을 주시며(1:29) 그들을 아름다움으로 둘러싸셨고(2:9) 많은 결실을 부르는 유익한 노동을 제공하셨으며(2:15) 그들에게 청지기 권위를 부여하셨다(1:28; 2:19).

그리고 독처하는 아담에게 그와 동일한 종류인 사람, 곧 '내 살 중의 살'이라는 하와를 주심으로 친밀한 교제와 도움이라는 복을 더하시며 자신의 은혜를 더욱 드러내셨다. 그리고 만약 그들이 완전한 의를 지킨다면 거룩한 자녀들과 거룩한 가정생활을 얻으리라는 기대를 더하셨다.

하나님께서는 또한 하나님과 사람 사이의 연합과 교제의 낙원 가운데 이미 주어진 것들, 즉 노동과 청지기직과 가족의 생육과 안식의 쉼 이상의 특별한 계명을 내놓으셨다. 그렇게 하심으로 하나님은 아담과 그분의 관계가 가진 언약의 본질을 계시하셨다.

여호와께서는 아담과 이브에게 "동산 각종 나무의 열매는 네가 임의로 먹되 선악을 알게 하는 나무의 열매는 먹지 말라 네가 먹는 날에는 반드시 죽으리라"(창 2:16, 17)고 명령하셨다. 비록 여기서는 언약이라는 단어가 사용되지는 않았지만, 우리는 이 계명에서 언약의 네 가지 필수 요소를 발견한다.

1. **주님과 그분의 종 사이의 상호 구속적 관계** : 하나님께서는 먹기를 금한다는 특정한 명령으로 아담을 구속하셨다. 또 아담이 그 명령에 신실하게 순종한다면 보호를, 불순종한다면 '반드시' 죽음을 주겠다고 스스로 구속하셨다.

2. **주권적 집행** : 여호와께서는 그의 피조물을 위한 언약의 틀을 스스로 정하셨다. 즉 아담이 조항을 정하지 않았다.

3. **조건들**(계명들, 제재들) : 항상 조건은 '만약 …하면'이라는 진술로 나타난다. 이번을 예로 들면, 만약 아담이 신실하게 순종하면 그는 계속 살고 결코 죽음을 보지 않을 것이었다. 그러나 만약 아담이 하나님의 명령에 불순종하면 그는 '반드시 죽을' 것이었다.

4. **연합과 교제의 약속들** : 위에 언급한 대로 아담은 이미 하나님과의 완전한 연합과 교제 가운데 살고 있었다. 여호와께서는 아담의 충성과 신실함을 조건으로 이 귀중한 관계를 보존하겠다고 약속하셨다.

어떤 사람들은 하나님과 아담의 관계를 언약이라 부르기 싫어한다. 그 단어 자체가 본문에 나타나지 않기 때문이다. 그러나 **결혼**이라는 단어를 생각해 보라. 이 역시 창세기 2장에 나타나지 않지만 우리는 결혼 연합이 그 장의 끝에서 세워졌다고 이해한다. 특정 단어는 없지만 우리는 이 문맥에서 결혼에 대한 많은 것을 배울 수 있다(창 2:24; 참조. 마 19:3 이하).

마찬가지로 모든 특정하고 독특한 언약의 요소들은 타락 전 에덴에 제시되어 있다. 비록 언약이라는 단어가 본문의 뒷부분까지 나오지 않지만 말이다. 그러나 호세아는 이스라엘 사람들을 책망할 때 "그들은 아담처럼 언약을 어기고"(호 6:7)라고 말하며 하나님과 아담의 관계를 언약과 관련시켰다.[1]

---

1) 이 논의를 위해 O. Palmer Robertson, *The Christ of the Covenants* (Phillipsburg, N.J.: Presbyterian and Reformed, 1980), 22-25를 보라. 창조언약이 아담과 맺어졌다는 더 깊은 증거는 그리스도께서 마지막 아담으로서 첫 아담의 실패한 역사를 성공적으로 완수하셨다는 사실로 제공된다. 우

멀어짐과 원수 됨

고통스러운 사실이지만 알다시피 아담은 하나님의 은혜로운 언약을 반역했고 거부했다. "우리의 첫 조상은 자신의 뜻대로 행하는 자유를 가졌지만 사탄의 유혹을 받아 금단의 열매를 먹음으로써 하나님의 계명을 어겼다. 그리하여 처음 창조함을 받았을 때의 무죄한 상태로부터 타락했다."[2]

결과적으로 아담은 자신을 하나님과의 전쟁 상태에 놓았을 뿐 아니라, 모든 인류의 대표자로서 인류를 하나님과 멀어지게 했으며 온 인류를 하나님과 원수가 되게 했다. "한 사람으로 말미암아 죄가 세상에 들어오고 죄로 말미암아 사망이 들어왔나니 이와 같이 모든 사람이 죄를 지었으므로 사망이 모든 사람에게 이르렀느니라"(롬 5:12).

아담은 언약을 어김으로써 자신에게 약속된 하나님의 저주를 불러왔다. 그는 연합과 교제의 언약관계를 저버리고 대신에 멀어짐과 원수 됨이라는 언약을 파괴하는 관계를 껴안았다. 아담은 그분께 불순종함으로써 하나님의 은혜를 경멸했고 이어서 그의 범죄에 대한 자신의 책임을 회피하려 했다.

여호와께서 성취하신 약속 가운데 그분께서 시행하신 저주들은 그 후 역사에서 일어난 모든 일들의 기반이 되었다. 여호와께서는 죄에 대한 세 당사자, 곧 뱀의 모습을 한 사탄부터 하와 그리고 아담에게 순서대로 자신의 저주를 쏟으셨다. 특별히 아담과 하와는 서로에게, 그리고 세상과 불화하는 가운데 고된 노동에 직면하도록 저주를 받았다. 더욱 의미심장한 것은 그들이 모든 인류에게 사망의 지배권을 풀어놓았다는 사실이다(롬 5:17).

이것이 타락을 저주로 해석하는 흔한 이유다. 그러나 여호와께서는 고통과 죽음이라는 약속된 저주를 시행하셨을 뿐 아니라 여자의 후손과 뱀의 후손 사이, 곧 하나님의 도성과 인간의 도성 사이의 전쟁, 다시 말해 고질적이며 오래 지속될 전쟁 역시 시행하셨다. 이 말씀을 주목하라. "내가 너[그 뱀]로 여자

리가 앞으로 보게 되듯 마지막 아담이 하나님과의 언약 안에 있었으므로 첫 아담 또한 그분과의 언약 안에 있었음을 생각해야 한다.
2) 웨스트민스터 대요리 문답, 21문.

와 원수가 되게 하고 네 후손도 여자의 후손과 원수가 되게 하리니 여자의 후손은 네 머리를 상하게 할 것이요 너는 그의 발꿈치를 상하게 할 것이니라"(창 3:15).

이같이 여호와 자신께서 역사 가운데 대립되는 원수 됨을 부여하셨다. 이 원수 됨은 성경 역사에서뿐만 아니라 성경 밖에서도 스스로를 드러낸다. 신실한 자와 거역하는 자 사이에 드러나는 적대감은 언제 어디서든 항상 맹렬히 계속되며 성경 도처에서 두드러지게 나타난다. 여자의 후손(아벨, 셋, 노아, 셈, 아브라함, 이삭, 야곱, 모세, 신실한 이스라엘, 다윗, 유다의 남은 자, 궁극적으로는 그리스도 및 종말의 때의 그분의 후손들)은 뱀의 후손(가인, 네피림, 함, 니므롯, 이스마엘, 에서, 애굽, 고라, 가나안인들, 사울, 북방 족속들, 앗수르, 바벨론, 변절한 유대주의, 로마 및 다른 이들)과 가차 없는 전투를 벌인다.

때때로 물리적 폭력을 통해 스스로를 드러내는 이 원수 됨은 영적이고 철학적인 전투에서 가장 강력하게 분출된다. 바울은 이 전쟁을 치르는 강한 군사로서 다음과 같이 말했다. "우리의 씨름은 혈과 육을 상대하는 것이 아니요 통치자들과 권세들과 이 어둠의 세상 주관자들과 하늘에 있는 악의 영들을 상대함이라"(엡 6:12).

우리의 무기는 '혈과 육'이 아니다. "오직 어떤 견고한 진도 무너뜨리는 하나님의 능력이라 모든 이론을 무너뜨리며 하나님 아는 것을 대적하여 높아진 것을 다 무너뜨리고 모든 생각을 사로잡아 그리스도에게 복종하게 하니"(고후 10:4, 5).

이 전쟁은 타협할 여지없이 만연해 있다. 평화로운 공존은 불가능하다. 중립도 안 된다. "의와 불법이 어찌 함께 하며 빛과 어둠이 어찌 사귀며 그리스도와 벨리알이 어찌 조화되며 믿는 자와 믿지 않는 자가 어찌 상관하며 하나님의 성전과 우상이 어찌 일치가 되리요"(고후 6:14-16).

우리의 대표자 아담이 반역했을 때 그는 여호와께 대항하는 멀리함, 분리, 적대감, 원수 됨, 즉 전면전의 상태로 창조와 역사의 모든 것을 내던졌다. 아담이 반역한 후 모든 것은 하나님의 저주와 진노 아래로 떨어졌다. 그리하여 피조물은 다 탄식하며 산고를 겪으며 속죄를 강렬히 고대한다(롬 8:19, 22).

속죄언약

그러나 우리의 반역에도 불구하고 여호와께서는 우리를 버리지 않으셨다. 여호와께서는 인류에게 내리신 그 저주 가운데서 그분을 대항하는 뻔뻔한 반역자에게 "여자의 후손은 네 머리를 상하게 할 것이요 너는 그의 발꿈치를 상하게 할 것이니라"(창 3:15)고 선언하셨다. 그렇게 자신의 자비와 은혜를 보여주셨다.

한 인물이 여자에게서 나와 하나님의 적들을 물리쳐 이길 것이다. 우리는 멀어짐과 원수 됨이라는 덫에 걸리지 않도록 항상 조심해야 한다. 이 승리와 구원의 약속 안에서 속죄언약은 시작된다. 웨스트민스터 신앙고백 7장 3절은 이렇게 요약했다. "사람은 타락으로 말미암아 그 언약으로 생명을 얻을 수 없게 되었기에 여호와께서 두 번째 언약 맺으시기를 기뻐하셨다."

노아

성경은 아담과 노아를 관련 없는 두 사람으로 묘사하지 않는다. 그들의 시간 역시 역사 속에서 분리된 두 시기로 묘사하지 않는다. 노아의 때에 나타난 하나님의 계시는 하나님께서 아담과 세우신 언약사역의 토대 위에 명확히 세워졌다. 그러므로 노아 언약을 단순히 많은 언약들 가운데 하나로 생각해서는 안 된다. 노아 언약은 하나님께서 하신 한 속죄언약의 전개 또는 발전이었다. 한 속죄언약의 사슬 중에서도 더욱 복잡한 또 다른 고리였다.

타락에서부터 노아에 이르기까지 두 후손의 원수 됨은 아벨을 살해한 가인, 사람의 딸들과 '하나님의 아들들'의 결혼, 홍수를 통한 심판을 초래하기까지 만연했던 사악함에서 실제로 나타났다. 이때는 멀어짐과 원수 됨이 압도적으로 지배했던 시기였다.

부패의 한가운데 여호와께서는 땅의 모든 족속 중 노아와 그의 식구에게 자신의 은혜를 내리셨다. "홍수를 땅에 일으켜 ……모든 육체를 천하에서 멸절하리니 땅에 있는 것들이 다 죽으리라"(창 6:17)고 말씀하신 여호와께서는 '그러나' 또한 "너와는 내가 내 언약을 세우리니 너는 네 아들들과 네 아내와 네

며느리들과 함께 그 방주로 들어가라"(18절)고 선언하셨다.

여기서 주님은 아담과 노아 사이의 연결을 강조하며 아담 언약의 특징을 갱신하셨다. 첫째, 여호와께서는 아담에게 "생육하고 번성"할 것을 명령하셨는데(창 1:28) 노아에게도 동일한 표현을 사용하셨다(9:1, 7). 둘째, 여호와께서는 아담에게 청지기직과 동물들의 지배권을 수여하셨는데(1:28) 노아에게도 동일한 특권들을 수여하셨다(9:2, 3). 셋째, 아담을 위해 요약된 동물들의 묘사(1:24, 25)가 여기서도 거의 동일하게 나타난다(6:20; 8:17). 넷째, 아담에게 가정은 공동체의 속죄의 중심으로써 섬길 대상이었는데(1:24; 3:17) 노아에게도 가정은 속죄의 대상과 청지기직을 대행하는 곳이었다(6:18; 9:9). 다섯째, 여호와께서는 아담과 언약을 통해 관계를 맺으셨는데(2:16, 17) 노아와도 그렇게 하셨다(6:18). 여섯째, 창세기 5장은 노아를 아담의 신실한 아들인 셋의 후손으로 나타내면서 후손들의 대립을 강조했다(4:25, 26). 이처럼 여호와께서 노아를 속죄로 대하시는 것을 볼 때 우리는 아담에게 마련된 언약의 기반을 자주 떠올리게 된다.

홍수로 모든 것이 파괴된 후 여호와께서는 노아와 자신의 언약이 시작됨을 더욱 명확하게 알리셨다. 여기서 하나님의 언약의 특징들을 다시 살펴보자.

1. **주님과 그분의 종 사이의 상호 구속적 관계** : 여호와께서는 대재앙에서 창조를 보존하기로 자신을 구속하셨다. 또한 노아가 신실해지고 땅을 정복할 것을, 그리고 여호와의 형상으로 지음받은 다른 이들을 죽이는 사람에게 죽음의 형벌을 내릴 것이라 자신을 구속하셨다(창 9:6).

2. **주권적 집행** : "내가 직접 내 언약을 너희와 정말 세우느니라"(9:9, NASB 직역). 여호와께서는 노아에게 조건을 묻지 않으셨다. 주권적으로 그 조항들을 설정하시고 언약의 약속들을 만드셨다.

3. **조건들**(계명들, 제재들) : 여호와께서는 생육과 청지기직에 대한 처음의 창조 명령을 갱신하셨을 뿐 아니라 살인에 대해 죽음의 형벌을 내리기 시작하셨고 이 계명에 신실할 것을 요구하셨다(9:5).

4. **연합과 교제의 약속들** : 심음과 거둠을 보살피는 유지(8:22), 대재앙으로부

터의 보호(9:15), 창조의 청지기직(9:2, 3), 무지개의 은혜로운 증거(9:13, 17) 조항들로 표현된 언약의 친밀함을 발견할 수 있다.

마지막으로 노아 언약은 창조세계를 보존하는 데 초점이 맞춰졌다는 점에서 속죄언약에 근거한다. 여호와께서는 심음과 거둠, 여름과 겨울을 보존하고 앞으로는 홍수로 심판하지 않겠다고 자신을 구속하셨다. 뿐만 아니라 살인이 더는 만연하지 않도록 죽음의 형벌을 내리심으로써 사회를 통제하기로 설정하셨다.

팔머 로벗슨(O. Palmer Robertson)은 이렇게 언급했다. "하나님께서는 구속 역사가 성취되도록 세계의 현 질서를 유지할 것을 엄숙히 약속하신다. 땅이 있을 동안에는 심음과 거둠과 추위와 더위와 여름과 겨울과 낮과 밤이 쉬지 않을 것이다(창 8:22). 세상은 노아 홍수 같은 거대한 재앙에서 벗어나 보존될 것이다. 규칙성과 질서가 인류와 환경을 보존할 것이다"[3]

이처럼 보존에 초점이 맞춰진 노아 언약은 미래의 전체 속죄 사역의 토대였다. 다른 말로 하면 여호와께서 노아와 맺으신 언약은 자신의 언약사역을 안전하게 펼칠 수 있도록 파괴로부터 창조를 보존하시고 서로 멸망시키는 것으로부터 인간을 지키신 하나님의 약속이었다.

아브라함

성경에 있는 계보들을 성가신 삽입구처럼 가볍게 다루는 사람들을 종종 본다. 그러나 계보를 볼 때 우리가 제일 먼저 떠올려야 할 것은 전쟁이다. 그렇다, 전쟁. 이 계보들은 여자의 후손과 뱀의 후손 사이에 계속되는 영적 전쟁을 우리에게 상기시킨다(창 3:15).

성경은 아담과 셋에서 노아까지의 혈통(창 5:3-32)을 조심스럽게 보여준다. 또한 어떻게 여자의 후손이 노아와 그의 신실한 아들 셈을 거쳐 아브라함까지

---

3) O. Palmer Robertson, *Covenants: God's Way with His People* (Philadelphia: Great Commission Publications, 1987), 34.

(창 11:10-32) 전개됐는지 조심스럽게 나타낸다. 여호와께서는 단절된 방식으로 아브라함과 처음부터 다시 시작하지 않으셨다. 그분은 자신의 언약의 자비와 은혜를 선택적으로 여자의 후손에게, 곧 한 언약의 사슬인 아담과 셋, 노아와 셈을 거쳐 아브라함까지 계속 확대시키셨다.

창세기 12장, 15장, 그리고 17장은 하나님께서 아브라함과 맺으신 세 언약을 기록한다. 첫 번째 언약에서(창 12:1-4) 여호와께서는 아브라함을 부르셨고 영광되게 복음을 선언하셨다. "땅의 모든 족속이 너로 말미암아 복을 얻을 것이라"(3절).

이 구절에 복음이 담겨있다고 생각지 않을지도 모른다. 많은 현대 기독교는 복음에 대해 너무 좁은 이해를 갖는 경향이 있는데 이는 복음이 지닌 아브라함과의 기반과 관계를 끊어버린 것이다. 그러나 성령께서는 바울을 통해 분명히 선언하신다. "또 하나님이 이방을 믿음으로 말미암아 의로 정하실 것을 성경이 미리 알고 먼저 아브라함에게 복음을 전하되 **모든 이방인이 너로 말미암아 복을 받으리라** 하였느니라"(갈 3:8; 참조. 히 4:2; 롬 1:1, 2).

애석하게도 우리는 종종 이 영광된 복음의 약속들을 축소시키는 경향이 있다. 여호와께서는 아브라함을 잇는 특별한 소수만이 복을 받는다거나 상당히 많은 민족들이 복을 받을 거라고 약속하지 않으셨다. 그분은 **땅의 모든 족속들이 복을 받을 것**이라고 약속하셨으며 또한 아브라함에게 땅을 약속하셨다(창 12:1). 이 두 가지, '백성'과 '땅'은 그 후에 이어지는 하나님의 모든 언약사역의 중심이 되는 특정한 약속들이다.

여호와와 아브라함 사이에 있은 두 번째 언약의 만남에서(창 15장) 아브라함은 약속의 확실성을 구했다. 여호와께서는 그 보증으로 자신의 말씀을 주셨다. "맹세할 자가 자기보다 더 큰 이가 없으므로 자기를 가리켜 맹세하여"(히 6:13).

여호와께서는 자신의 말씀을 특별한 언약 의식의 형태, 곧 자기 저주(self-maledictory)의 맹세로 제시하셨는데 이는 당시 매우 일반적인 문화였다. 이 의식에서 두 당사자는 서로 언약의 조건들에 동의한 후 하나 또는 그 이상의 동물을 반으로 쪼개고 그 자른 조각들 사이 피투성이의 길을 지나감으로써 언약을 '자른다'(cut, 언약을 '세운다' 혹은 '체결한다'는 뜻의 히브리어 카라트[karat]의 문자적 의미가 '자르다' 또는 '베어내다'이기 때문에 저자는 그 의미를 살려서 '자르다'라고 표현한 듯하다._역자주)

이 섬뜩하고 엄숙한 의식은 서로 동의한 조건들을 각 당사자가 준수하고 이행하지 않으면 그 쪼개진 동물처럼 자신의 피를 흘릴 것이라는 약속이다. 즉 스스로를 저주하는(self-cursing) 맹세의 조각을 취하며 다음과 같이 말하는 것이다. "언약을 깨뜨리는 자에게 이와 똑같은 최후가 닥치기를 원하노라."

그런데 창세기 15장에 있는 자기 저주 의식은 일반적인 관행과 비교했을 때 굉장히 특이하다. 보통은 언약 당사자 모두가 반으로 쪼개진 동물 사이를 함께 걸어서 통과하는데 여기서는 오직 여호와의 표상인 횃불만이 지나갔다. 여호와께서 조각 사이를 홀로 지나신 것은 죽음의 고통을 아브라함보다는 자기 자신에게 지우심으로써 약속의 성취를 강조하신 것 같다. 비록 둘 다 언약에 신실할 의무가 있지만 말이다. 본질적으로 여호와께서는 약속들이 반드시 지켜짐을 보증하시기 위해 죽음의 저주에 대한 책임을 자기에게 지우셨다.

우리는 여호와께서 그 약속을 성취하기 위해 반드시 그렇게 행하셔야 했음을 안다. 하나님께서는 그리스도 안에서 우리가 그분과의 연합과 교제 안으로 인도되도록 "우리를 위하여 저주를 받은 바"(갈 3:13) 되셔야 했다. 이에 대해서는 나중에 알아볼 것이다.

또한 우리는 하나님과 아브라함의 이 만남에서 백성과 땅의 약속에 대해 더 많은 것을 알 수 있다. 우리는 하나님께서 여자의 후손을 선택적으로 결정하셨다고 배웠다. 하나님께서는 아브라함의 상속자로 종 엘리에셀을 거절하시고 아브라함의 몸에서 날 상속자를 약속하셨다(창 15:1-4). 또한 아브라함의 후손들이 창대해질 것이라고, 즉 그들이 하늘의 별처럼 셀 수 없을 만큼 많아질 것이라고 설명하셨다(5절). 땅에 대한 약속으로는 아브라함의 자손이 애굽의 노예가 되어 고통을 겪지만 마침내 승리하여 애굽의 강에서부터 유브라데까지 땅을 물려받을 것이라 예언하셨다(18절).

여호와께서 아브라함과 가지신 두 번의 만남 후 우리는 또 다른 사실을 발견하게 된다(창 17장). 하나님께서는 아브라함을 만날 때마다 각각 분리된 다른 언약을 제정하신 것이 아니라는 사실이다. 하나님께서는 동일한 언약을 갱신하셨는데 이는 언약을 갱신하는 일반적인 방법이었다. 여호와께서는 각각의 만남에서 속죄언약을 더욱 상세히 계시하셨다.

창세기 17장을 보면 특히 네 가지 항목이 두드러진다. 첫째, 여호와께서는 땅과 백성의 약속을 되풀이하셨는데 이번에는 아브라함과 사라를 통해 "왕들이 나올 것"(6, 16절)이라 더하셨다.

둘째, "나는 너희의 하나님이 되고 너희는 나의 백성이 되리라"는 언약 공식이 처음으로 등장한다. 여호와께서는 다음과 같이 처음 말씀하신 시점으로부터 그 표현을 규칙적으로 반복하셨다. "내가 내 언약을 나와 너 및 네 대대 후손 사이에 세워서 ……너와 네 후손의 하나님이 되리라 ……나는 그들의 하나님이 되리라"(7, 8절).

셋째, 여호와께서는 언약의 조건들에 대해 할례의 표징과 인을 제시하심으로써 한층 더 상세하게 설명하셨다(11-14절). 비록 여기서는 할례만 언급되었지만 여호와께서는 다른 조건들 또한 주셨다. 우리는 그분께서 후에 다음과 같이 선언하셨음을 안다. "아브라함이 내 말을 순종하고 내 명령과 내 계명과 내 율례와 내 법도를 지켰음이라 하시니라"(창 26:5).

아브라함 언약은 증거하는 바 그 시작부터 아브라함의 신뢰와 순종을 요구했다. "내가 그로 그 자식과 권속에게 명하여 여호와의 도를 지켜 의와 공도를 행하게 **하려고** 그를 택하였나니 이는 나 여호와가 아브라함에게 대하여 말한 일을 이루려 함이니라"(창 18:19). 여기서 '하려고'라는 표현은 여호와께 '의와 공도를 행함으로' 신실하게 순종할 의무가 아브라함에게 있으며, 이러한 하나님의 언약의 은혜로운 조건들을 그가 충족했음을 가르쳐준다.

넷째, 우리는 여자의 후손이 좁혀지는 과정을 본다. 처음에 하나님께서는 인류에게 내리실 심판 가운데 오직 노아의 가족에게만 자신의 은혜를 부으시면서 그 범위를 좁히셨다. 다음에는 자신의 속죄 은혜를 받는 자들을 아브라함과 그 후손으로까지 좁히셨다. 아브라함의 종 엘리에셀을 거부하신 후에는 (창 15:4) 이스마엘을 제외하는 대신 이삭의 혈통에게 속죄의 은혜를 붓기로 선택하심으로써 아브라함의 육체적 후손으로까지 그 범위를 좁히셨다. "내 언약은 내가 ······이삭과 세우리라"(창 17:21).

그러나 1부에서 살펴본 대로 아브라함의 모든 육체적 후손들이 자동적으로 하나님의 속죄 은혜의 수혜자가 되는 것은 아니다. 비록 좁아지는 과정을 보지만 여호와께서는 아브라함에게 어마어마한 수의 자손들을 약속하셨다!

여호와와 아브라함의 언약을 묘사하는 세 대목에서 우리는 앞서 설명된 언약의 모든 필수 요소들을 분명히 볼 수 있다.

1. **주님과 그분의 종 사이의 상호 구속적 관계** : 여호와께서는 자신의 약속들을 이루시려 '죽음의 고통에' 자신을 구속하셨고, 아브라함에게는 신실한 순종을 요구하셨다.

2. **주권적 집행** : 여호와께서는 아브라함을 고향 땅에서 불러내셨다. 또한 의미심장하게도 언약 의식에서 반으로 쪼개진 동물 사이를 홀로 지나가셨다.

3. **조건들**(계명들, 제재들) : 여호와께서는 육신적이든 입양되었든 아브라함에게 속한 모든 남자 자손들에게 할례를 행하도록 요구하셨다. 그 결과는 이렇다. "아브라함이 내 말을 순종하고 내 명령과 내 계명과 내 율례와 내 법도를 지켰음이라"(창 26:5).

4. **연합과 교제의 약속들** : 여호와께서는 아브라함 언약에서 연합과 교제 공식을 처음으로 명쾌하게 사용하셨다. "내가 내 언약을 나와 너 및 네 대대 후손 사이에 세워서 ······너와 네 후손의 하나님이 되리라 ······나는 그들의 하나님이 되리라"(창 17:7, 8).

아브라함부터 모세까지는 속죄언약의 발전에 있어 다음의 주요 단계가 일어난 시기로, 이 시기는 연속성에 의해 특징지어졌다. 곧 여호와께서는 연합과 교제를 여자의 후손(이삭, 야곱, 그리고 요셉)에게 확대하신 반면 뱀의 후손(이스마엘, 에서, 그리고 애굽)에게는 멀어짐과 원수 됨을 확실히 하셨다. 다시 말해 아브라함의 직계 자손들과 자신의 언약을 명쾌하게 재차 확인하셨다.

아브라함이 죽은 후 여호와께서는 땅과 백성에 대한 언약의 약속들을 아브라함 약속의 기반 위에서 이삭에게 반복하셨다(창 26:3, 4, 24). 이삭의 후손은 야곱과 에서로 나뉘었고 여호와께서는 다시 한 번 신실한 언약의 혈통을 좁히셨다. "이스라엘에게서 난 그들이 다 이스라엘이 아니요 또한 아브라함의 씨가 다 그의 자녀가 아니라"(롬 9:6-13).

처음부터 여자의 후손, 즉 아브라함의 후손은 생물학적 유산이 아니라 신실한 순종에 의해 특징지어졌다. 언약을 따른 혈통의 일원으로서 야곱은 땅과 백성에 대한 아브라함의 약속들을 이어받았다(창 28:13-15; 참조. 48:4; 50:24). 그리고 언약의 사슬은 야곱으로부터 요셉과 그의 형제들에게로 이어졌는데(창 50:24) 그것은 야곱을 거쳐 요셉의 아들들, 곧 에브라임과 므낫세에게 확대되었다(창 48:15, 16).

구속사는 아담부터 요셉의 아들들에 이르기까지 연결 고리가 끊어진 영웅 이야기도 아니며, 관련 없는 세대들로 이루어진 것도 아니다. 그것은 하나님께서 펼치신 언약사역으로 이루어져 있다. 복잡하고 아름다운 하나님의 언약들의 사슬은 여자의 후손을 한 백성으로 연합했다. 언약들은 계속해서 사탄에 대한 승리, 속죄의 보존, 하나님의 백성을 위한 땅, 땅의 모든 족속에게 복을 주신다는 하나님의 약속들을 다졌다. 우리는 아담에서 아브라함, 모세까지 하나님의 언약의 아름다운 연속성을 본다.

이스라엘

아브라함과 이삭과 야곱 그리고 요셉의 후손은 애굽에서 크게 번성했다. 뱀의 후손인 애굽이 여자의 후손에게 커다란 두려움을 느낄 정도였다. 바로의 말을 보라.

"백성에게 이르되 이 백성 이스라엘 자손이 우리보다 많고 강하도다 자, 우리가 그들에게 대하여 지혜롭게 하자 두렵건대 그들이 더 많게 되면 ……우리 대적과 합하여 우리와 싸우고 이 땅에서 나갈까 하노라 하고 감독들을 그들 위에 세우고 그들에게 무거운 짐을 지워 괴롭게 하여"(출 1:8-11).

이 구절은 야곱의 아들들의 이민(1:1-5)과 요셉의 죽음(6절)을 다시 끄집어낸다. 이로써 출애굽기는 새롭게 시작되는 이야기가 아니라 야곱과 요셉의 역사를 연장하는 것임을 알 수 있다. 사실 요셉은 죽음 직전 형제들에게 이렇게 확언했다. "나는 죽을 것이나 하나님이 당신들을 돌보시고 당신들을 이 땅에서 인도하여 내사 아브라함과 이삭과 야곱에게 맹세하신 땅에 이르게 하시리라"(창 50:24). 그러나 이러한 연결 고리보다 더 나아가서 여호와께서는 명확하게 아브라함과 맺은 약속에 근거해 애굽에 있는 자기 백성을 대하셨다(출 2:23-25).

이스라엘 백성을 애굽에서 해방시킨 후 여호와께서는 이스라엘과의 언약 시대를 여셨다. "세계가 다 내게 속하였나니 너희가 내 말을 잘 듣고 내 언약을 지키면 너희는 모든 민족 중에서 내 소유가 되겠고 너희가 내게 대하여 제사장 나라가 되며 거룩한 백성이 되리라"(출 19:5, 6).

이스라엘 백성들은 그분의 언약의 종이 될 것과 십계명 및 그 특정한 적용들과 예식들과 희생 제사들을 통해 나타나는 언약의 조건들을 받아들일 것, 다시 말해 신실한 순종을 약속했다(7, 8절). 여호와께서는 언약의 제재들도 명쾌하게 계시하셨는데 신실함에는 복을, 부정함에는 저주를 계시하셨다. 더욱이 그분은 연합과 교제를 약속하셨을 뿐 아니라 실제로 성막 안에서 자기 백성 가운데 거하셨다.

이스라엘 언약에서도 우리는 아브라함과 이삭, 야곱 및 앞선 언약들과 관련된 언약의 모든 구성요소를 찾을 수 있다.

1. **앞선 언약들과의 연속성** : 뱀의 후손은 애굽의 탈을 쓰고 하나님의 백성을 학대했다. 백성들은 하나님께 도와달라고 부르짖었다. 이때 여호와께서는 사막 한가운데 새로 생긴 어떤 집단을 대하듯 그들에게 반응하신 게 아니다. 성경은 명확하게 가르친다. "하나님이 그들의 고통 소리를 들으시고 하나님이 아브라함과 이삭과 야곱에게 세운 그의 언약을 기억하사"(출 2:24). 그분께서는 아브라함과 자신의 언약 때문에 그들의 부르짖음에 응답하셨다. 출애굽기 6:1-8을 숙고하며 하나님께서 족장들과 맺으신 자신의 언약을 어떻게 확인하시는지 주목하라.

"나는 여호와이니라 내가 아브라함과 이삭과 야곱에게 전능의 하나님으로 나타 났으나 나의 이름을 여호와로는 그들에게 알리지 아니하였고 ……이제 애굽 사 람이 종으로 삼은 이스라엘 자손의 신음 소리를 내가 듣고 나의 언약을 기억하 노라 그러므로 이스라엘 자손에게 말하기를 나는 여호와라 내가 애굽 사람의 무 거운 짐 밑에서 너희를 빼내며 그들의 노역에서 너희를 건지며 편 팔과 여러 큰 심판들로써 너희를 속량하여."

여호와께서 이스라엘을 종에서 속량하기 위한 이유와 동기로 아브라함 언 약을 어떻게 사용하셨는지, 또 그렇게 하심으로써 자신의 구속사역을 아브라 함 언약에 어떻게 연결하셨는지 주목하라.

2. 백성에 대한 약속 : 여호와께서는 아브라함에게 그 자손들이 '노예가 되고 학대를 받을 것'(창 15:13)이지만 건짐을 받을 것(14절)이라 약속하셨다. 여호와 께서는 노예가 되어 학대받는 아브라함의 자손들을 구출하심으로써 아브라 함에게 하신 자신의 약속을 지키셨다. 더 나아가 모세는 이스라엘 민족이 반 역하여 금송아지를 숭배했을 때 아브라함과의 약속을 근거로 그들의 생명을 살려주시기를 여호와께 간청했다. "주의 종 아브라함과 이삭과 이스라엘을 기억하소서 주께서 그들을 위하여 주를 가리켜 맹세하여 이르시기를 내가 너 희의 자손을 하늘의 별처럼 많게 하고"(출 32:13).

3. 땅에 대한 약속 : 마찬가지로 주께서는 아브라함과 하신 땅에 대한 약속 때문에 그들을 구출하셨다. "가나안 땅 곧 그들이 거류하는 땅을 그들에게 주 기로 그들과 언약하였더니 ……내가 아브라함과 이삭과 야곱에게 주기로 맹 세한 땅으로 너희를 인도하고 그 땅을 너희에게 주어 기업을 삼게 하리라 나 는 여호와라"(출 6:4, 8). 또한 모세는 이스라엘 민족을 멸망시키지 않으시기를 여호와께 간청할 때 땅에 대한 약속을 언급했다. "주의 종 아브라함과 이삭과 이스라엘을 기억하소서 주께서 그들을 위하여 주를 가리켜 맹세하여 이르시 기를 ……내가 허락한 이 온 땅을 너희의 자손에게 주어 영원한 기업이 되게 하리라"(출 32:13).

4. 언약을 요약한 약속 : 여호와께서는 연합과 교제의 약속을 나타내는 용어

를 계속해서 사용하신다. "너희를 내 백성으로 삼고 나는 너희의 하나님이 되리니"(출 6:7). 후에 모세는 하나님의 계명들을 반드시 지켜야 한다는 사실을 백성에게 상기시키며 이렇게 말했다. "여호와께서 네게 말씀하신 대로 또 네 조상 아브라함과 이삭과 야곱에게 맹세하신 대로 오늘 너를 세워 자기 백성을 삼으시고 그는 친히 네 하나님이 되시려 함이니라"(신 29:13).

5. **언약에 대한 확장된 이해** : 여호와께서는 속죄언약을 새로운 표현으로 갱신하시며 언약의 세부사항들을 확대하시고 정교히 하셨다. 먼저 노아에게는 보존에 대한 약속을 확대하셨다. 아브라함에게는 땅과 백성에 대한 약속을 확대하셨고 할례의 언약적 표징을 소개하셨다. 모세와 하신 언약에서는 하나님의 계시가 거대하게 확장되는 것을 본다. 처음에 여호와께서는 자신의 뜻과 법에 대해 포괄적으로 계시하셨는데 이는 개인과 가정과 교회 그리고 민족의 신실함을 위한 자신의 원리를 자세히 알린 것이었다. 자신의 거룩하심을 나타내신 하나님은 더욱이 그것을 기록하라고 명령하셨다. 백성들은 자신들의 죄를 더욱 분명히 보게 되었고 구원자의 필요성을 더욱 잘 인식하게 되었다.

그분의 율법에 있는 도덕법과 의식법에 덧붙여 여호와께서는 유월절과 같은 절기들을 제정하셨는데 이를 통해 자신의 언약사역에 대해 더욱 많은 것을 계시하셨다. 이들 절기의 모든 것은 우리가 지닌 속죄언약의 풍부한 모자이크를 메우는 데 기여한다.

이스라엘과 맺은 언약에서 백성에 대한 약속 부분은 특히 백성들이 순종해야 할 한 형제, 곧 '한 선지자'가 될(신 18:15-19) 개인적인 인물을 드러낸다. 그분은 여호와께 순종하실 것이며, 하나님의 모든 계명을 가르치실 것이고, 그분께 순종하기를 거절하는 자는 누구든지 멸망당할 것이다(신 18:19; 참조. 행 3:22, 23; 7:37).

모세부터 여호수아를 거쳐 다윗왕까지 사사들의 구속사는 결국 이스라엘 공동체와 뱀의 후손의 싸움, 즉 아브라함-모세 언약에 관계된 이스라엘의 역사이다. 언약과 언약의 조건들은 역사의 결정적 요인들이 된다. 하나님께서는 자신의 언약을 따라 행하시고 제재하신다. 여호와께서는 이스라엘의 신실함과 부정함을 보시고 그 백성과 땅을 두고 하신 약속들을 실행하신다. 그럼에도 이스라엘 백성들은 그 약속에 내포된 화평과 안전을 얻지 못했다.

다윗

타락부터 노아, 아브라함, 모세까지 내적으로 연결된 언약들의 연속성과 각 언약이 앞선 언약에 의존한다는 것, 백성과 땅에 대한 하나님의 속죄의 약속들이 점차적으로 확대되는 것을 지금까지 알아보았다. 그리고 이제 알아볼, 하나님의 마음에 합한 자로 불린 다윗왕은 속죄언약의 발전에 있어 다음 단계로 넘어가는 주된 전조였다.

우리는 하나님께서 다윗과 맺으신 언약에 어떤 중대성을 부여한다. 그래서인지 많은 사람들은 다윗의 언약을 앞선 언약들과 분리하거나 갈라놓으려 한다. 그러나 성경은 다시 한 번 분명하게 이 같은 해석을 논박한다. 이제 살펴보겠지만, 여호와께서는 아브라함과 이스라엘 양쪽 모두를 통해 펼치시고 발전시킨 유일한 언약이 있음에도 불구하고 다윗과 언약을 또 맺으신 게 아니다. 그분은 그 유일한 언약에 명시적으로 의존하여 다윗과도 언약을 맺으셨다.

하나님과 다윗의 언약을 상세히 이해하는 데 열쇠가 되는 본문은 사무엘하에 있다. 사사시대 후 여호와께서는 사울을 왕으로 세우셨는데(삼상 8장) 결국에는 그를 자신의 종, 다윗으로 교체하셨다. 다윗은 이스라엘 영토를 확장하고 하나님의 이름을 위해 뱀의 후손과 두려움 없이 싸웠다. 다윗이 예루살렘을 안전하게 지키고(삼하 5장) 블레셋을 물리친 후 여호와께서는 땅과 백성에 대한 아브라함-모세와의 약속들을 갱신하시면서 그와 언약하셨다. 여호와께서 나단을 통해 다윗에게 선언하신 말씀을 사무엘하 7:8-17에서 볼 수 있다.

"땅에서 위대한 자들의 이름 같이 네 이름을 위대하게 만들어 주리라 내가 또 내 백성 이스라엘을 위하여 한 곳을 정하여 그를 심고 그를 거주하게 하고 다시 옮기지 못하게 하며 악한 종류로 전과 같이 그들을 해하지 못하게 하여 전에 내가 사사에게 명령하여 내 백성 이스라엘을 다스리던 때와 같지 아니하게 하고 너를 모든 원수에게서 벗어나 편히 쉬게 하리라 ……네 수한이 차서 ……내가 네 몸에서 날 네 씨를 네 뒤에 세워 그의 나라를 견고하게 하리라 그는 내 이름을 위하여 집을 건축할 것이요 나는 그의 나라 왕위를 영원히 견고하게 하리라 나는 그에게 아버지가 되고 그는 내게 아들이 되리니 그가 만일 죄를 범하면 내가 사람의 매와 인생의 채찍으로 징계하려니와 ……사울에게서 내 은총을 빼앗은 것처럼 그에게서 빼앗지는 아니하리라 네 집과 네 나라가 내 앞에서 영원히 보전되고 네 왕위가 영원히 견고하리라."

후에 다윗은 하나님께서 자신에게 하신 이 선언을 "영원한 언약"(삼하 23:5)이라 설명했다. 여호와께서는 이 만남에 대해 이렇게 말씀하셨다. "나는 내가 택한 자와 언약을 맺으며 내 종 다윗에게 맹세하기를"(시 89:3; 참조. 132:11, 12). 즉 하나님께서는 이 만남을 언약으로서 특별하게 묘사하셨다. 여기에는 하나님의 언약의 모든 특징들 1)상호 구속 2)주권적 집행 3)조건들(시 132:10-12) 4)연합과 교제의 약속들(삼상 7:13, 24)이 분명하게 나타난다. 과연 이 언약이 앞선 언약사역과 단절되었는지 아니면 연속성에 의해 특징지어지는지 살펴보자.

1. 앞선 언약들과의 연속성 : 다윗은 백성들에게 다음을 기억하도록 촉구하며 자신과 이스라엘의 위치를 인식했다. "너희는 그의 언약 ……을 영원히 기억할지어다 이것은 아브라함에게 하신 언약이며 이삭에게 하신 맹세이며 이는 야곱에게 세우신 율례 곧 이스라엘에게 하신 영원한 언약이라"(대상 16:15-17; 참조. 시 105편).

다윗 언약에서 여호와께서 하신 말씀을 보면 그분께서 이스라엘을 애굽으로부터 구원하신 일(삼하 7:6)과 사사시대를 지배하던 언약, 즉 이스라엘과의 언약(삼하 7:11)으로부터 현재의 언약이 따라 나왔음을 알 수 있다. 더욱이 그분께서는 땅과 백성에 대한 약속을 기반으로 다윗과 언약하셨다. 이처럼 다윗은 속죄언약의 사슬을 하나 더 추가하는 연결 고리였다. 여호와께서는 이스라엘과 아브라함에게 하신 자신의 약속들을 기반으로 다윗과 언약하셨다.

2. 백성에 대한 약속 : 여호와께서는 자기 백성을 적들로부터 보존하고 보호

하기로 약속하셨다(삼하 7:10). 다윗은 그분의 백성을 위한 하나님의 속죄사역을 되풀이하며 열거함으로써 응답했다. "땅의 어느 한 나라가 하나님이 가서 구속하사 자기 백성으로 삼아 주의 명성을 내신 주의 백성 이스라엘과 같으리이까?"(삼하 7:23, NASB 직역).

언약에 대한 모세의 표현 덕분에 우리는 백성에 대한 약속이 지니는 이중적 성격, 즉 일반적인 동시에 특정하다는 것을 더욱 손쉽게 이해했다. 그것은 항상 무수히 많은 백성에 대해 더욱 많은 일반적인 약속을 포함했지만 특정한 개인에 대한 약속 역시 포함했다.

우리는 모세시대 때 하나님의 명령들에 신실하게 순종하며 선언할 '한 선지자'(신 18:15 이하)를 약속받았다. 사무엘하 7:12에서는 여호와를 위해 더욱 영원한 성전을 세울 약속된 후손에 대해 배운다. 그리고 하나님께서 "그의 나라 왕위를 영원히 견고하게"(삼하 7:13) 세우실 것을 배운다.

더욱이 다윗은 왕의 모습, 즉 아브라함을 축복했던 제사장인 "멜기세덱의 서열을 따라 영원한 제사장"(시 110:4)으로서 섬길 자신의 "주"(시 110:1)에 대해 언급했다. 그 오실 후손에 대한 묘사를 얻으면 얻을수록 우리는 선지자, 제사장, 그리고 왕이라는 세 직분이 한 인물, 곧 다윗의 줄기에 속하심을 배운다.

3. 땅에 대한 약속 : 땅에 대한 약속에 대해 말하자면 여호와께서는 "또 내 백성 이스라엘을 위하여 한 곳을 정하여 그를 심고 그를 거주하게 하고 다시 옮기지 못하게"(삼하 7:10) 할 것을 약속하셨다. 다윗은 감사를 드리며 땅에 대한 아브라함-모세의 약속을 되풀이하며 열거했다(삼하 7:23).

4. 언약을 요약한 약속 : 다윗은 아브라함과 모세와의 공통된 사슬을 다시금 보여주면서 연합과 교제에 대한 약속을 인용했다. "주께서 주의 백성 이스라엘을 세우사 영원히 주의 백성으로 삼으셨사오니 여호와여 주께서 그들의 하나님이 되셨나이다"(삼하 7:24).

5. 언약에 대한 확장된 이해 : 각 언약은 앞선 언약들의 내용을 부연하는데 다윗 언약도 다르지 않다. 특히 두 확장이 두드러진다. 첫 번째 확장은 이스라엘의 적들로부터의 쉼과 화평에 대한 새로운 초점이다. 사무엘하 7장은 되풀이해서 이스라엘의 적들로부터의 쉼과 평화, 안정, 안전에 대한 생각들을 언급

한다. 그러므로 이 특색은 하나님의 언약사역의 목적 중 일부로 받아들여져야 한다.

두 번째 확장은 다윗의 영원한 왕권과 연결된다. "네 왕위가 영원히 견고하리라"(삼하 7:16). 여호와께서는 오래 전 아브라함에게 그의 자손들 가운데서 왕이 일어날 것(창 17장)을 약속하셨다. 하지만 다윗시대에 와서야 더욱 영광된 왕권을 알게 된다. 그것은 다윗의 육신적 왕권과 나라보다는 그 심령 안에 훨씬 더 분명한 것이었다. 하지만 솔로몬 이후 둘 다 금세 잃었기 때문에 모든 이스라엘은 하나님께서 말씀하신 언약 조건들을 위반했고 추방당했다(대하 36:11-21). 그렇다면 하나님과의 연합과 교제 가운데 땅과 백성에 대한 아브라함-모세-다윗의 약속들은 어떻게 되었는가? 다윗 이후의 선지자들을 통해 알아보자.

선지자들

이스라엘은 다윗, 솔로몬 그리고 연합 왕국을 포함해 모든 소망을 잃는 것처럼 보인다. 그들은 하나님의 은혜로운 언약을 거절했고 반복해서 우상을 의지했다. 여호와께서는 자신의 언약의 약속들을 지키심으로써 부정한 자들에게 자신의 진노를 퍼부으셨다.

첫째, 북왕국은 앗수르에, 남왕국은 바벨론에 넘겨졌다. 이스라엘을 사로잡은 두 나라들은 모두 뱀의 후손이 지니는 험악한 모습을 드러냈다. 다니엘의 고백을 보라. "온 이스라엘이 주의 율법을 범하고 치우쳐 가서 주의 목소리를 듣지 아니하였으므로 이 저주가 우리에게 내렸으되 곧 하나님의 종 모세의 율법에 기록된 맹세대로 되었사오니 이는 우리가 주께 범죄하였음이니이다"(단 9:11).

이스라엘은 극심한 우상숭배를 저지름으로써 언약의 조건들을 위반했고 백성과 땅에 대한 그들의 상속을 박탈당하기에 이르렀다. 여호와께서는 앞서 선언하셨던 것처럼 이스라엘을 노예로 파셨고 땅의 상속을 끊어내셨다. "주의 복을 받은 자들은 땅을 차지하고 주의 저주를 받은 자들은 끊어지리로다"(시 37:22; 참조. 렘 12:7-9, 15; 신 28:63).

여호와께서는 그럼에도 불구하고 모든 포로생활과 포악과 그리고 눈물의 한가운데 남은 자신의 신실한 자들을 위해 계속해서 아브라함-모세-다윗과의 약속들을 붙들고 계셨다. 또한 선지자들을 보내 백성들이 언약을 범했음을 선언하시고 언약은 성취됨을 알리셨다.

1. 앞선 언약들과의 연속성 : 여호와께서는 선지자들을 통해 아브라함과 모세, 그리고 다윗과 맺으신 언약에 호소하심으로써 계속해서 심판과 소망이 모두 옳음을 가르치셨다. 그분은 이사야를 통해 이스라엘을 "나의 벗 아브라함의 자손"(사 41:8; 참조. 29:22; 63:16)이라 칭하시며 "그의 영광의 팔이 모세의 오른손을 이끄신다"(사 63:12; 참조. 11절) 말하고, 다윗에게 허락한 확실한 은혜를 따라 영원한 언약을 맺으실 것을 약속하셨다(사 55:3; 참조. 9:7; 16:5; 22:22).

또한 예레미야를 통해서는 "아브라함과 이삭과 야곱의 자손"(렘 33:26)이 "그들의 하나님 여호와를 섬기며 내가 그들을 위하여 세울 그들의 왕 다윗을 섬기게"(렘 30:9; 참조. 17:25; 21:12; 23:5; 33:15 이하) 하도록 모세언약의 저주들(렘 32:23-44; 참조. 31:33; 44:10 이하)에서 돌이켜 그들의 미래를 회복하실 것을 선언하셨다.

에스겔을 통해서도 자기 백성을 "내 종 야곱에게 준 땅"(겔 37:25)에 거주하도록 이끌어내실 것과 "그들이 내 규례를 준수하고 내 율례를 지켜 행할 것"(24절), 그리고 "내 종 다윗이 그들의 왕"(24절)이 될 것을 예언하면서 아브라함과 모세와 그리고 다윗과의 언약사역에 주목하게 하셨다.

소선지자들을 통해서도 언약의 사슬은 계속되었다. 미가는 하나님께서 모세를 보내서서 그들을 종노릇하는 데서 어떻게 속량하셨는지(미 6:4) 백성들을 상기시켰다. 또한 하나님께서 베푸신 아브라함을 향한 인애에 대해 언급했다(7:20). 호세아는 이스라엘에 대해 "그들의 왕 다윗"을 찾으며 돌아오는 것(호 3:5)으로 묘사했으며, 아모스는 하나님께서 "다윗의 무너진 장막"을 일으켜 세우실 것(암 9:11; 참조. 행 15:16)을 예언했다. 또 다른 놀랄 만한 구절에서는 "다윗의 집과 예루살렘 주민에게 은총과 간구하는 심령을 부어 주리니 그들이 그 찌른 바 그를 바라보고 그를 위하여 ……그들이 내 이름을 부르리니 내가 들을 것이며 나는 말하기를 이는 내 백성이라 할 것이요 그들은 말하기를 여호와는 내 하나님이시라 하리라"(슥 12:10-13:9)고 약속하셨다.

　2. **백성에 대한 약속** : 그렇다면 아브라함, 모세, 다윗과 선지자들 사이의 직접적인 연결 외에 하나님의 백성에 대한 약속은 어떻게 되었을까? 선지자들은 이 약속에 대한 두 측면, 즉 일반적 후손과 그 후손 안에 있는 특정한 개인을 상세히 열거하면서 다윗과의 언약을 확대했다. 여기서 우리는 전에 없이 자세히 열거되는 백성에 대한 일반적 언약의 약속을 발견한다. 그러나 또한 더욱 상세한 설명, 그 선지자이시며 제사장이시고 여전히 오실 왕으로 설명된 개인적 후손을 발견한다.

　먼저 일반적 후손에 관해 주님께서는 포로들 가운데 남은 신실한 자들의 소생과 연합(겔 37장; 단 9장)을 반복하여 약속하셨다. 그러나 우리는 여기서 중요한 약속의 발전 이상을 발견한다. 아브라함 언약이 처음부터 약속한 복(구원)은 "여러 민족"(창 17:5)과 "땅의 모든 족속"(창 12:3)에 대한 것이었다. 그 약속들은 한 가족이나 한 혈통, 한 나라에 결코 제한되지 않았고 선지자들은 이 진리를 가장 영광스럽게 선포했다. 뿐만 아니라 그들은 하나님께서 이방인을 자기 백성으로 양자 삼을 것이라 선언했다.

　호세아는 "이스라엘 자손의 수가 바닷가의 모래 같이 되어서 ……그들에게 이르기를 너희는 내 백성이 아니라 한 그 곳에서 그들에게 이르기를 너희는 살아 계신 하나님의 아들들이라 할 것이라"(호 1:10)고 예언했다. 사도 베드로는 이 말씀이 이방인에 대한 하나님의 양자 삼음에 관한 것(벧전 2:10)이라고 계시했다. 이사야는 회복된 이스라엘이 "이방의 빛"(사 49:6)이 될 것을 약속했는데, 사도 바울과 바나바는 이 말씀을 이방인들에게 설교하라는 명령으로 이해했다(행 13:46-48).

　아모스는 "에돔의 남은 자와 내 이름으로 일컫는 만국"(암 9:12)을 소유하는 하나님의 백성에 대해 언급했고, 야고보는 이 말씀이 사도들의 사역에서 성취되었음을 보았다(행 15:17). 여호와께서 요엘을 통해 주신 의미심장한 약속, "내가 내 영을 만민에게 부어 주리니"(욜 2:28)라는 말씀에 대해 베드로는 오순절에 성령께서 강림하심으로 성취되었음을 보았다(행 2:14 이하).

　그러나 뒤에서 살펴보겠지만 여호와께서 이방인들을 아브라함 계열로 양자 삼으시려면 한 구속자, 곧 한 특정하고 탁월한 아브라함의 씨가 나와야만 했다. 비록 다윗은 오래전에 죽었지만 선지자 에스겔은 이 한 인물을 두고 "**내 종 다윗**이라 그가 **그들을 먹이고 그들의 목자가 될지라**"(겔 34:23)고 묘사했다. 예레미야는 이에 대해 다윗의 "의로운 가지", 그분께서 "왕이 되어 지혜롭게 다스릴 것"(렘 23:5)이라 언급했다. 여호와께서 오래전에 "이스라엘 집의 왕위에 앉을 사람이 다윗에게 영원히 끊어지지 아니할 것"(렘 33:17)이라고 약속하셨기 때문이다.

이사야는 다윗의 보좌에 앉을 유일한 분께서 "평강의 왕"이 되실 것이며 그분의 이름은 "전능하신 하나님"(사 9:6)이시나, 왕이며 정복자이신 이 종(사 52:13; 53:11-54:3)께서는 많은 사람의 죄를 담당하시면서 우리의 허물 때문에 찔림을 받게 될 것이라 선언했다(53:5, 12).

이 구절들이 제시하는 것처럼 앞으로 오실 다윗의 후손은 한 선지자요(신 18:15 이하) 제사장이며(시 110:4) 왕(렘 23:5)이실 뿐 아니라 더욱 존귀하신 한 구속자, 특별히 기업 무를 자가 되실 것이었다. '기업 무를 자'라는 이 참된 심오한 직위는 성경시대에서 분리된 우리의 문화에서는 비록 많은 의미를 지니지 않지만, 이스라엘을 포함한 일부 주변 국가들의 역사에서는 줄곧 구약성경의 삶과 문화의 중심이었다.

구속자(redeemer)라는 단어와 그 변형은 자기 백성을 위한 하나님의 사역에 대한 묘사로 성경에 수도 없이 나타난다. 문자적으로 그 단어는 대부분 '기업 무를 자'라는 의미의 히브리어 **고엘**(go'el)을 번역한 것이다. 기업 무를 자에 대한 개념은 하나님의 언약사역의 중심이었다.

그렇다면 기업 무를 자란 무엇인가? 영어적 설명에 따르면 첫째, 그는 형제나 삼촌이나 조카(레 25:48, 49)와 같은 가까운 혈연관계 즉, 친족이여야만 했다. 둘째, 그는 가난하고 연약한 친척을 구하기 위해 값을 지불할 능력이 있어야 했다. 특별히 기업 무를 자는 적어도 다음의 네 가지 의무를 지녔다.

1) 노예와 학대에 자신을 판 친척의 몸값을 지불할 것(레 25:47-55)
2) 친척의 과부된 아내와 결혼할 것(룻 3장; 4장)

3) 억압받거나 살해당한 친척의 이름을 보복할 것(신 19:12; 민 35:16-21, 31)

4) 가난한 친척의 박탈당한 기업을 되찾을 것(레 25:23, 24).

하나님의 언약사역이란 맥락에서 구속자로 오실 후손에 대해 선지자들이 말할 때(사 52:3; 54:5, 8; 61:1, 2; 63:4 이하; 렘 31:11; 시 72:14) 우리는 '다윗의 가지'에 대한 언약사역을 두고 그분의 가난하고 책임 능력이 없는 친족을 노예에서 속량함과, 그들의 박탈당한 상속을 되찾음과, 그 과부와 결혼함과, 그들의 적들 곧 뱀의 후손에 맞선 보복을 포함하는 것으로 이해해야 한다.

이사야는 그 오실 기업 무를 자에 대해 이렇게 선언한다. "여호와께서 내게 기름을 부으사 가난한 자에게 아름다운 소식을 전하게 하려 하심이라 나를 보내사 마음이 상한 자를 고치며 포로된 자에게 자유를, 갇힌 자에게 놓임을 선포하며 여호와의 은혜의 해와 우리 하나님의 보복의 날을 선포하여 모든 슬픈 자를 위로하되"(사 61:1, 2).

3. **땅에 대한 약속** : 선지자들을 통해 백성에 대한 약속을 확대하신 여호와께서는 땅에 대한 약속 또한 확대하셨다. 비록 이스라엘이 언약을 범해 땅과 백성에 대한 상속을 박탈당했지만(시 37:22; 참조. 렘 12:7-9, 15; 신 28:63) 여호와께서는 크신 인애로 그들 중 신실한 남은 자들을 아브라함에게 약속하신 땅으로 돌려보내겠다 약속하셨다. 여호와께서 신실한 남은 자들을 회복하셨을 때 그들은 에스라서와 느헤미야서에 기록된 대로 그 회복을 아브라함과 모세, 다윗과 맺으신 언약의 성취로 인식했다.

이 신실한 이스라엘 사람들의 실제적인 고백은 성경에 기록된 언약 역사 가운데 가장 주목할 만한 요약 중 하나로 위치한다. 특히 느헤미야 9장은 깊이 읽고 묵상할 가치가 충분하다. 그 백성들은 자신들의 회복이 하나님의 견고한 언약의 성취 안에 있음을 고백한다. "주는 하나님 여호와시라 옛적에 아브라함을 택하시고 ……아브라함이라는 이름을 주시고 그의 마음이 ……그와 더불어 언약을 세우사 ……그의 씨에게 주리라 하시더니 그 말씀대로 이루셨사오매 주는 의로우심이로소이다"(느 9:7, 8).

느헤미야 9장의 고백을 보면, 하나님의 언약사역은 가장 감동적이고 영광스러운 방법으로 아브라함에서 모세를 거쳐 다윗에게로 계속 추적하며 나간다. 하지만 느헤미야 시대의 영광도 영원하지는 않았다. 백성들은 자기만족과 우상숭배에 빠져 여호와께서 베푸신 언약의 자비를 잊었다.

그러나 이스라엘 백성에 대한 임시적인 회복을 훨씬 넘어 선지자들은 땅에 대한 약속이 그 원래 의미하던 땅보다 더욱 많은 것을 포함한다고 이해했다. 여호와께서는 아브라함에게 주신 땅에 대한 약속이 온 땅을 의미한다고 선지자들을 통해 계시하셨다. 예를 들어 다니엘은 느부갓네살의 꿈에 대해 단지 아브라함에게 특정했던 원래의 땅이 아니라 그 이후 "태산"을 이룸으로써 "온 세계"에 가득할 왕국(단 2:35, 44)을 나타낸다고 보았다. 또한 이사야는 "만방이 그리로 모여들 것이라"(사 2:2)고 말하면서 이 거룩한 산에 대해 언급했다.

4. **언약을 요약한 약속** : 연합과 교제에 대한 언약의 약속은 선지서들 곳곳에서 계속 주장된다. "나는 네 하나님 여호와라 ……너는 내 백성이라"(사 51:15, 16; 또한 렘 31:1, 33; 32:38; 겔 34:24; 36:28; 호 2:23; 슥 2:11; 8:8). 연합과 교제의 중심적 약속은 여러 다른 형태로 나타나는데 부분적이거나 생략될 때도 있지만 결국은 창세기부터 말라기까지 얽힌 언약의 사슬의 윤곽을 뒤따른다.

우리가 선지자들을 통해 본 대로 속죄언약은 특별히 높은 수준의 기대 위에 세워졌다. 선지자들의 말씀을 듣는 신실한 사람들은 땅과 백성에 대한 약속의 영광된 절정을, 특히 여전히 일어나기로 예정된 의로운 다윗의 가지인 오실 구속자의 모습을 고대했다. 이제 그 영광된 절정에 대해 다음 장에서 알아보자.

연구 질문

1. 창조 후 시작된 두 언약을 확인하라. 두 언약은 어떻게 옛 언약 및 새 언약과 관련되는가? 이 사실은 당신이 성경을 보는 방식을 어떻게 바꾸는가?

2. 연합과 교제의 약속에 대한 특별한 표현은 창세기 17:7, 8에서 처음으로 나타나는가? 하나님의 약속은 아브라함의 육체적 자식에게 자동으로 확대되었는지 창세기 15:4과 17:21을 참고해 설명하라. 로마서 9:6-8에서 바울은 이를 어떻게 표현했는가?

3. 속죄언약은 우리의 선지자요 제사장이며 왕으로서 직분을 감당하실 특정한 개인, 즉 여자의 후손을 어떤 방식으로 고대하는가? 그분은 우리의 기업 무를 자로서 선지자요 제사장이요 왕이신 그 직분을 어떻게 성취하리라 기대하셨나?(레 25:23-34, 47-55; 룻 3장; 4장; 신 19:12; 민 35:16-21, 31을 보라.)

제 10 장

|

새 언약, 그 성취

구약성경에서 주님은 자신의 속죄언약을 다채로운 특징과 짙은 색채를 지닌 아름다운 모자이크처럼 은혜롭게 계시하셨다. 곧 백성과 땅에 대한 자비로운 약속들과 그분의 거룩한 의지에 따른 은혜롭고 순수한 계명들, 연합과 교제에 대한 위로의 맹세들, 선지자요 제사장이며 왕이신 직분으로 오실 기업무를 자의 확실성 등 많은 것들을 말이다.

언약사역은 타락 후에 주어진 약속들로 시작해 노아와 더불어 보존되었고 아브라함과 함께 세워졌으며 모세를 통해 확대되었고 다윗과 더불어 고양되었으며 선지자들을 통해 영광스럽게 되었다.

이 같은 영광스러운 예기(豫期) 후 우리가 신약성경에서 알게 되는 것은 무엇인가? 마지막 선지자가 있은 후 몇 세대가 지나 천사 가브리엘은 어리고 신실한 여인에게 고요히 언약의 영광을, 곧 그 시대의 거룩한 약속을 선언했다. "네가 잉태하여 아들을 낳으리니 그 이름을 예수라 하라 그가 큰 자가 되고 지극히 높으신 이의 아들이라 일컬어질 것이요 주 하나님께서 그 조상 다윗의 왕위를 그에게 주시리니 영원히 야곱의 집을 왕으로 다스리실 것이며 그 나라가 무궁하리라"(눅 1:31-33).

이것은 똑같은 이야기다. 똑같은 약속들이 이어진다. 과거의 언약사역은 중단되지 않았고 오히려 성취되었다. 신약성경은 자기 자신에 기초할 수 없다. 아담과 노아, 아브라함, 모세, 다윗, 그리고 선지자들과 하나님께서 맺으신 통합된 약속들에 기초한다. 이 약속들은 마태복음 첫 장에 이르기까지 모든 속죄의 역사를 결정했다. 그리고 속죄언약의 완성 단계까지 계속된다.

옛 언약과의 연속성

천사 가브리엘이 그리스도를 하나님의 속죄언약의 성취라고 선언하는 동안 다른 연결성들 또한 나타난다. 마태복음과 누가복음의 첫 장에서 우리는 예수님과 다윗과 아브라함 사이의 혈연적 연관성을 나타내는 족보를 발견한다. 특히 마태복음은 "아브라함과 다윗의 자손 예수 그리스도의 계보라"(마 1:1)라는 말로 시작하는데 이 족보에는 여자의 후손인 많은 신실한 영웅이 있다. 누가 역시 셈, 노아, 셋 그리고 아담으로 거슬러 올라가는 계통을 추적한다(눅 3:23, 36, 38). 거기에는 한 이야기, 곧 하나의 속죄언약이 있다.

예수님의 탄생에 앞서 마리아는 "그 종 이스라엘을 도우사 긍휼히 여기시고 기억하시되 우리 조상에게 말씀하신 것과 같이 아브라함과 그 자손에게 영원히 하시리로다"(눅 1:54, 55)고 말하며 주님께 영광을 돌린다. 마리아는 그리스도와 하나님의 앞선 언약사역 사이의 연속성을 인식했을 뿐 아니라 그리스도의 사역을 여자의 후손께서 진행 중인 뱀의 후손에 대한 승리의 일부로 이해했다. "긍휼하심이 두려워하는 자에게 대대로 이르는도다 그의 팔로 힘을 보이사 마음의 생각이 교만한 자들을 흩으셨고 권세 있는 자를 그 위에서 내리치셨으며 비천한 자를 높이셨고"(50-52절).

세례 요한의 아버지 사가랴도 이와 비슷하게 하나님의 언약과 그 후손들 사이의 전쟁 모두를 찬양했다.

"찬송하리로다 주 이스라엘의 하나님이여 그 백성을 돌보사 속량하시며 우리를 위하여 구원의 뿔을 그 종 다윗의 집에 일으키셨으니 이것은 주께서 예로부터 거룩한 선지자의 입으로 말씀하신 바와 같이 우리 원수에게서와 우리를 미워하는 모든 자의 손에서 구원하시는 일이라 우리 조상을 긍휼히 여기시며 그 거룩한 언약을 기억하셨으니 곧 우리 조상 아브라함에게 하신 맹세라 우리가 원수의 손에서 건지심을 받고 ……두려움이 없이 섬기게 하리라"(눅 1:68-75).

그리스도의 탄생을 둘러싼 신학을 우리는 단순하게 언약신학이라 부른다. 그리스도께서는 자신의 이야기를 듣는 자들에게 "너희 조상 아브라함은 나의 때 볼 것을 즐거워하다가 보고 기뻐하였느니라"(요 8:56)고 말씀하시며 자신과 하나님의 앞선 언약사역과의 연관을 직접 선포하셨다. 그분은 신실한 이방인 또한 "아브라함과 이삭과 야곱과 함께 천국에 앉을 것"(마 8:11; 눅 13:28)이라 설명하셨다. 그리고 구속은 단지 아브라함과의 생물학적 관계로 보장된다거나 아브라함 언약 자체에서 진리가 주어진다고 생각하는 믿음 없는 유대인들을 책망하셨다(마 3:9).

그리스도께서는 부자와 나사로 비유를 설명하시며 죽은 후 아브라함의 위로와 멀리 떨어진 고통의 장소로 내려간 어느 부자에 대해 말씀하셨다. 부자가 아직 세상에서 반항하는 형제들을 염려하며 아버지 아브라함에게 도움을 외칠 때 그 족장은 흥미롭게도 모세와 선지자들을 그들의 유일한 소망으로 지적했다. 그리고 만약 그 형제들이 "모세와 선지자들에게 듣지 아니하면 비록 죽은 자 가운데서 살아나는 자가 있을지라도 권함을 받지 아니하리라"(눅 16:31)고 결론지었다. 예수님께서는 자신의 사역이 아브라함과 세우신 하나님의 언약의 결과라는 것과 자신의 사역은 참으로 언약을 의지하지 않고서는 이해될 수 없음을 아셨다.

그리스도께서는 "율법이나 선지자를 폐하러 온 줄로 생각하지 말라 폐하러 온 것이 아니요 완전하게 하려 함이라"(마 5:17)고 설명하심으로써 자신과 모세의 연속성을 강조하셨다. 더욱이 그분은 모세 언약의 계명들을 인정하셨으며(마 8:4; 막 7:10; 10:3; 눅 5:14) 사도들 앞에서 모습을 바꾸어 모세와 만나기도 하셨다(마 17:3).

부활하신 후에는 엠마오로 가는 두 제자와 담화하셨는데 "모세와 모든 선지자의 글로 시작하여 모든 성경에 쓴 바 자기에 관한 것을 자세히 설명"(눅 24:27)하셨다. 그리고 "그들의 마음을 열어 성경을 깨닫게"(눅 24:44, 45) 하시고 모든 제자들을 위해서도 같은 일을 하셨다. 그리스도께서는 자신의 사역이 하나님께서 모세와 세우신 언약사역의 결과임을 아셨다.

다윗의 왕권을 받으실 분으로 예언된(눅 1:31-33) 그분은 다윗 자손의 왕에 대한 스가랴 예언(슥 9:9)의 성취로 나귀를 타고 예루살렘에 들어가셨다. 이 성취를 인식한 군중은 "호산나 다윗의 자손이여 찬송하리로다 주의 이름으로 오시는 이여"(마 21:9)라고 외쳤다.

그 후 예수님께서는 바리새인들에게 다윗이 시편 110편에서 어떻게 그의 후손, 그 메시아, 하나님의 칭호를 가지신 분에 대해 말할 수 있었는지 설명하라고 요구하셨다. "다윗이 그리스도를 주라 칭하였은즉 어찌 그의 자손이 되겠느냐"(마 22:45). 그리스도께서는 자신의 사역이 아브라함, 모세와 세우신 하나님의 언약과 마찬가지로 다윗과 세우신 하나님의 언약의 결과임을 아셨다.

그리스도의 사도들은 예수님과 아브라함, 모세, 그리고 다윗 사이에 있는 언약의 연속성을 분명하게 이해했다. 사도적 교회가 시작될 때 베드로는 이렇게 가르쳤다.

> "너희는 선지자들의 자손이요 또 하나님이 너희 조상과 더불어 세우신 언약의 자손이라 아브라함에게 이르시기를 땅 위의 모든 족속이 너의 씨로 말미암아 복을 받으리라 하셨으니 하나님이 그 종을 세워 복 주시려고 너희에게 먼저 보내사 너희로 하여금 돌이켜 각각 그 악함을 버리게 하셨느니라"(행 3:25, 26; 참조. 행 7장).

사도 베드로는 아브라함뿐 아니라 모세에 대해서도 언급했다. "모세가 말하되 주 하나님이 너희를 위하여 너희 형제 가운데서 나 같은 선지자 하나를 세울 것이니 너희가 무엇이든지 그의 모든 말을 들을 것이라"(행 3:22; 참조. 행 7장). 베드로는 또한 다윗에 대해서도 언급했다. "다윗이 죽어 장사되어 …… 그는 선지자라 하나님이 이미 맹세하사 그 자손 중에서 한 사람을 그 위에 앉게 하리라 하심을 알고 미리 본 고로 그리스도의 부활을 말하되"(행 2:29-31; 참조. 행 7장).

백성에 대한 약속의 전개

그리스도의 언약사역과 앞선 모든 언약 사이의 몇 가지 일반적인 연속성을 살펴보았다. 이제는 백성에 대한 아브라함-모세-다윗의 약속들과 그분의 특정한 연결성을 살펴보려 한다.

일반적 씨로서 자기 백성을 속죄하심

책을 시작할 때 우리는 그리스도께서 특정한 백성, 곧 뱀의 후손에 대립하는 여자의 후손, 아브라함의 후손을 속죄하기 위해 사역하실 것을 알아보았다. "아들을 낳으리니 이름을 예수라 하라 이는 그가 자기 백성을 그들의 죄에서 구원할 자이심이라"(마 1:21). 주님께서 "그 백성을 돌보사 속량하시며"(눅 1:68)라고 선언하셨을 때 사가랴는 백성에 대한 아브라함의 초점을 이해했다.

그리스도께서는 여자의 후손과 뱀의 후손 모두를 위해, 곧 양과 염소 모두를 속량하기 위해 자신의 생명을 버리지 않으셨다. 오히려 그분은 선한 목자로서(참조. 겔 34:23; 37:24) 양들을 위하여 그분의 생명을 버리신다(요 10:11)고 직접 가르치셨다. 같은 단락에서 그분은 자신에 대해 "나는 선한 목자라 나는 내 양을 알고 양도 나를 아는 것"(14절)이라고 말씀하신다. 그리스도께서 "내가 그들을 위하여 비옵나니 내가 비옵는 것은 세상을 위함이 아니요 내게 주신 자들을 위함이니이다 그들은 아버지의 것이로소이다"(요 17:9)라고 기도하셨을 때 그것은 특정한 백성을 위한 동일한 언약 개념을 보이신 것이었다.

아브라함과 선지자들은 하나님께서 아브라함, 모세, 그리고 다윗과 세우신 언약 안으로 이방인들을 자비롭게 이끄시는 것에 대해 말했다. 그리스도 역시 이 놀라운 진리에 대해 "또 이 우리에 들지 아니한 다른 양들이 내게 있어 내가 인도하여야 할 터이니 그들도 내 음성을 듣고 한 무리가 되어 한 목자에게 있으리라"(요 10:16)며 엄숙히 선언하셨다. 또한 그리스도께서는 "내가 비옵는 것은 이 사람들만 위함이 아니요 또 그들의 말로 말미암아 나를 믿는 사람들도 위함이니"(요 17:20)라고 기도하셨다.

우리는 더욱이 신실한 유대인과 이방인들을 위한 언약의 복들과 구속뿐 아니라, 언약을 경멸하여 그들의 상속을 박탈당한 변절한 유대인들을 위한 언약의 심판도 알게 된다. "하나님의 나라를 너희는 빼앗기고 그 나라의 열매 맺는 백성이 받으리라"(마 21:43). 이같이 그리스도께서는 자신의 제자들에게 "모든 민족을 제자로 삼"(마 28:19)을 것을 명령하셨다.

선지자들을 따라 사도들은 하나님의 백성으로 입양된 신실한 이방인들(호 1:10)을 인정했다. 그들은 "하나님이 ……이방인 중에서 자기 이름을 위할 백성을 취하시려고 [계신다]"(행 15:14)는 아모스의 말을 증거로 다윗의 집이 회복될 것을 선언하는(암 9:11-12) 예언들을 살펴보았다. 바울은 "이방의 빛"(사 49:6)에 대한 이사야의 예언을 따라 "이방인에게로 향했으며"(행 13:46, 47), 베드로는 호세아를 따라(호 1:10; 2:23) 믿음이 있는 이방인들에 대해 이렇게 말했다. "너희가 전에는 백성이 아니더니 이제는 하나님의 백성이요"(벧전 2:10).

신약성경은 신실한 유대인들과 이방인들은 이제 한 백성, 곧 하나님의 백성이라고 명쾌하게 진술한다. 예를 들어 에베소서 2:12-14은 이방인들을 다음과 같이 소개한다.

"그 때에 너희는 그리스도 밖에 있었고 이스라엘 나라 밖의 사람이라 약속의 언약들에 대하여는 외인이요 세상에서 소망이 없고 하나님도 없는 자이더니 이제는 전에 멀리 있던 너희가 그리스도 예수 안에서 그리스도의 피로 가까워졌느니라 그는 우리의 화평이신지라 둘로 하나를 만드사 원수 된 것 곧 중간에 막힌 담을 자기 육체로 허시고."

바울은 로마인에게 보내는 서신에서 유대인과 이방인의 관계는 감람나무로 묘사될 수 있다고 논쟁한다. 좋은 감람나무의 원 가지들(유대인들) 중 일부는 "꺾이었는데 ……그들은 믿지 아니하므로"(롬 11:17, 20) 돌감람나무(이방인들)에서 떨어진 가지들이 "그들 중에 접붙임이 되어 참감람나무 뿌리의 진액을 함께 받는 자가 되었다"(17절). 여기서 우리는 꺾인 원 가지에 접붙여진 새 가지가 함께 하나님의 백성을 상징하는 하나의 좋은 나무가 된 것을 본다. 하나님의 자비로 이들은 이제 두 나무가 아닌 한 나무이다. 이 나무는 신실한 유대인과 신실한 이방인 양쪽을 모아서 만들었다.

다른 서신에서 바울은 그리스도께 속하였으니 유대인도 헬라인도 없으며 우리는 아브라함의 자손이요 약속대로 유업을 이을 자라고 기록했다(갈 3:26-29; 참조. 3:6-8, 14). 이것은 놓쳐서는 안 될 가르침이다. 이제는 유대인과 이방인이 함께 아브라함 약속들의 유업을 이을 자들, 곧 하나님의 백성을 이룬다.

이것이 하나님의 백성을 위한 옛 언약의 명칭들이 종종 하나님의 새 언약 백성들에게 돌려지는 이유이다. 우리는 "하나님의 이스라엘"(갈 6:16)이며 "아브라함의 자손"(갈 3:29)이고 이삭과 같은 "약속의 자녀"(갈 4:28)이며 "열두 지파"(약 1:1; 참조. 계 7:4), 또 "택하신 족속이요 왕 같은 제사장들이요 거룩한 나라요 그의 소유가 된 백성"(벧전 2:9; 참조. 출 19:6)이며 참 "할례파"(빌 3:3; 참조. 롬 2:28, 29)이다.

그 반대도 가능하다. 신약성경은 구약의 언약백성을 "교회"(행 7:38, 그리고 히 2:12)로 묘사했다. 이는 우리가 이미 살펴본 대로 옛 언약에서 구상되었다. 선지자들은 하나님의 백성의 두 분리된 집단 사이에는 아무것도 없음을 알았다. 그래서 이방인들이 이스라엘의 몸, 곧 하나님의 백성에 가입될 것을 예언했다.

특정한 씨로서 우리의 기업 무를 자

일반적 의미에서 이방인이 여자의 후손됨에 대한 약속의 연속성을 찾아보았다. 이제는 백성에 대한 약속의 다른 측면, 곧 특정한 후손인 한 인물에 대한 약속에서 그 연속성을 찾을 수 있다.

"그 조상 다윗의 왕위"(눅 1:32)를 받아 왕으로 오신 메시아 곧 그리스도께서는 또한 선지자(마 10:41; 11:9; 13:57; 21:11; 요 6:14; 7:40)이시며 제사장(막 10:45; 요 10:11, 15)이셨다. 그리스도께서는 우리의 기업 무를 자가 되심으로 우리의 선지자요 제사장이시며 왕으로서 자신의 역할을 성취하셨다. 웨스트민스터 소요리문답은 이에 대해 다음과 같이 요약한다. "그리스도께서 우리의 구속자로 선지자와 제사장과 왕의 직분을 행하시되 낮아지시고 높아지신 두 지위에서 행하신다"(제23문).

그리스도께서 우리의 기업 무를 자라면 우리는 그분께 무엇을 기대할 수 있을까? 그분께서 그 사실을 인정하실 것과 그 직분에 수반된 사역들, 즉 노예들의 속량 및 과부들과 결혼하심, 형제들의 원수 갚음과 박탈당한 상속의 회복을 기대할 것이다. 그리고 그분은 가장 훌륭하게 이 일을 행하셨다.

그리스도께서 누가복음 4:18 이하에서 "이 글이 오늘 너희 귀에 응하였느니라"(21절)고 선포하셨을 때 우리는 이사야 61장에 예언된 대로 '포로된 자'를 해방하고 '눌린 자'를 자유하게 하는 기업 무를 자의 의무들을 그분이 스스로에게 적용하셨음을 본다. 그리스도께서는 어떻게 이 의무들을 성취하셨는가? 이에 대해 정확히 알아보자.

그분께서 친족을 노예에서 속량하신다. 우리의 대표자로서 첫 아담은 온 인류를 영적 노예로 팔았다. 성경은 우리를 "죄의 종"(롬 6:17 참조; 요 8:34)이라 부르는데 이는 용어 자체에서 우리가 법적으로나 사회적으로 노예 상태(신 28:32, 33, 41)라는 의미를 드러낸다.

첫 아담을 통해 자신을 노예로 팔았기에 우리는 우리를 속량해주실 기업 무를 자가 필요하다. 그리스도께서는 이에 응하여 "포로된 자에게 자유를, 갇힌 자에게 놓임을 선포"(사 61:1; 눅 4:18) 하실 마지막 아담으로 오셨다(고전 15:45; 참조. 롬 5:12-19). 그러나 이 언약사역을 이루려면 그리스도께서 우리의 기업 무를 자가 되셔야 했다. 그분은 첫째로 속량하실 이들과 혈연관계인 친족이 되셔야 했고, 둘째로 필요한 속전을 지불하셔야 했다(레 25:47-55).

첫 조건을 충족시키기 위해 삼위일체의 제2위께서는 "사람들과 같이" 되셔야 했다(빌 2:7). 성육신으로 오신 그분께서는 아담의 혈통을 따른 친족, 곧 여자의 후손이 되셨다. 히브리서 저자는 그리스도께서 감당하신 이 사역의 중요성을 강조한다.

"자녀들은 혈과 육에 속하였으매 그도 또한 같은 모양으로 혈과 육을 함께 지니심은 죽음을 통하여 죽음의 세력을 잡은 자 곧 마귀를 멸하시며 또 죽기를 무서워하므로 한평생 매여 종 노릇 하는 모든 자들을 놓아 주려 하심이니 이는 확실히 천사들을 붙들어 주려 하심이 아니요 오직 아브라함의 자손을 붙들어 주려 하심이라 그러므로 그가 범사에 형제들과 같이 되심이 마땅하도다 이는 하나님의 일에 자비하고 신실한 대제사장이 되어 백성의 죄를 속량하려 하심이라"(히 2:14-17).

이 구절이 '형제들'과 '종'과 같은 기업 무를 자에 대한 표현을 어떻게 사용하는지 주목하라. 또한 이 표현들이 무엇보다 아브라함의 계보를 위한 기업 무를 자로서 그리스도를 묘사한다는 점에 주목하라. 이는 신약성경이 왜 이방인의 구원을 양자 됨이라 부르는지 설명한다. 그리스도께서 그들의 기업 무를 자가 되시기에 앞서 이방인들은 아브라함 계보로 양자 됨이 필요하다. 이 한 번의 양자 됨을 통해 이방인들 역시 "아빠 아버지"(롬 8:15)라 부르는 특혜를 얻는다.

그리스도께서는 우리 죄의 속전을 지불하심으로 두 번째 조건을 충족하셨다. 다시 말해 그분은 우리 대신 죽으셨다. 우리는 "죄의 삯은 사망"(롬 6:23)이라는 것과 "피흘림이 없은즉 사함이 없다"(히 9:22)는 것을 안다. 이러한 죄의 형벌은 아브라함과 언약하신 하나님의 자기 저주 맹세의 결과(창 15장)일뿐 아니라 하나님의 거룩한 본성의 결과이기도 하다. 그 언약을 깨뜨리는 자는 언약의 조건들을 지키는 데 실패한 형벌로써 죽는 것에 동의한 자들임을 기억하라(창 15장; 26:5).

하나님께서는 결코 자신의 언약을 깨뜨리지 않으시지만 아브라함의 자손들은 되풀이해서 깨뜨렸다. 그래서 기업 무를 자는 죄에 의해 부패하지 않은 생명, 즉 그분 자신의 생명을 버림으로써 백성들을 죄의 종에서 속량하셔야 했다.

그리스도께서는 이러한 자신의 사명을 분명하게 진술하셨다. "인자가 온 것은 섬김을 받으려 함이 아니라 도리어 섬기려 하고 자기 목숨을 많은 사람의 대속물로 주려 함이니라"(마 20:28). "하나님은 한 분이시요 또 하나님과 사람 사이에 중보자도 한 분이시니 곧 사람이신 그리스도 예수라 그가 모든 사람을 위하여 자기를 대속물로 주셨으니 기약이 이르러 주신 증거니라"(딤전 2:5, 6)는 바울의 기록은 그리스도의 속량을 묘사한 것이다.

그리스도께서는 기업 무를 자가 되기 위한 두 가지 조건 모두를 충족하셨다. 그분은 이사야 61장의 속죄의 약속들이 참으로 성취되었다고 선언하실 수 있다(눅 4:18 이하).

그분은 과부된 친족과 결혼하신다. 룻기에서 배웠듯 기업 무를 자의 보다 광범위한 의무 가운데 하나는 죽은 친족의 과부와 결혼하는 것이다. 기업 무를 자인 보아스는 "말론의 아내 ······룻을 사서 나의 아내로 맞이하고 그 죽은 자의 기업을 그의 이름으로 세워"(룻 4:10)라고 말했다.

하나님과 사람 사이의 언약 구속은 결혼 비유로 표현될 수 있다. 아담과 이스라엘은 모두 하나님과 언약적인 결혼 관계였지만 그들의 반역으로 하나님께서는 그들과 멀어지셨으며, 마치 그분이 죽기라도 하신 것처럼 그들을 과부로 만드셨다. 이사야는 고난당하시는 종의 예언의 일부를 다음과 같은 이미지로 우리에게 보여준다.

"네 자손은 열방을 얻으며 ······네가 네 젊었을 때의 수치를 잊겠고 과부 때의 치욕을 다시 기억함이 없으리니 이는 너를 지으신 이가 네 남편이시라 그의 이름은 만군의 여호와이시며 네 구속자는 이스라엘의 거룩한 이시라 그는 온 땅의 하나님이라 일컬음을 받으실 것이라 여호와께서 너를 부르시되 마치 버림을 받아 마음에 근심하는 아내 곧 어릴 때에 아내가 되었다가 버림을 받은 자에게 함과 같이 하실 것임이라 네 하나님께서 말씀하셨느니라 내가 잠시 너를 버렸으나 큰 긍휼로 너를 모을 것이요 내가 넘치는 진노로 내 얼굴을 네게서 잠시 가렸으나 영원한 자비로 너를 긍휼히 여기리라 네 구속자 여호와께서 말씀하셨느니라"(사 54:3-8).

하나님께서는 심판으로 자기 백성을 과부 되게 하셨지만 긍휼로 그들과 결혼하셨다. 그리스도께서는 우리의 기업 무를 자로서(롬 3:24; 골 1:14) 이를 종종 자기 신부, 교회와의 결혼 관계로 그리신다(마 9:15; 25:1 이하; 요 3:29; 엡 5장). "우리가 즐거워하고 크게 기뻐하며 그에게 영광을 돌리세 어린 양과 혼인 기약이 이르렀고 그의 아내가 자신을 준비하였으므로"(계 19:7; 참조. 21:2).

기업 무를 자의 사역이 우리에게 자랑의 여지를 얼마나 남겨두지 않는지 주목하라. 아담과 이스라엘 중에 의도적으로 과부 된 자들처럼 우리는 자격 없는 신부였다. 하지만 그리스도께서는 자비로 우리의 모든 것을 새롭게 하시면서 속량하셨다. 그분은 자신의 신부를 "금, 은으로 장식하고 ······극히 곱고 형통하여 왕후의 지위에 올리면서"(겔 16:13) 결혼하셨다.

그분은 친족의 적들에 맞서 그들에게 보복하신다. 훌륭한 청교도 토마스 보스톤(Thomas Boston)은 기업 무를 자에 대해 이렇게 설명한다.

> 그분은 살해당한 친족의 피를 보복하는 분이셨다. ······우리의 기업 무를 자는 모든 자신의 가난한 친족인 살해당한 사람들을 보셨다. 마귀는 그 살인자였다. ······마귀는 그들의 첫 조상의 허리에 독을 발랐다. 게다가 그들이 죽기까지 엄청난 고통을 가했다. 그러나 그들의 피에 대한 보복자는 보이지 않았고, 두 번째 아담께서 그들의 기업 무를 자가 되시고서야 둘째 언약 안에서 그에 대한 보복을 실행하셨다.[1]

하나님께서는 냉혹한 살인자에 관해(신 19:11) 그 성읍의 장로들에게 다음과 같이 명령하셨다. "그[살인자]를 거기서 잡아다가 보복자[기업 무를 자]의 손에 넘겨 죽이게 할 것이라 네 눈이 그를 긍휼히 여기지 말고 무죄한 피를 흘린 죄를 이스라엘에서 제하라 그리하면 네게 복이 있으리라"(신 19:12, 13; 참조. 민 35:16-21, 31).

인간의 시대가 시작될 때부터 하나님의 적들은 하나님의 사람들에게 잔인

---

[1] Thomas Boston, *A View of the Covenant of Grace from the Sacred Records* (1720; reprint, East Sussex: Focus Christian Ministers Trust, 1990), 43.

하게 상해를 입히고 살인을 일삼았다. 그 잔인한 대적들은 많은 경우 정부의 형태로 나타났다. 곧 앗수르, 바벨론, 로마, 메리 튜더, 찰스 2세, 루이 14세가 그들이다. 주님께서는 우리를 위해 다음과 같이 약속하셨다. "그 종들의 피를 갚으사 그 대적들에게 복수하시고 자기 땅과 자기 백성을 위하여 속죄하시리로다"(신 32:43; 참조. 욥 19:23 이하; 잠 23:11; 사 47:1, 4; 렘 50:4).

죽임을 당한 자들은 이렇게 외친다. "거룩하고 참되신 대주재여 땅에 거하는 자들을 심판하여 우리 피를 갚아 주지 아니하시기를 어느 때까지 하시려 하나이까"(계 6:10). 우리의 기업 무를 자께서는 약속대로 이렇게 말씀하신다. "하나님께서 그 밤낮 부르짖는 택하신 자들의 원한을 풀어 주지 아니하시겠느냐 ……내가 너희에게 이르노니 속히 그 원한을 풀어 주시리라"(눅 18:7, 8). 하나님께서는 우리가 친히 보복하는 것을 금하셨다(롬 12:19). 그렇지만 우리는 우리의 기업 무를 자께서 우리와 자신을 위해 과업을 성취하실 것을 확신한다.

그리스도께서 그분의 백성의 원한을 갚으셨다는 사실보다 더 중요한 것은 그분께서 이미 직접 뱀을 이기셨다는 사실이다. "그분께서 통치자들과 권세들을 무력화하셨을 그때 그분께서는 그들을 구경거리로 삼으시고 그들을 이기셨느니라"(골 2:15, NASB 직역; 참조. 마 12:29). 그 사역은 "그가 모든 원수를 그 발 아래에 둘 때까지"(고전 15:25; 참조. 계 19:11-21) 계속될 것이다.

비극과 고통의 한가운데 있을지라도 우리는 "선으로 악을 이기도록"(롬 12:21) 되어 있다. 우리의 "수고가 주 안에서 헛되지 않도록 사망을 삼키고 이기리라"(고전 15:54, 58)고 기록된 말씀에서 우리는 위로를 얻는다.

땅에 대한 약속의 전개

위대하신 우리의 기업 무를 자께서는 우리가 종 되었을 때 우리를 속량하셨고 우리가 과부되었을 때 우리와 결혼하셨다. 우리의 형제로서 우리를 위해 보복하셨을 뿐 아니라 우리의 박탈당한 기업을 회복하셨다. 우리의 기업은 땅에 대한 약속과 관련이 있는데 이는 하나님의 언약사역의 또 다른 연속성을 보여준다.

땅에 대한 약속은 기업에 대한 약속이었지만, 그것은 우리가 잃어버린 기업이었다. 우리의 책임 능력이 없는 친족인 아담과 이스라엘의 불신앙 안에서 우리는 반역했고 약속된 기업을 잃었다. "그에게 가까운 기업 무를 자가 와서 그의 형제가 판 것을 무를 것이요"(레 25:25; 참조. 렘 32:6-11; 룻 4:1-8). 이 말씀처럼 마지막 아담께서는 첫 아담이 판 것을 무르기 위해 자신을 내어주셨다.

첫 아담은 그의 신실한 순종을 조건으로 영생을 약속받았으나 그는 그 약속을 무시했다. 마지막 아담에게도 성부를 향한 완전한 신실함이 요구되었고, 그분은 그렇게 하심으로써 누구든 그리스도를 따르는 사람은 "영생을 상속"(마 19:29) 받는다는 약속을 확보하셨다.

우리의 영생에 대한 상속은 신약성경의 공통된 주제이다. 하지만 우리는 그 언약의 기초를 종종 놓친다. 베드로는 "썩지 않고 더럽지 않고 쇠하지 아니하는 유업을 ……하늘에 간직하신 것"(벧전 1:4)을 우리가 얻는다고 말했다. 바울은 "그분의 계획을 따라 우리가 예정을 입어 기업이 되었느니라"(엡 1:11, NASB 직역; 참조. 딛 3:7)고 설명했다.

영생 그 자체만으로 충분한데 하나님께서는 자기 백성에게 기업을 더욱 더하셨다. 아브라함, 모세, 다윗은 그들 자신의 땅을 약속받았다. 선지자들은 이 약속이 땅에 대한 단순한 증표, 곧 "바다에서부터 바다까지와 강에서부터 땅 끝까지"(시 72:8; 참조. 시 2:8; 단 2:35)라는 지구에 속한 땅덩어리 이상임을 계시했다.

그러나 백성들은 기업을 경멸했고 다른 신들에게 돌아섰다. 하나님께서는 "주의 복을 받은 자들은 땅을 차지하고 주의 저주를 받은 자들은 끊어지리로다"(시 37:22; 신 28:63)라는 약속대로 이스라엘에게서 상속권을 박탈하셨다(렘 12:7-9, 15).

우리의 기업 무를 자께서는 아브라함과 하신 자기 저주의 맹세대로 하셔야 했으나 대신 그 땅에 대한 영원한 기업을 우리에게 회복하셨다. 이 속량, 혹은 기업이라는 말을 우리는 히브리서 9:15(참조. 갈 3:29-4:7)에서 알게 된다. "그는 새 언약의 중보자시니 이는 첫 언약 때에 범한 죄에서 속량하려고 죽으사 부르심을 입은 자로 하여금 영원한 기업의 약속을 얻게 하려 하심이라."

생각해보라. 그리스도와 사도들이 하나님의 백성은 물리적인 땅을 기업으로 받을 것이라고 제시한 적이 한 번이라도 있는가? 전혀 없다. 구약 선지자들의 표현을 따라 그리스도께서는 "온유한 자는 복이 있나니 그들이 땅을 기업으로 받을 것임이요"(마 5:5; 시 37:29)라고 선언하셨다. 다윗 왕조는 다만 팔레스타인 지역을 다스릴 권세를 요청한 것이 아니다. 그보다는 그분께서 "하늘과 땅의 모든 권세를"(마 28:18) 가지시기를 요청했다.

바울은 망설임 없이 아브라함을 "세상의 상속자"(롬 4:13)라 묘사한다. 아브라함은 여호와께서 그의 후손에게 단지 증표의 일부인 블레셋 땅이 아니라 온 세상을 주실 것을 알았다. 히브리서 저자는 아브라함이 더 많은 것을 바라고 있었다며 "그가 하나님이 계획하시고 지으실 터가 있는 성을 바랐음이라"(히 11:10)고 말한다.

더욱이 바울은 자녀들에게 "네가 잘되고 땅(earth)에서 장수"(엡 6:3)하도록 "네 아버지와 어머니를 공경하라"(엡 6:2)고 말하며 모세의 명령에 순종할 것을 권한다. 비록 모세에게 세워진 약속은 "네 부모를 공경하라 그리하면 네 하나님 여호와가 네게 준 땅(land)에서 네 생명이 길리라"(출 20:12; 신 5:16)는 것이었지만 말이다. 이와 같이 그 '땅'(land)은 하나님의 백성이 실제로 상속받을 물리적인 '땅'(earth)의 증표만이 아니었다. 모든 신약성경은 하나님의 백성에게 "새 하늘과 새 땅"(계 21:1)에 대한 상속을 약속한다.

땅과 백성에 대한 아브라함-모세-다윗의 약속들은 그리스도 안에서 충분히 완전하게 성취되었다(고후 1:20). 이제 모든 족속은 그리스도를 통해 복을 받으며 또 받을 것이다. 약속대로 이방인들은 "하나님의 이스라엘"(갈 6:16)로 양자 된 "아브라함의 자손이요 약속대로 유업을 이을 자"(갈 3:29)이다. 이는 모두 약속된 선지자이며 제사장이고 왕이신 우리의 기업 무를 자인 마지막 아담께서 첫 아담이 버린 것을 되찾으심으로 가능해진 일이다.

첫 아담 안에서 우리는 자신을 노예로 만들었지만, 마지막 아담인 우리의 기업 무를 자께서는 죄의 속박으로부터 우리를 해방시키셨다.

첫 아담 안에서 우리는 음란을 행하고 자신을 과부로 만들었지만, 마지막 아담인 우리의 기업 무를 자께서는 과부인 우리의 비참함을 제거하시고 우리를 다시 결실하는 자들로 만드셨다.

첫 아담 안에서 우리는 적들에 의해 불구가 되고 살해당했지만, 마지막 아담이신 우리의 기업 무를 자께서는 우리의 눈물을 씻고 모든 적들을 자신의 발아래 짓밟으실 것이다.

첫 아담 안에서 우리는 기업을 박탈당했고 하나님의 약속들을 경멸했지만, 마지막 아담이신 우리의 기업 무를 자께서는 세상을 회복시키시고 영생을 얻게 하셨다.

연합과 교제의 성취

언약의 약속을 요약하면, 곧 친밀한 교제 중 하나로 하나님과 '함께 사는 것'이다. 이스라엘과 계실 때 하나님께서는 자기 백성들과 함께 처음에는 성막에, 그다음에는 성전에 거하셨다. 그곳에서 주님은 벽들과 휘장들과 예식들로 구별하시긴 했지만 자기 백성 가운데 자신을 직접 나타내셨다.

새 언약 아래서 연합과 교제의 약속은 한층 더 영광되게 성취되었다. 우선 하나님께서는 스스로 성육신, 곧 예수 그리스도로 오셔서 그분과 우리 사이에 놓인 장막을 내던지셨다(요 1:14). 그리스도께서는 임마누엘(하나님께서 우리와 함께 계심)이셨다. 그분은 옛 언약 안에서 인식되는 방식이 아닌 방식으로 자기 백성 가운데 거하셨다(마 1:23).

그리스도께서 떠나신 후 하나님께서는 이제 자신의 영을 자기 백성에게 부어주심으로써 그들 안에 내주하신다. 그래서 그들을 자신이 거하는 성전으로 만드신다(고전 3:16; 6:19; 엡 2:21). 하나님께서는 자기 백성 안에 내주하심으로 "나는 그들의 하나님이 되고 그들은 나의 백성이 되리라"(고후 6:16; 히 8:10; 요 10:14)는 이 친숙하고 요약된 약속을 되풀이하며 아브라함-모세-다윗 언약과의 연속성을 보여주신다.

그리스도, 언약의 실체

주님께서는 속죄언약의 진행되는 각각의 단계들마다 자기 목적에 맞춰 더욱더 많은 것을 계시하셨다. 언약은 각 단계를 거쳐 아름다운 방식으로 확장되어 왔지만 이 모든 확장들은 단지 오실 이에 대한 기대, 즉 예기(豫期)였고, 실체는 그리스도였다.

속죄언약은 그리스도 안에서 이처럼 최종적인 실체를 지닌다. 우리는 이것을 그저 또 하나의 확대인 것처럼 묘사해서는 안 된다. 새 언약은 무엇보다 새로우며, 앞선 언약의 단계와는 아주 중요한 지점에서 다르다. 오직 하나의 속죄언약만이 있지만 옛 언약은 그림자이고 새 언약은 실체이다.

보다 더 영광된 언약

지금까지 옛 언약과 새 언약을 연결하는 많은 연속성을 살펴보았다. 우리는 그 사이에서 많은 차이를 발견할 수 있다. 이 차이는 새 언약을 옛 언약보다 우월하도록 만드는데 그중 세 가지가 특별히 두드러진다.

능력과 영광: 옛 언약과 새 언약의 가장 중요한 차이 가운데 하나는 성령께서 능력을 부여하시는 사역이다. 옛 언약 신자들도 하나님의 영으로 채움받았다는 기록이 있지만, 그것은 우리가 새 언약에서 발견하는 모든 믿는 자들 가운데 임하는 장엄함과 정도가 다르다. 더욱이 신약성경은 옛 언약 백성이 언약을 지키지 못한 실패 요소로써 성령의 상대적 결핍과 능력의 부족을 든다 (히 8:7-13).

그러나 새 언약에서 두드러지는 하나님의 영의 강림하심은 갑자기 나타난 것이 아니다. 우리는 옛 언약의 선지자들에게서 그 뿌리를 찾을 수 있다. 요엘은 하나님께서 자신의 영을 "만민에게 ……그 때에"(욜 2:28, 29) 부어주실 것을 예언했다. 다른 선지자들도 마찬가지였다. "나는 ……나의 영을 네 자손에게, 나의 복을 네 후손에게 부어 주리니"(사 44:3), "새 영을 너희 속에 두고 새 마음을 너희에게 주되 ……또 내 영을 너희 속에 두어 너희로 내 율례를 행하게 하리니 너희가 내 규례를 지켜 행할지라"(겔 36:26, 27), "내가 이스라엘 집과 유다 집에 새 언약을 맺으리라 ······내가 나의 법을 그들의 속에 두며 그들의 마음에 내가 그것을 기록할 것이라"(렘 31:31-33, NASB 직역).

이들 구절에서 우리는 하나님의 영께서 새 언약 신자들이 하나님의 명령에 신실하게 순종하도록 도우시며 능력을 주심을 알게 된다. 그러나 옛 언약 신자들에게는 능력을 주시지 않으심을 알 수 있다.

주님께서는 에스겔을 통해 자신의 내주하는 성령께서 "[그들이] 내 율례를 행하게" 할 것이라고 말씀하셨다. 예레미야를 통해서는 "내가 나의 법을 그들의 속에 둘 것"이라고 선언하셨다. 그 성령께서는 바울을 통해 우리를 가르치신다. "율법이 육신으로 말미암아 연약하여 할 수 없는 그것을 하나님은 하시나니 ······우리에게 율법의 요구가 이루어지게 하려 하심이니라"(롬 8:3, 4).

새 언약 신자들은 "그의 계명들을 지키는 것이라 그의 계명들은 무거운 것이 아니로다"(요일 5:3)라는 말씀대로 하나님의 계명들을 지키는 능력을 부여받았다. 이 점이 옛 언약과 새 언약 사이에 나타나는 매우 극명한 대조이다. 바울은 옛 언약을 "정죄의 직분"(고후 3:9)으로, 새 언약은 "영의 직분"(고후 3:6, 8)으로 묘사한다.

영구불변: 옛 언약과 새 언약은 또한 희생의 유효성에 있어 뚜렷하게 다르다. 옛 언약의 희생제사 제도는 모든 피 흘림의 세부사항에서 죄는 반드시 죽음을 요구한다는 진리를 가차 없이 마음 깊이 새겨 놓았다(레 17:11). 죄에 대한 피 흘림의 희생제사 제도는 더욱이 삶의 모든 영역에서 사람들의 죽음과 그들의 죄가 넘침을 보여주었다.

하지만 모든 희생과 피 흘림의 예식들에 있어서 그 제도는 교훈과 교사 또는 "우리를 그리스도께로 인도하는 초등교사"(갈 3:24)였다. 옛 언약의 의식 제도는 소통에 도움을 주지만 실재가 아니었으며, 죄에 대한 형벌을 치르는 데는 무력한 그림자와 같았다. "율법은 장차 올 좋은 일의 그림자일 뿐이요 참 형상이 아니므로 해마다 늘 드리는 같은 제사로는 나아오는 자들을 언제나 온전하게 할 수 없느니라"(히 10:1; 참조. 4절; 갈 4:1 이하).

옛 언약의 모형, 그림자, 효력 없는 희생과는 대조적으로 새 언약의 희생제사의 제물은 하나님의 어린양, 바로 그리스도이시다. 그분은 희생제물로서 우리 대신 "자기의 피로 영원한 속죄를 이루사 단번에 성소에 들어가셨다"(히 9:12). 실체이신 그리스도께서 "많은 사람의 죄를 담당하시려고 단번에 드리신 바"(히 9:28) 되셨으므로 옛 언약의 희생제사 제도의 그림자들은 이제 더는 쓸모가 없다(히 8:13). "다시 죄를 위하여 제사드릴 것이 없느니라"(히 10:18).

옛 언약과 새 언약의 신자들은 모두 동일한 희생제사를 통해, 곧 그리스도께서 '단번에' 희생하심으로 말미암아 구원받았으며 또한 구원받는다. 옛 언약 신자들은 신실하게 순종하며 그리스도를 고대했고(행 10:43; 히 11:24-26; 사 28:16; 눅 24:44-47; 요 5:39) 새 언약 신자들은 신실하게 순종하며 그리스도를 돌아본다.

물과 포도주: 옛 언약과 새 언약은 언약 의식 또는 성례에 관해서도 다르다. 할례와 유월절은 옛 언약에서 주된 두 가지 언약 예식이었다. 그러나 성경은 세례와 피 흘림이 없는 주님의 성찬 의식들로 피 흘리는 이 예식들이 대체되었다고 가르친다. 이는 14장에서 자세히 다루겠다. 여기서는 다만 옛 언약과 새 언약의 성례 사이의 연속성과 불연속성만을 살피도록 한다.

율법의 완성

성경은 옛 언약과 새 언약, 즉 속죄언약에 있어 예기와 성취 사이의 현격한 연속성과 불연속성을 계시한다. 그러나 십계명과 같은 옛 언약의 도덕법은 이 중 어디에 적합한가? 그것은 새 언약 신자들을 위한 것인가, 아니면 폐기될 것인가?

이 질문의 답은 성화에 대한 성경적 개념을 포함하는데 이는 17장에서 자세히 논의할 것이다. 성화는 때때로 특별한 목적을 위한 사람 또는 사물의 구별과 관련이 있다(요 10:30; 17:19; 창 2:3; 출 29:43). 그러나 다른 때에는 죄에서 씻김 또는 구별되는 것과 관련이 있다(요 17:7; 고전 6:11; 엡 1:4; 5:26; 살전 5:23). 이 개념은 성령의 사역 대상이다. 두 가지가 모두 신자들에게 적용된다.

그리스도인은 회심할 때 더러움으로부터 확실히 구별된다(롬 6:4, 5, 11; 고전 6:11; 고후 5:17). 하지만 성령께서는 또한 믿는 자들을 점진적으로 성화시키신다. 다시 말해 타고난 죄로부터 그들을 점차적으로 멀어지게 하시면서 점점 더 주님을 닮아가도록 성화시키신다. "나는 그들의 하나님이 되고 그들은 나의 백성이 되리라 ……그런즉 ……이 약속을 가진 우리는 하나님을 두려워하는 가운데서 거룩함을 온전히 이루어 육과 영의 온갖 더러운 것에서 자신을 깨끗하게 하자"(고후 6:16, 7:1).

언약의 약속들과 거룩함에 있어서 성화 사이의 관계를 주목하라. 이 성화는 온 인격에 퍼진다. "평강의 하나님이 친히 너희를 온전히 거룩하게 하시고 또 너희의 온 영과 혼과 몸이 우리 주 예수 그리스도께서 강림하실 때에 흠 없게 보전되기를 원하노라"(살전 5:23; 참조. 요 17:7; 롬 8:13; 고후 3:18; 벧후 3:18).

"내가 거룩하니 너희도 거룩할지어다"(벧전 1:16)라고 말씀하신 하나님의 거룩을 성령의 도우심으로 따르고자 한다면 하나님께서 지니신 거룩의 본질과 성격을 이해해야 한다. 하나님의 거룩을 따라하는 방법을 어디서 알 수 있는가? 무엇이 우리의 의의 모본인가? 우리는 새 언약에 대한 예언들에서 그 답을 찾는다.

예레미야는 옛 언약 신자들과 달리 새 언약 신자들은 그분의 거룩에 대한 주님의 영원한 말씀과 하나님의 법을 지킬 수 있다고 선포했다. "내가 ……새 언약을 맺으리라 ……내가 나의 법을 그들의 속에 두며 그들의 마음에 기록하여 나는 그들의 하나님이 되고 그들은 내 백성이 될 것이라"(렘 31:31-33). 새 언약의 한 중요한 특성은 하나님의 백성들이 이전에는 얻을 수 없던 방식으로 그들 안에 깊이 묻힌 의에 대한 그분의 모본을 갖게 되는 것이다(히 8:7 이하).

주님께서는 에스겔을 통해서도 다음과 같이 약속하셨다.

"맑은 물을 너희에게 뿌려서 ……새 영을 너희 속에 두고 새 마음을 너희에게 주되 너희 육신에서 굳은 마음을 제거하고 부드러운 마음을 줄 것이며 또 내 영을 너희 속에 두어 너희로 내 율례를 행하게 하리니 너희가 내 규례를 지켜 행할지라"(겔 36:25-27; 참조. 11:19).

옛 언약 신자들은 성령이 주어지는 방식에서 부족함이 있었고 그래서 언약의 계명들을 지키는 데 실패했다(히 8:8). 새 언약 신자들은 하나님의 영에 의해 충만하고 새롭게 되었다. 그래서 하나님의 계명들을 지킴으로써 그분의 거룩을 따를 수 있다.

이 신실한 순종에 대한 약속은 다음의 새 언약에 대한 기술에서 확인된다. "육신에 죄를 정하사 육신을 따르지 않고 그 영을 따라 행하는 우리에게 율법의 요구가 이루어지게 하려 하심이니라"(롬 8:3, 4; 참조 히 8:7 이하). 여기서 우리는 새 언약이 여전히 거룩을 위한 우리의 모본으로서 하나님의 율법을 유지한다는 사실을 배운다. "율법은 거룩하고 계명도 거룩하고 의로우며 선하도다"(롬 7:12). 그러므로 율법은 멸시당할 것이 아니라 존중받아야 할 것이다.

결코 믿음을 위해 율법을 내던져서는 안 된다. "율법을 굳게 세우느니라"(롬 3:31). 디모데에게 보내는 서신에서 바울은 다음과 같이 가르친다. "율법은 사람이 그것을 적법하게만 쓰면 선한 것임을 우리는 아노라"(딤전 1:8). 신약성경 저자들은 도처에서 의를 가르치기 위해 하나님의 법을 인용한다(행 25:11; 고전 6:14; 14:34; 딤전 5:18; 약 2:9).

그렇다면 사랑은 어떠한가? 우리는 사랑이 그리스도인의 삶에서 가장 위대한 덕목임을 안다(고전 13:13). 그런데 사랑은 많은 사람들의 생각처럼 어떻게든 율법을 반대하는가? 그렇지 않다. 오히려 그 반대라고 성경은 말한다. "사랑은 율법의 완성이니라"(롬 13:10). "피차 사랑의 빚 외에는 아무에게든지 아무 빚도 지지 말라 남을 사랑하는 자는 율법을 다 이루었느니라 간음하지 말라, 살인하지 말라, 도둑질하지 말라, 탐내지 말라 한 것과 그 외에 다른 계명이 있을지라도 네 이웃을 네 자신과 같이 사랑하라 하신 그 말씀 가운데 다 들었느니라"(롬 13:8, 9).

만약 우리가 누군가를 사랑한다면 우리는 하나님의 율법을 따라 우리의 행동과 생각에서 그들의 인격과 소유를 존중하며 마음으로부터 그들을 대할 것이다. 사도 요한은 "죄는 불법"(요일 3:4)이며 사랑은 하나님의 율법을 통해 나타남을 다음과 같이 가르치면서 새 언약의 의의 전형으로서 하나님의 율법을 옹호한다. "이로써 우리가 하나님의 자녀를 사랑하는 줄을 아느니라 하나님을 사랑하는 것은 이것이니 우리가 그의 계명들을 지키는 것이라 그의 계명들은 무거운 것이 아니로다"(요일 5:2, 3).

요한은 그의 두 번째 서신에서 이를 되풀이한다. "사랑은 이것이니 우리가 그 계명을 따라 행하는 것이요"(요이 6). 또한 요한계시록에서는 신실한 신자들을 "하나님의 계명에 순종하는 자들"(계 12:17, NIV 직역) 그리고 "하나님의 계명에 순종하며 예수께 신실함을 유지하는 성도들"(계 14:12, NIV 직역)이라고 묘사하고 있다.

그리스도 역시 율법에 순종하셨으며(요 8:46; 15:10) 하나님의 계명을 파괴하는 자들을 책망하셨다(막 7:16). 게다가 가장 큰 두 계명에 대한 질문을 받으셨을 때(마 22:36) 그리스도께서는 모든 것을 다해 하나님을 사랑하고(신 6:5) 우리의 이웃을 자신과 같이 사랑하라(레 19:18)는 율법을 그야말로 그대로 전하셨다. 이 두 가지 큰 계명은 하나님의 모든 계명을 대체한 것이 아니라 요약한 것이다. "이 두 계명이 온 율법과 선지자의 강령이니라"(마 22:40; 참조. 7:12).

그리스도께서는 더욱이 자신은 율법을 폐하러 온 것이 아니라고(마 5:17) 두 번 강조하셨다. 율법을 범하는 자들, 그리고 하나님의 계명을 무시하도록 다른 사람을 가르치는 자들은 "천국에서 지극히 작다 일컬음을 받을 것"(마 5:19)이라고 경고하셨다. 그러나 "누구든지 이를 행하며 가르치는 자는 천국에서 크다 일컬음을 받으리라"(마 5:19)고도 말씀하셨다.

하나님의 율법과 그분의 은혜 사이의 관계는 또 어떤가? 많은 사람들은 하나님의 계명들을 오늘날에도 지켜야 한다는 사실을 부정하려고 "너희가 법 아래에 있지 아니하고 은혜 아래에 있음이라"(롬 6:14) 같은 구절을 강조했다. 그러나 깊이 생각하지 않아도 이 구절의 의미는 일부 사람들의 주장과는 분명히 다름을 알 수 있다.

이 구절들은 칭의의 수단으로서 의로운 행위들을 제거한다. 그러나 성화의 표준으로서 하나님의 율법을 제거하지 않는다. 만약 우리가 몇몇 사람이 요구하는 방식대로 '율법 아래 있지 않다'면 우리는 거짓말, 도둑질, 모독을 일삼아도 문제없을 것이다. 만약 이 구절이 몇몇 사람이 바라고 말하는 대로 의미한다면, 그리스도께서는 사도들을 반박하셨을 것이며 사도들은 동일한 서신 안에서 자기 자신을 반대했을 것이다.

하지만 그럴 수 없다. 우리는 문맥을 따라 이 구절을 읽어야 한다. 그때 우리는 저자가 '율법' 또는 그리스도 안에서 성취되었고 파기된 의식 법(예: 갈 3:24, 25)에 대한 몇 가지 관념으로 기록한 것을 볼 수 있다. 결국 하나님의 계명들은 우리가 하나님과 이웃을 사랑하며 사는 삶과 성화를 위한 우리의 표준임을 알게 된다.

우리는 하나님의 계명들을 회피하는 대신 그것은 "무거운 것이 아니로다"(요일 5:3)라는 요한의 자세와 "주의 의로운 모든 규례들은 영원하리이다"(시 119:160), "종일 작은 소리로 읊조리나이다"(시 119:97), "내 입에 꿀보다 더 다니이다"(시 119:103)와 같은 다윗의 묵상들을 함께해야 한다. 시편 119편은 하나님의 율법의 아름다움에 대한 영광된 묵상이다. 우리가 하나님의 영에 의해 그 영원한 언약의 계명들을 삶의 모든 영역에서 신실하게 순종하는 능력을 부여받는다 해도 의의 표준은 도처에 똑같이 남아있다. 이는 옛 언약과 새 언약의 모든 하나님의 백성에게 공유되어야 하는 묵상이다.

하이델베르크 요리문답은 이렇게 설명한다. "이 세상에서는 가장 거룩한 사람일지라도 아주 조그마한 순종을 시작할 뿐입니다. 그럼에도 불구하고 하나님의 백성들은 하나님의 계명의 일부가 아니라 전부를 지키기 위해 진정으로 살아야 합니다"(114문).

창세전부터 있은 언약

하나님께서 과거에 행하신 언약사역에 대한 논의를 마치려면 바로 그 기초를 생각하는 일이 필요하다. 우리는 오직 두 구별되는 언약들, 창조언약과 속죄언약(옛 언약의 그림자와 새 언약의 실체)을 살펴보았다. 그런데 새 언약은 두 언약들 뒤에 있는 훨씬 심오한 무엇을 드러낸다. 즉 "창세 전부터"(요 17:24; 참조. 엡 1:4; 계 13:8; 17:8) 있은 성부와 성자와 성령 사이의 언약, 삼위 하나님 사이의 언약이 그것이다.

삼위 하나님 사이의 언약, 전통적으로 속죄언약, 또는 구원 협약, 영원한 언약 또는 화평 협의라 알려진 언약에서 영원하신 삼위 하나님께서는 자신의 사랑을 자기 백성 위에 두시고, 성자로 하여금 자기를 위해 백성을 속죄하시며, 우리와 함께 거하시고 우리 속에 계실 성령을 통해(요 14:17) 그들과 교제하도록 언약된 순종을 성부께 드리기로 결정하셨다. 그래서 그분은 "종의 형체"(빌 2:7)를 빌려 "죽기까지 복종"(8절)할 책임을 맡으셨다.

이 영원한 언약에 근거해 주님께서는 창조 후 아담과 언약(창조언약)하시기 위해 스스로를 낮추셨다. 아담은 그 언약을 깨뜨렸지만 속죄언약의 중보자이신 예수 그리스도 곧 마지막 아담(고전 15:45-47)께서는 마침내 성취하셨다.

제임스 패커(J. I. Packer)는 삼위 하나님 사이의 언약의 성경적 기초에 대해 "구석구석 스며있고 시선을 사로잡으며 피할 수 없다. 생각이 깊은 독자라면 예수님께서 직접 하신 말씀들에서 하나님의 구원하시는 은혜의 실체에 대한 모든 사상의 기초로서 언약의 경륜을 읽을 것"[2]이라고 주장했다. 참으로 하나님의 언약의 모든 특성은 삼위 하나님의 언약에서 드러난다.

1. 주님과 그분의 종들 사이의 상호 구속적 관계 : "나는 그에게 아버지가 되고 그는 내게 아들이 되리라"(히 1:5). "내가 이방 나라를 네 유업으로 주리니"(시 2:8; 참조. 계 2:27). "내가 네 원수들로 네 발판이 되게 하기까지 너는 내 오른쪽에 앉아 있으라"(시 110:1). "세상 중에서 내게 주신 사람들에게 내가 아버지의 이름을 나타내었나이다"(요 17:6). "내 아버지께서 나라를 내게 맡기신 것 같이 나도 너희에게 맡겨"(눅 22:29; 참조. 계 11:15).

---

[2] J. I. Packer, "Introduction" to Herman Witsius, *The Economy of the Covenants Between God and Man: Comprehending a Complete Body of Divinity* (1882; reprint, Escondido, Calif.: Den Dulk Christian Foundation, 1990). 그에 반해 팔머 로벗슨(O. Palmer Robertson)은 *Christ of the Covenants*에서 창세전 삼위 하나님 사이에 있는 언약의 개념을 거부했다. 즉, "인위적인 관념은 언약의 용어들 안에서 하나님의 영원하신 계획의 신비들을 구조화하기 위한 노력으로 멋을 더한다. 단순하게 말해 성경은 하나님의 작정에 대한 창조 이전의 상태에 대해 많은 것을 말하지 않는다. 성부와 성자 사이의 용어들과 조건들을 가지고 내적 삼위일체(intertrinitarian) '언약'을 창세전에 상호 간 지지했다고 구체적으로 말한다면, 성경적 증거의 한계를 부적절하게 확대한 것이다"(54쪽). 로벗슨은 '피의 결속'(bond in blood)이라는 협의의 언약 개념을 적용함으로써 창조 이전의 언약을 배제하는데 만약 이를 일관되게 적용한다면 언약의 존재가 창조언약 또한 배제될 것이다. "언약의 시작점에서 언약의 당사자들은 피 흘림의 공식적 과정에 의해 서로에게 헌신적이다"(14쪽). 더욱이 잇따라 본문에 주어진 최소의 참고들, 즉 로벗슨이 '부적절'하다고 본 '용어들과 조건들'은 놓치기 어렵다. 패커가 주목한 대로 그것들은 '구석구석에 스며있고 시선을 사로잡으며 피할 수 없는' 것들이다.

2. **주권적 집행** : "내가 아버지를 사랑하는 것과 아버지께서 명하신 대로 행하는 것을"(요 14:31). "내가 내 목숨을 버리는 것은 ……이로 말미암아 아버지께서 나를 사랑하시느니라 ……내가 스스로 버리노라 나는 버릴 권세도 있고 다시 얻을 권세도 있으니 이 계명은 내 아버지에게서 받았노라"(요 10:17, 18).

3. **조건들** :

— **명령들** : "내가 아버지의 계명을 지켜 그의 사랑 안에 거하는 것 같이"(요 15:10; 참조 4:32-34; 5:30; 7:16-18; 12:49, 50; 17:4; 19:30). "모든 일에 우리와 똑같이 시험을 받으신 이로되 죄는 없으시니라"(히 4:15). "너희 중에 누가 나를 죄로 책잡겠느냐"(요 8:46). "……어린 양 같은 그리스도의 보배로운 피로 된 것이니라"(벧전 1:19).

— **제재들**(복들과 저주들) : "그 앞에 있는 기쁨을 위하여 십자가를 참으사 부끄러움을 개의치 아니하시더니 하나님 보좌 우편에 앉으셨느니라"(히 12:2). "사람의 모양으로 나타나사 자기를 낮추시고 죽기까지 복종하셨으니 곧 십자가에 죽으심이라 이러므로 하나님이 그를 지극히 높여 모든 이름 위에 뛰어난 이름을 주사 ……모든 무릎을 예수의 이름에 꿇게 하시고"(빌 2:8-10). "하늘과 땅의 모든 권세를 내게 주셨으니"(마 28:18). "그리스도께서 우리를 위하여 저주를 받은 바 되사"(갈 3:13). "죽임을 당하신 어린 양은 능력과 부와 지혜와 힘과 존귀와 영광과 찬송을 받으시기에 합당하도다"(계 5:12). "……한 사람[그리스도]이 순종하심으로 많은 사람이 의인이 되리라"(롬 5:19; 참조. 히 5:8, 9).

4. **연합과 교제의 약속들** :

"아버지여 창세 전에 내가 아버지와 함께 가졌던 영화로써 지금도 아버지와 함께 나를 영화롭게 하옵소서 ……아버지여, 아버지께서 내 안에, 내가 아버지 안에 있는 것 같이 그들도 다 하나가 되어 우리 안에 있게 하사 세상으로 아버지께서 나를 보내신 것을 믿게 하옵소서 ……우리가 하나가 된 것 같이 ……곧 내가 그들 안에 있고 아버지께서 내 안에 계시어 그들로 온전함을 이루어 하나가 되게 하려 함은 ……아버지께서 창세 전부터 나를 사랑하시므로"(요 17:5, 21-24).

"그 후에는 마지막이니 그[그리스도]가 ……나라를 아버지 하나님께 바칠 때라 ……만물을 그에게 복종하게 하실 때에는 아들 자신도 그 때에 만물을 자기에게 복종하게 하신 이에게 복종하게 되리니 이는 하나님이 만유의 주로서 만유 안에 계시려 하심이라"(고전 15:24, 28). "성 안에서 내가 성전을 보지 못하였으니 이는 주 하나님 곧 전능하신 이와 및 어린 양이 그 성전이심이라"(계 21:22).

이렇게 폭넓고 보다 많은 영원한 관점이 주어짐으로 우리는 "이 약속들은 아브라함과 그 자손에게 말씀하신 것인데 여럿을 가리켜 그 자손들이라 하지 아니하시고 오직 한 사람을 가리켜 네 자손이라 하셨으니 곧 그리스도라"(갈 3:16)와 같은 주장들을 보다 잘 이해할 수 있다. 다른 말로 성부께서는 그리스도께 백성과 땅을, 곧 "내가 이방 나라를 네 유업으로 주리니"(시 2:8)라고 약속하셨는데, 우리는 "창세 전부터"(요 17:24; 참조. 엡 1:4) 성부와 성자 사이의 이 언약이 결정되었음을 본다.

지금까지 하나님께서 하신 일

우리 앞에 놓인 복잡한 언약 사슬의 모든 관계와 그 전체가 이제는 무엇처럼 보이는가? 하나님의 과거 사역에 대한 아래의 요약을 숙고해 보라.

하나님, 곧 하늘이 땅 위에 있듯 그 길이 우리의 길보다 훨씬 높은 분께서는 창세전부터 언약 관계를 통해 사람들과 연합과 교제 가운데 계시기로 정하셨다. 모든 피조물과 역사의 궁극적 통치권을 가지신 삼위 하나님께서는 이 교제를 성취하기로 하셨는데, 그 방법은 성자께서 성령의 역사에 의해 백성들을 속죄하도록 언약으로 성부께 순종하는 것이었다(삼위 하나님 사이의 언약).

창조 후 주님께서는 은혜로 전 인류의 대표자인 아담과의 언약을 맺으셨다(창조언약). 하나님께서는 그의 신실한 순종을 조건으로 영원한 연합과 교제를 약속하셨다.

그러나 아담은 이 언약을 거역함으로 자신과 자신의 후손을 하나님의 저주와 진노 아래 있게 하였다. 하지만 주님은 아담의 타락 후 즉시 자신의 은혜를 계속해서 나타내셨다. 삼위 하나님 사이의 언약의 기초 위에 두 번째 언약을 세워(속죄언약), 이 언약에 근거해 자신에게 신실한 백성을 구하려 하셨다. 우리의 첫 조상은 한 자손을 약속 받았는데 그는 뱀을 짓밟을 것이며 뱀의 백성은 구속이 완성될 때까지 약속된 정복자의 백성과 계속 적대 관계를 유지할 것이다.

이 적대 관계는 곧 강력하게 쏟아져 나왔다. 주님은 완전히 쓸어버리는 홍수로 그 반역을 심판하셨다. 주님께서는 오직 한 가정만을 구원하셨는데 그 가정을 통해 오실 정복자가 태어날 것이었다. 주님께서는 다시는 피조물을 멸하지 않기로 약속하시면서 노아와 그 모든 피조물들과 언약을 맺으셨고, 그렇게 오실 구속자의 길을 보존하셨다.

이후 주님께서는 곧바로 자신을 위해 백성들을 속죄할 도구, 즉 택함받은 그릇이 될 아브라함을 모든 땅의 백성들 가운데서 불러내셨다. 주님께서는 조건들과 약속들과 제재들을 제시하시며 아브라함과 언약하셨다. 특히 영광스러운 땅과 왕들이 포함된 영광스러운 자손들을 약속하셨는데 그들을 통해 땅의 모든 족속이 복을 받을 것이었다. 주님께서는 아브라함과 그의 자손들의 하나님이 되기로 약속하시며 또한 그들이 자기 백성이 될 것이라 약속하셨다. 그러나 동시에 주님께서는 아브라함의 육적 자손들 모두를 축복하지 않으셨다. 오직 택함받은 이삭과 야곱의 언약의 혈통에게만 복을 주셨다.

하나님께서 주신 약속대로 아브라함의 자손들은 애굽의 노예가 되어 울부짖었다. 하나님께서는 아브라함과의 언약을 기억하셨다. 땅과 백성에 대한 그 언약의 약속을 기반으로 주님께서는 모세를 부르셔서 아브라함의 자손을 애굽의 종에서 끌어내고 아브라함에게 약속된 땅으로 들어가게 하셨다. 그리고 주님께서는 연합과 교제에 대한 자신의 언약의 조건들과 약속들과 제재들을 보다 상세하게 계시해 주셨다. 또 그들이 자기 백성이 되듯 그분 자신께서 그들의 하나님이 되실 것을 약속하시며 아브라함 언약을 이스라엘 민족과 갱신하셨다.

이후로 이스라엘의 역사는 언약을 지키는 자를 위한 기업과 언약을 깨뜨리는 자에게 주어지는 제재들에 대한 하나님의 약속을 따라 진행되었다. 이 기간 동안 이스라엘 백성들은 외적 안식과 평화와 안정을 찾기 위해 힘을 기울였다.

주님께서는 아브라함과 하신 약속을 모세를 통해 확대하시면서 다시 한 번 확인하셨다. 이스라엘의 역사는 언약의 갱신을 위해 다윗을 불러내기까지 그분의 목적을 향해 움직였다. 실패했으며 신실하지 못하고 지친 이스라엘이 갈망했던 모든 것, 즉 평화와 안정과 심지어 영원한 왕국까지 주님은 다윗에게 약속하셨다. 그 왕국 안에서 주님은 그들의 하나님이 되실 것이며 그들은 그의 백성이 될 것이었다. 다윗은 땅과 백성을 보호하신다는 아브라함 약속에 신실하신 하나님을 찬양했다. 그러나 그의 아들 솔로몬이 죽은 것 같이 다윗도 죽었고 그 왕국이 갈기갈기 찢어졌다. 옛 이스라엘 민족 대부분이 그분과의 언약을 범함으로 하나님께서는 그들을 추방하셨다. 그들 가운데 오직 일부만이 신실했다.

그 후 모든 이스라엘, 곧 언약을 어긴 자들과 남은 자들은 모두 추방당했다. 그러나 주님께서는 그들이 추방된 가운데 아브라함과 모세와 다윗과 맺으신 언약을 기억하셨다. 주님께서는 이 영광된 땅과 백성에 대한 약속들이 성취될 것을 예언하셨다. 아브라함으로 인해 모든 민족이 복을 받을 것이라는 약속은 전 세계적인 범위의 영원한 왕국에 대한 예언 가운데 반복해서 알려졌다.

아브라함의 백성은 '새' 언약에 들어갈 것이다. 주님의 언약에 신실하도록 권능을 부여하는 성령이 옛 언약에는 없었지만, 새 언약 안에서 그들에게 부어질 것이다. 선지자들은 무수히 많은 아브라함의 자손뿐 아니라 유일한 종―정복자 또한 가리킨다. 그분은 왕으로서 자신의 적들을 자신의 발판으로 만드심으로, 또한 선지자로서 언약의 저주들에 대한 책임을 스스로 맡으심으로 자기 백성을 그들의 죄에서 속죄하실 것이다.

그때까지 분명한 것은 언약의 부분적 성취만이 예언되었다는 것이다. 그러나 마침내 때가 되었을 때 하나님께서는 성육신하시는 그리스도, 곧 하나님이시며 사람이신 분을 보내셔서 자신의 언약을 확인해주셨다. 그분은 다윗에게 하신 약속대로 영원한 왕권을 충족시키며, 모세의 의식들이 묘사한 대로 흠이 없는 하나님의 어린양이 되고, 아브라함에게 약속했던 세상과 백성을 보호하시며, 노아에게 약속했던 대로 파괴로부터 보존했던 땅에서 이기시고, 아담과의 언약을 신실하게 만족하는, 죄가 없이 되는 언약이었다.

희생의 어린양이시며 장차 승리의 사자(獅子)이신 그리스도께서는 모든 족속과 나라를 축복하는 언약의 약속을 이루기 위해 모든 언어와 종족과 나라 가운데서 자기 백성을 부르셨다. 성령의 능력으로 그분의 모든 적들이 그분의 발등상이 될 때 그분께서는 삼위 하나님 사이의 언약을 성취하실 것이며, 하나님께서는 그분의 거룩한 백성 가운데 완전한 연합과 교제로 영원히 거하실 것이다.

연구 질문

1. 새 언약시대에 신약성경의 저자들은 하나님의 백성을 무엇이라고 칭했는가?(롬 2:28, 29; 갈 3:29; 4:28; 6:16; 빌 3:3; 약 1:1; 벧전 2:9; 계 7:4을 보라.) 사도행전 7:38과 히브리서 2:12에서 신약성경은 하나님의 백성을 옛 언약시대와 어떻게 연관시키는가? 또 옛 언약시대와 새 언약시대에 있는 하나님의 백성에 대해 무엇을 가르치는가?

2. 새 언약이 옛 언약보다 더 영광되다고 말하는 세 가지 면을 설명하라.

3. 요한복음 17:24에서 우리는 어떤 언약에 대해 더욱 배우는가?(참조. 엡 1:4; 계 13:8; 17:8) 지금까지 알려진 다른 이름들은 무엇이 있는가? 이 언약 안에서 하나님의 언약의 모든 면이 어떻게 제시되는지 설명하라.

제 11 장

앞으로의 전개

하나님의 언약사역은 에덴에 있는 몇 개의 단순한 모자이크 조각으로 시작해 아브라함과 모세와 다윗과 선지자들을 통해 조화와 깊이와 아름다움을 더하면서 서서히 확대되다가 마침내 그리스도 안에서 완성되었다.

완성된 모자이크는 묘사가 매우 아름답고 자세했는데, 모든 조각들은 하나님께서 자기 백성과 맺으신 연합과 교제를 지키신다는 하나의 모자이크와 하나의 이야기, 하나의 속죄언약을 이루었다. 이제 우리는 그것을 늘 묵상할 수 있다.

하나님의 언약사역에 대해 고찰하는 동안 우리는 세 가지 주제가 크게 두드러짐을 보았다. 곧 여자의 후손과 뱀의 후손의 대립, 땅과 백성에 대한 약속들, 선지자요 제사장이요 왕이신 기업 무를 자의 유효한 언약 사역이다.

이들 세 가지 주제는 성경의 다양한 강조점과 일치되며, 행여 순서는 다르게 배열되더라도 우리의 관심을 장차 일어날 하나님의 언약사역의 전개에 돌림으로써 계속 분명히 드러날 것이다.

성경은 종종 언약을 다룸에 있어 과거에 있었던 하나님의 언약사역은 잘 다루지 않는 반면 미래에 있을 그분의 언약사역은 더 많이 자주 언급한다. 이번 장에서는 언약이 미래에 어떻게 발전하는지 성경이 말씀하는 바를 알아보도록 하겠다.

계속되는 전쟁: 멀어짐과 원수 됨

여자의 후손과 뱀의 후손의 대립, 그리스도인과 비그리스도인 간의 대립은 가장 확실하게 미래로 연장될 것이다. 그리스도께서는 '알곡'과 '가라지' 모두 마지막 때까지 서로를 대항해 싸우면서 나란히 자랄 거라고 가르치셨다(마 13:24 이하).

교회가 성숙하면서 그 양편은 점점 분명하게 구별되겠지만, 이 지속되는 전투는 잠시 더 강렬해지거나 치열해지거나 혹은 느슨해질 수도 있다.

성경은 이 대립이 사라질 거라 말하지 않는다. 에덴에서 시작된 그 분열은 뒷전으로 물러나지 않는다. 오히려 마침내 가장 극명하고 가장 최종적인 국면에 도달할 것이다.

구속사의 이런 요소들은 항상 하나님께서 진행하시는 언약사역에 달려있다. 이 특정한 경우에 있어서도 여자의 후손과 뱀의 후손이 가질 대립의 최절정은 기업 무를 자가 자기 친족을 위해 행하시는 완전하고도 최종적인 보복사역의 직접적인 결과이다.

이번 장에서는 하나님의 적들이 계속해서 기업 무를 자를 반대한다는 사실을 명심하는 가운데 하나님의 과거 언약사역에 대한 논의를 펼치면서 기업 무를 자가 가진 보복의무의 최절정에 대해 살펴볼 것이다.

그들은 노예가 되었고 소원해지고 복수심에 불타고 기업을 박탈당했다. 대립의 최절정은 영광된 언약의 주님을 대항해 반역을 계속하는 자들에게만 관련된다. 안식은 기업 무를 자에 의한 속량에 기초해 하나님의 영에 의해 되살아날 것이다.

속죄언약을 설명하며 모세는 주님께서 "그 종들의 피를 갚으사 그 대적들에게 복수하시고 자기 땅과 자기 백성을 위하여 속죄"(신 32:43; 참조 19:12, 13; 민 35:16-21, 31; 욥 19:23 이하; 잠 23:11; 사 47:1, 4; 렘 50:4)하신다고 선언했다. 여러 시대를 거쳐 진리로 존재한 이 선언은 오는 시대에도 진리로 존재할 것이다.

우리는 뱀의 후손이 하나님의 대적들, 특히 우리의 "대적 마귀"(벧전 5:8)로 구성된다는 것을 안다. 그리스도께서는 자기 백성을 위해 그 모든 적들에게 보복하시고 특히 그 뱀을 완전하게 멸하실 것이다. "하나님의 아들이 나타나신 것은 마귀의 일을 멸하려 하심이라"(요일 3:8).

그리스도께서는 십자가에서 드러내놓고 사탄을 이기셨고(골 2:15) 결박하셨으며(마 12:25-29) 결정적으로 패배시키셨다. 그러나 사탄의 마지막 멸망은 아직 오직 않았다.

종말에 대한 관점

뱀의 후손에 대한 그리스도의 보복 사역의 최절정을 살펴보기 전에, 어떤 사건이 그리스도의 최절정 사역으로 이끄는지 알아봄으로써 그 무대를 설정할 필요가 있다.

종말사건에 관해 그리스도인 사이에 많은 의견충돌이 있지만 대부분이 성경의 언약관점에서 벗어나 있다. 모든 사람이 동의하지는 않더라도 우리가 대중적 종말론이라고 여기는 관점에서 의견충돌이 많이 일어난다. 대중적 종말론을 말하자면 아래와 같다.

- 미래는 갈수록 나빠진다.
- 그리스도께서 비밀스러운 때에 교회를 땅에서 들어올려(휴거) 하늘에서는 구원받은 자들을 심판하실 것이다(첫 번째 심판).
- 휴거 다음 7년 동안 대환난이 있을 것이다.
- 이 환난 기간 동안 유례가 없는 악한 자, 곧 적그리스도가 일어나 이스라엘과 회심자들을 박해할 것이다.
- 7년 끝에 몇몇 군대들은 아마겟돈 대전투에서 충돌할 것이다.
- 이 전투 중에 그리스도의 재림(실제로는 세 번째 강림)이 있을 것이다. 이 재림으로 그분은 아마겟돈에서 그분의 적을 육체적으로 살육하실 것이다.
- 그 후 그리스도께서 또 다른(이제 두 번째) 심판, 곧 나라들을 심판하실 것이다.
- 그 후 그리스도께서 이 땅 가운데 살아있는 모든 그리고 오직 믿는 자들을 부활시키신다(첫 번째 부활).

- 그 후 그리스도께서 예루살렘에서부터 천 년간 땅을 다스리신다.
- 천 년의 끝에 마지막 반역이 있고 그리스도께서 그것을 진압하신다.
- 그 후 믿지 않고 죽은 자들을 그리스도께서 부활시키신다(두 번째 부활).
- 그리고 그분은 위대한 흰 심판의 보좌에서 그들을 심판하신다(세 번째 심판).
- 믿지 않는 자들은 지옥으로 보내지고 믿는 자들은 하늘로 간다.

이것이 오늘날 복음주의자들 가운데 만연한 대중적인 관점이다. 언약신학을 받아들이는 이들은 약간의 차이가 있기는 하나 다음과 같은 기본적인 것에서는 동의한다.

- 언약은 꾸준히 펼쳐진다.
- 그 끝에 그리스도의 두 번째 재림이 일어난다.
- 그때 그분은 모든 죽은 자를 한 번에, 믿는 자나 믿지 않는 자나 모두 부활시킨다.
- 그분은 믿는 자들과 믿지 않는 자들을 동시에, 일반적 심판을 행하신다.
- 그분은 믿지 않는 자들을 지옥으로 던지시고, 믿는 자들을 하늘로 맞아들이신다.

매우 다른 두 종말사건의 구조 사이에서 우리는 어떻게 판단해야 하는가? 성경을 해석하려면 신문을 넘기는 대신 성경 자체가 해석하는 내용을 인정해야 한다. 그때 우리는 성경이 대중적 종말론 관점이 아닌 언약의 관점을 지지한다는 사실을 알게 될 것이다.

그리스도의 마지막 강림 전 비밀 휴거에 대한 논쟁은 일반적으로 보호에 대해 잘못 절대화된 약속들(예를 들면 계 3:10; 눅 21:36; 롬 5:9; 참조. 요 16:33; 17:15; 딤후 3:12) 또는 마지막 강림과 심판을 묘사하는 구절에서 잘못 이해한 추론들(살전 5:9; 고전 15:51, 52; 마 22:40) 때문이다.

7년 대환난의 경우 오로지 다니엘 9:20-27의 예언에서 가정된 햇수의 격차에 기초한다. 이를 옹호하는 사람들은 24절의 묘사를 근거로 그리스도께서는 두 번째 강림 전에 자기 백성을 효과적으로 또 결정적으로 속죄하실 수 없다고 주장한다.

그러나 기업 무를 자의 사역은 본 책의 10장에서 이미 설명했다. 또 5장에서 다룬 그리스도의 속죄에 대한 논의는 이 격차 이론이 의지하는 전제가 대단히 잘못되었음을 보여준다. 그리스도께서는 다니엘 9:20-27에 약속된 모든 것을 성취하셨다.

성경은 믿는 자들과 믿지 않는 자들에게 주어지는 단 한 번의 일반적 부활을 반복해서 말한다. 대중적 종말론 관점의 주장처럼 두 번이나 세 번이 아니다. 그리스도께서는 "무덤 속에 있는 자가 다 그의 음성을 들을 때가 오나니 선한 일을 행한 자는 생명의 부활로, 악한 일을 행한 자는 심판의 부활로 나오리라"(요 5:28, 29)고 선언하셨다. 바울 또한 "의인과 악인의 부활이 있으리라"(행 24:15; 참조. 단 12:1, 2; 요 11:24; 딤후 2:18; 마 13:30, 37-43, 47-50; 고전 15:26)고 설명한다. 대중적 종말론 관점이 억지로 주장하는 천년왕국에는 오직 한 번의 육체적 부활이 비집고 들어갈 여지가 없다.

성경은 믿는 자들과 믿지 않는 자들에게 동시에 행해질 한 번의 마지막 심판을 반복해서 말한다. 그 심판의 날은 하루 또는 한 기간으로(롬 2:5-7; 요 5:29; 12:48; 행 17:31; 딤후 4:1; 요일 4:17; 살후 1:7-10) 믿는 자들과 믿지 않는 자들 모두를 포함한다고 묘사된다(마 25장; 계 20:11-15).

종합하자면 성경은 그리스도의 재림과 죽은 자의 부활과 마지막 심판으로 이루어진 이들 마지막 사건을 천 년의 중간휴식기란 여지가 없는 하나의 통일된 드라마로 이야기한다. 요한계시록 20장의 천 년은 오늘날 대중적으로 이해하는 것과는 다르게 이해되어야 한다.

이처럼 금세기에 이루어진 그 광범위한 수용에도 불구하고 대중적 종말론 관점은 분명히 성경, 그리고 더욱이 역사적 개신교적 관점과 상충한다. 위에서 설명했듯 종말론적 사건에 대한 성경의 개요는 오히려 간단하다. 언약의 전개 끝에 그리스도께서 재림하시고 모든 자를 부활시키시고 모든 자를 심판하시고 믿는 자들과 믿지 않는 자들 모두를 최종적 상태로 이끄신다.

마지막 심판

여자의 후손과 뱀의 후손 간 대립의 최절정을 이 구조를 통해 보다 잘 파악할 수 있다. 두 후손들은 서로를 대항해 끝까지 전쟁한다. 보복자인 그리스도께서는 반역과 죄를 사랑하는 이들을 하나님과 여자의 후손으로부터 영원히 분리하는 최종적 심판을 시행하러 오신다. 뱀의 후손의 종국은 지옥이다. 곧 전면적이며 최종적이며 포괄적으로 하나님과 분리된다.

마지막 심판에 대한 많은 묘사에서 나타나는 후손들 간 마지막 대립에 주목하라. 마지막 날에 그리스도께서는 "각각 구분하기를 목자가 양과 염소를 구분하는 것 같이 하여 양은 그 오른편에 염소는 왼편에"(마 25:32, 33) 둘 것이다. 그때 여자의 후손에게는 "내 아버지께 복 받을 자들이여 나아와 ……나라를 상속받으라"(34절)고 선언하실 것이나, 뱀의 후손에게는 "저주를 받은 자들아 나를 떠나 마귀와 그 사자들을 위하여 예비된 영원한 불에 들어가라"(41절)고 선언하실 것이다. 그 결과 그들은 영원히 대립할 것이다(계 20:11-15).

사도 바울은 데살로니가인들에게 다음과 같이 전하며 그 최종적 대립을 강조한다.

"주 예수께서 ……하늘로부터 ……나타나실 때에 하나님을 모르는 자들과 우리 주 예수의 복음에 복종하지 않는 자들에게 형벌을 내리시리니 이런 자들은 주의 얼굴과 그의 힘의 영광을 떠나 영원한 멸망의 형벌을 받으리라 그 날에 그가 강림하사 그의 성도들에게 영광을 받으시고 모든 믿는 자들에게서 놀랍게 여김을 얻으시리니 이는 (우리의 증거가 너희에게 믿어졌음이라)"(살후 1:7-10).

우리는 다시 한 번 최종적이고 영원한 대립을 발견한다. 마지막 심판에 대한 이 설명에는 우리의 흥미를 돋우는 면이 있는데 이 말씀에 너무 익숙한 사람들은 종종 그것을 놓친다. 예를 들어 왜 우리는 마지막 심판을 주도하시는 그리스도께만 주목하는가? 성령께서도 확실히 주도하시며 성부께서도 특별히 주도하신다. 그런데 왜 그리스도께 "심판하는 권한"(요 5:27)이 주어졌는가?

그 답은 우리의 기업 무를 자이신 그분의 역할에 있다. 뱀의 후손의 운명은 마지막 심판과 지옥이다. 즉 그리스도께서는 참으로 "주께서 그 종들의 피를 갚으사 그 대적들에게 복수하시고 자기 땅과 자기 백성을 위하여 속죄하시리로다"(신 32:43)라는 약속을 지키셨다.

그분은 우리의 기업 무를 자로서 자신의 보복의무를 다하신다. 자기 백성들을 살해한 피 흘린 폭군들에게 보복하시고, 자기 백성들의 적들을 영원히 침묵시키심으로써 최종적이며 완전하게 자기 이름과 자기 백성의 정당성을 입증하신다.

그리스도의 백성은 이제 "거룩하고 참되신 대주재여 ……심판하여 우리 피를 갚아 주지 아니하시기를 어느 때까지 하시려 하나이까?"(계 6:10)라고 외칠 필요가 없다. 거룩하신 친족-복수자(kinsman-avenger)께서는 신실하고 공의롭게 자신의 언약의무를 성취하실 것이다.

그리스도의 보복사역을 생각할 때 우리는 비그리스도인이 하나님과 그분의 권위를 싫어하며 반역적으로 하나님에 대한 지식을 막는다는 사실을 명심해야 한다(롬 1:18 이하). 그러나 하나님에 대한 지식을 막는 동안에도 그들 역시 일상생활 가운데 그분께 의존한다는 사실이다. 그러므로 이 지식은 심판의 날에 그들로 핑계치 못하게 할 것이다(롬 1:19, 20). 정글 속에서 멸망한 종족이라 해도 하나님에 대한 충분한 계시를 전혀 받아보지 못한 사람은 없다.

모든 사람은 예외 없이 그들에게, 그리고 그들 안에 계시된 창조주 및 심판의 지식에 대해 책임이 있다. 마지막 심판의 날이 도래했을 때 누구도 하나님을 믿기에 충분한 지식이 없었노라고 주장할 수 없다. 하나님을 대항해 반역한 핑계거리는 어디에도 존재하지 않는다. 그때 우리는 다만 경외함으로 서서 그분께서 선고하신 모든 형벌은 거룩하고 공정하다 고백할 것이다.

지옥이라는 최종적이고 끔찍한 하나님과의 분리됨은 그분의 미래 언약사역의 작은 부분이지만 현 상황에서는 중요하다. 하나님의 속죄언약은 궁극적으로 하나님에게서 영원히 멀어지는 형벌이 시행되는 기초를 제공한다.

그러나 이 언약이 입증될 때의 영광은 여자의 후손으로서 하나님의 백성을 기다리는 연합과 교제의 영광 및 땅과 백성에 대한 약속들의 영광과는 비교가 되지 않는다.

계속되는 화평: 연합과 교제

언약의 복을 기다리는 하나님의 백성은 하나님께서 아브라함과 맺으신 땅에 대한 약속과 백성에 대한 약속을 끌어들인다. 그리스도께서는 기업 무를 자의 세 가지 남은 의무를 성취하심으로써 이 약속들을 굳게 하신다. 곧 그분은 종으로부터 백성을 속량하시고 과부된 자와 결혼하시며 박탈당한 상속을 회복시키신다.

백성에 대한 약속의 성취

주님께서는 그 진술 첫 마디부터 백성에 대한 약속의 폭넓은 면을 우리에게 보여주셨다. 주님께서는 아브라함에게 복음을 약속하시며(갈 3:8) 언약의 복들이 "땅의 모든 족속"(창 12:3)에게 흘러갈 것이라 매우 명쾌하게 말씀하셨다. 다른 족속들과 다른 민족들이 아브라함의 때에 이미 존재했으므로 이 구절은 언약의 복들이 아브라함의 생물학적 계열 밖 사람들에게도(참조 롬 9:6 이하) 흘러갈 것임을 나타낸다. 이러한 이방인의 포함은 옛 언약 선지자들이 예언했고 그리스도와 사도들이 확인했다.

앞서 우리는 이방인이 하나님의 백성으로 더해질 것이라는 약속을 살펴보았다. 그러나 그 복의 확대, 전 세대를 걸친 유대인의 남은 소수와 또한 이방 족속들도 방대한 다수의 족속에게까지 그 약속이 확대될 것인지는 고려하지 않았다. 여기서 우리는 다시 무엇을 기대해야 하는가? 하나님께서 아브라함에게 하신 약속이 말해준다. 아브라함을 통해 땅의 모든 족속이 복을 받을 것이다!

이 말은 남은 소수나 한정된 민족만을 위한 것이 아니다. 가능한 가장 폭넓은 범위를 제시한다. 이렇게 전 세계적인 족속들을 향한 복은 성경 가운데서도 특히 선지서들에서 가르치고 있다. 우리는 아직 방대한 다수의 족속들과 민족들 안에서 이 영광된 약속의 성취를 보지 못했다. 우리는 미래를 바라보며 그 성취를 기대할 것이다.

그러나 우리는 이 영광된 성취가 단지 최종 상태나 하늘에서만 있을 것으로 기대해서는 안 된다. 다음 구절들을 재검토해 보라. 그 구절들의 문맥은 하늘에 초점을 맞추지 않았다. 하늘에서는 적들의 존재와 죄의 영향, 이 모두가 부재할 것이기 때문이다. 이 복들이 하늘에서 적용되지 않는다면 그것들은 언제 이루어지는가? 펼쳐진 구속사의 드라마에서 그것들을 어디에 넣어야 적합하겠는가? 몇몇 사람들은 그것이 그리스도의 재림 후 온다는 미래의 천년왕국을 묘사했다고 보았다. 하지만 우리는 이미 최종적 부활과 심판에 대한 성경적 이해에는 문자적 천년왕국이 배제된다는 것을 살펴보았다.

이들 구절이 하늘에 있을 복에 대한 언급이 아니며 또 천년왕국에도 억지로 짜 맞출 수 없다면, 반드시 그리스도의 재림에 앞서 일어날 사건들과 관련시켜야 한다. 즉 하나님의 미래 언약사역은 그리스도를 향한 세상을 아우르는 헌신과 거룩과 평화 가운데 살아있는 전 세계적인 언약 공동체를 세움으로써 아브라함과 하신 약속들을 성취할 것이다. 죄와 적들과 사망은 남아있겠지만 매우 약해질 것이며, 그리스도께서는 온 땅의 곳곳에서 온전히 예배 받으실 것이다.

하나님의 미래 언약사역을 묘사하는 이들 구절 가운데 일부를 살펴보자. 그리고 종들을 속량하시며 과부 된 자들과 결혼하시는 기업 무를 자의 의무라는 관점에서 백성에 대한 약속이 어떻게 발전되는지 생각해보자.

이사야서에는 기업 무를 자와 관련된 위대한 구절이 나오는데 바로 61:1, 6, 8, 9, 11이다.

"주 여호와의 영이 내게 내리셨으니 이는 여호와께서 내게 기름을 부으사 가난한 자에게 아름다운 소식을 전하게 하려 하심이라 나를 보내사 마음이 상한 자를 고치며 포로된 자에게 자유를, 갇힌 자에게 놓임을 선포하며 ……너희가 이방 나라들의 재물을 먹으며 그들의 영광을 얻어 자랑할 것이니라 ……나 여호와는 ……그들과 영원한 언약을 맺을 것이라 **그들의 자손을 뭇 나라 가운데에, 그들의 후손을 만민 가운데에 알리리니** ……**주 여호와께서 공의와 찬송을 모든 나라 앞에 솟아나게 하시리라**."

이 말씀은 무엇을 증거하는가? 여기서 기업 무를 자는 자신의 종 된 형제들을 해방시키는 것만이 아니다. 그분께서는 아브라함과의 약속에 나온 표현을 따라 '모든 나라' 가운데 이방의 후손을 드러나게 하여 공의와 찬송을 솟아나게 하신다.

이사야 61장 말고도 우리는 다음 말씀들을 생각할 수 있다. 이 구절들은 모두 나라들 가운데 미래의 전 세계적인 신실함을 말한다.

"나라는 여호와의 것이요 여호와는 모든 나라의 주재심이로다"(시 22:28).

"이에 뭇 나라가 여호와의 이름을 경외하며 이 땅의 모든 왕들이 주의 영광을 …… 여호와께서 …… 하늘에서 땅을 살펴 보셨으니 이는 갇힌 자의 탄식을 들으시며 죽이기로 정한 자를 해방하사 여호와의 이름을 시온에서, 그 영예를 예루살렘에서 선포하게 하려 하심이라 **그 때에 민족들과 나라들이 함께 모여 여호와를 섬기리로다**"(시 102:15, 19-22).

"내가 또 너를 이방의 빛으로 삼아 나의 구원을 베풀어서 **땅 끝까지 이르게 하리라**"(사 49:6).

"네 장막터를 넓히며 네 처소의 휘장을 아끼지 말고 널리 펴되 너의 줄을 길게 하며 너의 말뚝을 견고히 할지어다 이는 네가 좌우로 퍼지며 네 자손은 열방을 얻으며 황폐한 성읍들을 사람 살 곳이 되게 할 것임이라 …… 과부 때의 치욕을 다시 기억함이 없으리니 이는 너를 지으신 이가 네 남편이시라 그의 이름은 만군의 여호와이시며 네 구속자는 이스라엘의 거룩한 이시라"(사 54:2-5).

"예루살렘과 함께 기뻐하라 다시 그 성읍과 함께 기뻐하라 …… 여호와께서 이와 같이 말씀하시되 보라 내가 그에게 평강을 강 같이, 그에게 뭇 나라의 영광을 넘치는 시내 같이 확대하리라"(사 66:10, 12, NASB 직역).

"내가 이스라엘 집과 유다 집에 새 언약을 맺으리라 ……나는 그들의 하나님이 되고 그들은 내 백성이 될 것이라 ……**그들이 다시는 각기 이웃과 형제를 가르쳐 이르기를 너는 여호와를 알라 하지 아니하리니 이는 작은 자로부터 큰 자까지 다 나를 알기 때문이라** 내가 그들의 악행을 사하고 다시는 그 죄를 기억하지 아니하리라 여호와의 말씀이니라"(렘 31:31, 33, 34).

"내 종 다윗이 그들의 왕이 되리니 ……그들이 ……내 율례를 지켜 행하며 내가 내 종 야곱에게 준 ……땅에 그들이 거주하되 그들과 그들의 자자 손손이 영원히 거기에 거주할 것이요 ……내가 그들과 화평의 언약을 세워서 ……**내 성소가 영원토록 그들 가운데에 있으리니 내가 이스라엘을 거룩하게 하는 여호와인 줄을 열국이 알리라**"(겔 37:24-26, 28).

"그 날에 내가 다윗의 무너진 장막을 일으키고 ……**그들이 에돔의 남은 자와 내 이름으로 일컫는 만국을 기업으로 얻게 하리라**"(암 9:11, 12).

"그 날에 **많은 나라가** 여호와께 속하여 내 백성이 될 것이요 나는 네 가운데에 머물리라"(슥 2:11).

"**많은 백성과 강대한 나라들이** 예루살렘으로 와서 만군의 여호와를 찾고 여호와께 은혜를 구하리라"(슥 8:22).

"**해 뜨는 곳에서부터 해 지는 곳까지의 이방 민족 중에서 내 이름이 크게 될 것이라** 각처에서 내 이름을 위하여 분향하여 깨끗한 제물을 드리니 이는 내 이름이 이방 민족 중에서 크게 될 것임이니라"(말 1:11).

"하늘과 땅의 모든 권세를 내게 주셨으니 그러므로 너희는 가서 **모든 민족을 제자로 삼아**"(마 28:18, 19).

우리는 땅에 대한 약속에서 이 같은 내용을 반복해서 보겠지만, 여기서 특별히 주목할 점은 미래에 성취될 아브라함 언약의 자손들 가운데 민족적 이스라엘을 위한 자리가 있다는 것이다.

사도들을 포함한 신실한 1세기 유대인들은 기업 무를 자께서 아브라함의 후손으로 양자 삼은(갈 3:29) 이방인들과 함께 새 언약 안에서 아브라함 언약을 상속받았다. 비록 이방인들, 다시 말해 영적 유대인들이 민족적 유대인들보다 수가 많아졌지만 그 약속들은 결국 '첫 유대인에게' 주어진 후 이방인에게 주어졌다. 이 변천은 민족적 이스라엘을 향한 하나님의 자비가 끝났음을 뜻하지 않았다.

하나님의 미래 언약사역에 있어서 민족적 유대인의 위치를 고찰해보자. 사도 바울은 모든 민족적 이스라엘이 영원히 버려진 것은 아니라고 말한다. "그들이[민족적 이스라엘] 넘어지기까지 실족하였느냐 그럴 수 없느니라 그들이 넘어짐으로 구원이 이방인에게 이르러 이스라엘로 시기나게 함이니라"(롬 11:11).

특별히 우리는 "이방인의 충만한 수가 들어오기까지 이스라엘의 더러는 우둔하게 된 것이라 그리하여 온 이스라엘이 구원을 받으리라"(롬 11:25, 26)는 것을 배운다.

사도 바울은 '이방인의 충만한 수'가 약속을 받아들일 때까지 이스라엘이 새 언약을 일시적으로 거절할 것이라 밝히는데 시점은 여전히 미래이다. 그러나 그 시점, 아마도 세계 대부분의 이방인이 아브라함, 이삭, 야곱, 모세 그리고 다윗의 약속을 받아들일 때 이방인의 믿음은 민족적 이스라엘에게 자신들의 유업에 대한 거룩한 시기(jealousy)를 불러일으킬 것이다(롬 11:11). 그리고 그들은 함께 하나님의 영에 의해 거듭남으로써 "온 이스라엘이 구원을 받을 것"이다(롬 11:26).

성경은 나라들을 향한 전 세계적인 제자 삼음뿐만 아니라, 주님께서 버리지 않은(롬 11:28, 29) 민족적 이스라엘에 대한 영광스럽고 귀중한 미래를 계시한다. 이런 이유로 유대인 공동체는 언약의 미래를 분명히 이해하는 개혁주의 사고 안에서 항상 특별한 위치를 차지했다.

반역하는 이방인들과 유대인들이 소멸될지라도 주님은 구속받는 '모든 이스라엘'이라고 말씀하실 수 있는 엄청난 다수의 이방인, 곧 영적 유대인들과 엄청난 다수의 민족적 유대인들을 소생시킬 것이다.

존 머레이(John Murray)는 이 다수에 대해 다음과 같이 주목했다. "이방인을 기다린다. ……이스라엘의 배교 기간 동안 경험한 것을 훨씬 능가하는 복음의 복이 [그것은] 그들의 초기 불순종에 상응하는 규모로 이스라엘의 회심에 의해 일어날 것이다."[1]

땅에 대한 약속의 성취

주님께서는 아브라함과 그의 후손에게 '땅의 모든 족속'인 무수히 많은 백성뿐만 아니라 땅도 약속하셨다. 최초의 땅은 영역이 명시되었지만 아브라함은 더욱 영광된 상속의 징표로 그 땅을 이해했다. "이는 그가 하나님이 계획하시고 지으실 터가 있는 성을 바랐음이라"(히 11:10; 참조. 롬 4:13).

선지자들은 땅에 대한 약속을 더욱 완전하게 전개했는데 그들은 전 세계로 확대되는 그 모습을 풍부한 수사적 표현으로 아름답게 묘사했다. 이 수사적 표현은 여호와의 산, 견고한 성, 정한 성전, 그리고 가장 두드러지게는 승리한 나라 같은 것들이다. 재림에 앞선 언약의 영광된 미래 상태를 그리는 두 개의 잘 알려진 예언을 떠올려보라.

"말일에 여호와의 전의 산이 모든 산 꼭대기에 굳게 설 것이요 모든 작은 산 위에 뛰어나리니 **만방이** 그리로 모여들 것이라 많은 백성이 가며 이르기를 오라 우리가 여호와의 산에 오르며 야곱의 하나님의 전에 이르자 그가 그의 길을 우리에게 가르치실 것이라 우리가 그 길로 행하리라 ……그들의 칼을 쳐서 보습을 만들고 그들의 창을 쳐서 낫을 만들 것이며 이 나라와 저 나라가 다시는 칼을 들고 서로 치지 아니하며 다시는 전쟁을 연습하지 아니하리라"(사 2:2-4).

---

1) John Murray, *The Epistle to the Romans* (Grand Rapids: Eerdmans, 1965), 79.

"이리가 어린 양과 함께 살며 표범이 어린 염소와 함께 누우며 ……암소와 곰이 함께 먹으며 그것들의 새끼가 함께 엎드리며 사자가 소처럼 풀을 먹을 것이며 ……내 거룩한 산 모든 곳에서 해 됨도 없고 상함도 없을 것이니 **이는 물이 바다를 덮음 같이 여호와를 아는 지식이 세상에 충만할 것임이니라 그 날에 이새의 뿌리에서 한 싹이 나서 만민의 기치로 설 것이요 열방이 그에게로 돌아오리니 그가 거한 곳이 영화로우리라**"(사 11:6-10).

이들 구절은 땅의 모든 민족과 족속을 위한 아브라함의 복을 묘사하는 데 그치지 않는다. 거기에 더해 그리스도를 향한 언약의 신실함에 헌신된 세상의 강력한 문화적 영향 중 일부를 상징하기도 한다. 그날에 의와 하나님을 아는 지식에 대한 갈망은 더욱 널리 퍼질 것이다. 그러나 죽음과 파멸과 위험의 어두운 그림자는 점차 사라질 것이다. 이것이 바로 기업 무를 자의 영광된 사역의 최절정이다.

더욱 명쾌하게 성경은 하나님의 나라가 땅의 도처에서 평화롭게 승리할 것을 묘사한다. 주님께서는 바로 그 시작부터 아브라함에게 그의 후손 가운데 왕들(창 17:6, 16)이 나올 것이며 그들은 대적들의 나라의 "성문을 차지하리라"(창 22:17; 24:60)고 약속하셨다.

또한 주님께서는 아브라함에게서 나온 왕의 후손, 곧 다윗에게 평화와 안전함과 영속성으로 특징지어지는(삼하 7:9, 10) 영원한 나라(삼하 7:16)를 약속하셨다. 이 승리한 나라에 대한 수사적 표현은 시편들과 선지서들에서 영광스럽게 한층 더 상세해진다.

"여호와께서 내게 이르시되 너는 내 아들이라 오늘 내가 너를 낳았도다 내게 구하라 **내가 이방 나라를 네 유업으로 주리니 네 소유가 땅 끝까지 이르리로다 네가 철장으로 그들을 깨뜨림이여 질그릇 같이 부수리라** ……그런즉 군왕들아 너희는 지혜를 얻으며 세상의 재판관들아 너희는 교훈을 받을지어다 ……그의 아들에게 입맞추라 그렇지 아니하면 진노하심으로 너희가 길에서 망하리니"(시 2:7-12).

"모든 나라의 모든 족속이 주의 앞에 예배하리니 나라는 여호와의 것이요 여호와는 모든 나라의 주재심이로다"(시 22:27, 28).

"그가 바다에서부터 바다까지와 강에서부터 땅 끝까지 다스리리니 광야에 사는 자는 그 앞에 굽히며 그의 원수들은 티끌을 핥을 것이며 ……모든 왕이 그의 앞에 부복하며 모든 민족이 다 그를 섬기리로다 ……온 땅에 그의 영광이 충만할지어다"(시 72:8, 9, 11, 19).

"여호와께서 내 주에게 말씀하시기를 내가 네 원수들로 네 발판이 되게 하기까지 너는 내 오른쪽에 앉아 있으라 하셨도다"(시 110:1).

"이는 한 아기가 우리에게 났고 한 아들을 우리에게 주신 바 되었는데 그의 어깨에는 정사를 메었고 그의 이름은 기묘자라, 모사라, 전능하신 하나님이라, 영존하시는 아버지라, 평강의 왕이라 할 것임이라 그 정사와 평강의 더함이 무궁하며 또 다윗의 왕좌와 그의 나라에 군림하여 그 나라를 굳게 세우고 지금 이후로 영원히 정의와 공의로 그것을 보존하실 것이라"(사 9:6, 7).

"우상을 친 돌은 태산을 이루어 온 세계에 가득하였나이다 ……이 여러 왕들의 시대에 하늘의 하나님이 한 나라를 세우시리니 이것은 영원히 망하지도 아니할 것이요 그 국권이 다른 백성에게로 돌아가지도 아니할 것이요 도리어 이 모든 나라를 쳐서 멸망시키고 영원히 설 것이라 손대지 아니한 돌이 산에서 나와서 쇠와 놋과 진흙과 은과 금을 부서뜨린 것을 왕께서 보신 것은 크신 하나님이 장래 일을 왕께 알게 하신 것이라 이 꿈은 참되고 이 해석은 확실하나이다"(단 2:35, 44, 45).

"내가 또 밤 환상 중에 보니 인자 같은 이가 하늘 구름을 타고 와서 옛적부터 항상 계신 이에게 나아가 그 앞으로 인도되매 그에게 권세와 영광과 나라를 주고 모든 백성과 나라들과 다른 언어를 말하는 모든 자들이 그를 섬기게 하였으니 그의 권세는 소멸되지 아니하는 영원한 권세요 그의 나라는 멸망하지 아니할 것이니라"
(단 7:13, 14).

"내가 에브라임의 병거와 예루살렘의 말을 끊겠고 전쟁하는 활도 끊으리니 그가 이방 사람에게 화평을 전할 것이요 그의 통치는 바다에서 바다까지 이르고 유브라데 강에서 땅 끝까지 이르리라"(슥 9:10).

신약성경에서 우리는 이 전 세계적인 평화의 왕국에 관련된 더 깊은 계시를 받는다. 그리스도께서는 단순히 왕이 되실 것을 요청만 받으신 게 아니다. "내가 왕이니라 내가 이를 위하여 태어났으며 이를 위하여 세상에 왔나니"(요 18:37; 참조. 눅 23:2, 3; 마 27:11). 그분은 왕의 묘사들을 성취하셨고(요 12:15) "때가 찼고 하나님의 나라가 가까이 왔으니 회개하고 복음을 믿으라"(막 1:15)고 말씀하시며 하나님의 나라가 가까이 왔음을 알리셨으며 "천국 복음"(마 4:23)을 선포하셨다.

그리스도께서는 그 나라의 도래를 알리셨을 뿐 아니라 그 나라는 이미 세워졌으며(마 12:28) 미래에 충분하고 완벽해질 것이지만(마 6:10), 지금도 바로 그들 가운데 존재하고 있음(눅 17:20, 21)을 선언하셨다. 하나님 나라에 대한 옛 언약을 압도하는 수사적 표현이 주어지면서 그리스도의 말씀을 듣는 자들은 다윗의 수사적 표현을 오해할 수 없었다.

그렇다면 하나님 나라의 본질은 무엇인가? 그 나라는 비기독교 국가처럼 폭력적이고 강압적인 나라가 아니다. "내 나라는 이 세상에 속한 것이 아니니라 만일 내 나라가 이 세상에 속한 것이었더라면 내 종들이 싸워 나로 유대인들에게 넘겨지지 않게 하였으리라 이제 내 나라는 여기에 속한 것이 아니니라"(요 18:36; 참조. 마 26:52; 요 6:15). 즉 그분의 나라는 뱀의 후손들의 나라에서 비롯되거나 그 나라들을 모방한 나라가 아니다.

일반적인 나라들은 후기 타락(post-Fall, 창세기 4장의 가인과 아벨 사건을 염두에 둔 것으로 여자의 후손과 뱀의 후손의 전쟁을 의미하기도 한다._역자주) 세계에 묶여있기에 태생적으로 폭력적인 구조이며 또한 태생적으로 저급한 구조이다.

반면에 그리스도는 물리적 폭력이나 투표 제도로 강압하지 않는, 하나님의 말씀과 성령으로(계 19:15; 참조. 히 4:12; 렘 23:29) 다스리시는 "평강의 왕"(사 9:6)이시다. 그 나라는 하나님의 말씀으로 내면에서부터 그 백성을 변화시키기에 결코 그 목적을 성취하는 데 실패할 수 없다(사 55:11). 영적 본성을 고려해볼 때 그리스도의 나라는 세상 나라들보다 더욱더 강력하다.

그리스도의 나라는 다른 방식으로도 그 영적 본성을 나타낸다. 예를 들어 그리스도의 나라에 들어가는 데는 육적 시민권이 필요하지 않다. 오직 영적으로 중생하는 것이 필요할 따름이다(요 3:3; 참조. 마 18:24, 25). 열쇠의 소유로 상징되는(사 22:22) 이 나라의 권위는 어떤 강압적인 중재가 아닌 그리스도의 교회에 의해 소유가 결정된다(마 16:19; 18:18). 더욱이 그리스도의 나라는 신실한 언약 협정 아래 신실한 신자들만이 아니라 그들의 후손도 포함한다. 그리스도께서는 그들을 직접 가리키시며 "천국이 이런 사람의 것이니라"(마 19:14)고 선언하셨다.

그리스도의 나라가 영적이라고 해서 이 영적인 것이 우리에게 주어지는 문화에 영향력을 끼치지 못하는 것은 아니다. 위 예언적 메시지에 묘사된 전 세계적인 문화적 의와 평화, 신실함은 하나님의 적들을 자신의 친구로 탈바꿈시키시는 그리스도의 영적 나라의 결과물이 될 것이다.

더욱이 그리스도께서는 하나님 나라의 승리를 직접 설명하시며, 작은 것으로 출발하지만 가장 큰 나무로 자라는 겨자씨(마 13:31-32)와 가루반죽 전부를 서서히 부풀게 하는 누룩(마 13:33)에 묘사하신다. 주님의 나라를 설명하는 알곡과 가라지 비유에서 우리는 셀 수 없이 많은 백성에 대한 아브라함과의 약속을 본다. 하나님의 백성들은 널리 퍼진 곡식인 밭의 알곡으로 묘사된 반면, 믿지 않는 자들은 알곡보다는 수가 훨씬 적은 흩어진 잡초로 묘사되었다(마 13:24 이하).

그리스도께서는 직접 "하늘과 땅의 모든 권세"(마 28:18)를 쥐고 계시며 "지옥의 문들은 [교회를] 대항하여 이길 수 없다"(마 16:18, KJV 직역)고 약속하신다. 이것은 단지 교회를 위한 방어적 약속이 아니다. 평화를 위한 공격적인 약속이다. 그 왕께서는 적들의 문이 그 나라의 복음을 대항해 서 있지도 못할 것이라고 말씀하신다. 아브라함에게 주신 약속(창 22:17)처럼 우리는 대적들의 문들을 소유할 것이다. 이 궁극적 목적을 위해 우리는 하나님의 나라가 "하늘에서 이루어진 것 같이 땅에서도 이루어지기"를 인식할 수 있도록 기도하라는 가르침을 받는다(마 6:10).

그리스도의 사도들은 그분의 나라에 대해 이와 동일한 진리를 가르친다. 사도들은 그리스도께서 다윗의 왕권을 잇는 왕이셨으며(행 2:25 이하), "그 후에 자기 원수들을 자기 발등상이 되게 하실 때까지 기다리시면서"(히 10:13) 하나님 우편에 앉아 계시고, "모든 통치와 권세와 능력과 주권 …… 위에 뛰어나시다"(엡 1:19-22)고 선언했다. 성부께서는 그리스도에 의해 "우리를 흑암의 권세에서 건져내사 그의 사랑의 아들의 나라로 옮기셨고"(골 1:13), 사도들 역시 그리스도처럼 "하나님의 나라를 전파했다"(행 28:31).

또한 사도들은 하나님의 나라에 대해 삶을 강력하게 변화시키는 영적인 것으로 이해했다. "하나님의 나라는 먹는 것과 마시는 것이 아니요 오직 성령 안에 있는 의와 평강과 희락이라"(롬 14:17). 바울은 이와 비슷한 방식으로 우리를 일깨운다. "우리가 육신으로 행하나 육신에 따라 싸우지 아니하노니 우리의 싸우는 무기는 육신에 속한 것이 아니요 오직 어떤 견고한 진도 무너뜨리는 하나님의 능력이라"(고후 10:3, 4; 참조. 골 2:15; 요일 3:8).

사도들은 그리스도께서 자신의 왕국을 세우셨고(골 1:13) "우리가 흔들리지 않는 나라를 받았음"(히 12:28; 계 11:15)을 인식했다. 그러나 동시에 그 나라의 완전하고 영광스러운 상태는 비록 재림에 앞서기는 하지만 여전히 미래에 있음을 또한 인식했다(히 2:8).

"아담 안에서 모든 사람이 죽은 것 같이 그리스도 안에서 모든 사람이 삶을 얻으리라 그러나 각각 자기 차례대로 되리니 먼저는 첫 열매인 그리스도요 다음에는 그가 강림하실 때에 그리스도에게 속한 자요 그 후에는 마지막이니 그가 모든 통치와 모든 권세와 능력을 멸하시고 나라를 아버지 하나님께 바칠 때라 그가 모든 원수를 그 발 아래에 둘 때까지 반드시 왕 노릇 하시리니 맨 나중에 멸망 받을 원수는 사망이니라"(고전 15:22-26).

우리는 이 구절에서 모든 적들을 정복하기까지 그가 다스리는 영광스러운 나라를 전하시는 그리스도를 본다. 그리스도의 모든 적들이 변화되거나 혹은 보복당하는 이 영광된 시점에 주목하라. 최종적 상태에 앞서 남아있는 유일한 적은 사망에 처할 것이며 그 후 하늘에서도 최종적으로 정복될 것이다.

이 얼마나 영광된, 그리스도의 나라를 향한 평화롭고 영적인 승리의 비전이며 "만왕의 왕"(계 19:16)에 의한 승리이고, 그분의 말씀 곧 복음(계 19:15)으로 압도되는 엄청난 능력인가. 하나님의 보좌 앞에 앉은 이들은 여기에 고취되어 다음과 같이 선언했다. "세상 나라가 우리 주와 그의 그리스도의 나라가 되어 그가 세세토록 왕 노릇 하시리로다"(계 11:15).

하나님 나라가 발전하면서 땅에 대한 언약의 약속은 그 미미한 시작으로부터 장엄하고 평화로운 승리까지 온 세계에 성취되었다. 영광은 오직 하나님의 것이다! 그분은 크게 찬양받으셔야 한다!

새 하늘과 새 땅

하나님의 아름다운 언약에 대해 우리가 살펴볼 것이 하나 더 있다. 바로 요한계시록에서 특별히 제시하는 에덴부터 새 하늘과 새 땅에 이르는 길이다.

하나님께서는 아담과 하와를 자신과의 언약적 연합과 교제 가운데 창조하셨다. 하나님은 그들에게 땅의 청지기직을 주시면서 만약 그들이 자신에게 순종한다면 영생을 주기로 약속하셨다. 그들이 반역한 후, 즉 그들 안에서 우리도 함께 반역한 후 주님께서는 인류를 에덴에서 추방하셨다. 우리를 부패와 절망에 두셨으며 우리와의 연합과 교제를 끊으셨다. 그러나 주님께서는 그 결과 초래된 멀어짐과 원수 됨에도 불구하고 자신의 영광을 위해 속죄언약에 따라 사람들을 속죄하기로 정하셨다.

주님은 속죄언약의 전개 단계에서 보이는 다양한 특징 가운데 에덴 회복에 대한 자신의 의지를 우리에게 보이셨다. 주님께서는 이사야를 통해 이렇게 선언하셨다.

"너희의 조상 아브라함과 너희를 낳은 사라를 생각하여 보라 아브라함이 혼자 있을 때에 내가 그를 부르고 그에게 복을 주어 창성하게 하였느니라 나 여호와가 시온의 모든 황폐한 곳들을 위로하여 그 사막을 에덴 같게, 그 광야를 여호와의 동산 같게 하였나니 그 가운데에 기뻐함과 즐거워함과 감사함과 창화하는 소리가 있으리라"(사 51:2, 3).

우리는 에스겔에서도 에덴의 회복을 묘사하는 유사한 표현을 발견한다.

"새 영을 너희 속에 두고 새 마음을 너희에게 주되 ……내가 너희 조상들에게 준 땅에서 너희가 거주하면서 내 백성이 되고 나는 너희 하나님이 되리라 ……주 여호와께서 이같이 말씀하셨느니라 내가 너희를 모든 죄악에서 정결하게 하는 날에 성읍들에 사람이 거주하게 하며 ……황폐한 땅이 장차 경작이 될지라 사람이 이르기를 이 땅이 황폐하더니 이제는 에덴 동산 같이 되었고"(겔 36:26-36; 참조. 욜 2:3).

하나님께서는 최초의 깊은 저주에서 시작해 아담에게 주신 승리의 약속부터 노아에게 주신 보존의 약속과 아브라함, 이삭, 다윗에게 주신 세상 구원에 대한 약속, 그리고 기업 무를 자이신 그리스도의 영광된 사역에 이르기까지 자신의 언약을 발전시키셨다. 선지자요 제사장이시며 왕이신 그리스도께서는 자기 백성을 종에서 속량하셨고 과부인 그들과 결혼하셨으며 그들의 박탈당한 상속을 회복하셨고 여자의 후손으로 뱀의 후손을 짓밟음으로써 그들의 원수를 갚아주셨다.

그로써 그리스도 나라의 복음은 아브라함과의 약속을 완전히 성취하면서 평화롭게 세상을 정복할 것이다. 그리스도께서는 마지막 아담으로서 하나님과의 영원한 연합과 교제를 위해 자신의 신실함 안에서 백성들을 모으시며 그 언약에 신실하게 복종하신다. 잃어버린 연합과 교제에서 회복된 연합과 교제로 이르는 이 길은 창세기에서 처음으로 사용된 풍부한 언약의 수사적 표현으로 다시 요한계시록 끝에 아름답게 묘사된다.

요한계시록 21-22장의 심오한 아름다움을 이해하려면 그 전체를 읽어야 마땅하지만 여기서는 두드러진 몇몇 수사적 표현만을 살펴보겠다. 그 구절은 이렇게 시작한다. "또 내가 새 하늘과 새 땅을 보니 처음 하늘과 처음 땅이 없어졌고"(계 21:1).

많은 사람들은 이를 최종적 상태에 대한 묘사로 이해한다. 하지만 여기서 옛 언약에 대한 문맥은 다르게 이해해야 하는데, '새 하늘과 새 땅'에 대한 묘사는 언약의 승리와 관련된 이사야의 예언(사 65:17 이하)에서 취한 것이다. 그 문맥에서 우리는 신실한 자의 큰 기쁨(18절)과 눈물의 종식(19절), 장수(20절), 안전함과 수확이 많은 노동(21절 이하)을 통해 언약의 승리에 대한 영광된 그림을 본다.

그러나 사망이 여전히 존재하기에(20절) 이 문맥은 최종 상태, 곧 하늘에 대한 묘사가 아니다. 여기에 놀랄 필요는 없다. 성경 다른 곳을 찾아보면, 물리적 세계의 어떤 암시도 없는 급진적이고 영적인 변화를 묘사하기 위해 이같이 강력한 대조적인 표현을 사용한다(예를 들면 사 13:9, 10; 34:4; 겔 32:7, 8; 암 8:9; 마 24:29; 히 12:26).

그러므로 새 하늘과 새 땅에 대해 읽을 때 우리는 멀리 뒤에 있는 최종 상태들에 대한 수사적 표현들을 조합하면서 이사야서에서 그리는 것처럼 땅에서 있을 언약의 최절정을 생각해야 한다.

요한계시록 21장은 계속해서 "또 내가 보매 거룩한 성 새 예루살렘이 …… 그 준비한 것이 신부가 남편을 위하여 단장한 것 같더라"(2절)고 묘사한다. 여기서 우리는 아브라함이 찾던 거룩한 도성(히 11:10), 곧 하나님께서 지으신 도성에 대해 읽는다. 이 표현은 선지서들에서 백성과 땅에 대한 아브라함과의 약속의 성취(사 2:11)를 묘사하는 데 사용되던 것이다. 더욱이 신부에 대한 언약의 공통된 이미지는 하나님의 사람을 묘사하던 것이었다. 이는 하늘에서 내려오는 하나님의 백성에 대한 풍부한 이미지, 곧 도성과 신부에 대한 이미지를 우리에게 준다.

성경은 계속해서 묘사한다. "내가 들으니 보좌에서 큰 음성이 나서 이르되 보라 하나님의 장막이 사람들과 함께 있으매 하나님이 그들과 함께 계시리니 그들은 하나님의 백성이 되고 하나님은 친히 그들과 함께 계셔서"(계 21:3). 에덴에서 주님은 자기 백성 가까이 거하셨다. 그러나 그 후에는 성막, 그리고 성전에 멀리 떨어져 계셨다. 연합과 교제에 대한 중심적인 약속은 그리스도의 성육신과 대대로 내주하심, 자기 백성의 성화, 특별히 마지막 영광스러운 시기에서 점점 더 실현된다.

요한의 기록을 따라 더 나아가보자. "성령으로 나를 데리고 크고 높은 산으로 올라가 하나님께로부터 하늘에서 내려오는 거룩한 성 예루살렘을 보이니 하나님의 영광이 있어 그 성의 빛이 지극히 귀한 보석 같고 벽옥과 수정 같이 맑더라"(계 21:10, 11). 이 지점에서 주님은 미래 영광에 대한 옛 언약의 예언(참조. 히 12:22, 23)에서 공통적으로 사용되던 큰 산과 도성 이미지를 다시 사용하신다. 그래서 하나님의 백성들은 한 번 더 친숙한 옛 언약의 수사적 표현으로 묘사된다.

요한은 거룩한 성을 다음과 같이 묘사한다. "크고 높은 성곽이 있고 열두 문이 있는데 문에 열두 천사가 있고 그 문들 위에 이름을 썼으니 이스라엘 자손 열두 지파의 이름들이라 ……그 성의 성곽에는 열두 기초석이 있고 그 위에는 어린 양의 열두 사도의 열두 이름이 있더라"(계 21:12-14). 이 이미지는 아브라함 계열과 새 언약의 사도들이 동일한 구조의 구성원들로 이루어진 한 언약의 동일한 백성(참조. 히 3:2-6; 엡 2:20)으로서 옛 언약과 새 언약 사이의 언약적 통일성을 그린다.

도성에 대한 묘사는 다음과 같이 계속된다. "그 성의 성곽의 기초석은 각색 보석으로 꾸몄는데 ……성 안에서 내가 성전을 보지 못하였으니 이는 주 하나님 곧 전능하신 이와 및 어린 양이 그 성전이심이라"(계 21:19, 22). 하나님의 성은 에덴과도 같이 귀한 보석들로 꾸며졌다고 묘사된다. 그리고 그 성에는 성전이 없다. 옛 언약의 성전은 단지 연합과 교제의 그림자였기 때문이다. 그리스도께서 바로 하나님이 자기 백성과 함께 실제 거하시는 참 성전이시기에(요 2:21) 그 성에는 성전이 필요 없다.

요한은 다음과 같이 덧붙인다. "만국이 그 빛 가운데로 다니고 땅의 왕들이 자기 영광을 가지고 그리로 들어가리라"(계 21:24). 여기서 우리는 아브라함 약속의 성취로 이사야 2장과 11장 및 다른 곳에서 묘사된 신실한 순종의 복이 모든 나라와 왕들에게 확대되는 하나님의 성(백성)을 본다.

요한의 환상은 요한계시록 22장에서 계속된다.

"또 그가 수정 같이 맑은 생명수의 강을 내게 보이니 하나님과 및 어린 양의 보좌로부터 나와서 길 가운데로 흐르더라 강 좌우에 생명나무가 있어 ……다시 저주가 없으며 하나님과 그 어린 양의 보좌가 그 가운데에 있으리니 그의 종들이 그를 섬기며 그의 얼굴을 볼 터이요 그의 이름도 그들의 이마에 있으리라 …… 그들이 세세토록 왕 노릇 하리로다"(1-5절).

여기서 우리는 하나님과 어린양의 보좌로부터 흘러나오는 강(창 2:10; 참조. 겔 47장)이라는 또 다른 에덴과의 연결을 본다. 또한 생명나무를 보는데 이는 타락 후 주님께서 아담에게 금하셨던 것이다. 그러나 하나님의 어린 양께서는 영원한 생명의 상속을 통해 자기 백성에게 회복시키셨다. 그분께서 저주를 완전히 제거하실 때까지 그리스도의 나라가 세계 도처에 퍼져나가 그분의 적들을 정복함으로써 죄와 저주는 점차 물러난다.

이 구절의 마지막 부분은 종으로서 그분과 맺은 언약 안에 있는 하나님의 백성을 보여준다. 그들의 이마에는 그분이 주인 되신다는 표시가 있다. 이로써 그들은 언약의 주님과의 참된 연합과 교제 안에 있음을 나타낸다.

요한계시록 마지막에 묘사된 하나님의 백성에 대한 이미지들은 하나님의 완성된 언약사역과 완성된 모자이크, 에덴에 앞서 시작된 복잡한 사슬의 완성 및 땅과 백성에 대한 약속의 성취에 있는 최절정에 대한 개관을 보여준다.

역사 속 방대한 다수의 백성들에 대한 영광된 속죄, 그리고 하나님의 영에 의한 온 세상의 회복은 하나님의 요청에 대한 보다 깊은 이해를 준다. "하나님이 **세상을** 이처럼 사랑하사 독생자를 주셨으니 이는 그를 믿는 자마다 멸망하지 않고 영생을 얻게 하심이라 하나님이 그 아들을 세상에 보내신 것은 세상을 심판하려 하심이 아니요 그로 말미암아 **세상이 구원을 받게 하려 하심이라**"(요 3:16, 17).

이 목적은 무엇보다 확실하게 실현될 것이다. 주님께서 직접 약속하셨기 때문이다. "내가 **뭇 나라** 중에서 높임을 받으리라 내가 **세계** 중에서 높임을 받으리라 하시도다"(시 46:10). 그리고 이 위대한 언약사역을 위해 과거와 현재와 미래의 모든 하나님의 백성은 하나가 되어 넘치는 기쁨 가운데 절하며 다음과 같이 고백할 것이다. "보좌에 앉으신 이와 어린 양에게 찬송과 존귀와 영광과 권능을 세세토록 돌릴지어다"(계 5:13). 아멘.

연구 질문

1. 대중적 종말론 관점의 구조를 설명하라. 언약적 관점은 대중적 천년왕국의 관점과 어떻게 대조되는가? 대중적 천년왕국 관점은 성경적으로 어떤 문제가 있는가? 당신은 어느 관점을 취하며 이유는 무엇인가? 단지 대중적이라는 이유로 믿는 것은 항상 옳은가? 참과 거짓을 결정하는 우리의 규준은 무엇인가?

2. 여자의 후손과 뱀의 후손 사이의 최종적 대립을 가리키는 마지막 심판에 대해 성경은 어떻게 묘사하는가?(마 25:32-34; 계 20:11-15을 보라.) 왜 그리스도께 '심판을 시행할 권세'가 주어졌는가?(신 32:43; 요 5:29; 계 6:10을 보라.) 로마서 1:18-20은 심판 날에 불신앙에 대한 핑계를 대려는 자들에게 무엇이라 말하는가? 이들 진리는 당신에게 그리스도의 적들을 향해 복음을 선포하는 동기를 부여하는가?

3. 땅의 모든 족속이 복을 받을 것이라고 아브라함에게 약속하셨을 때 하나님께서는 믿음을 지닌 족속들이 소수인지 혹은 셀 수 없는 다수인지 암시하셨는가? 시 22:16-19, 26, 27; 102:15, 19-22; 사 49:6; 54:2-5, 13; 61:9, 11; 66:10, 12; 렘 31:31-34; 겔 37:24, 26, 28; 암 9:11, 12; 슥 8:22; 말 1:11; 마 28:19은 아브라함에게 하신 이 약속을 어떻게 확장하는가? 이들 예언은 하늘에 관련하는가? 왜 아닌가? 이들 예언은 어떤 특정한 소망을 당신에게 제공하는가?

● 회심

● 언약

BACK
TO
BASICS

○ 교회

● 삶

03

교회의 본질을
회복하자

로저 와그너
(Roger Wagner)

들어가며

앞에서 개혁주의 신앙은 성경에 자신을 계시하는 주권자이며 은혜로우신 하나님과 함께 시작하고 멈춘다는 것을 살펴보았다. 또한 하나님께서는 자기 백성과 맺은 언약관계 안으로 그 백성과 후손들을 들이심으로써 함께하신다는 사실이 개혁주의 신앙에서 중요하다는 것도 알아보았다.

이제 우리는 개혁주의 신앙이 교회라고 말하는 것을 향해 나아간다. 하나님께서는 우리를 그분과의 언약관계뿐 아니라 교회 가운데 서로와의 언약관계 안으로도 부르셨다. 3부에서는 하나님께서 우리를 그분의 교회로서 어떻게 세상에서 함께 불러내시는지, 우리가 영과 진리로 그분을 예배하도록 명령하시고, 그분의 은혜 가운데 자라가도록 물과 포도주를 주시며, 성경을 따라 다스리고 가르치는 장로들의 감독권을 우리에게 어떻게 제공하시는지 검토할 것이다.

많은 사람이 교회를 그리스도인의 삶에 주어진 선택사항 정도로만 생각하는 이때에 우리에게는 특히 교회의 기본으로 돌아가는 일이 필요하다.

_ 데이비드 하고피언

제 12 장

교회로 부르심

많은 사람들은 '교회' 하면 고딕 양식의 첨탑과 설교단과 긴 의자들이 있는 건물과 관련된 단어들을 떠올린다. 그렇지만 성경에 따르면 교회는 장소가 아닌 사람이다. 좀 더 정확히 말하자면 교회는 하나님의 언약백성의 공동체(community, 개혁주의 안에서는 '공동체'라는 단어의 사용을 자제하고 있다. 이 말이 공동의 이해관계나 목적을 가지고 공동생활을 전제하는 일종의 사회집단을 의미하기 때문이다. 그러나 오늘날 교회는 행 2:42-47의 전형을 사모하면서, 공동생활은 하지 않으나 상호 간의 친밀한 형제 됨으로 영적인 것을 비롯한 사랑의 관계로 함께하여 천국에 이르는, 굳건한 관계성을 의미하는 단어로써 공동체라는 말을 사용한다. 역자는 이런 의미를 담아 공동체라는 단어로 번역했다._역자주)이다.

현대인들은 교회가 오순절에 불쑥 나타났다고 생각한다. 그러나 성경은 교회가 하나님께서 자기 백성을 구속하시는 동안 계속 존재해 왔다고 가르친다. 옛 언약 아래서 교회는 한 가족(예를 들면 아브라함, 이삭, 야곱의 가부장제 가족들), 한 민족(신 7:7, 8), 한 국가(출 19:6)로 분명히 나타났다. 이것은 하나님께서 자신의 이름, 곧 자신의 임재를 두시려고 세운 성막과 후에는 성전으로 상징되는 하나님의 살아계신 임재와 특별한 관련이 있다(신 12:5-8; 왕상 8:29; 스 6:12).

그리스도의 오심과 새 언약, 그리고 온 세상을 향하는 교회의 특징은 시작부터 암시되었고(창 12:3; 참조. 28:14; 행 3:25; 갈 3:8) 이방인의 접붙임으로 말미암아(갈 3:14; 엡 3:4-6) 더욱 분명하고 완전하게 계시되었다. 바울은 이방인 회심자들을 향해 "이제부터 너희는 외인도 아니요 나그네도 아니요 오직 성도들과 동일한 시민이요 하나님의 권속이라"(엡 2:19)고 편지하며 격려했다. 예수님께서는 때가 되자 우물가의 여인에게 다음과 같이 말씀하셨다.

"여자여 내 말을 믿으라 이 산에서도 말고 예루살렘에서도 말고 너희가 아버지께 예배할 때가 이르리라 너희는 알지 못하는 것을 예배하고 우리는 아는 것을 예배하노니 이는 구원이 유대인에게서 남이라 아버지께 참되게 예배하는 자들은 영과 진리로 예배할 때가 오나니 곧 이 때라 아버지께서는 자기에게 이렇게 예배하는 자들을 찾으시느니라 하나님은 영이시니 예배하는 자가 영과 진리로 예배할지니라"(요 4:21-24).

예배 장소는 이제 이전만큼(신 12장) 중요하지 않았다. 새 언약의 영광된 충만이 다가오면서 참 예배의 **방식**이 무엇보다 중요해졌다.

새 언약교회는 옛 언약교회처럼 하나님과의 특별한 관계의 관점에서 설명될 수 있다(딤전 3:15). 베드로는 신약교회의 교인들을 언급하면서 그들의 선조와 같이 "본도, 갈라디아, 갑바도기아, 아시아와 비두니아에 흩어진 세상에 있는 나그네"(벧전 1:1, NIV 직역)라고 불렀다. 그들은 옛 성도들과 같이 "택하신 족속이요 왕 같은 제사장이요 거룩한 나라요 하나님의 소유가 된 백성"(벧전 2:9, NIV 직역)이었다.

그러므로 거기에는 오직 하나님께서 "각 족속과 방언과 백성과 나라 가운데"(계 5:9) 그리스도의 귀중한 피로써 구속하신 한 교회, 곧 하나님의 백성만이 있다. 그리스도께서 귀중한 피로 값 주고 사신 교회는 우리의 가장 깊은 애정과 열렬한 관심을 기울이게 한다. 따라서 우리도 티모시 드와이트(Timothy Dwight)를 따라 찬양할 수 있다.

내 주의 나라와 주 계신 성전과
피 흘려 사신 교회를 늘 사랑합니다.

내 주의 교회는 천성과 같아서
눈동자 같이 아끼사 늘 보호하시네.

이 교회 위하여 눈물과 기도로
내 생명 다하기까지 늘 봉사합니다.

성도의 교제와 교회의 위로와
구주와 맺은 언약을 늘 기뻐합니다.

하늘의 영광과 베푸신 은혜가
진리와 함께 영원히 시온에 넘치네.[1]

물론 교회를 향한 이런 정서는 개혁교회에서만 발견되는 것은 아니다. 그렇더라도 이런 특징들은 참으로 개혁된 경건과 예배에서만 나타난다.

신자와 교회의 관계

하나님께서는 자기 백성을 회심 가운데 언약관계로 이끄실 때 그들 마음에 속죄하는 은혜를 널리 내려주신다. 그런데 많은 그리스도인이 이 사실을 알면서도, 그리스도께서 동일한 부르심과 거듭남을 주권적으로 행하셔서 자신과 **그리고** 자신의 교회를 동시에 이끄신다는 사실은 잊는다. 바울이 고린도 교회를 부르는 말에 주목하라. "고린도에 있는 하나님의 교회 곧 **그리스도 예수 안에서 거룩하여지고 성도라 부르심을 받은 자들**과 또 각처에서 우리의 주 곧 그들과 우리의 주 되신 예수 그리스도의 이름을 부르는 모든 자들에게"(고전 1:2).

---

1) 새 찬송가 208장, "내 주의 나라와" *I Love Thy Kingdom, Lord* in *Trinity Hymnal* (Philadelphia: Great Commission Publications, 1990), 353.

이 구절에서 사도는 '예수 그리스도 안에서 거룩하여지고 성도라 부르심'을 받은 자들로서의 '하나님의 교회'를 말한다. 신약성경에서 '교회'라고 번역된 헬라어 용어는 **에클레시아**(eklesia)인데, 히브리어 **카할**(qahal)처럼 특별한 목적을 위해 보다 큰 조직에서 '불러내진' 사람들의 모임을 뜻한다. 즉, 교회는 복음 전파를 통해 세상에서 **불러내지고** 또한 예수 그리스도를 믿고 순종함으로 하나님을 예배하고 섬기도록 **함께 불러내진** 사람들의 모임이다.

교회 회원은 신실한 말씀 선포와 성령님의 주권적 역사하심을 통해 부르심을 받은 남녀로서, '거룩'이라는 개념으로 이해된다. 그래서 교회 회원들은 일관되게 '성도들' 또는 '거룩한 이들'(롬 1:7; 엡 1:1; 빌 1:1)이라 불린다.

그 교회의 회원은 거룩하다. 그리스도께서 교회 전체를 위해 죽으시고 부활하심으로써 온전케 하셨기 때문이다. "그리스도께서 교회를 사랑하시고 그 교회를 위하여 자신을 주심 같이 하라 이는 물로 씻어 말씀으로 깨끗하게 하사 거룩하게 하시고"(엡 5:25, 26). 여기서 바울은 교회를 단수형으로 칭하는데 교회의 공동체적인 일체성(corporate unity)을 강조하는 것이다.

먼저 그리스도께서 마련해 주신 정결함은 주님의 신부라는 공동체적 정체성을 지닌 교회를 위한 것이고 더 나아가 교회와 교통하도록 성령님에 의해 부름을 받은 개인 신자를 위한 것이다.

비록 오해될 수 있고 지금까지 오해되어 왔지만 **우리 개인들은 교회와 연합할 때 복음에 담긴 구원의 복들을 경험한다.** 이 경험은 교회가 하나님의 은혜의 통로로서 이 복들을 중재하기 때문이 아니라 오히려 그리스도께서 성령님을 통해 우리가 지체로 있는 교회에 직접 중재하시기 때문이다.

바울은 하나님께서 온 교회를 위해 준비하신 결과 신자 각 개인이 복을 받는다고 강조한다. 그는 고린도 교인들에게 이렇게 말했다.

"몸은 하나인데 많은 지체가 있고 몸의 지체가 많으나 한 몸임과 같이 그리스도도 그러하니라 우리가 유대인이나 헬라인이나 종이나 자유인이나 다 한 성령으로 세례를 받아 한 몸이 되었고 또 다 한 성령을 마시게 하셨느니라 몸은 한 지체뿐만 아니요 여럿이니"(고전 12:12-14).

바울은 또한 에베소 교인들에게 이렇게 말했다. "몸이 하나요 성령도 한 분이시니 이와 같이 너희가 부르심의 한 소망 안에서 부르심을 받았느니라 주도 한 분이시요 믿음도 하나요 세례도 하나요 하나님도 한 분이시니 곧 만유의 아버지시라 만유 위에 계시고 만유를 통일하시고 만유 가운데 계시도다"(엡 4:4-6).

이 '부분-대-전체'(part-to-whole) 역학은 역사 속 어떤 특정한 시기에 자기 백성에게 행하신 하나님의 역사하심이 갖는 특징만은 아니다. 이것은 참으로 시대를 넘어 나타난다. 바울에 따르면 이방인들이 그리스도 안에서 구원의 복을 즐거워하게 된 것은 구속사에서 비교적 늦은 시기였다. 왜냐하면 그들은 족장들에게 '뿌리'를 둔 교회에 포함되어 있었고 따라서 족장들과 더불어 하나님께서 아브라함에게 약속하신 언약의 복들에 들어 있었기 때문이다.

"**뿌리가** 거룩한즉 가지도 그러하니라 또한 가지 얼마가 꺾이었는데 돌감람나무인 네가 그들 중에 **접붙임이** 되어 **참감람나무 뿌리의 진액을 함께 받는** 자가 되었은즉 그 가지들을 향하여 자랑하지 말라 자랑할지라도 네가 뿌리를 보전하는 것이 아니요 **뿌리가 너를 보전하는 것이니라** ……네가 원 돌감람나무에서 찍힘을 받고 본성을 거슬러 좋은 감람나무에 **접붙임을** 받았으니 원 가지인 이 사람들이야 얼마나 더 자기 감람나무에 **접붙이심을** 받으랴"(롬 11:16-18, 24).

'가지-대-뿌리'(branch-to-root) 은유는 각각의 수혜자, 즉 가지가 의지하는 복의 유일한 공급자인 뿌리의 중요성을 강조한다. 예수님께서는 신자들과 주님의 관계를 참 포도나무로 설명하시며 같은 은유를 사용하셨다.

"나는 참포도나무요 내 아버지는 농부라 ……나는 포도나무요 너희는 가지라 그가 내 안에, 내가 그 안에 거하면 사람이 열매를 많이 맺나니 나를 떠나서는 너희가 아무 것도 할 수 없음이라 사람이 내 안에 거하지 아니하면 가지처럼 밖에 버려져 마르나니 사람들이 그것을 모아다가 불에 던져 사르느니라"(요 15:1, 5, 6).

'가지-대-뿌리'와 '가지-대-포도나무' 은유를 조합할 때 우리는 무엇을 알게 되는가? 곧 신자들은 그리스도 안에 거하는 것과 같은 방식으로 반드시 교회 안에 거해야 한다는 사실이다. 복음의 복 또한 교회의 지체인 신자에게 이어져 흐른다.

내가 이 점을 강조하는 이유는 오늘날 너무 많은 그리스도인이 자신과 그리스도의 관계는 자신이 교회와 맺는 관계와 서로 관련이 없다고 생각하기 때문이다. 그들은 기껏해야 교회를 지엽적인 것으로 여긴다. 그들은 교회 회원이 되기는 하면서도 그것을 그저 그리스도인으로서 경험할 수 있는 부차적인 선택 정도로만 생각한다. 그들은 교회를 떠나거나 회원의 책임을 이행하지 못해도 어쨌든 그것이 그리스도인으로서 자신의 위치를 위협한다고 생각하지는 않는다. 그들의 관점대로라면 '그리스도인이 됨'과 '교회 회원이 됨'은 완전히 별개의 문제처럼 보인다.

그러나 성경은 신자와 교회가 내적으로 밀접하게 연결된다고 말한다. 예를 들어 누가는 좋은 소식을 전하는 사도의 말씀 선포에 응함으로써 각 개인은 그리스도인이 되며, 동일한 회심 경험자의 일원으로서 교회에 가입된다고 말한다. "그[베드로의] 말을 받은 사람들은 [오순절 날에] 세례를 받으매 이 날에 신도의 수가 삼천이나 더하더라"(행 2:41). 여기서 '누구'의 수가 삼천이나 더했다고 하는가? 바로 교회이다.

예수님께서 승천하신 후 예루살렘에 있던 사도들은 곧바로 예수님의 어머니 마리아와 몇몇 다른 여인들, 예수님의 형제들, 그리고 다른 신자들을 포함해 120여 명과 같이했다. 그들은 사도들이 머무르는 다락방에서 "모두 같이하여 오로지 기도에 힘썼다"(행 1:12-14, NIV 직역). 이후 교회는 계속 성장했다. 누가는 이렇게 말한다. "날마다 마음을 같이하여 성전에 모이기를 힘쓰고 집에서 떡을 떼며 기쁨과 순전한 마음으로 음식을 먹고 하나님을 찬미하며 또 온 백성에게 칭송을 받으니 주께서 구원 받는 사람을 날마다 더하게 하시니라"(행 2:46, 47).

이 모범을 조심스럽게 주목하라. 교회가 회집되어 주변 군중에게 복음이 선포되고 그 메시지를 믿는 사람들은 회개함과 세례를 받음으로 복음에 응하여

'불러내진다.' 이런 식으로 그들은 세상으로부터 교회로, 또 동일하게 그리스도께로 옮겨진다. 베드로가 말한 대로 하나님께서는 "너희를 어두운 데서 불러 내어 그의 기이한 빛에 들어가게"(벧전 2:9) 하신다.

개인은 그리스도인이 되는 동시에 같은 방법으로 교회의 회원이 된다! 참으로 성경에 따르면 일반적으로 그리스도인이 되는 것은 교회 회원이 되는 것과 같은 말이다.

홀로 있는 그리스도인

수년 전 동료 사역자와 복음주의에 대해 이야기하던 중 나는 혼자 자기 거실에만 있는 사람은 그리스도인이 될 수 없다고 말했다. 그 주장에 다소 충격을 받은 동료는 내 말이 정확히 무엇을 의미하는지 물었다. 그는 사람들이 각자의 집에서도 그리스도인이 될 수 있도록 개발된 많은 축호방문전도(door-to-door evangelism) 프로그램에 특별히 관여하고 있었다.

물론 나는 신약성경이 축호방문전도를 못마땅하게 여긴다고 말하려던 것은 아니었다. 내가 하려던 말의 요점은 신약성경이 말하는 '그리스도인 됨'에는 많은 현대 복음주의권이 추측하는 것보다 더 많은 견해가 존재한다는 것이다. 필수적인 첫 단계이기는 하지만 그리스도인이 된다는 것은 단지 복음을 믿고 그리스도를 영접하는 것 이상의 더 많은 것들을 포함한다. 특히 무엇보다 복음의 부름에 응하는 가운데 '불러내짐'이라는 결정적인 행동을 내포해야 한다.

성경의 모범을 따르면 사람들은 이 방식으로 교회에 나아와 세례를 받는다. 그 결과 그들은 교회와 한몸인 회원으로 간주되며 예배와 언약 공동체의 섬김에 참여하고 그 지도에 따른다. 이를 다른 말로 한다면 참 회심자들은 세상에서 불러내질 것이다. 그렇게 그들은 일어설 것이고 하나님의 백성으로 여겨질 것이다.

지체로 연합해야 하는 교회

당신은 어쩌면 이렇게 항변할지 모르겠다. "그렇다면, '보이지 않는 교회'(신학에서는 통상 '비가시적 교회' 혹은 '무형교회'라고 칭하나, 쉬운 이해를 위해 풀어서 '보이지 않는 교회'라고 번역했다._역자주)는 어떤가? 당신이 강조하고 있는 교회 회원과 회심 간의 관계가 우리가 회심될 때 가입하는 '보이지 않는 교회'와 무슨 상관이 있단 말인가?"

정확히 말하면 '보이지 않는 교회'에 대한 개념은 교회의 본질을 밝히는 중요한 성경적 특징 중 하나로 매우 강조된다. 그러나 '보이는 교회'와의 관계를 배제한다면 적절히 이해할 수 없다. '보이는 교회'와 '보이지 않는 교회'를 완전히 구별하는 것은 참으로 오해의 소지가 있으며, 때때로 도움이 되기보다는 위험한 것으로 드러난다.

'보이지 않는 교회'는 하나님의 전지(全知)적 관점에서 본 교회에 대한 몇몇 진리를 표현하기 위해 찾은 신학적 구성개념이다. 그 고전적인 개념이 웨스트민스터 신앙고백에서 발견된다. "보편적 혹은 우주적인 교회는 무형적인데, 그 교회의 머리 되시는 그리스도를 중심으로 그 아래에 하나로 지금까지 모여들었고 지금도 모여들고 있으며 장차 모여들 택함받은 모든 사람으로 구성된다. 이 교회는 그리스도의 신부이며 몸이며 만물 안에서 만물을 충만하게 하시는 이의 충만이다"(제25장 1항).

신앙고백은 하나님께서 교회를 아신다고 강조한다. 즉 그분만이 택함받은 자의 수와 신원을 아시고 그분만이 마음을 살피신다. 그러므로 하나님께서는 자기 소유된 사람들을 아시는 데 절대 오류가 없으시다. 또 그분만이 시간과 공간의 제한 없이 교회를 살피신다. 하나님께서는 유한한 인생이 결코 예상할 수 없는 방식들로 교회와 그 회원들을 아신다.

보이지 않는 교회라는 개념이 제시하는 교회의 특성은 완전히 성경적이므로 여기까지는 좋다. 그러나 그 후에 문제가 제기된다. 많은 사람이 이 신학적 구성개념에 자생력을 부여한다!

많은 그리스도인은 '보이는 교회', 즉 우리가 익히 아는 세상 속 교회와 '보이지 않는 교회'는 별개의 존재일 거라고 상상한다. 이렇게 '보이지 않는 교회'를 '보이는 교회'로부터 분리한 다음, 그들이 예배하고 그분의 지도에 따라야 할 '보이는 교회'와 그들의 관계는 그들과 그리스도, 그들과 '보이지 않는 교회'의 관계와 별 관련이 없다고 생각하는 것이다.

존 머레이는 이러한 추론에 대해 다음과 같이 결론지었다. "보이는 교회와 보이지 않는 교회의 차이는 성경의 개념에 충분히 기초한 것이 아니다."[2] 이 결론을 입증하기 위해 머레이는 아래와 같이 논증했다.

> '보이지 않는 교회'에 대한 개념이 드러난 구절들에서는 마치 보이지 않는 교회가 실재하는 것처럼 보인다. 그러나 그 경우에도 보면, 보이는 교회와 별개로 분리된 채 보이지 않는 독립체로서의 '교회'라는 개념은 명확하게 드러나지 않는다. 앞에서도 언급했듯이 교회가 지닌 속성들 가운데는 보이지 않는 것으로 특징지어지는 면들도 있을 것이다. 그러나 그것은 어디까지나 '교회'가 그런 특징을 지닌다는 뜻이며, 신약성경 안에 존재하는 '교회'는 결코 보이지 않는 독립체로서 나타나지 않는다. 따라서 결코 교회를 불가시성(不可視性, invisibility)이라는 정의로 한정지을 수 없다.[3]

머레이는 보이지 않는 교회에 대한 구성개념이 오도되었다고 고찰한다. 그리고 이런 구별이 교회의 삶에 어떤 영향을 미쳤는지 간략하게 논의하는데, 이 구별은 신자들이 교회 안에서 함께 져야 할 '공동의 책임'을 묵과하도록 했다는 것이다. 그 결과 신자들은 때때로 교회의 순결함과 온전한 통일성을 유지하는 데 실패했다. 이런 특징을 오로지 보이지 않는 교회의 특징이라고만 여겼기 때문이었다.

몇몇 현대 복음주의자들은 '보이는 교회'와 '보이지 않는 교회' 사이의 이러

---

2) John Murray, "The Church-Its Identity, Functions, and Resources," *Collected Writings*, 4 vols. (Edinburgh: Banner of Truth, 1976), 1:231-32.
3) Ibid., 234.

한 구별을 다른 식으로 오용했다. 그들은 '보이지 않는 교회'의 일원이 되면 충분하다고 생각해 주일 예배나 성례, 교회 지도자들의 성경적 권위에 복종하는 것, 교회의 권징을 도외시하는 것을 정당화했다.

오래전 머레이는 이런 경향을 지닌 사람들에게 신약성경 어디에 구체적이고 실제적으로 보이지 않는 교회와 교제하라는 명령이 있는지 물었다. 이제까지 머레이의 질문에 대답한 사람은 아무도 없었다. 앞으로도 없을 것이다.

세상 앞에 선 교회

성경적 책임을 따라 신실하게 양 무리를 치려는(벧전 5:2) 교회 지도자가 직면하는 어려움들이 있다. 그중 가장 고통스러운 하나는 보이지 않는 교회에 숨어 보이는 교회와는 분리된 채 홀로 있기를 고집하는 '보이지 않는 양'을 붙잡기 위해 지속적으로 노력하는 일이다.

문화에 대한 기독교적 영향이 큰 현대 미국과 같은 문화권에서도 살아있는 믿음은 거의 찾을 수 없다. 개인이 편의를 느끼는 수준에서 교회에 참여하는 것이 가능해졌기 때문에 교회와 세상의 경계 역시 쉽게 희미해졌다. 우리는 '교회는 외식하는 자들로 가득하다'는 비난을 자주 듣는다. 우리 문화에서는 세상으로부터 확실하게 불러내짐이 없어도 그리스도께 부름받을 수 있다고 생각하기 때문이다. 그래서인지 저 비난이 정당해 보일 때가 있다.

오늘날 많은 사람들은 그 정도의 차이만 있을 뿐 교회의 권징과 목회자의 권위에 복종하는 일은 각자의 선택에 달렸다고 생각한다. 비록 둘 다 건전한 교리와 거룩한 생활을 유지하는 데 필수적이라 여기면서도 말이다(딤후 4:2-4; 딛 2:15; 히 13:17). 교회가 위선적이라는 비난을 피하려면 지켜보는 세상 앞에서 자신의 고백을 뒷받침하는 거룩을 일관성 있게 유지해야 하는데 그러지 못하는 것도 이상한 일은 아니다.

그러나 외국 선교사들이 흔히 접하는 노골적이고 보편적인 이교도 지역에서는 그리스도께로 향한 부르심은 종종 주변 문화와의 단절을 수반한다. 이런 문화에서 그리스도를 받아들이려면 교회 또한 받아들여야 한다. 새로운 회심자는 거의 즉시 문화적으로 이방인이 되기 때문이다. 가족과 이웃에게 거부당하기에 그리스도의 몸과의 교제를 반드시 찾아야만 한다. 그리스도 안에 있는 그의 정체성은 교회와의 동일시를 동반한다.

그들 같은 회심자는 때로 잔인한 박해를 당한다. 그러나 그들에게서 볼 수 있는 그리스도와 그분의 교회로의 회심은 미국의 일반적인 회심자보다 더 신약성경의 모범에 가깝다. 대조적으로 '후기 기독교' 미국 문화는 그분의 교회와 떨어져서도 그리스도와 교제 가운데 사는 것이 적어도 어느 정도는 가능하다고 생각하도록 속이고 있다. 그래서인지 우리는 그리스도께 나아올 때 세상과의 급진적인 단절을 요하는 성경적 부르심 앞에서 불편한 감정을 느낀다 (예를 들면 마 6:24; 약 4:4; 요일 2:15). 그 부르심이 너무 극단적이라고 생각되는 것이다.

우리 문화에서는 반드시 예배, 성례, 장로, 안수집사 등 권징이 있는 보이는 교회의 중요성을 그 어느 때보다 강조해야 한다. 그리스도의 이름을 부르는 모든 사람을 교회에 대한 독특한 교리를 지닌 개혁주의 신앙으로 깨우쳐야 한다. 머레이는 교회에 대해 다음과 같이 기술했다.

> 교회는 그리스도를 머리로 하는 기관과 일치해 존재하고 기능하는 보이는 독립체이며, 성령에 의해 내주하시고 인도함을 받는 그리스도의 몸이고, 그리스도 예수 안에서 거룩하게 되고 성도로 부름받은 사람들로 이루어지며, 신실한 자들의 모임 가운데 드러나며, 마침내 그 교회는 영광스럽고 거룩하고 흠이 없다.[4]

오, 우리 모두 신실한 회중의 책임 있는 일원이 되기를 바란다! '교회에 가입하는 것', 곧 하나님의 백성으로 이루어진 보이는 공동체에 가입하는 것은 회심 이후 단계에서 주어지는 선택사항이 아니다. 그리스도께 나아오는 것은 곧 그분의 교회로 나아오는 것이다.

---

4) Ibid., 236.

교회는 하나님께서 언약하신 복을 받는 곳이다. 하나님께서는 구원의 은혜를 교회의 교제 가운데 교회와 개인 신자들에게 주신다. 하나님께서는 은혜의 통로로서 중보하는 제사장직의 활동을 수단으로 사용하지 않으신다. 정하신 수단, 즉 그분의 말씀을 들음으로 그분의 이름을 예배하며 기도와 찬양을 올리고 성례와 다스림과 권징을 받는 것을 수단으로 사용하신다.

다음 장에서 우리는 이 귀한 수단들을 살펴볼 것이다. 이 수단들은 우리가 하나님의 언약 백성들과 함께 모일 때 하나님께서 그의 은혜를 주권적으로 우리에게 베푸실 때 사용하시는 것이다.

연구 질문

1. 그리스도께 이끌림을 받은 다음 우리는 어느 시점에서 주님의 교회에 이끌림을 받는가? 당신의 답을 성경으로 뒷받침하라.

2. 교회와 연합할 때 신자들은 정말로 복음의 구원하시는 복들을 경험하는가? 그 복들은 교회에 의해 제공되는가, 하나님의 은혜의 통로인 제사장직에 의해 제공되는가? 그것은 무엇을 의미하는가?

3. '보이는 교회'와 '보이지 않는 교회'를 구별하라. 둘의 구별은 어떤 식으로 도움이 되는가? 혹은 어떤 식으로 해악이 되나? 신자들로 구체적이고 실제적으로 보이지 않는 교회와 교제하라는 명령이 신약성경 어디에 있나? 보이는 교회에 대해서는 어떤가? 당신은 어떤 면에서 보이는 교회에 속한 신자들의 공동체적 몸에 대한 책임을 느끼는가?

제 13 장

예배의 회복

시편 100편을 보면 하나님의 백성은 주님께 최고의 부르심, 즉 예배로의 부르심을 받는다.

"온 땅이여 여호와께 즐거운 찬송을 부를지어다 기쁨으로 여호와를 섬기며 노래하면서 그의 앞에 나아갈지어다 여호와가 우리 하나님이신 줄 너희는 알지어다 그는 우리를 지으신 이요 우리는 그의 것이니 그의 백성이요 그의 기르시는 양이로다 감사함으로 그의 문에 들어가며 찬송함으로 그의 궁정에 들어가서 그에게 감사하며 그의 이름을 송축할지어다 여호와는 선하시니 그의 인자하심이 영원하고 그의 성실하심이 대대에 이르리로다."

모든 그리스도인은 하나님을 예배하는 귀중한 특권과 책임을 누린다. 성경은 매 페이지마다 하나님의 백성의 삶에서 예배가 얼마나 중요한지 강조하고 있다.

에노스의 때로부터 "사람들은 여호와의 이름을 부르기 시작했다"(창 4:26, NIV 직역). 택함받은 하나님의 백성들은 주님을 예배하기 위해 부름을 받았다. "여호와께 그의 이름에 합당한 영광을 돌리며 거룩한 옷을 입고 여호와께 예배할지어다"(시 29:2). 온 땅은 세계를 다스리시는 그분의 주권과 그분의 권능이 밝히는 빛 안에서 주님을 예배하기 위해 부름을 받았다. "새 노래로 여호와께 노래하라 온 땅이여 여호와께 노래할지어다"(시 96:1). "주여 주께서 지으신 모든 민족이 와서 주의 앞에 경배하며 주의 이름에 영광을 돌리리이다"(시 86:9).

옛 언약이 품고 있는 소망은 열방이 땅 끝에서 모여 와 주님께 예배하는 것이었다.

"말일에 여호와의 전의 산이 모든 산 꼭대기에 굳게 설 것이요 모든 작은 산 위에 뛰어나리니 만방이 그리로 모여들 것이라 많은 백성이 가며 이르기를 오라 우리가 여호와의 산에 오르며 야곱의 하나님의 전에 이르자 그가 그의 길을 우리에게 가르치실 것이라 우리가 그 길로 행하리라"(사 2:2, 3).

그때에는 이스라엘의 오랜 적들조차 하나님의 신실한 예배자가 될 것이다. "그 날에 애굽에서 앗수르로 통하는 대로가 있어 앗수르 사람은 애굽으로 가겠고 애굽 사람은 앗수르로 갈 것이며 애굽 사람이 앗수르 사람과 함께 경배하리라"(사 19:23). 요한계시록은 이 기대가 성취되어서 온 땅의 다양하고 수많은 무리들이 하늘의 천사들과 함께 경배하며, 자기 아들을 통해 은혜로운 구원을 주신 하나님께 영광 돌리는 모습을 묘사한다.

"이 일 후에 내가 보니 각 나라와 족속과 백성과 방언에서 아무도 능히 셀 수 없는 큰 무리가 나와 흰 옷을 입고 손에 종려 가지를 들고 보좌 앞과 어린 양 앞에 서서 큰 소리로 외쳐 이르되 구원하심이 보좌에 앉으신 우리 하나님과 어린 양에게 있도다 하니 모든 천사가 보좌와 장로들과 네 생물의 주위에 서 있다가 보좌 앞에 엎드려 얼굴을 대고 하나님께 경배하여 이르되 아멘 찬송과 영광과 지혜와 감사와 존귀와 권능과 힘이 우리 하나님께 세세토록 있을지어다 아멘 하더라"(계 7:9-12).

성경은 첫 장부터 끝 장까지 우리를 하나님께 예배드리기 위한 그분의 백성으로 부른다. 그것이 우리가 영원히 누릴 특권이라고 가르친다.

회복해야 할 유산

개혁주의자들은 성경이 강조하는 예배, 특별히 공동예배를 잘 이해했고 예배에서 중세의 첨가물과 미신을 제거하려 했다. 그들은 특히 순전한 영광을 위한 예배의 회복을 추구했다. 예배는 하나님의 백성들이 그분의 이름으로 엄숙하게 함께 모일 때 하나님께서 그들을 만나심으로 일어나기 때문이다.

미국 복음주의자들은 어떤 의미에선 개혁주의 계승자이지만 애석하게도 지금까지 예배에 관해서는 개혁주의의 풍요로운 유산을 무시해왔다. 사실 현대교회는 교회에 유해한 예배의 모든 문제를 너무나 자주 무시해 버린다. 로날드 알렌(Ronald Allen)과 고든 보로(Gordon Borror)는 이를 정확하게 지적했다.

우리는 복음주의 기독교라고 여기면서도 예배에 대한 어떤 진지한 관심을 표명하기는 어렵다고 느낀다. 우리는 학자로서 예배를 연구하는 데, 그리고 예배신학에 주의를 기울이는 데 실패했다. 지교회들은 성경적 예배의 원리들을 예배의 기초로 추구하지 않는다. 복음주의 신학교 대부분은 예배학을 정규 과목으로 가르치지도 않았다.[1]

로버트 레이번(Robert Rayburn)은 일부 '성경을 믿는'(Bible believing, 이 명칭은 성경의 완전 유기적 축자영감설을 믿는 사람들을 지칭하는 것이다. 이들은 성경의 이적과 기적을 비신화화 한다는 명목으로 제거하고 성경에서 종교적 혹은 도덕적 교훈을 취하려는 자유주의자들의 입장에 반대해 자신들은 성경을 문자 그대로 믿고 해석한다는 취지에서 '성경을 믿는 그리스도인' Bible believing Christian이란 표현을 썼다._역자주) 교회들 안에서도 같은 결점이 발견된다는 사실에 주목하며 다음과 같이 썼다.

하나님께 드리는 예배는 참 신자의 가장 중요한 활동이지만, 동시에 오늘날 보

---

1) Ronald Allen and Gordon Borror, *Worship: Rediscovering the Missing Jewel* (Portland, Oreg.: Multnomah, 1982), 9.

통의 복음주의 교회에서 가장 비참하게 무시되는 것 중 하나이다. ……여전히 ……오늘날 진실한 신자들도 참 예배에 대한 의의, 풍요롭고 가치 있는 공동예배의 복을 얻는 방법에 대해 통탄할 만큼 무지하다.[2]

다행히 예배를 바로잡을 예배 주제와 성경적 원리에 대한 관심이 회복되는 조짐이 보인다. 그러나 복음주의권이 참으로 개혁주의 유산에 충실해지려면 회복해야 할 잃어버린 기반들이 많다.

대조적으로 개혁주의 전통은 16세기 이래 예배의 성경적 원리에 대한 진지한 관심을 계속 가져왔다. 웨스트민스터 신앙고백서를 보면 경건한 예배와 주일에 대한 주제에 장(章) 하나를 온전히 할애한다.[3] 또한 웨스트민스터 회의는 예배 모범을 만들어 예배의 많은 요소들에 대한 상세한 교본을 제시한다.

다른 개혁주의 교회들도 공예배와 개인예배 모두를 지도하는 비슷한 안내서들을 만들었다. 이들 문서는 개혁주의 교회들이 예배신학과 실천에 큰 비중을 두었음을 입증한다. 예배신학과 실천은 그것에 관심을 갖고 연구하는 사람들에게 커다란 영적 유익을 줄 것이다.

참 예배의 영광과 기쁨

개혁주의 신앙의 가르침대로 사람의 최고 목적이 하나님을 영화롭게 하는 것과 그분을 영원토록 즐거워하는 것이라면(웨스트민스터 소요리문답 1문; 참조. 고전 10:31), 사람의 최고 부르심과 가장 복된 일, 곧 예배는 확실히 이 원리를 따라야 한다. 우리가 예배를 드리는 최고 목적은 하나님을 영화롭게 하는 것이 되어야 한다. 그분을 즐거워하는 것이 예배의 가장 깊은 은택이다.

---

2) Robert G. Rayburn, *O Come, Let Us Worship* (Grand Rapids: Baker, 1980), 11.
3) 예배에 대한 일반적인 주제는 또한 웨스트민스터 대요리와 소요리 문답서 두 번째, 네 번째 계명 그리고 말씀 사역, 성례들, 기도에 관계된 질문에서도 다루어진다. 하이델베르크 요리문답 같은 다른 개혁주의 고백들도 같은 주제들을 다룬다.

개혁주의 신앙은 하나님의 주권을 아주 강력하게 강조한다. 따라서 개혁주의 교회들은 전통적으로 공동예배에서 하나님 중심을 강조했다. 현대 미국 복음주의 교회들은 예배를 사람 중심, 소위 '필요' 지향적인 관점에서 다루고 있다. 이를 생각할 때 예배는 처음부터 끝까지 하나님을 중심에 두어야 한다는 영광된 성경의 진리를 함께 재발견하는 일이 필수적이다.

하나님의 백성의 중심적인 과제는 예배에 있다. 즉, 그리스도 안에서 그분의 자비와 은혜를 깨달아가면서 거기에 맞추어 하나님께 존귀와 영광을 드리는 것이다. 그때 우리는 예배 가운데 은혜 안에서 참으로 성장할 것이다. 또한 그분께서 규정하신 대로 우리를 완전히 만족케 할 참된 필요들을 발견할 것이다. 그렇게 해야만 우리는 예배 가운데 그분을 참으로 영화롭게 하며 즐거워할 수 있다. 예배를 향한 하나님의 부르심은 곧 천지의 창조주, 그리고 자기 백성의 은혜로우신 구속주께 찬양하고 경배하라는 부르심이다.

"오라 우리가 여호와께 노래하며 우리의 구원의 반석을 향하여 즐거이 외치자 우리가 감사함으로 그 앞에 나아가며 시를 지어 즐거이 그를 노래하자 여호와는 크신 하나님이시요 모든 신들보다 크신 왕이시기 때문이로다 땅의 깊은 곳이 그의 손 안에 있으며 산들의 높은 곳도 그의 것이로다 바다도 그의 것이라 그가 만드셨고 육지도 그의 손이 지으셨도다 오라 우리가 굽혀 경배하며 우리를 지으신 여호와 앞에 무릎을 꿇자 그는 우리의 하나님이시요 우리는 그가 기르시는 백성이며 그의 손이 돌보시는 양이기 때문이라"(시 95:1-7).

"너희 권능 있는 자들아 영광과 능력을 여호와께 돌리고 돌릴지어다 여호와께 그의 이름에 합당한 영광을 돌리며 거룩한 옷을 입고 여호와께 예배할지어다 ……여호와께서 홍수 때에 좌정하셨음이여 여호와께서 영원하도록 왕으로 좌정하시도다 여호와께서 자기 백성에게 힘을 주심이여 여호와께서 자기 백성에게 평강의 복을 주시리로다"(시 29:1, 2, 10, 11).

하늘 위, 주변 세상, 그리고 자기 존재와 본성에 대한 사람의 모든 묵상은 그 생각을 하나님께로 향하여 경이와 감사를 나타내는 가운데 인도함을 받아야 한다. "하늘이 하나님의 영광을 선포하고 궁창이 그의 손으로 하신 일을 나타내는도다"(시 19:1). "여호와여 주께서 하신 일이 어찌 그리 많은지요 주께서 지혜로 그들을 다 지으셨으니 주께서 지으신 것들이 땅에 가득하니이다"(시 104:24). "내가 주께 감사하옴은 나를 지으심이 심히 기묘하심이라 주께서 하시는 일이 기이함을 내 영혼이 잘 아나이다 ······하나님이여 주의 생각이 내게 어찌 그리 보배로우신지요 그 수가 어찌 그리 많은지요"(시 139:14, 17). 모든 삶에서와 마찬가지로 예배 가운데 사람의 최고의 목적은 하나님을 영화롭게 하는 것이다.

또한 우리는 예배에서 하나님의 임재를 가장 충만하게 누릴 수 있다. 하나님께서 자기 백성의 모든 삶 가운데 동행하시지만 우리는 종종 마땅히 의식해야 할만큼 그 임재를 깨닫지 못한다. 공동예배에서 우리는 하나님의 복된 임재를 깨닫고 느끼는 가장 좋은 기회를 얻는다. 그 예기되는 기쁨 때문에 시편 기자는 하나님께 올리는 예배에 참여하기를 갈망했.

"만군의 여호와여 주의 장막이 어찌 그리 사랑스러운지요 내 영혼이 여호와의 궁정을 사모하여 쇠약함이여 내 마음과 육체가 살아 계시는 하나님께 부르짖나이다 ······주의 집에 사는 자들은 복이 있나니 그들이 항상 주를 찬송하리이다"(시 84:1, 2, 4). 주님의 궁정에 들어가는 것은 곧 이스라엘의 신실한 언약의 기업 무를 자와 누리는 복된 연합과 교제를 누리는 것이다.

타락하고 저주받은 세상에서 신자가 그를 점점 더 고통스럽고 낙담하게 하는 복잡한 삶의 모든 일을 생각할 때, 그는 예배의 실재에서 그 위로를 발견한다. 삶에서 가장 중요한 것, 곧 하나님을 즐거워하는 것은 결코 자기 안에서 취할 수 없음을 발견하는 그 '성소 안에서' 말이다.

"내가 어쩌면 이[왜 악한 자가 형통하고 의로운 자가 고난당하는가]를 알까 하여 생각한즉 그것이 내게 심한 고통이 되었더니 하나님의 성소에 들어갈 때에야 그들의 종말을 내가 깨달았나이다 ······내 마음이 산란하며 내 양심이 찔렸나이다 내가 이같이 우매 무지함으로 주 앞에 짐승이오나 내가 항상 주와 함께 하니 주께서 내 오른손을 붙드셨나이다 주의 교훈으로 나를 인도하시고 후에는 영광으로 나를 영접하시리니 하늘에서는 주 외에 누가 내게 있으리요 땅에서는 주 밖에 내가 사모할 이 없나이다 내 육체와 마음은 쇠약하나 하나님은 내 마음의 반석이시요 영원한 분깃이시라 무릇 주를 멀리하는 자는 망하리니 음녀 같이 주를 떠난 자를 주께서 다 멸하셨나이다 하나님께 가까이 함이 내게 복이라 내가 주 여호와를 나의 피난처로 삼아 주의 모든 행적을 전파하리이다"(시 73:16, 17, 21-28).

성경적으로 예배는 다만 의무일 뿐 아니라 엄청난 특권이기도 하다. 피조물의 창조주를 향한 최고의 의무이면서, 속죄함을 받은 죄인이 그의 은혜로우신 주님과 구주께 받는 가장 위대한 복이다. 따라서 그분을 향한 애정 어린 헌신과 하나님의 자비의 선물에 대한 열렬한 사모함 모두 우리를 예배로 이끈다. "내가 여호와께 바라는 한 가지 일 그것을 구하리니 곧 내가 내 평생에 여호와의 집에 살면서 여호와의 아름다움을 바라보며 그의 성전에서 사모하는 그것이라"(시 27:4).

그러나 오늘날 미국의 많은 복음주의자들은 이 성경적 균형을 잃었다. 복음 전도에 대한 관심은 이해할 만하고 칭찬할 만하다. 그러나 그것이 예배의 본질에 대한 생각을 지배하게 되었다. 인간이 스스로 지각한 필요를 채우는 것이 하나님을 예배하고 찬양하는 것보다 앞서게 되었다. 그리하여 인간의 참된 필요는 하찮게 취급되었다.

그중 최악은 사람 중심에 대한 강조로 예배의 주제가 성경이 아닌 인간의 우선순위에 의해 좌우되는 것이다. '의와 절제와 다가올 심판'에 대한 설교는 믿지 않는 자들의 자존감을 지나치게 위협한다고 여겨진다. 이 같은 설교 중 하나는 확실히 '벨릭스를 흥미 잃게 만들었다!'(행 24:25) 사람들이 더욱 '긍정적인 접근'이라 믿는 것들을 위해 이러한 성경의 주제들은 버려졌다.

사람 중심 예배에서 나타나는 또 다른 결론은 예배의 형태와 내용을 이해하는 데 어려움을 겪는 믿지 않는 사람들, '교회에 속하지 않은' 방문자를 위해 예배의 규모가 작아지고 단순해져야 한다는 확신이다. 'TV 세대'인 현대 회원들은 오디오만으로는 잘 반응하지 않을 거라 가정하며, 많은 설교들을 비디오나 멀티미디어 프레젠테이션, 드라마 촌극 같은 다른 소통의 방법들과 함께 제공한다. 사도시대의 논리 정연한 강론(참조. 행 17:2, 7; 18:4)을 '인상적인 한마디'로 대체하고서는 그것을 영적 가르침의 원천으로 삼는 것이다.

우리는 현대문화와 가교를 쌓고 복음을 전하는 일을 항상 염두에 두어야 한다. 하지만 이 관심사가 공동예배를 지배할 때 우리는 복음을 충분히 전하지 못하게 되거나 하나님께 의미 있는 예배를 올리는 데 거의 항상 실패한다. 복음 전도는 대체로 하나님 중심 예배의 결과로 일어난다(고전 14:24, 25). 확실히 하나님의 백성은 예배를 드리는 과정에서 세워진다(12절; 엡 4:12).

우리는 이 관심사가 하나님 중심이라는 참 성경적 예배의 성격을 약화시키거나 퇴색시키도록 두어서는 절대 안 된다. 성경이 명하는 대로 먼저 하나님께 영광을 돌릴 때 우리는 성경에 약속된 하나님의 복을 올바르게 누린다. 웨스트민스터 신앙고백은 다음과 같이 강조한다. "거룩한 예배는 성부, 성자, 그리고 성령 하나님께 드려야 하며 오직 그분께만 드려야 한다. 천사들이나 성인들 또는 그 어떤 피조물에게도 드려서는 안 된다. 또한 예배는 타락 이후로 중보 없이는 드릴 수 없으며 오직 그리스도 외에 그 어떤 다른 중보로도 드릴 수 없다"(제 21장 2항).

이러한 관점에서 볼 때 예배는 하나님의 영광과 은혜에 대한 그리스도인의 반응이다. 예배는 하나님의 말씀이 신실하게 설교되고 주님의 성례들이 적절히 거행될 때 그들의 모임 가운데 독특하게 계시된다. 우리는 기도와 찬양과 봉헌으로 예배 가운데 응답한다.

하나님께 나아가는 유일한 길

하나님은 예배의 중심이시며 초점이시다. 또한 우리가 예배 가운데 그분의 임재에 가까이 다가서도록 허락하실 수 있는 유일한 분이시다.

하나님께서는 처음부터 우리에게 계속 다가오셨다. 즉 스스로 낮추심으로 우리와 교제하고 우리가 그분을 예배하도록 길을 여셨다. 우리는 피조물로서 우리의 창조주를 예배하고 섬길 의무가 있다. 그분은 우리가 따라야 할 조건들을 정하는 권위를 홀로 가지신다. 그분께서는 이것을 자신의 말씀, 곧 거룩한 성경을 통해 행사하신다.

그러나 하나님께 올리는 예배는 세상에 죄가 등장함으로써 방해를 받게 되었다. 아담의 타락 이후 죄인들은 하나님의 임재로부터 차단되었다. "여호와 하나님이 에덴 동산에서 그를 내보내어 그의 근원이 된 땅을 갈게 하시니라 이같이 하나님이 그 사람을 쫓아내시고 에덴 동산 동쪽에 그룹들과 두루 도는 불 칼을 두어 생명나무의 길을 지키게 하시니라"(창 3:23, 24). 죄인들에게 참 교제와 예배는 천사의 심판의 불 칼에 의해 막혔다. 죽음, 곧 인간의 죄에 하나님의 저주가 내렸다. 그들의 죄로 인해 죄인들은 어느 곳에 있든지 하나님을 예배하는 일에서 배제되었다.

믿지 않는 자들은 이 사실을 망각한 채 하나님의 임재로 들어가는 길은 어디서나 발견된다고 착각한다. 그들은 그분의 임재 안으로 들어가는 종교적 의식들과 양식들을 자기들이 고안해야 한다고 생각한다. 우상들, 제물들, 미신들이 모두 잠긴 문을 열려는 그들의 노력이다. 모두 처음부터 실패가 예정된 노력들이다.

하나님을 참으로 아는 지식이 거부된 이후 인류에게는 그분을 올바르게 예배하고 그분과 교제하는 일이 불가능해졌다. 그래서 과거에는 레위 제사장들과 같은 옛 언약의 예표들이 필요했다. 하지만 이제 참 예배는 오직 그리스도를 통해서만 가능하다. 참 예배는 또한 하나님께서 말씀하신 명확한 명령들을 따라야 한다. 명백한 우상숭배를 피하는 것만으로는 충분하지 않다.

타락 이후 죄인들은 오직 하나님께서 직접 개입하심으로 그들을 속죄하실 때에만 그분께 참 예배를 드리도록 회복되었다. 하나님의 참된 예배자가 옛 언약의 성소(성막, 후에는 성전) 안에 들어갔을 때 그는 청동 놋으로 된 물두멍과 번제단을 마주했다. 물두멍과 제단은 우리가 주님의 임재에 들어오는 것을 허락하기 위해 하나님께서 우리의 구원을 준비하셔야 했음을 상기시키는 시각적 성물이었다.

때가 되어 예수님께서 땅에 모습을 드러내셨을 때, 그분은 자신이 '길과 진리와 생명'되심을 선언하셨다. 그리고 자신이 하나님과 사람 사이의 탁월한 중보자이심을 주장하셨다. "나로 말미암지 않고는 아버지께로 올 자가 없느니라"(요 14:6; 참조 10:7; 딤전 2:5). 그러므로 참 예배는 그리스도의 화해를 수반해야 한다. 예수님께서는 죽으심으로 죄인들에게 있을 하나님의 심판에 대한 궁극적인 속죄를 이루셨다(히 9:11-14, 23-28). 그 결과 신자들은 교제와 예배 가운데 다시 하나님께 가까이 나아갈 수 있다.

"그러므로 형제들아 우리가 예수의 피를 힘입어 성소에 들어갈 담력을 얻었나니 그 길은 우리를 위하여 휘장 가운데로 열어 놓으신 새로운 살 길이요 휘장은 곧 그의 육체니라 또 하나님의 집 다스리는 큰 제사장이 계시매 우리가 마음에 뿌림을 받아 악한 양심으로부터 벗어나고 몸은 맑은 물로 씻음을 받았으니 참 마음과 온전한 믿음으로 하나님께 나아가자"(히 10:19-22).

우리는 예수 그리스도를 믿음으로 말미암아 죄로 인해 주어진 장애물을 극복하고 하나님의 임재로 다시 가까이 다가갈 수 있다.

하나님께서 받으실 만한 예배

그리스도를 믿는 믿음과 거기서 흘러나오는 용서로 죄의 장애물은 극복된다. 그러나 여전히 질문이 하나 남는다. 과연 하나님께서 받으실 만한 예배는 무엇으로 이루어지는가? 예수님은 우물가에서 사마리아 여인과 바로 이 주제에 대해 이야기하셨다.

"여자여 내 말을 믿으라 이 산에서도 말고 예루살렘에서도 말고 너희가 아버지께 예배할 때가 이르리라 너희는 알지 못하는 것을 예배하고 우리는 아는 것을 예배하노니 이는 구원이 유대인에게서 남이라 아버지께 참되게 예배하는 자들은 영과 진리로 예배할 때가 오나니 곧 이 때라 아버지께서는 자기에게 이렇게 예배하는 자들을 찾으시느니라 하나님은 영이시니 예배하는 자가 영과 진리로 예배할지니라"(요 4:21-24).

예수님께서는 이 땅에 오심으로 예배 장소(예를 들면, 예루살렘에 있는 시온산 또는 그리심산)가 더는 문제가 되지 않음을 분명히 하셨다. 그렇다면 이제 무엇보다도 중요한 질문을 던질 수밖에 없다. 과연 참 예배는 어떻게 드려져야 하는가? 예수님께서는 적어도 형식적으로라도 성경의 모범을 따르는 유대인들과 달리 무지 가운데 예배하는 사마리아인들을 질책하셨다. 예배, 하나님께서 받으실 만한 예배는 '영과 진리로' 드려져야 한다.

비록 믿는 자들일지라도 죄는 계속해서 문제가 된다. 그러므로 전통이나 우리를 예배로 이끄는 우리의 본능을 신뢰해서는 안 된다. 우리의 예배가 하나님께서 받으실 만하고 하나님을 기쁘시게 하려면, 우리를 노력하도록 이끄시는 성경에 있는 성령의 말씀을 보아야 한다. 하나님의 말씀은 진리(요 17:17)이며 그것을 통해서만 참 예배를 배울 수 있다.

웨스트민스터 신앙고백은 "참되신 하나님께서 받으실 만한 예배를 드리는 방법은 그분 자신에 의해 세워졌고 그분 자신의 계시된 뜻에 의해 한정되며, ……성경이 정하지 않는 다른 방법은 그분께 예배가 될 수가 없다"(제21장 1항)라고 진술한다.

이 진술은 '예배의 규정적 원리'로 알려져 있는데 우리가 하나님께 드리고자 하는 예배의 형태를 규정하거나 혹은 다스리기 때문이다. 다소 다르게 표현되기는 하지만 예배의 규정적 원리는 **성경에서 규정하지 않는 것은 무엇이든지 그러한 이유로 예배에서 금지된다**고 규정한다. 긍정적으로 표현한다면 우리는 오직 성경에 규정된 것만을 예배에서 할 수 있다.

특히 요즘과 같은 시대에는 예배를 규정하는 이 원리가 중요하다. 요즘 신자들은 개인적 선호나 취향으로 하나님께서 예배 가운데 무엇을 기뻐하실지 충분히 알 수 있다고 자주 추측하기 때문이다. 또한 우리는 예배에서 전통적으로 행해졌던 것은 하나님께서 받으실 만하다고 믿는 경향이 있다. 그리고 진실해도 틀릴 수 있다는 사실을 잊은 채 그저 진정으로 드리기만 하면 어떤 형식이든 하나님께서 기뻐하실 거라고 믿는다.[4]

성경과 반대되는 예배를 드리는 이들은 문자 그대로 불을 가지고 노는 것이다. 레위기 10장에서 우리는 '다른 향'과 '승인되지 않은 불'을 주님께 드린 아론의 아들들, 나답과 아비후에 대해 읽는다.

"아론의 아들 나답과 아비후가 각각 자기 향로를 가져다가 그 안에 불을 담고 향을 넣어 **여호와의 명령을 거스려 승인되지 않은** 다른 불을 여호와 앞에 드렸더라 그래서 불이 여호와의 임재에서 나와 그들을 삼키매 그들이 여호와 앞에서 죽었더라 그때에 모세가 아론에게 말하기를 이는 여호와의 말씀이라 이르시기를 나는 나를 가까이 하는 자 중에서 내 거룩함을 나타내겠고 온 백성이 보는 가운데 내 영광을 나타내리라 하셨느니라"(1-3절, NIV 직역).

나답과 아비후가 거짓 신들이 아닌 여호와께 예배를 드렸다는 사실에 주목하라. 그들은 평범한 사람들이 아니라 제사장들, 곧 아론의 아들들이었다. 여호와께 나아가는 그들에게 진정성이 없었다거나 악한 동기가 있었다고 의심할 이유는 없다. 그들은 합당한 장소, 성소에 나오기까지 했다. 그러나 그들이 가져온 희생제물은 명하신 대로가 아니었고 그들은 예배에 관련된 그분의 명령에 순종하는 데 실패했다. 요컨대 그들은 하나님께서 결코 명하신 적이 없는 방식으로 '예배'했다.

나답과 아비후만이 아니다. 후세대인 웃사 역시 선의로 행했으나 이와 비슷한 경험을 했다. "그들이 나곤의 타작 마당에 이르러서는 소들이 뛰므로 웃사가 손을 들어 하나님의 궤를 붙들었더니 여호와 하나님이 웃사가 잘못함으로 말미암아 진노하사 그를 그 곳에서 치시니 그가 거기 하나님의 궤 곁에서 죽

---

4) 오늘날 복음주의자들은 마음가짐만을 지지하며 형식들을 경시하거나 맹렬히 비난한다. 우리는 자주 성상 파괴를 덕목으로 여긴다. 그러나 하나님께서는 형식을 마음가짐으로 바꾸기 원하지 않으신다. 그분은 둘 다를 원하신다. 형식의 공허한 사용은 죄(예를 들어 호 6:6 "나는 인애를 원하고 제사를 원하지 아니하며 번제보다 하나님을 아는 것을 원하노라"; 참조. 마 9:13)이다. 또한 예배의 성경적 형식들을 진정한 마음으로 오용하는 것도 죄이다.

으니라"(삼하 6:6, 7).

왜 웃사의 행동은 불손하다고 판단을 받았는가? 그는 단지 궤가 떨어져 파손되지 않도록 보호하려던 것이었다. 그 상황에서 무엇이 더 진정한 헌신의 표현이 될 수 있겠는가? 그러나 웃사는 제사장이 아니었고 궤를 만지는 것은 어떤 이유든지 허락되지 않았다. 그는 잘못된 행함으로 인해 바로 죽었다.

하나님께서 나답과 아비후과 웃사를 치신 것은 과잉반응이었다고 생각되는가? 어쩌면 그렇다는 쪽으로 생각이 기울지 모르겠다. 그러나 그것은 주님께서 자신의 거룩한 이름을 위해 열성적이신 것만큼 우리가 열성적이지 않기 때문이다. 합당한 예배에 대한 우리의 무관심은 아마도 이 시대의 피상적인 영성이 어떻게 도래했는지에 대한 암시이다. 우리에게는 하나님께 초점을 두는 일이 더욱더 필요하다. 우리로 하나님의 임재에 가까이 나아오도록 허락하시는 이가 바로 하나님이심을 더욱 인식해야 한다. 우리는 반드시 하나님께서 명하신 대로 하나님만을 예배해야 한다.

하나님께서는 정확히 어떻게 예배하라고 명령하셨는가? 우리의 예배는 특히 무엇으로 이루어져야 하는가? 예배를 위해 회중을 부르고 축도하고(민 6:21-27; 롬 1:7; 15:33; 고전 1:3; 16:23, 24; 고후 13:14) 기도하고(행 2:42; 엡 5:20; 빌 4:6; 살전 5:17) 하나님의 말씀을 봉독하고(살후 3:14; 고전 14:37; 골 4:16; 벧후 3:15) 설교하고 가르치고(행 2:42; 20:7-12; 고전 14:26; 딤후 4:2) 성례를 행하고(마 28:19; 눅 22:14-20; 행 2:42; 고전 11:17-34) 하나님의 사역과 가난한 자들을 위해 십일조와 연보들을 주고받으라고(고전 9:3-12; 16:1, 2) 하나님께서는 명하셨다.[5]

믿는 자들은 공예배에 있는 '교송'(antiphonal)의 성격을 제대로 인식해야 한다. 하나님께서 말씀하시고 그의 백성은 응답하는 것이다.[6] 하나님께서는 예배의 부름, 말씀 읽기와 설교, 성례를 위한 제정의 말씀, 그리고 축도로 자신의 교회에게 말씀하신다. 그의 백성은 기도(죄를 고백하고 도우심을 위해 하나님께 청원함 등), 찬양과 감사, 성례 참여, 그들의 연보를 드림으로 응답한다.

---

5) 웨스트민스터 신앙고백 제21장 3-6항.
6) 참조. Van Dooren, *The Beauty of Reformed Liturgy* (Winnipeg: Premier Publishing, 1980).

우리가 언어로 드리는 응답은 자주 찬양으로 표현된다.[7] 신중하고 올바르게 드려지는 찬양은 예배 가운데 몇 가지 기능을 수행해야 한다. 우선 우리의 찬송은 기도이다("오라, 나의 영혼아, 너의 예복 준비하라" *Come, My Soul, Thy Suit Prepare*). 때로는 은혜의 구속자이신 하나님께서 전능으로 행하심을 선언한다("오 하나님, 지난날의 우리의 도움이시여" *O God, Our Help in Ages Past*). 우리의 노래들은 그분을 직접적으로 찬양한다("주님을 찬양합니다, 전능하신 이여" *Praise to the Lord, The Almighty*). 또한 우리를 권면하고 훈육한다("신뢰하고 순종하라" *Trust and Obey*). 이같이 회중찬송은 예배의 몇몇 요소들과 연결해 유용하게 드려질 수 있다.

참 예배의 특징

개혁주의 신앙이 하나님을 예배하도록 신자들을 부르듯 하나님께서는 참 예배로 돌아가기를 성경으로 명하신다. 그렇다면 참 예배의 특징은 무엇인가? 첫째, 참 예배는 거룩한 담력과 확신, 즉 믿음에서 오는 적극성으로 드려야 한다(히 10:19-25). 당신이 합당하게 예배드리기 원한다면 반드시 자신이 그리스도 안에 있음과 그분께서 당신을 위해 하신 일들, 그리고 예배로 나아갈 때 당신이 하려는 것이 무엇인지 알아야 한다. 당신이 올리는 예배는 생기와 지식으로 특징지어져야 한다.

둘째, 참 예배는 그리스도의 속죄사역에 중심을 두어야 한다. 우리는 죄인으로서 정결함이 필요하다. 우리의 죄가 용서되지 않고는 영광된 거룩의 위엄 가운데 계신 하나님께 가까이 나아갈 수 없다. 예수님께서는 우리를 씻기기

---

7) 주의 깊게 편찬되어 신학적으로 건전한 성가 또는 찬양집은 이런 이유로 가장 중요한 것 중 하나이다. 몇몇 교회들은 이처럼 귀중한 예배 '도구'를 가진다. 그러나 애석하게도 오늘날의 적잖은 교회들은 결코 성경적이지 않은 노래들을 대신 택하면서, 가치 있는 예배 도구들을 무시한다. 거기에 더해 곡조가 너무 선율적이어서 예배당 의자에 앉아 주의를 집중하는 이가 거의 없다. 또한 찬양의 **내용**에 대한 깊은 관심은 수년 동안 개혁주의권 안에서 공동예배에서 불러야 할 찬양들에 적합한지 많은 논란으로 이어졌다. 성경과 건전한 신학 원리들에 의해 실험되고 승인받는 동안 일부 사람들은 오직 정경적 노래들(예를 들어 시편들)만 사용해야 한다고 주장했고, 반면 다른 사람들은 후기 성경적 찬송가도 예배에서 불릴 수 있다고 믿으면서 논쟁했다.

위해 직접 자신의 피를 준비하셨다. 우리가 올리는 예배는 그에 맞춰 우리 죄를 고백하고 죄에 대한 회개와 하나님의 사면을 여러 차례 구해야 한다.

의심할 바 없이 많은 사람들은 죄에 대한 이 강조가 '너무 부정적'이라고 생각한다. 최근 교회성장학 연구로 무장한 목사들과 복음전도자들은 예배의 '긍정적인' 면을 강조하라고 말한다. 예배자가 출석하면 교회가 얼마나 기뻐하는지, 그리고 함축적으로 하나님께서도 얼마나 기뻐하시는지 사람들이 알도록 말이다. 설교든 예배의 다른 순서든 죄와 심판을 직면하는 것은 나쁜 형식으로 여겨진다. 그렇게 하면 '사람들이 흥미를 잃을 것'이고 교회를 떠날 것이라고 말한다.

하나님께서는 죄인들의 죄와, 죄에 대한 자신의 심판 때문에 그들이 자신에게 가까이 오는 것을 거부하신다. 그럼에도 죄에 대한 깊은 의식 없이, 그리스도께서 홀로 십자가를 통해 마련하신 용서와 화해 없이 그분께 가까이 가려는 죄인들을 격려한다면 우리는 정말로 그들에게 호의를 베푼 것이 아니다.

참으로 우리가 자신의 사악함을 알아 하나님의 임재 앞에서 더욱더 겸손해지고 그래서 더 깊은 신뢰로 그리스도의 십자가를 굳게 붙잡을 때 우리는 하나님과의 참된 기쁨과 화평 안에서만 나오는 정결함과 해방을 경험한다. 역설적으로 들리겠지만 그 경험은 깊고 끝없는 위로로 예배자의 삶에서 죄의 문제가 무시되거나 축소될 때는 나오지 않는다. 오히려 분명한 속죄에서 비롯된 더 깊은 감사와 용서로써 죄를 깊이 직면할 때 경험할 수 있다(참조. 시 32:1-5).

셋째, 예배는 십자가를 진지하게 받아들이기에 기쁨으로 충만한 축하의 시간이 된다. 그리스도의 복음이 전하는 메시지가 우리가 축하하는 이유이다. "죄가 더한 곳에 은혜가 더욱 넘쳤나니 이는 죄가 사망 안에서 왕 노릇 한 것 같이 은혜도 또한 의로 말미암아 왕 노릇 하여 우리 주 예수 그리스도로 말미암아 영생에 이르게 하려 함이라"(롬 5:20, 21).

그러나 우리가 현대예배(현재의 불균형은 이곳에 놓였으므로)를 향해 죄의 문제를 더욱 진지하게 인식하라고 강조하는 동안에도 반드시 잊지 말아야 할 것이 있다. 죄에 대한 지식은 그 자체로 끝이 아니라는 사실이다. 죄에 대한 지식은 우리에게 죄가 있음을 일깨워야 하고 우리가 죄를 회개하도록 이끌어야 한다.

그래서 기쁨이 믿음을 통해 우리 마음에 들어와야 한다(고후 7:9, 10). 참 예배는 우리가 성경적 실재들이라고 생각하는 죄, 의, 심판, 용서, 하나님의 가족으로 양자 됨, 성령 안에서의 새 생활, 영광의 소망과 같은 인간의 모든 정서를 표현할 것이다.

넷째, 하나님 중심의 예배는 덕을 권하며 도전을 주어야 한다. 히브리서 10장은 우리에게 "서로 돌아보아 사랑과 선행을 격려하라"(24절)고 권한다.

교회에서 '위로의 느낌'을 받기 원한다며 그런 류의 예배를 선호하는 그리스도인을 종종 본다. 나는 그들을 볼 때마다 어쩐지 웃음이 나온다. 하나님께서는 자신의 예배자들에게 참 위로를(시 71:21; 119:50; 사 40:1) 끊임없이 주시지만 그 위로는 '위로의 느낌'(참조. 욜 2:25)들과 다르다. 진정한 위로는 불편이 사라질 때 느끼는 그런 것이 아니다. 우리의 문제를 다스리시는 하나님의 자비가 승리할 때 일어나는 것이다. 성경에 따르면 참 예배란 '위로의 느낌' 이상의 무엇이다! 우리는 히브리서에서 다음과 같이 읽는다.

"그러나 너희가 이른 곳은 시온 산과 살아 계신 하나님의 도성인 하늘의 예루살렘과 천만 천사와 하늘에 기록된 장자들의 모임과 교회와 만민의 심판자이신 하나님과 및 온전하게 된 의인의 영들과 새 언약의 중보자이신 예수와 및 아벨의 피보다 더 나은 것을 말하는 뿌린 피니라 너희는 삼가 말씀하신 이를 거역하지 말라 땅에서 경고하신 이를 거역한 그들이 피하지 못하였거든 하물며 하늘로부터 경고하신 이를 배반하는 우리일까보냐 ……그러므로 우리가 흔들리지 않는 나라를 받았은즉 은혜를 받자 이로 말미암아 경건함과 두려움으로 하나님을 기쁘시게 섬길지니 우리 하나님은 소멸하는 불이심이라"(히 12:22-25, 28, 29).

어떤가? 당신이 생각하는 '위로의' 장소와 같은가? 교회가 올바른 방향으로 예배할 때 죄인이 어떤 반응을 보이게 되는지 바울은 다음과 같이 전한다. "다 예언을 하면 믿지 아니하는 자들이나 알지 못하는 자들이 들어와서 모든 사람에게 책망을 들으며 모든 사람에게 판단을 받고 그 마음의 숨은 일들이 드러나게 되므로 엎드리어 하나님께 경배하며 하나님이 참으로 너희 가운데 계신다 전파하리라"(고전 14:24, 25). 이것이 하나님께서 우리의 예배 가운데 기대하시는 것이다. 우리는 그 이하의 아무것도 기대하지 말아야 한다.

마지막으로 참 예배는 담력과 확신으로 드려지고 그리스도의 속죄사역에 중심을 두고 참 기쁨으로 축하하며 우리에게 도전과 확신을 줄 뿐 아니라, 하나님의 백성에게 지워진 의무임을 알아야 한다. 신자들은 공예배에 참여하기를 경시하면 안 된다. "모이기를 폐하는 어떤 사람들의 습관과 같이 하지 말고 오직 권하여 그 날이 가까움을 볼수록 더욱 그리하자"(히 10:25). 참석을 등한히 여기는 교회가 현대에 만들어진 게 아니라는 사실에 주목하라.

하나님께 드리는 예배는 우리가 그리스도인으로서 할 수 있는 그 무엇보다도 더 중요하다. 애석하게도 몇몇 사람들은 심지어 주일조차 자신이 주님보다 더 자기의 필요를 잘 안다고 생각한다. 조금 더 자는 것, 맛있는 아침 겸 점심, '가족 시간', 운동경기 참여와 관람, 여행 등 이 모든 것이 오늘날 많은 그리스도인의 삶에서 예배보다 우선된다. 그러나 주님은 선언하셨다.

"네 하나님 여호와가 네게 명령한 대로 안식일을 지켜 거룩하게 하라 엿새 동안은 힘써 네 모든 일을 행할 것이나 일곱째 날은 네 하나님 여호와의 안식일인즉 너나 네 아들이나 네 딸이나 네 남종이나 여종이나 네 소나 네 나귀나 네 모든 가축이나 네 문 안에 유하는 객이라도 아무 일도 하지 못하게 하고 네 남종이나 네 여종에게 너 같이 안식하게 할지니라 너는 기억하라 네가 애굽 땅에서 종이 되었더니 네 하나님 여호와가 강한 손과 편 팔로 거기서 너를 인도하여 내었나니 그러므로 네 하나님 여호와가 네게 명령하여 안식일을 지키라 하느니라"(신 5:12-15).

"만일 안식일에 네 발을 금하여 내 성일에 오락을 행하지 아니하고 안식일을 일컬어 즐거운 날이라, 여호와의 성일을 존귀한 날이라 하여 이를 존귀하게 여기고 네 길로 행하지 아니하며 네 오락을 구하지 아니하며 사사로운 말을 하지 아니하면 네가 여호와 안에서 즐거움을 얻을 것이라 내가 너를 땅의 높은 곳에 올리고 네 조상 야곱의 기업으로 기르리라 여호와의 입의 말씀이니라"(사 58:13, 14).

여기서 길게 논의할 수는 없지만 주일을 지키는 원리와 실천은 복음주의자들 가운데서도 의견 차이가 많은 주제이다. 그러나 적어도 이 구절에서 안식일을 지키라는 명령은 모세의 율법에서 비롯된 것이 아님을 주목하라. 또한 단순히 우리의 창조주 하나님께서 정하신 창조 규례에 기초한 것만도 아니다. "이는 엿새 동안에 나 여호와가 하늘과 땅과 바다와 그 가운데 모든 것을 만들고 일곱째 날에 쉬었음이라 **그러므로** 나 여호와가 안식일을 복되게 하여 그 날을 거룩하게 하였느니라"(출 20:11).

이것은 우리 구주 하나님께서 이루신 **속죄의 완성**에 근원을 둔다. "너는 기억하라 네가 애굽 땅에서 종이 되었더니 네 하나님 여호와가 강한 손과 편 팔로 **거기서 너를 인도하여 내었나니** 그러므로 네 하나님 여호와가 네게 명령하여 안식일을 지키라 하느니라"(신 5:15).

안식일은 하나님의 백성들이 속죄를 기억하는 큰 기념일이다. 옛 언약에서 이스라엘 백성들은 출애굽을 되돌아보았지만 새 언약에서 우리는 그리스도의 죽음으로 완성된 더 큰 '출애굽'(혹은 "별세", 눅 9:31), 그리고 특별히 부활을 되돌아본다. 이것이 주일을 한 주의 마지막이 아닌 첫 번째 날로 삼는 이유이다. 또한 매주의 안식일 혹은 주일은 하나님의 백성에게 남은 영원한 '안식일의 쉼'을 바라본다(히 4:9).[8]

따라서 주일은 그리스도의 십자가와 부활에 중심을 둔 하나님의 속죄를 축하하는 날이다. 이것이 하나님께 올리는 공식적 예배의 명확한 초점이다. 하나님께서는 자기 아들의 생명 값으로 자기 백성 삼으신 우리에게 이 '짧은-희년'(mini-jubilee)을 주셔서 누리도록 하셨다. 우리를 그분의 임재로 은혜롭게 초청하셔서 우리가 예배드리도록 하셨다. 그러나 우리는 고귀한 특권을 무시하고 은혜로운 초청을 거부함으로써 지독한 죄를 짓는다.

---

8) 히브리서 4장의 문맥을 보면, 성령께서는 불신앙이나 불순종으로 인해 하나님께서 우리를 위해 준비하신 그 안식으로 들어가는 데 실패하지 않도록 우리에게 경고하신다. "그런즉 안식할 때가 하나님의 백성에게 남아 있도다 이미 그의 안식에 들어간 자는 하나님이 자기의 일을 쉬심과 같이 그도 자기의 일을 쉬느니라 그러므로 우리가 저 안식에 들어가기를 힘쓸지니 이는 누구든지 저 순종하지 아니하는 본에 빠지지 않게 하려 함이라"(9-11절).

시대와 설교

　한 부류는 주님께서 정하신 예배의 날에 주님께 예배드리기를 무시하는가 하면 다른 부류는 주님께서 자기 백성에게 말씀을 전하기 위해 정하신 방편들을 무시한다.
　현대교회에서 설교만큼 개혁주의를 벗어나 표류하는 것은 없을 것이다. 강단은 표류 도중 어딘가에서 한때 개신교 예배 가운데 맡았던 중심역할을 그만두었다. 오늘날 많은 사람들은 설교를 현대인에게 전달력을 행사하지 못하는 시대에 뒤떨어진 방법쯤으로 생각한다. 그래서 드라마나 멀티미디어 프레젠테이션을 하나님의 메시지를 전달하는 설교의 보충물이나 대체물로 의지하는 교회들이 많다. 그들은 하나님의 말씀에 담긴 진리가 다른 미디어와 방법들로 더욱 잘 전달될 수 있다고 생각한다.
　1960년대에 마샬 맥루한(Marshall McLuhan)은 '매체는 메시지이다'라고 주장하며 '더 멋진' 전달방법들을 호소했다. 설교는 전통적으로 이해되고 실행될 때 매우 '강렬하다'. 전달에 관한 맥루한의 생각이 교회에 영향을 미치기 시작하자 설교가 우리의 포스트모던 문화에는 적합하지 않은 방법으로 생각되었다. 그 결과 애석하게도 이 새로운 방법론이 아주 오래된 메시지에도 영향을 미치기 시작했다.
　방법론에 있어 교회가 변화를 잘 받아들이게 된 것이 성경적 설교에 대한 교회의 열심이 약화되어서인지 아니면 그 반대인지 확실치 않다. 그러나 한 가지는 확실한데 현대 전달방법들과 현대 '복음'은 밀접한 관련이 있다는 것이다. 그리고 둘의 연결은 우연이 아니다.
　설교는 참으로 강렬한 전달력을 지녔다. 성경이 전하는 메시지가 강렬하기 때문이다. 예수님께서 설교하신 복음의 메시지를 보면 절묘하거나 세련된 말은 없다. "'때가 이르렀다.' 그가 말씀하셨다. '하나님의 나라가 가까이 있느니라 회개하고 복음을 믿으라!'"(막 1:15, NIV 직역).
　베드로가 오순절 설교를 하며 청중 가운데 그리스도를 십자가에 못 박아 죽음으로 사악하게 내몬 자들이 있음을 고발했을 때(행 2:22-24, 32-36) 그의 메시지는 세련된 교양이나 우회적인 화법으로 점철되지 않았다. 스데반 역시 맥루한이나 그의 견해를 따르는 교회론을 결코 읽어본 적이 없으며 그들처럼 산헤드린을 향해 말하지도 않았을 것이다. "목이 곧고 마음과 귀에 할례를 받지 못한 사람들아 너희도 ······ 항상 성령을 거스르는도다"(행 7:51).

문제는 설교가 20세기 후반에 이르러 구식이 되었다는 게 아니다. 문제는 목사들과 교회 지도자들이 성경적 메시지가 지닌 대립적 성격에 대한 시각을 잃은 것이다. 그들은 대신 긍정적인 측면, '개인적 확신'이라는 성경적 특징에 초점을 맞춘다. 드라마 촌극 같은 다른 방편들이 메시지를 더욱 세밀하게 잘 전달할 것이라 믿으며 말이다.

목사들이 매주 하나님의 백성에게 차려주는 밥상을 보면, 설교에서조차 자주 영양실조에 걸릴 것만 같다. 양 떼들은 목자들로부터 더 잘 먹을 수 있고 또 그래야만 한다는 사실을 자주 놓친다. 설교자들에게 지나치게 비평적인 교회 회원을 조롱하는 농담도 있지만, 교회 안에 일어나는 진짜 문제는 어쩌면 그 반대일지 모른다. 신도들은 대체로 매우 관대하다. 때로는 그들이 은혜롭고 참을성이 있기 때문이며 때로는 자신이 들은 설교의 질을 분별하는 성경적 안목이 부족하기 때문이다. 그리고 때로는 두 가지 모두를 갖췄기 때문이다.

'베뢰아 사람들의 전형'은 여전히 설교를 듣는 자들의 모범이다. 너그러운 마음의 베뢰아 사람들은 "간절한 마음으로 말씀을 받고 바울이 전해주는 말씀이 참인가 하여 날마다 성경을 상고하였다"(행 17:11, NIV 직역). 하나님의 백성은 베뢰아 사람들과 같아야 한다. 반드시 설교된 하나님의 말씀을 간절하게 받아야 하고 그 받은 것이 성경과 일치하는지 지혜롭게 분별해야 한다. 그때 우리는 성장하여 하나님의 말씀의 "순전하고 신령한 젖"(벧전 2:2)을 매주 깊이 들이마시고 강건해질 것이다.[9]

강단에서는 강하고 신실한 '사도적' 설교를! 회중에서는 간절하고 지혜롭고 분별하는 주의력을! 이것이 오늘날 우리가 마땅히 시도해야 할 두 가지다.

---

9) 설교를 들음과 분별에 대한 제이 아담스(Jay E. Adams)의 간략하지만 유익한 책 두 권이 있다: *A Call to Discernment* (Eugene, Oreg.: Harvest House, 1987), *A Consumer's Guide to Preaching* (Wheaton, Ill.:Victor, 1991).

바울의 본을 따르는 설교

전반적인 교회생활, 특히 예배에서 성경적 설교는 구체적으로 무엇을 이루어야 하는가? 일부 설교자들은 설교는 복음 전달에 특별한 강조점을 두어야 한다고 말한다. 그들은 설교란 특히 구원에 대한 사람의 필요를 목적으로 해야 하며 또 그리스도 안에서 성취된 구원을 제시해야 한다고 생각한다.

다른 설교자들은 제자도의 중요성을 강조한다. 성경에는 삶의 모든 영역을 지도하는 말씀이 있으므로 하나님의 뜻을 따라 어떻게 살아야 하는지 설교를 통해 신자들에게 반드시 가르쳐야 한다는 것이다.

또 다른 설교자들은 설교란 반드시 성경적이고 기독교적인 '세계관'을 제시해야 한다고 믿는다. 그들은 설교 가운데 하나님의 입에서 나온 모든 말씀을 설명하고 적용하도록 애써야 한다고 생각한다. 신자들은 하나님의 말씀에 대한 설교를 들으며 하나님께서 성경적 진리의 모든 체계를 통해 그들로 모든 사상을 이해하도록 계시를 주셨음을 확신하게 된다는 것이다.

어느 관점이 옳은가? 사도행전 20장에서 바울이 에베소 장로들에게 한 설교는 이 질문에 답하는 데 도움을 준다. 바울은 에베소 신자들 가운데 자신의 사역을 설명하기 위해 세 개의 병행구를 사용한다.

먼저 바울은 자신의 사역에서 "유익한 것은 무엇이든지"(20절) 설교했다고 전한다. 이는 그의 가르침 중 제자도의 측면에 주목하게 한다. 바울은 공허한 신학들에 흥미를 갖지 않았다. 그는 그리스도의 메시지와 실제적인 관계를 맺으며 교회를 지도하는 데 관심을 두었다. 그는 다른 서신에서 신자들이 "온전하게 모든 선한 일을 행할 능력을 갖추게"(딤후 3:17, NIV 직역) 되도록 성경을 가르치고 책망하고 의로 교육했음을 설명한다.

동시에 바울은 자신의 설교를 "유대인과 헬라인들에게 하나님께 대한 회개와 우리 주 예수 그리스도께 대한 믿음을 증언한 것"(행 20:21)으로 설명한다. 여기서는 말씀 선포에 대한 복음전도자의 초점을 확인할 수 있다. 복음에 대한 특별한 부르심은 예수님의 설교에서와 같이(참조. 막 1:14, 15) 그의 설교에서도 중요한 요소였다.

그러나 바울은 복음전도자의 복음에 대한 '부르심'을 설교의 전체 목적으로 제한하지 않는다. 오히려 사도는 자신이 "하나님의 뜻[계획]을 다 [그들에게] 선언하기를"(행 20:27, NIV 직역) 주저하지 않았다고 계속해서 말한다. 그는 모든 성경이 유익하며, 성도들에게 단번에 전해진 믿음은 체계를 형성(참조. 딤후 1:13 "건전한 가르침의 모범," NIV 직역)하는 것을 알았다.

그리스도인은 "하나님 아는 것을 대적하여 높아진 것을 다 무너뜨리고 모든 생각을 사로잡아 그리스도에게 복종하게"(고후 10:5) 하려고 부르심을 받았다. 바울은 설교와 가르침을 통해 청중들에게 성경적 가르침의 넓은 영역, 곧 성경의 '조직신학'을 소개했다.[10]

이것이 바울의 공적 설교사역 및 그가 "각 집에서"(행 20:20) 행한 더 많은 개인적인 가르침의 목적이었다. 이것은 곧 "하나님의 은혜의 복음을 증언하는"(24절) 그의 사역을 이루었다. 그는 설교에 대한 넓고 다채로운 개념을 가지고 있었다.

바울과 신약성경의 다른 설교자들은 설교사역에 대한 폭넓은 의식을 지니면서도 특별한 초점과 목적에 대한 안목을 절대 잃지 않았다. 만약 오늘날의 설교자들이 함께 성경이 선언하는 것을 선언하는 데 헌신하고 바울이 설명한 사역의 넓이와 삼중 목적을 채택하며 바울의 진리를 제시하는 강력한 방법을 모방한다면, 설교는 다시 예전처럼 예배와 교제와 봉사로 활기찬 교회의 핵심적 특징이 될 것이다.

하나님께서 옛 신실한 설교자들을 통해 우리 선조에게 허락하신 부흥과 개혁의 동일한 열매를 우리의 교회들에게도 허락하시기를!

---

10) 참조. B. B. Warfield, "The Indispensableness of Systematic Theology to the Preacher," *Selected Shorter Writings*, 2 vols. (Phillipsburg, N.J.: Presbyterian and Reformed, 1973), 2:280-88.

연구 질문

1. 하나님의 백성이 예배 가운데 지니는 한 가지 책무는 무엇인가? 이것을 예배 가운데 하나님께 가까이 가기 위한 당신의 사역으로 여기는가?

2. 왜 신자들은 주님을 예배할 때 반드시 성경의 인도하심을 구해야 하는가? 개인적 취향, 전통, 진정성이 우리의 예배를 형성하는가? 하나님께서 받으실 만한 예배는 무엇을 기준으로 결정되어야 하는가?(요 4:21-24; 요 17:17을 보라.) 당신의 예배는 어떤 면에서 이 기준에 일치하는가? 혹은 어떤 면에서 일치하지 않는가? 더욱 일치시키기 위해 무엇을 할 수 있나?

3. 사도행전 20:20, 21, 27을 볼 때 설교의 삼중 목적은 무엇인가? 삼중 목적 중 하나가 다른 것들을 약화시키거나 방해한다면 이를 허용해야 하는가? 당신은 어느 하나가 지나치게 강조된 설교를 듣고 있는가? 당신이 듣는 설교는 어느 면이 더욱 강조될 필요가 있는가? 그 이유는?

제 14 장

성례의 재발견

세례와 성찬예식에 대해 수 세기 동안 뜨거운 논쟁이 있었다. 그러나 한 가지 사실은 이견이 없었는데, 언약과 언약에서 비롯되는 하나님께 가까이함이라는 영적 실재를 떠나서는 세례와 성찬을 올바로 이해할 수 없다는 사실이다. 성경에 따르면, 그리스도 안에서 자기 백성을 구원하시는 하나님의 사랑은 언약으로 표현된다. 그리고 그 언약의 중심에 자리잡은 최고의 복은 그의 백성과 함께하시는 하나님의 임재다.

"내 처소가 그들 가운데에 있을 것이며 나는 그들의 하나님이 되고 그들은 내 백성이 되리라"(겔 37:27).

제2부에서 살펴본 것처럼 하나님의 백성은 하나님과의 연합과 교제라는 지속적인 관계를 누린다.

연합과 교제의 관계, 즉 하나님께 가까이함은 옛 언약에서 현현(顯現), 성막, 성전, 제사장 직분, 기도, 유월절 어린양 등 다양한 방식으로 표현되었다. 그후 때가 되자 하나님께서는 그의 성육신한 아들, 예수 그리스도 안에 자신의 구원하시는 임재를 드러내셨다.

예수님께서 우리 가운데 '그의 장막을 치셨을 때'(요 1:14을 보라. 대부분의 영어 역본과 한글 역본에서 '거하셨다'[dwelt]로 번역된 헬라어 원어는 *ejskhvnwsen*[에스케노센],

skhnovw(스케노오)의 과거형으로 그 원뜻은 '장막을 치다'라는 뜻이다. 원어의 의미를 따라 번역했다._역자주) 하나님께 가까이하심이 지속적인 현실이 되었다. 그분 이전에 온 것은 모두 모형이며 그림자였다. 예수님 그분이 바로 임마누엘, 다시 말해 우리와 함께하시는 하나님이시다. 그러나 성자 하나님의 성육신 역시 하나님께서 자기 백성에게 가까이하심을 드러내는 최종적인 방식은 아니었다. 하나님께서는 그리스도의 부활과 승천 후 성령님의 지속적인 임하심으로 자신의 가까이하심을 새로이 나타내셨다.

> "그러나 내가 너희에게 실상을 말하노니 내가 떠나가는 것이 너희에게 유익이라 내가 떠나가지 아니하면 보혜사가 너희에게 오시지 아니할 것이요 가면 내가 그를 너희에게로 보내리라"(요 16:7).

성령께서는 성부에 의해 성자의 이름으로 보내심을 받으셨다(요 14:26). 그래서 그분은 참으로 "그리스도의 영"(롬 8:9)이시며 "주의 영"(고후 3:17, 18)이시다. 마지막 아담께서는 부활과 승천으로 "살려 주는 영"(고전 15:45)이 되셨다.

그러므로 하나님의 언약백성 안에 거하시는 성령은 하나님께서 그분의 가까이하심이란 언약의 복을 이 세상에서 궁극적으로 나타내신 것이다. 성령께서는 우리 안에 거하심으로, 또 말씀과 성례의 사역을 방편으로 우리의 구주이신 하나님과 우리의 연합과 교제를 가져오신다.

이번 장에서 우리는 성령께서 성례들을 어떻게 사용하셔서 하나님의 백성인 우리에게 확신과 덕을 세우시는지 간략하게 검토할 것이다.

성례란 무엇인가

성례를 연구하는 데 있어 **성례**의 의미가 무엇인지 정확히 이해하는 것보다 더 좋은 시작점은 없다. 웨스트민스터 신앙고백 제27장 1항은 성례에 대해 이렇게 정의한다.

은혜언약에 대한 거룩한 표징이요 인치심이며 하나님께서 직접 제정하셨고 그리스도와 그분이 주시는 은혜를 나타내며 그분 안에 있는 우리의 유익을 확증하고 또한 교회에 속한 사람들과 세상의 나머지 사람들을 가시적으로 구별하며 교회에 속한 사람들로 말씀을 따라 엄숙하게 그리스도 안에서 하나님을 섬기는 일에 참여하도록 하기 위한 것이다.

이 정의로부터 우리는 성례에 대한 몇 가지 중요한 진리를 배운다.

표징과 인 치심

우선 성례는 표징과 인치심이다. 표징으로서 성례가 나타내는 것이 있는데 바로 그리스도 그분 자신이시다. 우리는 그분과의 연합과 교제에서 벗어나서는 그리스도의 구원사역의 복을 결코 누릴 수 없다(요 15:4, 5). 또한 성례는 그리스도를 나타내는 가운데 신자들이 그분 안에서 소유하는 속죄의 은택들을 드러낸다.

표징으로서 성례는 외적이고 물리적인 요소들을 포함한다. 세례의 경우는 물이고 성찬의 경우는 떡과 포도주이다. 또한 내적이고 보이지 않는 하나님의 은혜의 역사에 의미를 두는 행동을 포함한다. 성례는 우리가 무형의 진리를 이해하도록 돕는 유형의 방법으로서 하나님께서 교회에게 은혜로 주신, 그분의 권위가 부여된 '예증'(illustrations) 또는 복음 그림이다.

칼빈의 가르침에 따르면 하나님께서는 우리가 구원의 은혜에 담긴 풍부한 은택을 완전히 누리기를 간절히 바라시지만, 우리는 어린아이와 같아서 하나님의 방식을 이해하지 못한다. 그래서 그분은 성경을 통해 명료하고 단순하게 복음을 전하시기까지 우리의 연약함에 맞춰 낮추셨다. 우리는 단지 흙먼지와 같아서 그분은 또한 성례를 주셔서 자신의 은혜의 메시지가 우리의 의식 안에서 강화될 수 있도록 하셨다.[1]

---

1) John Calvin, *The Institutes of the Christian Religion*, ed. John T. McNeill, trans. Lewis Ford Battles (Philadelphia: Westminster Press, 1960), 4.14.3.

성례는 표징이다. 그러나 개혁주의 신앙은 그 이상, 즉 단순히 기념하기 위한 표징 그 이상이라고 생각한다. 또한 성례는 인치심이다. 이는 외적 요소와 그것이 의미하는 내적 실체 사이에 존재하는 성례의 연합 혹은 영적 관계를 뜻한다. 즉, 이것은 성령께서 믿음으로 받아들인 사람들에게 성례를 사용해 은혜를 전달하심을 알리는 또 하나의 방식이다.

그러나 로마가톨릭에서 가르치는 것과 달리 이 은혜의 능력은 성례 그 자체에 내재하지 않는다. 능력은 성령 안에 있다. 성령께서는 하나님의 말씀을 통해 회심함과 새롭게 함과 변화시키는 은혜를 전달하시지만, 성례를 통해 뜻하신 은혜를 믿는 자들에게 적용하는 일도 하신다.

기록된 말씀과 성례라는 '보이는 말씀'을 통해 병행하는 성령의 사역은 개혁주의 성례의 이해에 있어 중요하다. 이와 같이 성례는 믿음으로 참여하는 사람에게 복을 주는 효력이 있다.

세상과의 구별

표징과 인 치심에 더해 성례는 또한 정체성을 표시한다. 즉 "교회에 속한 사람들과 세상의 나머지 사람들 사이에 보이는 구별을 하는 것이다."

정체성의 표시로서 성례의 의의는 종종 서구문명에서보다는 선교지에서 더욱 분명하게 인식된다. 보통의 기독교사회에서는 목숨을 잃거나 가족과 문화 또는 사회로부터 단절되는 즉각적인 고난 같은 심각한 일 없이 그리스도와 교회에 충성을 고백할 수 있다. 특히 서구문화에서는 세례에서 성례를 통한 충성의 표시가 믿음을 고백하는 많은 사람들 마음에서 그리 큰 비중을 차지하지 않는다.

반대로 특별한 상황에서 성례는 그리스도와 주님의 교회와 하나 된 자로서 개종한 사실을 나타내는 영원한 표시이다. 불교나 이슬람 같은 비기독교 종교문화에서는 기독교로 개종하여 세례를 받는 일이 심각한 어려움을 초래할 수 있다. 그렇기 때문에 그들은 세례를 받기까지 오랫동안 고민하고 생각할 수도 있다.

신약성경에도 매우 흡사한 상황이 나온다. 1세기 로마제국에서는 누군가가 그리스도 안에서 믿음으로 하나님께 가까이 이끌려 세례를 받는다는 것(행 2:38)은 그 즉시 '외국인' 혹은 '나그네'가 되는 일이었다(벧전 1:1; 2:11; 참조. 히 11:13).

교회역사가 보여주듯 이와 같은 희생의 행보는 아주 높은 가치를 지닌다. 이처럼 성례는 하나님의 백성을 식별하고 세상에서 분리하는 데 중요한 역할을 한다.

신자의 특권과 책임

마지막으로 성례는 하나님께서 자신의 백성에게 그들의 사랑과 충성을 요구하시는 것이다. 모든 언약의 특권처럼 성례도 상응하는 의무와 책임을 지닌다. 웨스트민스터 신앙고백에 따르면 성례는 "엄숙하게 ……[신자들이] 말씀을 따라 그리스도 안에서 하나님을 섬기는 일에 참여시킨다."

그리스도 안으로 우리를 부르셨다는 표징과 인 치심으로서 성례는 "너희가 부르심을 받은 일에 합당하게 행하여"(엡 4:1)라는 명령에 대한 지속적이고 객관적인 증거이다.

우리가 세례 때문에 얻게 된 삼위일체 하나님의 '이름 안으로'(into the name, 세례 제정의 대표적인 구절인 마 28:19은 대부분의 영어 역본에서 'in the name'[이름으로]이라고 번역되었지만, 헬라어 원어는 $εἰς\ τὸ\ ὄνομα$[에이스 토 오노마]로 'into the name'[이름 안으로]이라는 뜻이다. 더 정확히 말하면, '이름에 연합하도록'이라는 뜻인데, 즉 회개하고 그리스도를 믿는 자로 하여금 죄의 굴레에서 벗어나 성부와 성자와 성령에 연합하게 하는 세례의 뜻을 담고 있다. 이 원어의 뜻을 강조하여 'into the name'이라고 표현했다._역자주) 세례 받았음을 아는 것은 우리를 사랑하시고 속죄하신 그분께 신실하고 순종하고픈 깊은 열망이 우리 안에 스며들게 해야만 한다.

마찬가지로 주님의 식탁은 우리로 날마다 우리의 십자가를 지고, 우리 자신을 부인하고, 우리 대신 십자가에 못 박혀 죽으신 분을 따르도록 도전해야 한다. 합당하게 쓰인다면 성례는 우리에게 거룩 가운데 자라서 성숙해지는 동기를 부여할 것이다.

성례의 합당한 위치

종교개혁 당시 로마가톨릭 교회에서는 성례란 구원하시는 은혜를 이 땅의 사제들의 중보를 통해 신자에게 전달하는 필수적인 방편이라고 가르쳤다.[2] 그 후 일부 개신교는 로마가톨릭 교회의 견해에 매우 강하게 반응했는데 그들은 성례에 대해, 특히 성찬을 전혀 강조하지 않거나 거의 강조하지 않음으로써 정반대의 극단으로 가버렸다.

그러나 이런 방식으로 과민반응을 보이는 이들은 하나님께서 교회를 굳게 세우기 위해 자신의 교회에 성례를 주셨음을 이해할 필요가 있다. 주님은 불필요한 것을 주시는 분이 아니시다. 성례는 로마가톨릭에 의해 정의된 방식이 아닌 자신의 교회를 세우시는 하나님의 계획의 일부로서 반드시 필요하다.

거짓 성례전주의(sacramentalism)를 피하기 위해 우리는 그리스도께서 곧 '하늘에서 내려오신 살아있는 떡'이시며 그것을 먹는 자는 누구든지 영생한다는 사실을 기억하려고 애쓴다. 그리스도의 살과 피를 먹는 사람은 그리스도 안에 거하며 영생을 얻고 마지막 날에 일으키심을 받을 것이다(요 6:50-56). 성례를 무시하거나 경시하는 행동은 우리 구주의 말씀을 무의미하게 만드는 것이다. 만약 주님께서 생명의 떡이시면 우리는 그분을 반드시 먹어야 한다.

주님을 먹어야 한다는 사실을 배웠다면 이제 우리는 성례를 합당한 자리에 놓아야 한다. 칼빈과 그를 따르는 자들은 성례를 부차적인 것으로 말했는데 덜 중요하다는 의미가 아니라 성례가 말씀에 의존한다는 의미에서 그렇게 말했다.[3] 종교개혁시대에 로마가톨릭 아래에서 말씀사역과 성례의 분리는 일

---

2) 로마가톨릭 교회는 7성례(세례, 견진, 고해, 미사, 혼인, 임직, 종부)를 가진다. 반대로 개신교는 오직 두 가지 성례, 즉 세례(마 28:19; 행 2:38, 39; 갈 3:27, 28)와 성찬(마 26:26-28; 막 14:22-24; 눅 22:19, 20; 요 6:53-55; 고전 11:23-29)만을 받아들인다. 이들 두 성례만이 성경의 권위적인 인가를 가지며, 그리스도의 초기사역 동안 그분에 의해 세워졌고, 은혜의 언약을 표시하고 인치며, 옛 언약의 할례 및 유월절과 그 의미가 평행한다.

3) 올바른 방법의 성례에 의해 혹은 올바른 방법의 성례에서 나타나는 은혜는 그 안에 있는 어떤 능력에 의해 부여되는 것이 아니다. 다시 말해 성례를 시행하는 사람의 경건이나 전심(全心)에 의존해 그 효험이 나타나지 않는다. 오직 성령의 사역과 성례의 시행 권한을 부여하는 규범과 받을 만한 자에게 주시는 은택의 약속을 모두 포함하는 **성례제도의 말씀**에 의존한다(웨스트민스터 제 27장 3항, 강조 추가).

반적인 것이었다. 그러나 개혁주의 신앙은 이를 거절하며 성례를 합당한 자리에 둔다. 개혁주의 신앙은 성찬과 세례는 항상 말씀의 신실한 선포에 동반되어야 한다는 입장을 고수한다.

우리는 하나님의 말씀의 진리로 우리의 믿음을 먹여야 한다(벧전 2:2, 3). 그런데 '들리는 말씀'에 '보이는 말씀'이 정기적으로 자주 성례 가운데 병행된다면 얼마나 복된 일인가! 하나님께서 우리 앞에 펼치신 예배의 식탁 위에 차려진 산해진미를 모두 먹는 은혜가 주어지길 바란다!

여기서 우리는 하나님 백성의 삶 가운데 교회가 갖는 중심역할에 다시 주목해야 한다. 성례 **그 자체는** 하나님께서 각 그리스도인 개인에게 주신 것이 아니다. 성례는 교회에 주신 것이다. 성례는 주민등록증처럼 그가 하나님의 백성임을 나타내는 '신분증명서'이다. 신자들이 자기 삶 가운데 거룩한 성품으로 세상에서 구별되어야 함이 참이듯이 신자들이 하나님께서 지정하신 교회의 표징으로서 구별되어야 함 역시 동일하게 참이며 필수적이다.

하지만 많은 집단에서는 성례를 기본적인 개인의 특권으로 여기며 교회와 교회 지도자의 권위적 치리를 배제한다. 예를 들어 목사로 임직 받지 않은 사람이 신자들의 사적인 모임에서 성찬을 행하는 것은 이제 드문 일이 아니다. 이것이 얼마나 잘못된 일인지 알기 위해 미국 시민권자가 되는 방법을 생각해 보라. 간절히 열망한다 해서 그냥 시민권자가 되는 것이 아니다. 정부를 대신해 권한을 위임 받은 사람으로부터 그 특권을 받아야 한다. 확실한 자격심사와 절차가 있은 다음에 정당한 절차에 따라 지원자들에게 시민이 되는 특권이 부여된다.

비슷한 방식으로 예수님께서는 성례를 자신의 대리 목자들(undershepherds), 곧 교회의 장로들에게 맡기셨다(입회의 '열쇠'와 함께, 마 16:19). 그들은 신앙고백과 삶의 거룩에 기초해 사람들의 회원가입을 허락하고 그리스도의 몸에 대한 가입과 성례에 참여를 배제할 권위와 책임을 부여받는다.

어떤 신자가 참 믿음으로 거듭나기를 바란다 해도 그가 단지 바란다는 이유만으로 세례나 성찬이 자동적으로 허락되는 것은 아니다. 이 같은 열망이 있다면 우리는 그를 교회의 장로들에게(오늘날 가르치는 장로(목사)와 다스리는 장로 모두를 성경에서는 장로라고 한다._역자주) 데려가야 한다. 장로들은 교회 안에서 그들의 돌봄 아래 있는 이들을 양육하고 권징하도록 그리스도께 권위를 부여 받았다. 그리고 우리가 이 책에서 계속 살펴볼 것처럼 성례는 교회에 맡겨진 양육과 권징의 한 면일 뿐이다.

할례에서 세례까지

옛 언약과 새 언약 모두 사람이 언약적 복의 권역으로 들어옴을 표시하는 성례가 있다. 옛 언약에서는 할례였고 새 언약에서는 세례이다.

아브라함과 그의 남자 자손들은 언약의 표징으로 세례를 받아 사랑과 신실한 언약의 결속으로 주님께 속함을 나타냈다.

"내가 내 언약을 너와 너 및 네 대대 후손 사이에 세워서 영원한 언약을 삼고 너와 네 후손의 하나님이 되리라 ……하나님이 또 아브라함에게 이르시되 그런즉 너는 내 언약을 지키고 네 후손도 대대로 지키라 너희 중 남자는 다 할례를 받으라 이것이 나와 너희와 너희 후손 사이에 지킬 내 언약이니라 너희는 포피를 베어라 이것이 나와 너희 사이의 언약의 표징이니라 ……너희 집에서 난 자든지 너희 돈으로 산 자든지 할례를 받아야 하리니 이에 내 언약이 너희 살에 있어 영원한 언약이 되려니와 할례를 받지 아니한 남자 곧 그 포피를 베지 아니한 자는 백성 중에서 끊어지리니 그가 내 언약을 배반하였음이니라"(창 17:7, 9-11, 13, 14).

할례는 하나님께서 아브라함과 그의 후손들과 맺으신 은혜언약의 표징과 인 치심이었다. 사도행전 7:8에서 스데반은 이를 "할례의 언약"이라 부른다. 할례는 죄의 용서와 하나님께서 받아들이심(즉, "믿음으로 된 의를 인친 것" 롬 4:11), 마음의 내적 새로움(곧 마음의 할례, 신 30:6; 참조. 10:12, 13, 16)과 '새 언약'의 성취가 이루어지리라는 소망(렘 31:31-34; 32:40; 참조. 겔 36:25-28) 안에서 언약의 복된 관계를 보장하고 인 친 것이었다.

할례는 또한 이스라엘에 속한 시민들을 나타내는 표식이었다(참조. 엡 2:12). 하나님의 백성을 확인하고 세상과 구별하는 할례는 아브라함 후손들의 언약적 양육과 권징을 위한 기초가 되었다(창 17:9; 18:19).

이러한 옛 언약의 성례에 대응하는 새 언약의 성례는 바로 그 성취라고 하는 '그리스도의 할례'인 세례이다.

"**또 그 안에서 너희가** 손으로 하지 아니한 **할례를 받았으니** 곧 육의 몸을 벗는 것이요 **그리스도의 할례니라 너희가 세례로 그리스도와 함께 장사되고** 또 죽은 자들 가운데서 그를 일으키신 하나님의 역사를 믿음으로 말미암아 그 안에서 함께 일으키심을 받았느니라 또 범죄와 육체의 무할례로 죽었던 너희를 하나님이 그와 함께 살리시고 우리의 모든 죄를 사하시고 우리를 거스르고 불리하게 하는 법조문으로 쓴 증서를 지우시고 제하여 버리사 십자가에 못 박으시고"(골 2:11-14).

은혜언약에 대한 옛 경륜과 새 경륜의 성례 사이의 이 관련성은 기독교 세례에 대한 개혁주의의 이해에 뼈대를 제공한다.

우선, 세례는 언약의 결속 가운데 신자와 삼위일체 하나님의 연합과 교제를 나타낸다. "나는 너희 중에 행하여 너희의 하나님이 되고 너희는 내 백성이 될 것이니라"(레 26:12; 참조. 겔 36:28)는 하나님의 임재의 복된 약속은 그 시작부터 언약의 심장부에 있었고 구약성경 도처에서 반복적으로 상기된다.

여호와께서는 "귀중히 여기는 기업"(신 7:6, NIV 직역)으로 이스라엘 자손을 택하셨다. 비록 심판이 있겠지만 그분께서 그들을 다시 모아 자기 소유로 만드실 날이 올 것이었다(참조. 말 3:17). 그 소망은 이스라엘과 열방 가운데서 하나님의 양을 모아 그들을 자기 소유로 만드신 분, 즉 그리스도가 오심으로 실현되었다.

"나는 선한 목자라 나는 내 양을 알고 양도 나를 아는 것이 아버지께서 나를 아시고 내가 아버지를 아는 것 같으니 나는 양을 위하여 목숨을 버리노라 또 이 우리에 들지 아니한 다른 양들이 내게 있어 내가 인도하여야 할 터이니 그들도 내 음성을 듣고 한 무리가 되어 한 목자에게 있으리라"(요 10:14-16).

이를 바탕으로 예수님께서는 사도들에게 명하셨다. "그러므로 너희는 가서 모든 민족을 제자로 삼아 아버지와 아들과 성령의 이름으로 세례를 베풀고 내가 너희에게 분부한 모든 것을 가르쳐 지키게 하라 볼지어다 내가 세상 끝날까지 너희와 항상 함께 있으리라 하시니라"(마 28:19, 20). 삼위 하나님과 연합되는 '이름 안으로'라는 세례로 하나님의 백성들은 언약의 특별한 관계를 맺어 그분의 소유가 되고 세상과 구별됨을 나타낸다.

특별히 그리스도인의 세례는 언약의 중보자이신 그리스도와의 연합을 상징한다. "무릇 그리스도 예수와 합하여 세례를 받은 우리는 그의 죽으심과 합하여 세례를 받은 줄을 알지 못하느냐"(롬 6:3). "누구든지 그리스도와 합하기 위하여 세례를 받은 자는 그리스도로 옷 입었느니라"(갈 3:27). 세례는 그리스도와의 연합은 물론 성부와 성령 하나님과의 연합을 수반한다(참조 요 14:16-23; 17:20-23).

우리는 그리스도와의 연합을 통해 그리스도께서 값 주고 사신 구원의 은택에 참여할 수 있다. 그리스도와의 연합의 표징이며 인 치심인 세례는 예수님의 샘솟는 보혈을 통해 우리의 죄가 깨끗하여짐을 보장하고 인 친다(행 2:38; 22:16; 고전 6:11; 벧전 3:21). 또한 성령께서는 우리의 소유가 되시며 우리를 새롭게 하신다(딛 3:5; 요 3:5; 골 2:11).

성령께서 세례를 유효하게 하신다. 그러기에 오순절 사건, 성령께서 교회에 부어지신 그날로부터 새 언약시대가 시작된 것은 당연하다(행 2:33). 우리는 이 사건을 '성령의 세례'라고 부른다(마 3:11; 행 1:5; 2:17).

이제 세례가 어떻게 세상에서 교회로, 불신에서 그리스도 안에 있는 믿음으로 전환되는 회심을 표시하는지 이해할 수 있겠는가? 다시 말해 세례는 하나님 나라의 시민의 표징이다. 세례로 우리는 그리스도의 몸인 교회의 회원이 된다(행 2:38, 41, 47). 처음부터 우리 선조들이 행한 것처럼 우리도 교회 회원으로서 말씀의 권징에 복종하고 교회의 양육을 받아야 한다. 더욱이 세례는 하나님의 계명들을 사랑하고 신실하게 복종하라는 영원하고도 객관적인 부르심이다.

유아세례

개혁주의 교회와 비개혁주의 교회 모두 그리스도께 나아온 성인들은 세례를 받아야 한다고 가르친다. 그러나 유아들도 세례를 받아야 하는지에 대해서는 다르다. 개혁주의 신앙에 관심을 갖는 많은 복음주의자들에게 유아세례는 방해물이 된다. 그러므로 일부가 이 역사적인 개혁주의 예식인 유아세례에 대해 갖는 어려움이 해소되기를 바라며 이를 논의하려 한다.

먼저 유아세례를 베푸는 이유에 대한 두 가지 오해를 살펴보자. 우리는 유아세례를 개혁주의 예식과 혼동하지 않아야 한다. 어떤 교회들은 세례 자체가 그들을 구원할 것이라 믿으며 유아에게 세례를 베푼다. 그러나 세례는 그 자체로 마음을 소생시키거나 믿음을 주지 않는다. 그렇게 가르친다면 표징과 그 의미 사이에 혼란이 생길 것이다. 세례는 성령의 내적 역사에 대한 외적 표이다. 설명할 수 없는, 성령의 새롭게 하시는 사역은 주님께서 원하실 때 이루어진다. 웨스트민스터 신앙고백에 따르면 "세례의 효력은 그것이 시행되는 그 순간에 국한되지 않는다(제28장 6절)."

유아들을 구원하기 위해 세례를 베푸는 것이 아니듯, 그들이 이미 구원을 받았다 간주하고 세례를 베풀어서도 안 된다. 우리는 추측에 기초하여 성례를 시행하지 않는다. 우리는 하나님의 계명에 기초하여 성례를 시행한다. 교회에는 알곡과 가라지 둘 다 있기 때문에(마 13:24-30) 세례를 받은 일부, 곧 알곡만이 중생하고 다른 이들은 애석하게도 그렇지 못하다.[4] 우리는 마음을 읽을

---

4) 성인세례만 견지하는 사람들도 성인세례를 받은 몇몇이 후에 믿지 않고 반역을 드러낸다는 슬픈 사실에 직면한다. 같은 비극이 개혁주의 교회 안에도 존재하는데 몇몇 언약의 자손들은 성인 회심자들만큼이나 후에 언약의 특권과 의무들을 저버리기 때문이다. 이것은 고통스러운 현실이지만 그렇다고 유아세례의 적절성을 나타내는 건 아니다. 세례는 다만 성례이다. 하나님의 내적 역사의 표징과 인 치심 그 이상은 될 수 없다. 유아든 성인이든 세례는 중생을 보장하는 '영혼의 창

수 없다. 신앙을 고백하는 신자의 외적 생활이 반영된 언약적 실재만을 볼 수 있다. 세례와 그 효력을 교회의 교제, 양육, 치리 등의 언약적 맥락을 떠나 이해해서는 안 된다.

이런 그릇된 관점과는 달리 개혁주의 신앙은 오직 하나님의 계명만을 기반으로 세례를 시행한다. 그렇다면 진짜 질문은 이것이다. 하나님께서는 성인에게만 세례를 베풀도록 교회에 명하셨는가? 아니면 유아들에 대해서도 동일한 명령을 내리셨는가?

개혁주의 신앙은 그 질문에 답하기 위해 하나님께서 자기 백성을 다루시는 언약적 방식을 다시 한 번 강조한다. 언약을 생각할 때 우리는 하나님께서 언약의 은혜를 가족에게 시행하셨음을 주목하게 된다. "너희와 너희 뒤의 너희 후손에게"(참조. 창 9:9; 17:7-10; 35:12; 48:4). 그러나 언약은 또한 전 세계의 복을 계획했다. "너를 축복하는 자에게는 내가 복을 내리고 너를 저주하는 자에게는 내가 저주하리니 **땅의 모든 족속이** 너로 말미암아 복을 얻을 것이라"(창 12:3; 참조. 28:14; 행 3:25 등).

이와 같은 언약적 배경을 가지고 언약 안에서 약속의 상속자로 태어난 자손들은 세례를 받아야 했다(창 17:9-14; 행 2:38, 39; 참조. 마 19:13, 14; 행 16:15, 33, 34; 고전 1:16; 7:14). 그리고 회개와 믿음으로 하나님께 돌아선 이들 또한 상속자가 될 수 있었는데 그들 역시 세례를 받아야 했다. 후자에 대한 예로는 모압 여인 룻이 있다.

"룻이 이르되 내게 어머니를 떠나며 어머니를 따르지 말고 돌아가라 강권하지 마옵소서 어머니께서 가시는 곳에 나도 가고 어머니께서 머무시는 곳에서 나도 머물겠나이다 어머니의 백성이 나의 백성이 되고 어머니의 하나님이 나의 하나님이 되시리니 어머니께서 죽으시는 곳에서 나도 죽어 거기 묻힐 것이라 만일 내가 죽는 일 외에 어머니를 떠나면 여호와께서 내게 벌을 내리시고

문'이 될 수 없다. 세례를 받은 일부는 믿음을 가졌으나 일부는 그렇지 않다. 이것이 세례가 신자들에게만 복이 되는 이유이다. 믿지 않고 하나님의 언약을 거부하는 사람들에게 세례는 하나님의 저주의 징표가 된다. 불신 가운데 떨어진 이들은 권징되어야 하며 필요하다면(참조. 마 18:17; 고전 5:5) 다음 장에서 볼 것처럼 궁극적으로는 '교회 밖으로 내쳐지게 된다.'

더 내리시기를 원하나이다 하는지라"(룻 1:16, 17).

룻은 비록 '국외자'였지만 "이스라엘의 하나님 여호와께서 그의 날개 아래에 보호를 받으러 온 네게[그녀에게] 온전한 상"(2:12)을 주신다는 은혜를 발견했다. 또한 룻은 자신을 나오미와 그의 백성에게 맡기면서 자신이 믿는 하나님을 나오미의 하나님과 동일시했고 언약의 약속의 상속자가 되었다. 그러나 그녀는 옛 언약의 여인이었기 때문에 할례와 같은 성례의 징표를 받을 수는 없었다.

그리스도께서 오심으로 새 언약이 등장한 이후에도 그와 비슷한 일이 있었다. 이방인 고넬료가 세례로 새 언약의 징표를 받았을 뿐 아니라 그 가정의 다른 사람들도 그렇게 한 것이다(행 10:34-47). 또한 루디아와 빌립보의 간수가 믿음으로 그리스도와 그분의 사도들과 하나 되었을 때 그들 가정 역시 각각 세례를 받았다(행 16:14, 15, 31-33). 사도적 교회 시대 동안 그리스도께 나아온 유대인들도 마찬가지였다. 그들은 이미 할례를 받았지만 옛 시대에서 새 시대가 되는 과도기에 있었기에 그리스도의 이름으로 세례를 받아 표징을 얻었고 그 후손들도 같은 약속에 포함되었다.(행 2:38, 39).

위에서 언급된 가정의 아이들도 세례를 받았는지 논의할 수 있겠지만 그보다는 구속의 역사에서 이 시점에 무슨 일이 있었는지 초점을 맞추는 것이 더욱 유익할 것이다. 이때 성령께서는 족장들로부터 비롯된 아주 오랜된 뿌리에 새 가지를 접붙이고 계셨다(롬 11:16-23). 이전에 약속의 언약들에 대해 외인이었던(엡 2:12) 사람의 회심은 곧 그의 가족에게도 언약의 생명을 가져옴을 의미했다.

신실한 아브라함의 후손들에게 복이 시작되었다. 아브라함의 모든 자녀가 한 사람도 빠짐없이 구원받은 것은 아니었지만 하나님의 은혜는 그의 가족 안에 언약을 통해 강력하게 역사하셨다. 그러므로 그리스도께 나아오는 자는 누구든 그 복을 받는다. 하나님께서는 우리의 자녀 모두를 구원하기로 무조건 보장하시지 않는다. 그러나 그분은 우리의 하나님이 되시고 우리 후손들의 하나님이 되실 것을 정말로 약속하신다.

베드로에 따르면 언약의 약속은 우리와 우리 자녀들을 위한 것이다(행 2:39).

하나님께서 명하시는 빛 안에서 아이들은 언약에 입회하는 표징을 받는다. 아이들은 옛 언약에서 할례를 받는 것과 똑같이 새 언약에서 세례를 받는다. 이제 하나님의 모든 자녀들은 표징을 받을 수 있다.

성인이든 아이든 세례를 받은 사람은 언약의 삶의 훈련으로 안내된다. 그리스도의 위임 명령에 따르면 세례는 민족들을 제자로 삼는 임무의 일부이다. 나머지 임무는 세례 받은 자들로 그리스도께서 명하신 모든 것을 지키도록 가르치는 것이다(마 28:18-20). 이와 같이 세례 받은 어린아이들과 어른들은 그리스도 안에 있으며 '주님의' 독특한 양육과 권징을 받는다(엡 6:1, 4; 참조. 골 3:20, 21).

세례 받은 이들은 특권을 즐거워하며 언약의 삶의 책임과 의무들을 이행하기 시작한다. 그들은 교회 안에서 시행되는 주님의 권징에 복종하는데 이에 대해서는 후에 더 언급할 것이다.

우선 우리는 거짓 아들과 딸이 있다는 사실을 기꺼이 인식해야 한다. 그들은 모두 유아와 어린아이일 때 교회로 들어오는가? 아니다. 그렇다면 그 외식의 문제는 어떻게 다루어야 하는가? 세례를 제한해 성경이 보증하는 바를 넘어서거나 세례의 의미를 다르게 해석해 거듭 세례를 받게 해서는 안 된다. 세례 받은 모든 사람이 교회의 교제 안에서 가르침과 권징을 받아 신실해지는 것으로 이 문제를 풀어야 한다. 그렇게 한다면 언약자손들이 하나님의 은혜로 주 안에서 성장하여 신실한 열매를 맺으며 언약을 지키는 성인이 될 것이다. 또한 세례를 통해 세상과 구별되는 하나님의 백성 공동체가 되는 복을 구하는 이방인들의 꾸준한 행렬을 볼 것이다.

유월절에서 성찬으로

이스라엘이 모세의 지도로 애굽에서 해방된 일은 옛 언약의 위대한 속죄 사건이다. 이 사건은 이스라엘 역사 내내 1년에 한 차례씩 기념되는데 그것을 유월절이라 부른다(출 12장).

사도 바울은 고린도 교인들을 다음과 같이 상기시켰다.

"너희는 누룩 없는 자인데 새 덩어리가 되기 위하여 묵은 누룩을 내버리라 우리의 유월절 양 곧 그리스도께서 희생되셨느니라 이러므로 우리가 명절을 지키되 묵은 누룩으로도 말고 악하고 악의에 찬 누룩으로도 말고 누룩이 없이 오직 순전함과 진실함의 떡으로 하자"(고전 5:7, 8).

여기서 사도는 옛 언약의 명절을 지속하기 위해 부르심을 받았다고 말하지 않는다. 그보다는 성찬이라는 새 언약의 성례를 통해 그것이 성취되며 지속되는 것을 알리도록 부르심을 받았다고 말한다.

같은 서신의 후반부에서 바울은 성례에 대한 자신의 논의를 확장시킨다.

"내가 너희에게 전한 것은 주께 받은 것이니 곧 주 예수께서 잡히시던 밤에 떡을 가지사 축사하시고 떼어 이르시되 이것은 너희를 위하는 내 몸이니 이것을 행하여 나를 기념하라 하시고 식후에 또한 그와 같이 잔을 가지시고 이르시되 이 잔은 내 피로 세운 새 언약이니 이것을 행하여 마실 때마다 나를 기념하라 하셨으니 너희가 이 떡을 먹으며 이 잔을 마실 때마다 주의 죽으심을 그가 오실 때까지 전하는 것이니라"(고전 11:23-26).

예수님께서는 고난과 죽음에 앞서 제자들과 유월절을 기념하시며 성찬을 제정하셨다(참조. 눅 22:15). 그 식사 중에 예수님은 말씀하셨다. "이것은 나의 몸이니 ……이것은 나의 피니라." 그리고 성례의 떡과 포도주의 의미를 옛 언약의 유월절 어린양 위에, 무교병과 포도주 위에 겹치셨다. 그리스도께서는 그렇게 하나님께서 애굽으로부터 이스라엘을 속죄하시고 구원하신 사실로 자신의 제자들과 우리의 주의를 이끌어내셨다. 그분은 그리스도의 십자가 죽음을 통해 이루어지는 훨씬 더 위대한 '출애굽'을 예시하셨다(눅 9:28-31; 참조. 요 12:31-33).

성찬 가운데 임하시는 그리스도

새 언약의 교회는 교회의 생명과 소망의 중심이 갈보리의 십자가임을 계속해서 기억해야 한다. 교회는 '예수 그리스도와 그분께서 십자가에 달려 죽으심'에 대한 복음을 설교하고 그분을 기념하는 성찬을 거행함으로써, 곧 그분의 죽으심을 그분이 오실 때까지 선포한다.

그리스도의 죽으심을 기념하는 것은 로마가톨릭의 가르침처럼 '미사' 때마다 그리스도께서 죽으심을 반복하는 것(perpetuating, 가톨릭은 미사가 속죄제사로서 거기에서 빵과 포도주가 실제로 그리스도의 살과 피로 변하며 그리스도께서 미사 때마다 반복하여 죽으신다고 주장한다. 그래서 1215년 교황 이노센트 3세는 소위 '화체설'을 선포하였다._역자주)이 아니다. 성경은 "그리스도께서 **단번에** 죄를 위하여 죽으사 의인으로서 불의한 자를 대신하였으니 이는 우리를 하나님 앞으로 인도하려 하심이라"(벧전 3:18; 참조 히 7:27; 9:12, 26; 10:10)고 말씀하시며 로마가톨릭 예식을 단호하게 금지한다. 이처럼 성찬이 그리스도의 죽으심을 반복적으로 실행하지는 않더라도 교회는 성찬을 시행함으로써 그분의 죽으심을 반복해서 기념해야 한다.

하지만 성찬은 단순한 기념 이상의 것이다. 오늘날 대부분의 복음주의자들은 종교개혁시대의 재세례파와 같이 성찬이란 단지 기념하는 것이라고 가르친다. 그러나 개혁주의 신앙의 지지자들은 성찬은 또한 부활하신 그리스도와 그를 믿는 수찬자의 참된 교제라고 가르친다.

그리스도는 성찬 가운데 **정말로 임재하신다.** 이것은 로마가톨릭의 가르침(화체설)처럼 그 구성요소의 성분이 실제적인 살과 피로 변화되어 그리스도께서 물질적으로 임재하신다는 뜻이 아니다. 루터주의의 가르침(공재설)처럼 구성요소들 안에, 함께, 그 아래 실제적인 살과 피가 존재하는 것도 아니다. 그리스도께서는 성령을 통해 영적으로 임재하신다. 성령께서는 그리스도께서 말씀의 사역을 통해 역사하시는 그 순간에 신자들에게 그리스도 안에서 성례를 통해 믿음의 복들을 베푸신다.

바울은 고린도 교인들에게 수사학적 표현으로 묻는다. "우리가 축복하는바 축복의 잔은 그리스도의 피에 참여함이 아니며 우리가 떼는 떡은 그리스도의 몸에 참여함이 아니냐"(고전 10:16). 바울은 옛 언약에서 희생제물의 떡이 의미한 실체가 무엇이었는지 상기시킨다. "육신을 따라 난 이스라엘을 보라 제물을 먹는 자들이 제단에 참여하는 자들이 아니냐"(18절).

후기 희생제사 후의 제물에 참여했던 이스라엘 민족은 제단에서 드려지는 희생제물에 참여했다(예를 들어. 레 7:6, 14, 15; 고전 10:18). 마찬가지로 우리는 시간적으로나 공간적으로 그리스도께서 단번에 드리신 희생과 멀리 떨어져 있지만, 믿음으로 성찬에 참여하는 그리스도인은 갈보리 제단의 은택들을 참으로 공유한다.

희생(성례) 제물을 통해 실제에 참여한다는 이 동일한 원리는 바울이 1세기 신자들에게 이교도 우상과 신전의 희생제사에서 나온 것을 먹지 말라고 한 경고의 배후이다. 비록 이교도 우상들이 본래 아무것도 아니더라도 그것들은 귀신들의 '위장'이므로 이교도와 관련된 희생제사에서 나온 것을 먹는 것은 마귀와 하나 되는 것이다. 왜냐하면 이 같은 참여는 그리스도께 대한 지옥에 떨어질 불충으로써 주님의 식탁에만 참여해야 하는 신실한 자는 이를 거부해야 하기 때문이다.

"그런즉 내가 무엇을 말하느냐 우상의 제물은 무엇이며 우상은 무엇이냐 무릇 이방인이 제사하는 것은 귀신에게 하는 것이요 하나님께 제사하는 것이 아니니 나는 너희가 귀신과 교제하는 자가 되기를 원하지 아니하노라 너희가 주의 잔과 귀신의 잔을 겸하여 마시지 못하고 주의 식탁과 귀신의 식탁에 겸하여 참여하지 못하리라"(고전 10:19-21).

주님의 몸과 피의 성찬은 그리스도의 속죄하시는 죽음 안에서 그분께서 보증하신 은택들에 참여하는 것을 의미한다. 많은 영적 실체들은 떡을 먹고 잔을 마심으로 표시되고 인 쳐진다. 먼저 성찬은 우리의 칭의의 표인데, 주님 안에서 우리가 하나님의 의가 될 수 있도록 죄인이 되신 구원자의 피 흘리심을 통한 우리 죄에 대한 하나님의 용서하심이다.

또한 성찬은 세상에서의 뚜렷한 분리, 거룩 안에서 점차 자라남, 그분의 죽으심과 부활 안에서 그리스도와 연합함으로 이루어진 성화의 표징과 인 치심이다.

"이러므로 우리가 명절을 지키되 묵은 누룩으로도 말고 악하고 악의에 찬 누룩으로도 말고 누룩이 없이 오직 순전함과 진실함의 떡으로 하자 내가 너희에게 쓴 편지에 음행하는 자들을 사귀지 말라 하였거니와 이 말은 이 세상의 음행하는 자들이나 탐하는 자들이나 속여 빼앗는 자들이나 우상 숭배하는 자들을 도무지 사귀지 말라 하는 것이 아니니 만일 그리하려면 너희가 세상 밖으로 나가야 할 것이라 이제 내가 너희에게 쓴 것은 만일 어떤 형제라 일컫는 자가 음행하거나 탐욕을 부리거나 우상 숭배를 하거나 모욕하거나 술 취하거나 속여 빼앗거든 사귀지도 말고 그런 자와는 함께 먹지도 말라 함이라"(고전 5:8-11).

한 덩어리 떡(초대교회 때 성찬의 떡은 먹기 쉽도록 잘라놓은 것이 아니라 한 덩어리로 되어 있어서 그것을 수찬자들이 한 사람씩 직접 뜯어 먹었다. 이는 십자가에서 찢기신 예수님의 몸을 상징하는 것이기도 했다._역자주)의 상징은 그리스도의 몸과의 연합 안에서 신자들이 서로 교제하는 것을 나타낸다. "떡이 하나요 많은 우리가 한 몸이니 이는 우리가 다 한 떡에 참여함이라"(고전 10:17).

마지막으로 성찬은 교회 앞에 있는 시대의 완성이라는 위대한 소망을 붙들고 있다. 예수님의 말씀에 따르면 교회는 성찬을 시행함으로 주님의 죽으심을 '그분이 오실 때까지 선언한다.' 성찬에 상징된 그리스도의 몸의 임재는 언젠가 있을 역사의 종국에 그분께서 드디어 자신의 교회에 육체로써 돌아오실 때 실재가 될 것이다.

"내 아버지 집에 거할 곳이 많도다 그렇지 않으면 너희에게 일렀으리라 내가 너희를 위하여 거처를 예비하러 가노니 가서 너희를 위하여 거처를 예비하면 내가 다시 와서 너희를 내게로 영접하여 나 있는 곳에 너희도 있게 하리라"(요 14:2, 3).

이 성례를 기념할 때마다 교회는 예수님께서 승천하실 때에 천사들이 제자들에게 한 말씀을 새롭게 상기하고 그 말씀으로 위로받고 도전받는다. "너희 가운데서 하늘로 올려지신 이 예수는 하늘로 가심을 본 그대로 오시리라"(행 1:11). 교회가 주님의 식탁에 둘러 모일 때마다 모든 심령은 조용히 외치게 된다. "주 예수여, 오시옵소서."

그리스도의 몸인 신자들과의 성찬

누가 주님의 식탁에 합당하게 나아올 수 있을까? 세례를 통해 그리스도의 몸과 하나 되고, 그 양육과 권징으로 이끌림을 받는 이들은 아마도 합당하게 참여하는 자들일지 모른다. 초대교회에서는 떡을 떼는 데 참여하는 이들은 "그 말을 받은 사람들은 세례를 받으매 ······그들이 사도의 가르침을 받아 서로 교제하고 ······오로지 기도하기를 힘쓰는"(행 2:41, 42) 사람들이었다.

성찬은 그리스도께서 그분을 신뢰하는 이들에게 펼쳐주시는 축복의 표징이자 인 치심이다. 그러므로 구원의 믿음 없이는 성례에 올바르게 참여할 수 없다. 믿음은 성례의 적절한 행함에 있어 필수이다. 가장 나쁜 것은 위선이며 가장 위험한 것은 구원의 믿음으로 구원자를 굳게 붙잡지 않고 성찬에 참여하는 것이다.

그러나 참된 믿음은 성례를 올바로 행하는 데 필요한 전부가 아니다. 바울은 고린도 교인들에게 성찬예식에 관해 가르치며 이렇게 경고한다.

> "그러므로 누구든지 주의 떡이나 잔을 합당하지 않게 먹고 마시는 자는 주의 몸과 피에 대하여 죄를 짓는 것이니라 사람이 자기를 살피고 그 후에야 이 떡을 먹고 이 잔을 마실지니 주의 몸을 분별하지 못하고 먹고 마시는 자는 자기의 죄를 먹고 마시는 것이니라 그러므로 너희 중에 약한 자와 병든 자가 많고 잠자는 자도 적지 아니하니 우리가 우리를 살폈으면 판단을 받지 아니하려니와"(고전 11:27-31).

바울은 서신의 시작에서 그들을 '성도'라 부른다(고전 1:2). 즉 고린도 교인들은 믿지 않는 자들이 아니었다. 하지만 성찬에 참여하면서 올바로 분별하지 못했기 때문에 그들은 질병과 심지어 죽음의 징계를 받았다.

"그런즉 너희가 함께 모여서 주의 만찬을 먹을 수 없으니 이는 먹을 때에 각각 자기의 만찬을 먼저 갖다 먹으므로 어떤 사람은 시장하고 어떤 사람은 취함이라 너희가 먹고 마실 집이 없느냐 너희가 하나님의 교회를 업신여기고 빈궁한 자들을 부끄럽게 하느냐 내가 너희에게 무슨 말을 하랴 너희를 칭찬하랴 이것으로 칭찬하지 않노라"(고전 11:20-22).

고린도 교인들이 좁은 의미, 곧 육적인 측면에서 '그리스도의 몸'이라는 떡의 상징을 이해하지 못한 것은 아니었다. 그들이 제대로 인식하지 못한 것은 교회 자체로서의 '그리스도의 몸', 즉 전체 교회의 덕을 세우는 성찬의 역할이었다.

그들은 성례를 공동식사 정도로 취급했다. "주의 만찬을 먹을 수 없으니." 겉으로는 영적 파티라도 하는 듯 내보였지만 서로를 배려함에 있어서는 부족함을 드러냈다. 그들이 행한 것은 깊은 영적 의미를 지닌 엄숙하고 거룩한 성찬이 전혀 아니었다. 그들의 성례는 취함과 폭식의 기회로 변질되었다! 부족한 분별력과 적절치 못한 실행에 대해 훈계하시려고 주님께서는 직접 개입하셨다.

그러므로 스스로를 살피라는 바울의 말은 단순히 자기성찰을 통한 자기점검을 하라는 요구가 아니었다. 그들이 성찬에 나아올 때 해야 할 바를 이해하는지 적극적으로 입증하라는 요구였다.[5] 그들이 취한 실증의 특별한 점은 33, 34절에서 사도에 의해 묘사된다. "그런즉 내 형제들아 먹으러 모일 때에 서로

---

5) '살피다'로 번역된 헬라어는 진짜임을 입증하거나 제시하기 위해 무언가를 시험해보라는 의미를 지닌다. 바울은 고린도 교인들에게 그들이 하나님의 시험을 통과할 수 있는지, 그분께서 그들을 허락하실지 입증하라고 요구한다. 만약 그들이 성찬을 오용한 것에 대해 회개하지 못한다면 하나님의 시험은 29, 30절에 언급된 것처럼 권징의 심판이란 모습으로 계속 나타날 것이다.(Gordon D. Fee, *The First Epistle to the Corinthians* [Grand Rapids: Eerdmans, 1987], 531-69)

기다리라 만일 누구든지 시장하거든 집에서 먹을지니 이는 너희의 모임이 판단 받는 모임이 되지 않게 하려 함이라 그밖의 일들은 내가 언제든지 갈 때에 바로잡으리라."

바울은 우리의 역할에 대해 말하며 우리가 '알맞게', 적절한 방법으로 참여하려면 반드시 성례 그 자체의 의미를 이해할 뿐 아니라 교회의 삶에서 그 위치를 제대로 인식해야 한다고 경고한다. 참으로 우리가 개신교도로서 어떻게 엄지손톱만한 떡 조각과 아주 작은 잔으로 포도주 또는 포도 주스를 폭식하며 취할 수 있는지 이해하기 어렵! 우리는 하나님을 향한 성찬의 수직적인 의미만을 지나치게 강조하여 성찬의 수평적 관계를 제대로 인식하는 데 실패할 수 있다.

주님과의 성찬은 또한 주님의 몸의 지체인 신자들과의 성찬이다. 이런 관점에서 성찬은, 세례도 똑같이, 하나님의 백성으로서 우리의 신분을 증명하고 세상에서 우리를 구별하며 한 몸의 지체로서 서로에 대한 책임을 우리에게 요구한다.

우리는 주님의 식탁에 모일 때 서로 사랑하고(예를 들어 롬 12:10, 16; 13:8) 서로에게 하나님의 은혜로 봉사하고(예를 들어 벧전 4:10, 11) 서로 물질적으로 돕고(예를 들어 갈 6:10; 벧전 4:9) 서로 거룩한 교제를 지속하라(예를 들어 히 3:13; 10:24, 25)는 권함을 계속 받는다. 성찬에는 참여하지만 아직 서로에 대한 언약적 책임들을 이행하지 않는 것은 우리와 우리의 교회들을 향한 주님의 징계의 심판을 자초하는 행위이다.

성례의 재발견

개혁주의 신앙은 하나님께서 우리와 세우신 은혜언약의 표징 및 인 치심으로 주신 성례를 새롭게 인식하라고 요청한다. 칼빈의 가르침에 따르면 하나님께서는 우리에게 덕을 세우시려 성례를 주셨다. 하나님께서는 성례를 통해 첫째, 우리가 믿음으로 더욱 완전하게 그리스도께 연합하게 하시고 우리의 영적 성장을 도우신다. 둘째, 매일 마주하는 적대적 상황들과 유혹들 앞에서 우리를 확신케 하시고 강하게 하신다. 셋째, 하나님의 언약가족의 구성원으로서 우리가 하나님과 서로를 향한 개인적 책임들을 더욱 완전하게 인식할 때 우리로 그리스도인의 삶에 더욱 신실하도록 박차를 가하신다.

이는 오늘날 교회들에도 여전히 강력하게 강조되는 중요한 필요들이다. 지금이야말로 개혁주의 신앙이 말하는 성례가 무엇인지 교회들이 재발견해야 할 때이다.

연구 질문

1. 자신의 언약백성을 향한 하나님의 가까이하심을 설명하라(겔 37:27). 요한복음 1:14과 같은 관점에서 성육신은 이 가까이하심을 어떻게 나타냈나? 자기 백성에게 하나님께서 가까이하신 일은 궁극적으로 무엇을 표현하는가?(요 16:17을 보라) 말씀과 성례가 우리를 어떻게 하나님께 가까이 이끄는지 설명하라. 하나님께 가까이 나아가는 특권을 누리는 기회로써 말씀과 성례에 마지막으로 다가간 때는 언제인가?

2. 성례들이 단순한 표징이나 기념 그 이상인 이유를 설명하라. 성례 안에서 신자들에게 보장된 은혜는 누가 적용하는가? 어떻게 그렇게 하시는가?

3. 성례에서 '듣는 말씀'과 '보이는 말씀'의 관계를 설명하라. 후자는 전자에게서 항상 분리되어야 하는가? 왜 아닌가? 당신의 교회예식은 어떤가?

제 15 장

장로의 지위와 역할

사도 바울이 지중해를 지나며 복음을 전파하고 주님의 교회 안에 있는 그리스도와의 교제로 남녀를 부를 때 그와 바나바는 "각 교회에서 그들을 위하여 장로들을 택했다"(행 14:23, NIV 직역). 또한 바울은 빌립보 교회에 편지하며 "그리스도 예수 안에서 빌립보에 사는 모든 성도와 또한 감독들과 집사들"(빌 1:1)이라고 불렀는데 교회는 장로들(혹은 감독들)과 집사들이 함께 모이는 하나님의 언약백성이기 때문이다.

그리스도께서는 자신의 교회를 위해 한 통치체제를 택하셨다. 그리고 지교회 안에서 가르치고 다스리고 긍휼을 드러내도록 사람들을 부르시고 능력을 갖추게 하신다. 교회의 항존 직원들, 즉 가르치고 다스리는 장로들과 긍휼을 드러내는 집사들(성경에서 말하는 집사는 오늘날 안수집사를 의미한다._역자주)이 이러한 기능을 행사한다. 이번 장에서는 특별히 개혁주의 신앙이 교회 권징의 과정에서 장로의 지위와 역할에 대해 어떻게 말하는지 초점을 맞출 것이다.

교회 정치 형태

교회사를 보면 교회 정치에 관한 세 가지 주요 관점이 있다. 그중 첫 번째 그룹은 사제, 주교, 대주교와 같은 교회직분의 각 등급에 따라 권한이 주어지는 성직계급 형태를 주장한다. 이는 감독 형태의 교회 정치(episcopal, '감독'이라는 헬라어 **에피스코포스**[episkopos]에서 유래)라고 불린다.

두 번째 그룹은 회중 형태의 교회 정치를 주장한다. 여기서 교회의 권위는 독립된 지교회 회중들에 의해, 즉 그들의 대표자로서 선출된 직원들을 통해 행사되는데 일부 회중주의자 그룹은 사역자 임명을 거부하기 때문에 선출된 직원 없이 직접 행사된다.

세 번째 그룹은 장로 형태의 교회 정치를 주장한다. 여기서 교회의 권위는 복수의 대리 직원을 통해 행사되는데 직원은 회중에 의해 선출된다. 선출된 직원은 지교회 안에서는 당회 또는 컨시스토리(consistories, 당회, 집사회 등으로 번역되지만 치리회의 성격과 참여 대상에 있어서 적당한 용어가 없기에 컨시스토리로 음역했다. 칼빈 당시 제네바에 존재하던 것으로 주변 목사와 장로들의 모임이었다. 교회법원적 성격도 있었으며 교육과 상담도 담당했다._역자주)에서 활동한다. 그리고 지역별, 때로는 국가별로 열리는 노회, 장로 감독회(classes, 개혁주의 교회에서 쓰는 용어로 장로교회의 노회에 해당한다._역자주) 또는 대회 같은 단계별 교회 회의들에서도 활동한다.

대표자 원칙

교회 정치의 몇몇 문제에 대해서는 현저한 차이가 있음에도 불구하고 대부분의 개혁주의 교회들은 하나님의 백성들을 통해 하나님에 의해 선택된 대표자가 교회 안에서 감독권을 행사함으로 다스리는 성경적 모범을 강조한다.[1]

여기서 다시 한 번 개혁주의 신앙이 교회를 보는 관점에 대한 언약적 성격을 알 수 있는데 대표자 원칙은 하나님께서 역사를 통해 줄곧 자기 백성에게

---

1) 개혁주의 교회들은 역사적으로 장로교 교회 치리회 형태와 동일시되며 그 밖에 개혁파 회중주의자들(영국 청교도들과 같은), 개혁파 성공회주의자들(예를 들어 주교 J. C. Ryle)이 있다. 개혁파 회중주의자들은 지교회 수준의 권위를 행사하는 대표 장로들에 의한 치리회를 믿는다. 반면 개혁파 성공회주의자들은 비교적 '저 교회파'(low church,영국 성공회의 한 파로 주교 등 교계제도와 의식을 낮게 보고 개인적 경건 생활을 중시해 '저 교회파'로 불린다. -역자주)가 되는 경향이 있다.

자기 언약을 시행하는 방법의 중심이기 때문이다. 구약의 예를 보자. 이스라엘이 출애굽한 직후, 모세는 하나님의 백성을 돌보는 책임에 짓눌려 있었다.

"이튿날 모세가 백성을 재판하느라고 앉아 있고 백성은 아침부터 저녁까지 모세 곁에 서 있는지라"(출 18:13).

하루 종일 백성들은 서로 간의 다툼을 해결하기 위해 하나님의 뜻을 구하러 모세에게 나왔다(15, 16절). 그때 모세의 장인 이드로가 다음과 같이 현명하게 권면했다.

"네가 하는 것이 옳지 못하도다 너와 또 너와 함께 한 이 백성이 필경 기력이 쇠하리니 이 일이 네게 너무 중함이라 네가 혼자 할 수 없으리라 이제 내 말을 들으라 내가 네게 방침을 가르치니 하나님이 너와 함께 계실지로다 너는 하나님 앞에서 그 백성을 **위하여** 그 사건들을 하나님께 가져오며 그들에게 율례와 법도를 가르쳐서 마땅히 갈 길과 할 일을 그들에게 보이고 너는 **또 온 백성 가운데서 능력 있는 사람들** 곧 하나님을 두려워하며 진실하며 불의한 이익을 미워하는 자를 살펴서 백성 위에 **세워 천부장과 백부장과 오십부장과 십부장을 삼아** 그들이 때를 따라 백성을 재판하게 하라 **큰 일은 모두 네게 가져갈 것이요** 작은 일은 모두 그들이 스스로 재판할 것이니 그리하면 그들이 너와 함께 담당할 것인즉 일이 네게 쉬우리라 네게 만일 이 일을 하고 하나님께서도 네게 허락하시면 네가 이 일을 감당하고 이 모든 백성도 자기 곳으로 평안히 가리라"(17-23절).

이드로는 백성 가운데 다음과 같은 자들, 즉 하나님을 두려워하고 진실하며 불의한 이익을 미워하는 능력 있는 사람들을 책임자로 택하라고 조언했다. 이렇게 장로가 된 사람들은 백성들의 문제를 해결하는 관리자와 재판관으로서 모세가 모든 백성에게 가르쳤던 하나님의 말씀에 따라 섬길 것이었다. 구약성경을 보면 그 지역 장로들의 사역은 선지자들(출 19:7; 신 27:1), 제사장들(수 8:33), 그리고 왕들(삼상 8:4, 5)의 특별한 사역과 나란히 존재했다.

"광야 교회"(행 7:38)에서 보는 장로 직분에 대한 개요는 신약성경의 장로 직분에 대한 이해를 돕는다.[2] 신약성경의 장로들은 목양적 '감독자들'로서 백성의 대표자로 섬기기 위함이었다. 주님의 백성을 가르치고 권징함으로써 그들 가운데 하나님의 말씀이 실행되도록 그리스도에 의해 권위가 주어졌다.

사도들의 모범을 따르면, 장로들은 각 지교회에서 택함을 받았다. 바울과 바나바는 **"각 교회에서 장로들을 택하여** 금식 기도 하며 그들이 믿는 주께 그들을 위탁했다"(행 14:23). 바울은 디도에게 다음과 같이 썼다. "내가 너를 그레데에 남겨 둔 이유는 남은 일을 정리하고 내가 명한 대로 각 성에 장로들을 세우게 하려 함이니"(딛 1:5).

바울이 장로의 자격을 열거한 디모데전서 3장과 디도서 1장을 통해 우리는 옛 언약의 장로 직분과 또 다른 연결을 볼 수 있다. 이드로는 모세에게 "온 백성 가운데서 능력 있는 사람들 곧 하나님을 두려워하며 진실하며 불의한 이익을 미워하는 자들"(출 18:21)을 택하라고 조언했는데 이는 바울의 가르침에서 더욱 확대된다.

"감독은 책망할 것이 없으며 한 아내의 남편이 되며 절제하며 신중하며 단정하며 나그네를 대접하며 가르치기를 잘하며 술을 즐기지 아니하며 구타하지 아니하며 오직 관용하며 다투지 아니하며 돈을 사랑하지 아니하며 자기 집을 잘 다스려 자녀들로 모든 공손함으로 복종하게 하는 자라야 할지며 ……새로 입교한 자도 말지니 교만하여져서 마귀를 정죄하는 그 정죄에 빠질까 함이요 또한 외인에게서도 선한 증거를 얻은 자라야 할지니 비방과 마귀의 올무에 빠질까 염려하라"(딤전 3:2-7).

자격이 드러나 장로 직분을 맡은 이들은 목양적 감독이라는 어마어마한 책임을 맡았다. 사실 성경이 명명하는 '장로'(*presbyteros* -장로[presbyter])와 '감독'

---

2) 이 직분은 신약성경에서 암시 없이 소개되는데 옛 언약의 모범이기 때문에 이미 친숙한 기관으로 설명된다.

(*episkops* -'주교'[bishop])은 목양이라는 하나의 직분과 관련된 두 개의 단어다(행 20:17, 28; 딤전 3:1; 4:14; 5:17, 19; 딛 1:5, 7; 벧전 5:1, 2). 목양 직분을 가진 장로는 그리스도의 대리 목자로서 하나님께서 그분의 백성을 가르치고 인도하는 책임을 맡기셨다.

바울은 에베소 교회 장로들에게 말했다.

"여러분은 자기를 위하여 온 양 떼를 위하여 삼가라 성령이 그들 가운데 여러분을 감독자로 삼고 하나님이 자기 피로 사신 교회를 보살피게 하셨느니라"(행 20:28).

베드로는 이렇게 덧붙인다.

"너희 중에 있는 하나님의 양 무리를 치되 억지로 하지 말고 하나님의 뜻을 따라 자원함으로 하며 더러운 이득을 위하여 하지 말고 기꺼이 하며"(벧전 5:2).

모든 장로들이 양 떼를 치는 것과 달리, 설교와 가르침을 통한 말씀 사역은 '가르치는 장로'라 불리는 몇몇 장로들에게 특별한 방식으로 주어진다. 그러나 가르치는 장로들은 '다스리는 장로'라 불리는 다른 장로들과 함께 교회에서 행사되는 감독권을 총괄한다. "잘 다스리는 장로들은 배나 존경할 자로 알되 말씀과 가르침에 수고하는 이들에게는 더욱 그리할 것이니라"(딤전 5:17).

가르치고 다스리는 장로들은 함께 심의하여 성경에 충실한 결정을 제시하고 지교회 안에서 그리스도의 권위 있는 역할을 집행한다.[3] 그리스도께서는 자신의 장로들을 통해 지교회를 다스리신다.

그러나 장로들은 단순히 지교회에서만 그들의 권위를 행사하지 않는다. 사

---

3) 그리스도께서는 마 16:19에서 선포하셨다. "내가 천국 열쇠를 네게 주리니 네가 땅에서 무엇이든지 매면 하늘에서도 매일 것이요 네가 땅에서 무엇이든지 풀면 하늘에서도 풀리라." 역사적으로 개혁주의 신학자들은 이 구절과 병행하는 구절들을 통해 그리스도께서는 교회의 머리로서 자신의 권위를 사도들(교회의 기초로서, 엡 2:20)과 또한 교회의 항존 직원들에게 위임하신다고 이해했다.

도행전 15장에서 누가가 기록한 중요한 사건을 보자. 초기 사도시대 신약성경 교회에서 대단히 중요한 쟁점이 새로 회심한 이방인의 교회 안에서의 위치와 관련해 일어났다.

> "바울 및 바나바와 그들 사이에 적지 아니한 다툼과 변론이 일어난지라 형제들이 이 문제에 대하여 바울과 바나바와 및 그 중의 몇 사람을 예루살렘에 있는 사도와 장로들에게 보내기로 작정하니라"(행 15:2).

교회생활에서 필수적인 쟁점을 논하는 데 있어 사도들과 장로들이 함께 했음에 주목하라. 장로들은 예루살렘에서 열린 회의에 관한 설명에서도 몇 차례 더 언급된다.

> "예루살렘에 이르러 교회와 사도와 장로들에게 영접을 받고 하나님이 자기들과 함께 계셔 행하신 모든 일을 말하매 ……사도와 장로들이 이 일을 의논하러 모여 ……이에 사도와 장로와 온 교회가 그 중에서 사람들을 택하여 바울과 바나바와 함께 안디옥으로 보내기를 결정하니 곧 형제 중에 인도자인 바사바라 하는 유다와 실라더라"(4, 6, 22절).

이들 구절을 근거로 개혁주의 교회는 경건한 성품과 영적 은사에 기초해 사람들로부터 선출된 대표자들에게 다스림을 받는다. 그리스도께서는 대표자들에게 권위를 주시는데 이는 그들의 보살핌 아래 주님의 백성들이 은택과 보호를 누리도록 교회에서 가르치고 다스리기 위함이다. 또한 그들은 단계적인 치리회 체계를 통해 교회 전반의 유익에 대한 사역을 시행한다.[4]

---

4) 장로교회의 치리회 체계는 신약성경이 인정한 각각의 그 권위를 공동으로 행사하는(행 15:1; 딤전 4:14) 복수의 장로들로 구성된 지방, 지역, 대회의 재판정들을 견지한다. 상회는 하회가 결정한 조언과 동의에 대해 폭넓게 복종되도록 하회의 항소 관계를 처리한다.

장로의 권위와 책임

개혁주의의 이해와 관련해 대의 교회 치리는 장로들이 교회를 어떻게 다스려야 하는지 규정한 성경적 견해를 말한다. 장로들은 오직 목양사역과 하나님의 말씀을 선언하는 데에만 권위를 행사할 수 있다(행 6:2, 4). 아무리 경건하고 은사가 뛰어나도 그들에게는 교회를 위한 법률을 제정할 특권이 주어지지 않는다. 그들은 오직 하나님께서 이미 성경에 말씀하신 것을 선언하고 적용함으로써 그분의 백성들을 위해 하나님의 뜻을 따라서만 사역할 수 있다.

성경은 교회의 본질과 형식과 기능을 규정하는 교회의 '헌법'이다. 장로들은 성경의 규정에 맞게 교회를 다스리라는 요구를 받는다. 하나님께서는 말씀에 부합하는 자기 백성들의 공동체적 삶의 모든 면을 규정하신다. 이러한 하나님의 규례와 법을 교회에 가르치고 교회가 어떻게 살 것인지, 주님을 기쁘시게 하기 위해 무엇을 해야 하는지 보여주는 것(출 18:20)은 장로들의 책임이다.

개혁주의 전통 안에 있는 교회들은 성경의 진리로 하나님의 백성들을 가르치고, 교회 교리에 대한 헌신을 권위 있게 표현하는 고백서들과 신조들, 교리문답서들을 특별히 발전시켜왔다. 이들 고백서와 교리문답서는 항상 성경의 최고 권위에 종속된다. 그 이차적 규정들은 그것이 성경적인 데까지만 권위가 있다.

이들 교리적 진술은 성경적이기에 헌법적 지위를 갖는다. 교회 지도자들은 거기에 서약해야만 하는데 그들이 믿고 행할 바에 대한 규정으로서 이를 책임져야 한다. 덧붙여 교회의 성경적 치리, 예배의 방향, 권징의 시행을 위한 모범절차를 요약하는 진술들은 모든 교회에서 통용되는 장로 리더십의 동일한 표준을 만드는 데 사용되었다.[5]

이렇듯 개혁교회 치리의 두 가지 특징은 장로들이 대의적으로 다스리는 것

---

5) 예를 들면 *The Book of Church Order of Orthodox Presbyterian Church* (Willow Grove, Pa.: Committee on Christian Education, 1995), 그리고 *The Book of Church Order of the Presbyterian Church in America* (Atlanta: Office of the Stated Clerk of the General Assembly of the Presbyterian Church in America, 1991)을 보라.

과 성경의 원리에 근거한 헌법적 규제로 다스리는 것이다. 이 헌법적 규제는 많은 경우 고백서들과 신조들과 교리문답서들 안에 담겨 있다. 이제 장로들의 가장 엄숙한 책임 중 하나인 교회의 권징에 이 원리들이 어떻게 적용되는지 살펴볼 것이다.

교회의 권징

"무릇 권징이 당시에는 즐거워 보이지 않고 고통스럽기"(히 12:11, NIV 직역) 때문에 많은 신자들은 애석하게도 목양적 돌봄의 요소로서 교회의 권징을 거부한다. 그러나 성경의 관점에서 보면 교회의 권징은 신자들에게 엄청난 특권일 뿐 아니라 기뻐해야 할 '은혜의 수단'이다. 즉 교회의 권징은 말씀과 기도와 성례의 시행 사역과 함께 하나님께서 자기 백성이 거룩 가운데 자라도록 정하신 영적 방편 중 하나이다.

물론 교회의 권징이 하나님께서 거룩 가운데 우리가 성장하도록 정하신 징계의 유일한 형태는 아니다.

징계의 가장 기초 형태는 성령의 열매 중 하나인 자기훈련, 즉 "절제"(갈 5:23)이다. 베드로는 그리스도인의 삶이 유효하고 열매를 맺으려면 절제가 필요하다고 가르쳤는데(벧후 1:5-8) 바울도 그와 같이 복음을 설명하며 절제를 가장 중요한 부분으로 다뤘다(예를 들어 행 24:25). 절제가 없으면 우리는 많은 유혹과 죄에 넘어가기 쉽다(잠 25:28; 참조. 딤후 3:3).

또한 하나님께서는 자기 백성에게 가정과 국가와 교회 상호 간의 징계를 주셨다. 하나님의 징계는 대부분 그분이 그 임무를 위해 정하신 대리인, 예를 들어 부모들, 국가 통치자들, 장로들을 통해 이뤄진다. 그러나 한계가 있기 때문에(예를 들어 교회는 마음을 읽을 수 없다.) 그 징계는 무시되거나 고전 5:1-8에서 언급된 상황에서처럼 무력해질 수 있다. 그래서 하나님께서는 때로 직접 자기 백성의 삶에서 그들의 잘못을 깨닫게 하시려고 개인적, 또는 집단적으로 징계하시거나 개입하신다. 예를 들면 사도행전 5장의 아나니아와 삽비라, 그리고 성찬에 합당치 않게 참여했던 고린도 교인들(고전 11:27-30)의 문제처럼 말이다.

바울은 고린도 교인들과 또 우리에게 다음과 같은 논의를 제시한다. "만일 우리가 우리 자신을 살폈다면 우리가 심판을 받지 않았을 것이다. 우리가 주께 심판받을 때 징계를 받는 것은 우리가 세상과 함께 정죄를 받지 않게 하려는 것이다"(고전 11:31, 32, NIV 직역).

여기서의 교훈은 분명하다. 스스로를 징계하거나 그리스도의 몸 안에서 서로 징계하는 것이 스스로를 방치해 하나님께서 직접 징계 또는 개입하시도록 하는 것보다 유익하다는 사실이다.

그러나 자기훈련, 상호징계, 하나님의 직접적인 징계나 개입 같은 권징은 모두 우리가 살아계신 하나님의 자녀라는 표징임을 항상 기억해야 한다. 권징은 하나님의 참된 자녀라는 신분을 증명하며 간사한 자들로부터 그들을 구별한다.

"내 아들아 주의 징계하심을 경히 여기지 말며 꾸지람을 받을 때에 낙심하지 말라 주께서 그 사랑하시는 자를 징계하시고 그가 받아들이시는 아들마다 채찍질하심이라 하였으니 너희가 참음은 징계를 받기 위함이라 하나님이 아들과 같이 너희를 대우하시나니 ……징계는 다 받는 것이거늘 너희에게 없으면 사생자요 친아들이 아니니라"(히 12:5-8).

하나님의 자녀로서 당신이 궁금해할 것은 주님께서 징계하실지 안 하실지가 아니라 주님께서 어떻게 하실지, 당신은 거기에 어떻게 반응해야 할지 하는 것이다. 당신은 교회 안에서 권징을 오용하고 무시함으로써 그것을 혐오하며 거부할 것인가? 아니면 "그로 말미암아 연단 받은 자들은 의와 평강의 열매를 맺느니라"(히 12:11)는 확신을 가지고 교회 안에서 권징을 시행하며 그것에 복종할 것인가?

우리가 하나님의 자녀라면 그분은 우리를 사랑하신다. 그 사랑으로 인하여 하나님께서는 우리가 그분의 거룩하심을 서로 나눌 수 있도록 우리를 징계하실 것이다(10절). 이제 그분께서 자신의 거룩하심 가운데 우리의 성장을 돕기 위해 교회의 권징을 어떻게 고안하셨는지 깊이 생각해보자.

권징의 목적

하나님께서는 왜 교회의 권징을 고안하셨나? 교회의 권징에 담긴 더 깊은 목적은 무엇인가? 웨스트민스터 신앙고백 제30장 3항은 바로 그 질문에 대답한다.

> 교회의 권징은 필요하다. 범죄한 교우들을 되찾고 얻기 위해서, 다른 사람들을 유사한 범죄에서 방지하도록, 온 덩어리를 오염시키는 누룩을 제거하기 위해서, 그리스도의 영광과 복음의 거룩한 고백을 회복하도록, 그분의 언약과 인 치심이 악명 높고 완고한 범죄자에 의해 불경건해지기까지 방치하는 교회 위에 공의롭게 임할 하나님의 진노를 막기 위해 그렇다.

앞에서 우리는 교회 스스로 시행할 수 없고 시행하지 않을 권징을 행하시기 위해 그리스도께서 직접적으로, 역사적으로 자신의 교회에 개입하심을 알아보았다. 이제 우리는 웨스트민스터 신앙고백에서 발견되는 다른 목적들을 역순으로 간략하게 검토할 것이다.

첫째, 하나님의 백성들의 선한 행위를 볼 때 사람들은 하나님을 영화롭게 할 것이므로 교회의 권징은 그리스도께 영광을 돌리게 된다. 그리스도께서는 산상수훈에서 다음과 같이 가르치셨다. "너희[우리의] 빛이 사람 앞에 비치게 하여 그들로 너희[우리의] 착한 행실을 보고 하늘에 계신 너희 아버지께 영광을 돌리게 하라"(마 5:16).

우리의 착한 행실을 볼 때 사람들은 하나님을 찬양할 것이다. 그러나 교회의 삶과 신앙고백이 일치하지 않는 교회답지 못한 수치스러운 모습을 볼 때 사람들은 하나님을 모독할 것이다. "율법을 자랑하는 네가 율법을 범함으로 하나님을 욕되게 하느냐 기록된 바와 같이 하나님의 이름이 너희 때문에 이방인 중에서 모독을 받는도다"(롬 2:23, 24).

하나님의 영광은 교회의 '행실'과 '말'에 직접적인 관련이 있다. 만약 교회가 말하는 대로 행하지 않으면서 아무런 조치를 취하지 않는다면 세상은 하나님의 이름을 모독할 것이다. 그러나 교회 회원들이 궤도를 벗어날 때 교회가 성경의 권징을 행한다면 그리스도께서 영광을 받으실 것이다. 이것이 예수님께서 "너희가 서로 사랑하면 이로써 모든 사람이 너희가 내 제자인 줄 알리라"(요 13:35)고 선언하셨을 때 지니신 최소한의 마음이다.

그리스도인의 사랑은 감상적인 잡동사니가 아니다. 교회와 신자 개인의 삶에서 거룩을 사랑하고 증진하는 것이다. 즉 거룩을 사랑하는 것이고 거룩한 사랑이다. 그리스도의 참 신부로서 당신의 교회가 참으로 그분을 사랑하고 그분의 영광을 구한다면 교회는 주님의 이름을 보호하고 주님의 영광을 높이기 위해 성경의 권징을 시행할 것이다.

둘째, 교회의 권징은 교회를 정결하게 한다. 말라기 선지자는 메시아께서 오실 것을 알리며 그분께서 하나님의 집에 속한 예배와 교제를 정결하게 하실 것이라 말했다. "그가 은을 연단하여 깨끗하게 하는 자 같이 앉아서 레위 자손을 깨끗하게 하되 금, 은 같이 그들을 연단하리니 그들이 공의로운 제물을 나 여호와께 바칠 것이라"(말 3:3).

그 말씀처럼 예수님께서는 세상에 오셨다. 그리고 갈보리 십자가에서 "우리의 모든 부정함에서 우리를 속량하고 또한 주님 자신을 위하여 선한 것을 행하길 열망하는 자기 친 백성을 정결하게 하도록 우리를 위하여 자신을 주셨다"(딛 2:14, NIV 직역). 이처럼 보혈로써 깨끗해지는 교회의 특성은 모든 그리스도인들에게 최선을 다해 교회의 순수성을 보존하고 증진할 것을 요구한다. "그런즉 사랑하는 자들아 이 약속을 가진 우리는 하나님을 두려워하는 가운데서 거룩함을 온전히 이루어 육과 영의 온갖 더러운 것에서 자신을 깨끗하게 하자"(고후 7:1).

바울은 그동안 묵인했던 사악한 자에 대해 행동을 취할 것을 고린도 교회에 촉구한다. 같은 이유로 그리스도께서도 지교회에서 권징을 시행하라고 우리를 부르신다.

"적은 누룩이 온 덩어리에 퍼지는 것을 알지 못하느냐 너희는 누룩 없는 자인데 새 덩어리가 되기 위하여 묵은 누룩을 내버리라 우리의 유월절 양 곧 그리스도 께서 희생되셨느니라 이러므로 우리가 명절을 지키되 묵은 누룩으로도 말고 악 하고 악의에 찬 누룩으로도 말고 누룩이 없이 오직 순전함과 진실함의 떡으로 하자"(고전 5:6-8).

당신의 교회가 정말로 그리스도의 십자가를 사랑하고 그분 안에서 피로 산 순결함을 소유했다면 교회는 성경의 권징을 조심스럽게 끊임없이 스스로 시행할 것이다.

셋째, 교회의 권징은 비슷한 유혹에 굴복할 뻔한 다른 사람들에게 경고가 된다.
광야에서 고라를 따르는 자들이 모세와 아론을 대항해, 다시 말해 주님을 대항해 반역했을 때 하나님께서는 땅으로 입을 열어 그들을 삼키게 하심으로 심판하셨다. 다른 이들은 불에 집어삼켜져 죽임을 당했다. 이 사건에 대한 모세의 마무리는 간단명료하다. "그것들은 경고하는 표징이 되었느니라"(민 26:9, 10, NIV 직역). 신약성경에도 경고하는 표징이 나온다. 예를 들어 하나님께서 심판으로 아나니아와 삽비라의 생명을 취하셨을 때 그것을 들은 모든 사람에게 '큰 두려움'을 느꼈다(행 5:5, 11).

하나님께서는 자기 백성에게 권징을 내리심으로 그들이 삶 가운데서 주의하도록 경고하신다. 반역한 고라 무리에게 내린 것과 같은 놀라운 심판이 교회에 경고가 된다면, 교회 지도자들을 통해 전하시는 그리스도의 징계의 말씀 또한 같은 역할을 한다. "범죄한 자들을 모든 사람 앞에서 꾸짖어 나머지 사람들로 두려워하게 하라"(딤전 5:20).

물론 '거룩한 체하는' 장로들이 보복심을 만족시킬 의도로 정도에 벗어난 신자를 공개적으로 징계해서는 안 된다. 권징을 행사하는 사람이 나머지 사람들에게 두려움을 일으켜서는 안 된다. 그것은 그리스도께서 하실 일이다. 그들은 신실하게 교회의 권징을 행사하여 오로지 그분께 신실하기만 하면 된다.

국가적 처벌이 과연 죄를 억제하는지는 논쟁거리가 많다. 그러나 성경에 있듯 그리스도의 권징이 다른 사람들로 비슷한 범죄에 빠지지 않도록 가르친다는 사실에는 논쟁의 여지가 없다. "거만한 자를 때리라 그리하면 어리석은 자도 분별을 배우리라"(잠 19:25, NIV 직역)는 잠언 말씀이 참이라면 교회 안에서 공적으로 집행된 하나님의 권징을 목격한 하나님의 자녀는 분별과 절제를 배우고도 남을 것이다.

당신의 교회가 참으로 "서로 돌아보아 사랑과 선행을 격려하는"(히 10:24) 방법을 찾는가? 그렇다면 성경적 교회의 권징을 시행하는 것만큼 좋은 방법이 없음을 반드시 기억해야 한다.

넷째, 교회의 권징은 범죄한 신자를 되찾고 회복한다. 우리가 검토한 권징의 다른 목적 모두 성경적이고 중요하지만, 범죄한 신자를 되찾고 회복하려는 열망은 그중에서도 가장 중요하다. 성경이 무엇을 반복해서 강조하는지 들어보라. 예수님께서는 말씀하셨다. "네 형제가 죄를 범하거든 가서 너와 그 사람과만 상대하여 권고하라 만일 들으면 네가 네 형제를 얻은 것이요"(마 18:15).

바울도 갈라디아 교회에 보내는 서신에서 이 같은 언급을 자주했다. "형제들아 사람이 만일 무슨 범죄한 일이 드러나거든 신령한 너희는 온유한 심령으로 그러한 자를 바로잡고 너 자신을 살펴보아 너도 시험을 받을까 두려워하라 너희가 짐을 서로 지라 그리하여 그리스도의 법을 성취하라"(갈 6:1, 2). 성경적 교회의 권징은 모두 당신의 형제를 얻기 위한 것이며 당신의 자매를 부드럽게 회복하기 위한 것이다.

전통적으로 교회의 권징이라고 하면 오늘날 많은 그리스도인들은 부정적인 이미지를 떠올린다. 그러나 교회생활에 있어 권징을 하나님의 은혜의 복된 도구로 보지 못한다면 우리는 결코 교회의 권징을 신실하게 시행하지 못할 것이다.[6]

---

[6] 교회 밖으로 누군가를 내치시는 것도 온 교회의 거룩함과 건강함을 지키기 위한 하나님의 은혜로운 공급하심이다. 바울이 고린도 교회의 범죄자를 권징한 이후 일어난 일을 보라(고전 5:5; 고후 2:7 이하). '출교'는 비록 그가 교회로부터 '이방인과 세리'(마 18:17)와 같이 여겨진 이후일지라도 범죄한 형제를 회개로 이끄는 하나님의 복이 되기도 한다. 권징은 정도에서 벗어난 교회 회원을 더 깊은 거룩함과 회복으로 이끄는 중요한 조치이다. 본서 "형제를 얻음"(280-282쪽)을 보라.

그 어느 때보다도 지금 우리는 그리스도의 몸을 회복시키는 권징의 필요성에 대한 성경의 인식을 반드시 다시 붙잡아야 한다.

권징의 절차

왜 교회의 권징을 시행해야 하는지 이해했다면 어떻게 시행해야 할지도 정확하게 인식할 수 있다. 성경은 그 방법을 우리에게 모두 알려준다. 그리스도께서 직접 가르치신다.

"네 형제가 죄를 범하거든 가서 너와 그 사람과만 상대하여 권고하라 만일 들으면 네가 네 형제를 얻은 것이요 만일 듣지 않거든 한두 사람을 데리고 가서 두세 증인의 입으로 말마다 확증하게 하라 만일 그들의 말로 듣지 않거든 교회에 말하고 교회의 말도 듣지 않거든 이방인과 세리와 같이 여기라"(마 18:15-17).

마태복음 18장이 시작부터 모두 교회생활에서 일어나는 상호 간 권징에 대한 내용임을 주목하라. 우리가 이미 살펴본 대로 마태복음 18장 시작에는 자기권징 과정이 나온다. 즉 죄를 범한 형제가 자기 스스로를 권징했다면 우리는 결코 그 형제에 대해 정죄하거나 무례하게 행해서는 안 된다.

마태복음 18장에서 다루는 또 다른 하나는 교회 안에서 권징에 실패했을 때 행사될 수 있는 주님의 직접적인 징계와 개입이다.

마태복음 18장을 보면 우선 가해자와 피해자 두 사람이 사적이고 비공식적으로 직면하여 상호 간의 권징을 시작하라고 서술한다. 만약 그 사적인 직면이 효과가 없으면 피해자는 두세 증인을 취해 도움을 얻을 수 있다. 그 또한 실패한다면 피해자는 증인들과 함께 문제를 교회에 말해야 한다. 그리고 교회는 장로들을 통해 공식적인 교회의 권징을 시작한다. 만약 가해자가 교회의 권징을 거절한다면 그는 이방인이나 세리와 같이 여겨지게 된다. 이것이 마태복음 18장에 약술된 네 단계이다. 이에 대해 좀 더 자세히 논의하겠다.

1단계: 너와 그 사람과만 상대하여

징계 절차의 첫 단계는 사적이고 비공식적이어야 한다고 그리스도께서는 가르치신다. 그리스도의 몸인 형제나 자매가 당신에게 죄를 범했다면, 그에게 개인적으로 가서 애정 어리며 서로를 회복하는 만남으로 문제를 해결하라고 그리스도는 명하신다.

우리는 모두 이것을 행하는 데 조금은 주저한다. 교회의 권징이 첫 단계에서 자주 허둥대는 것은 우리가 그리스도의 명령 따르기를 거부하기 때문이다. 대신 우리는 이렇게 말하며 변명에 변명을 더한다. "그것은 좀 곤란해." "나는 대립을 일삼는 성격의 사람이 아니야." "시간이 지나면 아물겠지." "친구를 잃지 않을까."

우리는 정직해질 필요가 있다. 모두 사실이라 해도 그것은 우리 주님께 불순종할 이유가 되지 못한다. 물론 올바른 정신으로 그들과 직면하기는 힘들 것이다. 그뿐 아니라 우리는 결코 상대가 어떻게 나올지 단정 지을 수 없다. 그러나 예수님께서 모든 것을 이해하신다. 그래서 우리는 이 본문에서 큰 확신을 얻을 수 있다.

먼저 그분은 우리가 우리에게 죄를 범한 사람과 '형제'임을 상기시키신다. 같은 가족의 구성원으로서 우리는 이 회복하게 하는 권징을 서로 기쁘게 건네며 기쁘게 받아야 한다.

또한 이 명령은 복된 약속을 포함한다. "나도 그들 중에 있느니라"(마 18:20). 이 약속을 기꺼이 믿는 사람에게는 큰 소망이 있다. 당신은 이 영적 사역을 결코 홀로 행해서는 안 된다. 예수님께서 항상 당신과 함께 행할 것이며, 당신과 당신의 형제를 위한 복으로 바꾸실 것이다.

그리스도께서는 또한 당신을 확신시키시고 위로하실 뿐 아니라 무엇이 당신의 목적이 되어야 하는지 정확하게 설명하신다. 그것은 곧 당신의 형제를 얻는 것이다(15절). 이것이 당신이 그에게 가야하는 이유이다. 당신의 주장을 입증하거나 당신의 아픈 감정을 덜기 위해서가 아니라 죄에 빠진 동료 그리스도인을 얻기 위해, 그를 돕고 고치기 위해 간다.

형제를 얻으려면 무엇이 필요하겠는가? 때로는 고소의 모습으로, 때로는 호소의 모습으로 나타나는 책망이 필요하다.[7] 책망의 두 형태 모두 자기 자리가 있다. 바울은 "온유한 심령"(갈 6:1)으로 명하면서 부드럽게 접근하는 호소로써 시작할 것을 제안한다. 이때 몹시 노한 형제(참조. 잠 15:1)의 마음까지 누그러뜨릴 것이다.

범죄자가 완고함을 드러낸다면 좀 더 강력한 접근, 즉 고소가 그 형제를 얻는 데 필요할 수 있다. 그러나 어떤 경우든지 우리는 형제에게 접근하기 전에 먼저 우리 자신의 눈에서 들보를 빼내어(마 7:1 이하) 분명한 판단력을 갖춰야 한다.

그런데 왜 사적으로 형제를 책망해야 하는가? 그렇게 함으로써 우리는 형제의 선한 이름을 보호한다. 험담은 한 번 점화된 불을 확산시키는데, 종종 그리스도의 대의(大義)뿐 아니라 모든 당사자에게도 상당한 해를 끼친다. 다만 불길에 기름 붓지 않는 것을 넘어 우리는 성경이 전하는 대로 '화평케 하는 자'가 되어야 한다. 그러므로 대인관계에 관련된 문제를 대인관계에 관련된 수준에서 해결하여 화평을 지키는 것은 우리의 책임이다.

당신의 노력이 성공을 거두지 못했다면 다음 단계를 고려해야 한다. 하지만 결코 급하게 해서는 안 된다. 사적 권징이 제 역할을 한다면 교회 안의 교제와 사역에 최소한의 혼란을 주면서 열매를 빠르게 맺을 것이다.

모든 과정에 있어 당신의 목적은 형제를 회복하는 것임을 기억하라. "그가 당신의 말을 들으면 당신은 당신의 형제를 얻는 것이다." 범죄한 형제가 동료 그리스도인의 애정 어린 책망에 귀를 기울인다면, 그를 회개케 하심으로 죄를 깨닫게 하시는 성령의 역사에 그는 응하게 될 것이다.

예수님께서는 범죄한 형제가 마치 피곤하고 당혹스런 직면을 끝내려는 듯 '사과하면'이라고 말씀하시지 않았다. 주님은 그가 '들으면'이라고 말씀하셨다. 이 말씀은 곧 그가 '들은 것을 마음으로 받고 무엇이든 적절한 방식을 따라

---

[7] 마 18:15에서 사용된 용어는 elegcho(엘렝코)인데, 이는 '성공적으로 고소하도록'이라는 뜻이다. 범죄자를 대하는 때도 그의 마음에 죄를 물음으로써 그를 회심으로 이끌도록 하라. 눅 17:3에서는 또 다른 용어가 사용된다. epitimao(에피티마오)라는 단어인데 이는 '조심스럽게' 책망함이라는 뜻이다. 여기서의 개념은 당신의 형제 혹은 자매에게 당신이 이해하는 대로 상황을 조심스럽게 제시한 후 그 상황에 비추어 그의 관점을 나누고 그가 자발적으로 회개할 기회를 주는 것이다.

일들을 바로잡기 위해 진심으로 용서를 구한다면'이라는 뜻이다.

마태복음 18장에 제시된 묘사는 훨씬 더 아름답다. 형제를 얻는 일은 적대감을 우정으로 돌리는 일이기 때문이다. 우리는 마지못해 양보하도록 부름받은 것이 아니다. 완전한 화해와 새롭고 훨씬 더 좋은 관계를 위해 부름받았다.

2단계: 두 세 증인의 입으로

만약 당신의 형제가 '듣기'를 거절하고 '설득당하지' 않는다면 당신은 무엇을 해야 할까? 듣기를 거절한다면 우선 첫 단계에서 두 번째 단계로 권징의 과정이 진행된다는 것을 인식해야 한다.[8] 그 범죄가 무엇이든 이 단계에서는 마음의 완악함이 범죄하는 형제의 주된 문제가 된다.

권징의 두 번째 단계에서는 정도를 벗어난 형제에게 영적 '압박'을 높이기 위해 다른 두세 사람의 도움이 필요하다. 당신과 연관된 이들 형제, 자매는 당신의 형제를 얻고 회복하기 위한 증인과 직면자의 두 역할을 모두 감당한다.

증인으로서 그들은 두 당사자의 말을 끝까지 듣고 누가 옳고 그른지 결정할 것이다. 직면자로서 그들은 범죄자가 회개하도록 이끌면서 도울 것이다. 만일 그 형제가 여전히 동료 신자의 애정 어린 책망에 귀 기울이지 않아 권징의 세 번째 단계인 교회 장로들 앞에까지 간다면, 그들은 계속되는 범죄자의 완고함에 증인으로서의 의무를 다할 것이다.

3단계: 교회에 말하고

증인을 세우는 두 번째 단계에서 장로들 앞에 나아가는 세 번째 단계로 문제가 진행될 때 권징은 비공식적인 영역에서 공식적인 자리로 옮겨진다. 이 경계선을 넘는 것은 심각한 일인데 곧 형제가 완고하여 회개하지 않음을 나타내기 때문이다. 앞선 단계에서와 같이 마음의 완악함은 계속 그의 주된 문제가 된다.

---

8) 범죄의 근원이 무엇이든 권징의 과정은 항상 회개로 끝난다. 그에 반해 회개치 않는 완고함은 그 근본적인 범죄의 본질과 관계없이 징계의 강도를 더한다.

이것이 사적 문제가 공적 문제가 되는 시작점이다. 범죄자의 회복은 이제 온 교회의 몸과 더욱 직접적으로 연관된 문제가 된다. 우리는 교회 회원으로서 다른 구성원과 서로 연결되므로 죄는 언제나 온몸에 영향을 미친다. 죄가 몸 된 교회를 오염시키기 시작하면 비공식적 권징은 '면역 체계'로서 교회에 기여한다. 그러나 우리 신체의 경우처럼 그 체계는 과부하가 걸릴 수도 있고 감염을 적절히 물리치지 못할 수도 있다. 그때 우리는 도움이 더욱 필요하다. 우리는 '영혼의 의사', 곧 교회의 장로들에게 그 문제를 가지고 가야 한다.

앞서 우리는 교회의 대표로서 그리고 목양 사역자로서 장로들의 역할을 논의했다. 그들이 교회 안에서 맡은 역할 때문에 우리는 판단과 권면과 상황별 적절한 행동을 수반하는 권징의 문제들을 그들에게 먼저 가져간다. 그들이 사건의 실상을 알아냈을 때 범죄자가 실제로 책임이 있으나 여전히 회개를 거부하는 경우 그들은 권징을 행할 책임이 있다. 또한 이 권징의 단계에서는 그들의 역할을 회중에게 설명함으로써 신중히 절차에 따라 그들의 조치를 교회에 전달할 책임이 있다.

신약성경은 사도들이 권징함에 있어 어떻게 지도력을 발휘했는지 예를 제시한다. 바울은 사도 요한이 그랬듯(요삼 9-14) 권징을 시행하거나 혹은 시행하지 않는 문제에 대해(고전 5:3-5; 고후 2:6-10) 고린도 교인들에게 자주 언급했다. 장로들은 반드시 사도의 본을 통해 배우고 그들을 따라 교회 안에서 똑바로 행해야 한다.

장로들이 올바로 수행하려면, 듣기를 거절하는 형제가 있을 때 그들이 직면하는 상황을 이해할 필요가 있다. 어느 형제가 마음이 완악하여 회개하지 않고 자기 합리화를 반복하며 장로들의 말을 거부한다면 그는 그리스도를 믿는 믿음에 심각한 문제가 있음을 드러내는 것이다.

구원은 그리스도의 한 마리 양이 되는 데 달려있다. 그분의 음성을 듣는다면 그분의 양이라는 증거이다. 그런데 그분의 대리 목자를 통해 목자의 음성 듣기를 거부한다면, 아마도 그 잘못된 '형제'는 사실 그리스도의 한 마리 양이 아닐 수도 있다. 그리스도께서는 이 점을 매우 직설적으로 말씀하셨다.

"문으로 들어가는 이는 양의 목자라 문지기는 그를 위하여 문을 열고 양은 그의 음성을 듣나니 그가 자기 양의 이름을 각각 불러 인도하여 내느니라 자기 양을 다 내놓은 후에 앞서 가면 양들이 **그의 음성을 아는 고로 따라오되** ······나는 선한 목자라 나는 내 양을 알고 양도 나를 아는 것이 아버지께서 나를 아시고 내가 아버지를 아는 것 같으니 나는 양을 위하여 목숨을 버리노라 또 이 우리에 들지 아니한 다른 양들이 내게 있어 내가 인도하여야 할 터이니 **그들도 내 음성을 듣고** 한 무리가 되어 한 목자에게 있으리라 ······유대인들이 에워싸고 이르되 당신이 언제까지나 우리 마음을 의혹하게 하려 하나이까 그리스도이면 밝히 말씀하소서 하니 예수께서 대답하시되 내가 너희에게 말하였으되 믿지 아니하는도다 내가 내 아버지의 이름으로 행하는 일들이 나를 증거하는 것이거늘 **너희가 내 양이 아니므로 믿지 아니하는도다** 내 양은 내 음성을 들으며 나는 그들을 알며 그들은 나를 따르느니라"(요 10:2-4, 14-16, 24-27).

매주 설교를 듣거나 동료 신자 혹은 교회의 지도자들에게 권면을 받을 때 당신은 그리스도의 음성에 주의 깊게 귀를 기울이는가? 아니면 선별하여 듣는가? 혹시 그리스도의 몸 안에서 사랑과 선한 일을 격려하는 이들에게 저항하지는 않는가? 자신이 정말로 주님의 음성을 듣는지 스스로에게 물어보라. 그때 당신은 자신의 마음 상태에 대해, 그리고 당신이 주님과 맺고 주님의 교회와 맺는 관계에 대해 많은 것을 말할 수 있다.

마태복음 18장이 약술하듯 주님의 권징에 귀를 기울여 주님의 음성 듣는 일에 조금이라도 실패하는 것이 왜 매우 심각한 일인지 알게 되었는가? 그렇다면 이제 주님께서 왜 교회가 이와 같은 사람들을 "이방인과 세리"(마 18:17)처럼 여겨야 한다고 말씀하셨는지 알아보자.

4단계: 이방인과 세리와 같이 여기라

예수님께서는 회개를 거부하는 형제나 자매에 대한 교회의 권징 절차는 징계로 끝나야 한다고 아주 분명하게 말씀하신다. "너는 그를 이방인이나 세리인 것처럼 여기라"(마 18:17, NIV 직역).

징계는 하나님께서 자기 백성을 영적으로 모으시고, 그리스도의 몸에서 고의적인 위선자들을 제하시기 위해 자신의 교회에 맡기신 징벌의 수단이다.

그리스도께서는 교회를 불러 장로들을 통해 귀 기울여 듣지 않는 형제의 삶과 신앙고백을 판단하도록 하셨다.

오늘날 교회들은 그런 부정적인 판단을 매우 경멸함으로써 그들 교회가 얼마나 지독하게 주 예수님을 대적하는지 증명한다. 만약 주 예수님보다 우리가 더 현명하고 '동정적'이라 판단한다면 우리는 거의 배교에 다다른 것이다. 그러므로 오늘날 교회는 반드시 우리가 논의했던 권징에 대한 성경의 모범으로 다시 부르심을 받아야 한다. 그렇지 않다면 교회는 결국 교회의 정체성과 거룩함을 잃고 말 것이다.

범죄자를 판단하고 그것을 교회에 전하는 이유는 그들을 핍박하기 위함이 아니라 교회일원들을 보호하기 위함이다. 또 우리는 그 판단에 비추어 범죄자를 치료하고 그들과의 관계를 조절하기 위해 조치를 취한다.

성경에 약술된 몇 가지 징계의 등급을 간단히 살펴보겠다. 이를 위해서는 신약성경의 다른 구절들을 살펴야 한다. 그리고 앞에서 고찰한 마태복음 18장의 문맥에서 그것들을 평가해야 한다. 성경은 징계의 최종적이며 가장 심각한 형태, 즉 그들을 교회 밖으로 내치고 믿지 않는 자로 여기는 것에 대해 명쾌하게 말한다. 여기에도 세 가지 형태가 있다.

경고 또는 견책 : 하나님의 말씀은 신자가 순종의 길에서 벗어날 때 그를 경고하고 견책하기 위해 고안되었다. 우리가 살펴보았듯 경고와 견책은 비공식적인 권징 과정의 일부이지만 그 문제가 마지막으로 교회 앞에 이를 때 장로들은 어쩌면 공적 경고나 견책이 적법하다고 결의할지 모른다. "범죄한 자들을 모든 사람 앞에서 꾸짖어 나머지 사람들로 두려워하게 하라"(딤전 5:20).

절교(Disassociation) : 이것은 현대 미국 그리스도인들의 등골을 오싹하게 만드는 용어이다. 그들은 이 용어가 '광신적' 함축으로 가득하다고 생각한다. 이 점에서 우리의 반응은 우리가 성경에서 얼마나 멀리 벗어났는지 보여준다.

"형제들아 우리 주 예수 그리스도의 이름으로 너희를 명하노니 게으르게 행하고 우리에게서 받은 전통대로 행하지 아니하는 모든 형제에게서 **떠나라** ……누가 이 편지에 한 우리 말을 순종하지 아니하거든 그 사람을 **지목하여 사귀지 말고** 그로 하여금 부끄럽게 하라"(살후 3:6, 14).

"내가 너희에게 쓴 편지에 음행하는 자들을 **사귀지 말라** 하였거니와 이 말은 이 세상의 음행하는 자들이나 탐하는 자들이나 속여 빼앗는 자들이나 우상 숭배하는 자들을 **도무지 사귀지 말라** 하는 것이 아니니 만일 그리하려면 너희가 세상 밖으로 나가야 할 것이라 이제 내가 너희에게 쓴 것은 만일 어떤 형제라 일컫는 자가 음행하거나 탐욕을 부리거나 우상 숭배를 하거나 모욕하거나 술 취하거나 속여 빼앗거든 사귀지도 말고 그런 자와는 함께 먹지도 말라 함이라"(고전 5:9-11).

이 구절은 신자들로 소위 회개 없이 완고한 삶을 사는 자들에게서 떠나 서로 사귀지 말 것을 요구한다. 물론 그전에 교회가 공적으로 확인하는 작업이 필요하다. 바울의 표현을 빌려 말하면 교회가 그들을 '지목하는' 것이다. 교회는 사교적 접촉이나 교회 안의 교제를 통해 얻는 복과 안위를 그들에게 허락하지 않는다. 그들은 우리의 식탁에서 교제하지 못하며 우리와 함께 성찬에 참여하지 못한다.

몸 된 교회와의 공동체적 교제에서 배제되는 이 심각한 징계에도 불구하고 범죄자는 여전히 형제로서 여겨져야 한다. 바로 이 문맥에서 바울은 "그러나 원수와 같이 생각하지 말고 형제 같이 권면하라"(살후 3:15)고 썼다. 징계의 목적은 범죄자로 하여금 "부끄럽게"(살후 3:14) 하는 것이다. 참으로 하나님께서는 자기 자녀를 회개로 이끄는 수단으로써 부끄러움을 사용하신다.

이 징계가 효과적으로 수행되려면 확신하는 소망만큼이나 엄격한 사랑이 필요하다. 주님께서는 다루기 힘든 형제를 마지막 회개로 이끄시도록 이 징계를 온당하게 사용하신다. 주님을 믿는 자는 이 징계를 받아들임으로써 그분께 순종한다.

교회 밖으로 내침 : 많은 사람들은 이 최종적 징계를 '출교'라 부른다. 엄밀히 말해 출교는 잘못된 형제를 성찬의 성례에 참여하지 못하도록 배제하는 것이다. 그리고 우리는 그와의 교제가 허용되지 않는다.

마태복음 18:17에서 그리스도께서는 완고한 형제를 "이방인과 세리와 같이" 여겨야 한다고 명하신다. 이제 그는 형제로 여겨지지 않는다. 이방인으로 여겨져야 한다. 그리스도께서 그의 백성과 맺으신 언약의 교제의 복들을 누릴 권리가 더 이상 그에게는 없다. 그는 교회 밖으로 내쳐진다.

고린도전서 5:4-7에서 바울은 어떤 이를 교회 밖으로 내치는 문제에 대해 조금 더 다룬다.

"너희가 우리 주 예수의 이름으로 모일 때 나는 영으로 너희와 함께하고 우리 주 예수의 능력이 나타내어지고 그 죄 된 본성이 멸하여질 수 있고 그의 영은 주님의 날에 구원받을 수 있도록 이 사람을 사탄에게 내주며 ……적은 누룩이 온 반죽 덩어리에 퍼지는 것을 모르느냐 너희가 누룩 없는 새 한 덩어리가 될 수 있게 옛 누룩을 제거하라"(NIV 직역).

이 구절에서 바울은 범죄한 형제를 '사탄에게 내준다'고 말한다. 이 표현은 다소 어렵지만 출교된 자에게는 하나님께서 교회 회원인 그의 백성에게 주시는 보호가 제거됨을 명확히 나타낸다. 이제 추방된 범죄자는 '죄 된 본성이 멸하여질 수 있도록' 악한 자의 손에서 고통에 시달리게 된다.

그러나 주목하라. 주님의 권징에 이 극심한 단계가 있음에도 바울은 완고한 형제가 회개하고 회복될 참 소망을 굳게 붙잡았다. "죄 된 본성이 멸하여질 수 있고 그의 영은 주님의 날에 구원받을 수 있도록."

그럼에도 불구하고 이 구절은 회개치 않는 범죄자를 교회에서 제거하라고 강력하게 강조한다. 이것은 결코 간과되거나 축소되어서는 안 된다. 기억하라. 하나님께서 자신의 교회에 권징을 행하시는 목적 가운데 하나는 범죄자들을 회복시키는 것이다. 그러나 범죄자들을 교회 밖으로 내치는 이 단계는 동시에 권징의 다른 목적들을 거든다.

모든 죄는 하나님의 거룩을 범한다. 그런데 회개시키려는 동료 성도들의 반복적인 노력에도 불구하고, 신앙을 고백한 신자가 계속해서 죄를 범한다면 특별히 하나님의 눈에 가증스러운 것이다. 주님께서는 이사야 선지자를 통해 이렇게 선언하셨다.

"소는 그 임자를 알고 나귀는 그 주인의 구유를 알건마는 이스라엘은 알지 못하고 나의 백성은 깨닫지 못하는도다 하셨도다 슬프다 범죄한 나라요 허물 진 백성이요 행악의 종자요 행위가 부패한 자식이로다 그들이 여호와를 버리며 이스라엘의 거룩하신 이를 만홀히 여겨 멀리하고 물러갔도다 너희가 어찌하여 매를 더 맞으려고 패역을 거듭하느냐 온 머리는 병들었고 온 마음은 피곤하였으며 발바닥에서 머리까지 성한 곳이 없이 상한 것과 터진 것과 새로 맞은 흔적뿐이거늘 그것을 짜며 싸매며 기름으로 부드럽게 함을 받지 못하였도다"(사 1:3-6).

노골적인 죄와 위선은 주 하나님께 수치스런 치욕을 안겨드리는 것이다. 우리는 그리스도인으로서 그분의 이름을 지닌다. 이런 죄악 된 행동은 교회 밖 사람들이 하나님의 이름을 모독하는 원인을 제공한다(참조. 롬 2:24). 자신의 교회 안에 그런 범죄들을 묵인하지 않으시는 주님은 그것들을 쫓아낼 사람들을 부르신다.

또한 죄를 묵인하는 것은 교회를 위험에 빠뜨린다. 한 회원의 계속되는 불순종으로 인해 다른 사람들이 걸려 넘어질 수 있기 때문이다.

"제사장의 입술은 지식을 지켜야 하겠고 사람들은 그의 입에서 율법을 구하게 되어야 할 것이니 제사장은 만군의 여호와의 사자가 됨이거늘 너희는 옳은 길에서 떠나 많은 사람을 율법에 거스르게 하는도다 나 만군의 여호와가 이르노니 너희가 레위의 언약을 깨뜨렸느니라"(말 2:7, 8).

옛 언약의 제사장에게 참인 것은 모든 신자에게도 참이다. 우리는 그리스도 안에서 '제사장 나라'이기 때문이다. 신약성경은 하나님의 백성들에게 걸림돌

이 되는 악의 전형의 위험 몇 가지를 경고한다.

"그러므로 우리가 저 안식에 들어가기를 힘쓸지니 이는 누구든지 저 **순종하지 아니하는 본에 빠지지 않게 하려 함이라**"(히 4:11). "너희는 하나님의 은혜에 이르지 못하는 자가 없도록 하고 또 **쓴 뿌리가 나서 괴롭게 하여 많은 사람이 이로 말미암아 더럽게 되지 않게 하며** 음행하는 자와 혹 한 그릇 음식을 위하여 장자의 명분을 판 에서와 같이 망령된 자가 없도록 살피라"(히 12:15, 16).

그러므로 범죄자들의 회복에 대한 소망이 계속되는 만큼 교회는 신실하게 권징을 실행하도록 부름받는다. 그리스도의 영광과 교회의 선은 바로 거기에 성패가 달려있다.

형제를 얻음

오늘날 많은 사람들은 교회의 권징에 대한 생각을 비웃으며 소용없는 일이라고 말한다. 신앙을 고백하는 신자들 역시 권징이 유용하거나 효과가 있을 거라고는 생각하지 않는다. 애석하게도 그들은 빈번히 자신들이 기대한 그대로 받는다!

그러나 그것은 하나님의 방식이 아니다. 하나님의 행하심과 말씀 없이는 능력도 없다. 교회의 권징은 하나님의 말씀 사역으로서 신실한 장로들이 성경의 가르침을 따라 시행할 때 교회를 위한 하나님의 목적을 언제나 성취한다.

하나님께서는 우리의 믿음을 부추기고 굳세게 하기 위해 우리가 믿음의 길을 가는 동안 많은 격려의 약속들을 주신다. 또한 우리가 고린도전서 5장에서 만났던 고린도 교회가 범죄자를 되찾고 회복한 '성공 이야기'도 주신다. 두 번째 서신에서 바울은 그 이야기의 나머지 부분을 전한다.

"이러한 사람은 많은 사람에게서 벌 받는 것이 마땅하도다 그런즉 너희는 차라리 그를 용서하고 위로할 것이니 그가 너무 많은 근심에 잠길까 두려워하노라 그러므로 너희를 권하노니 사랑을 그들에게 나타내라 너희가 범사에 순종하는지 그 증거를 알고자 하여 내가 이것을 너희에게 썼노라 너희가 무슨 일에든지 누구를 용서하면 나도 그리하고 내가 만일 용서한 일이 있으면 용서한 그것은 너희를 위하여 그리스도 앞에서 한 것이니 이는 우리로 사탄에게 속지 않게 하려 함이라 우리는 그 계책을 알지 못하는 바가 아니로라"(고후 2:6-11).[9]

범죄자의 회개에 비추어 바울은 고린도 교인들에게 세 가지를 명령했다. 첫째, 그들은 그를 용서해야 했다(7절). 예수님의 명령에 따르면 회개는 용서를 부른다. "너희는 스스로 조심하라 만일 네 형제가 죄를 범하거든 경고하고 회개하거든 용서하라"(눅 17:3).

고린도 교회는 교회 밖으로 내치는 단계를 포함해 범죄자를 회개로 이끌기까지 상당히 많은 노력을 했다. 마침내 그가 회개했을 때 바울은 빠르게 온 교회가 그를 용서할 것을 촉구했다. 이런 의문이 들 수도 있다. 어쩌면 바울은 회개한 범죄자를 교회의 교제 가운데 다시 받아들이기 전에 그가 '자신을 입증'하도록 시험기간을 요청하지 않았을까? 그러나 바울은 아무것도 요청하지 않았을 것이다. 바울은 다만 명했다. "그를 용서하라."

둘째, 바울은 교회를 향해 회복된 범죄자를 위로하라고 요청했다. 물론 교회의 몸 된 생활은 그 자체가 위로다. 하지만 바울은 말과 행실로 분명히 격려하기를 원했다. 셋째, 바울은 고린도에 있는 신자에게 "그들의 사랑을 재차 확인할 것"(8절)을 명했다.

이러한 회복의 행동 뒤에는 권징과 징계의 행위 뒤에 계신 동일한 하나님의 권위가 있다. "너희가 무슨 일에든지 누구를 용서하면 나도 그리하고 내가 만일 용서한 일이 있으면 용서한 그것은 너희를 위하여 그리스도 앞에서 한 것이니"(고후 2:10). 여기서 사도는 우리 주님께서 분명히 설명하신 동일한 원리를 나타낸다. "진실로 너희에게 이르노니 무엇이든지 너희가 땅에서 매면 하늘에서도 매일 것이요 무엇이든지 땅에서 풀면 하늘에서도 풀리리라"(마 18:18).

---

[9] 범죄자의 회개를 이끈 고린도 교회의 행동 뒤에는 바울의 첫 번째 편지에 대한 그들의 반응으로 그와 동일하게 멋지고 놀라운 교회의 회개가 있었다(고후 7:6-12).

바울은 어떻게 마귀를 이기는지 전하며(고후 2:11) 예수님께서 마태복음 18장에서 제자들, 그리고 우리들에게 하신 말씀을 똑같이 한다. 신실하고 질서정연하게 행해지는 교회의 권징은 회개한 범죄자를 용서하고 회복할 뿐 아니라 교회가 치유되고 건강해지는 가장 효과적인 방법이기도 하다. 우리가 하나님의 아들딸로서 교회의 복된 교제 가운데 주님의 애정 어리며 보살피시고 은혜로운 권징으로 훈련받는다면 '의의 화평한 열매'를 받아 누릴 것을 확신할 수 있다. 이 얼마나 복된 일인가! 아멘.

연구 질문

1. 교회 치리회의 세 가지 주요형태는 무엇인가? 그것들은 서로 어떻게 비슷하고 또 다른가? 당신의 교회는 어떤 치리회 형태를 취하는가?

2. 교회 권징의 목적은 무엇인가? 당신의 교회는 애정 어리고 회복시키는 권징을 시행하는가? 교회의 권징의 목적에 비추었을 때 당신의 교회는 반드시 그렇게 해야만 하는가? 당신은 이에 대해 무엇을 할 수 있는가?

3. 마태복음 18:15-17은 어떤 단계를 따라 죄를 범한 형제를 다루라고 명하는가? 이 구절에 따라 당신이 마지막으로 주님의 명령에 순종했던 때는 언제인가?

04

그리스도인의 삶을 회복하자

데이비드 하고피언
(David G. Hagopian)

들어가며

우리는 하나님의 주권과 은혜로 회심하고 하나님의 언약 안으로 이끌림을 받은 자로서 모든 행함에 있어 그분을 영화롭게 하며 즐거워하도록 부름받았다. 그러나 이것은 우리의 시선을 그리스도께 고정할 때에만 가능하다. 그분께서 알파와 오메가이시요 처음과 끝이시며, 또 그분 안에서 영화롭게 되기까지 우리 안에서 착한 일을 시작하신 이가 그 일을 온전케 하실 것을 신뢰해야 한다.

앞으로 살펴보겠지만 그리스도께서는 우리가 그분 안에서 하나님의 의가 될 수 있도록 우리를 위해 죄인이 되셨다. 그분은 그 안에 내주하시는 성령을 통해 우리가 그분의 형상을 점점 닮아가면서 또 다른 영광에 이르도록 하는 분이시다. 그분은 죄의 지배와 속박에서 놓임을 주시며 참으로 우리에게 자유를 주는 분이시다. 그분은 우리를 각각의 부르심 안에서 그분의 왕 같은 제사장으로 삼는 분이시다. 그분은 특히 성경적 세계관을 함양하기 위한 우리의 모든 믿음과 행함을 통해 영광받으신다.

우리는 그리스도와 떨어져서는 아무것도 할 수 없다. 그러나 그리스도 안에서는 그분을 영화롭게 하며 즐거워할 수 있다. 그 안에서 천상의 모든 영적인 복을 받기 때문이다. 따라서 그리스도인의 삶은 우리를 위해 계시고 우리 안에 계시며 우리의 영광의 소망이신 그리스도에 관한 것이다.

많은 사람들이 오로지 자신의 영광과 즐거움을 위해 살아가는 이때 우리는 반드시 그리스도인의 삶의 기본으로 돌아가야 한다.

_ 데이비드 하고피언

제 16 장

그리스도를 바라보는 삶

솔직히 말해보자. 당신의 인생의 최고 목적, 첫째 되는 목적은 무엇인가? 오늘날의 많은 그리스도인이 그렇듯 당신도 개인적인 의미, 기쁨, 행복, 만족 등 한마디로 자아실현을 추구하는가? 그것이 정말 그리스도인의 삶의 전부일까?

물론 제대로 된 그리스도인의 삶은 진정한 자아실현으로 이어진다. 하지만 그것은 본질상 자아실현에 관한 것이 아니다. 그리스도인의 삶은 사람들에게 복음의 영향을 미치는 일을 포함하지만 사람에게 초점을 맞춰서는 안 된다. 그리스도인의 삶은 하나님께 초점을 맞추어야 한다.

인간의 첫째 되는 목적은 하나님을 영화롭게 하고 즐거워하는 것이다. 주님의 주님 되심과 그분께서 행하신 일들로 그분께 영광을 돌리는 것이다. 이미 살펴보았듯 그분은 주권과 은혜로 우리를 회심시키셨으며, 자신과의 언약관계로 우리를 이끄셨고, 교회 안에 있는 자기 백성들과 함께 우리를 세상에서 불러내셨다. 그리고 이제 살펴볼 것처럼 그분은 모든 영광의 하나님이시며, 우리는 그분의 영광을 위해 그리스도인의 삶을 산다.

이 모든 영광의 하나님을 잠깐이라도 뵙기를 바란다. 그러면 당신의 삶의 외침은 언제나 종교개혁자들의 외침과 같을 것이다. '오직 하나님께 영광'(*soli Deo gloria*, 솔리 데오 글로리아), 간단히 말해 이것이 그리스도인의 삶에 대한 개혁주의 관점의 전부이다.

하나님께 영광을 돌리는 삶은 말처럼 쉽지 않다. 우리가 이루고자 한다면 이루어지지 않을 것이다. 우리에게 초점을 맞추는 식으로 그 삶은 이루어지지 않는다. 우리는 믿음의 시작과 끝이 되시는 그리스도를 바라보아야 한다. 우리는 그리스도와 연합되어 있다. 우리가 그분과 함께 영광 가운데 이를 때까지 우리 안에 착한 일을 시작하신 이가 그 일을 이루실 것이다. 이를 신뢰하는 법을 우리는 배워야 한다.

따라서 그리스도인의 삶은 우리에 관한 것을 우선으로 하지 않는다. 그리스도에 관한 것이 우선이다. 더 정확히 말해 그리스도인의 삶은 우리를 위해 계시고 우리 안에 계시며 우리의 영광의 소망이신 그리스도에 관한 것이다.

그리스도와의 연합을 떠나서는 그리스도인의 삶에서 하나님을 영화롭게 할 수 없다. 그분과 연합할 때 우리는 우리의 죗값을 대신 지불하시고 자신의 의를 우리에게 돌리신 그분께 감사하는 삶을 산다(16장). 그분과 연합할 때 우리는 지금 여기에서, 우리가 참으로 영광을 향해 간다는 것을 알면서, 계속 그분의 형상을 닮아간다(17장). 그분과 연합할 때 우리는 그분을 위해 책임감 있게 삶으로써 그분께서 우리에게 주신 자유를 즐거워한다(18장). 그분과 연합할 때 우리는 그분의 제사장으로 부르심 받은 각자의 소명 안에서 그분을 신실하게 섬긴다(19장). 그분과 연합할 때 우리는 특별히 성경적 세계관을 함양하도록 배운다(20장). 그분은 영광된 역사를 우리 안에 이루셨고, 이루고 계시며, 앞으로 완성하실 영광의 주님이시다.

그러나 우리 안에 있는 하나님의 영광된 역사는 우리를 위한 그분의 영광된 역사에 달려있다. 특히 그분께서 홀로 행하신 일로 인하여 믿음으로 말미암아 우리를 의롭다 하신 그분의 은혜로운 선언에 달려있다. 확실하게 우리는 죄인이다. 그러나 그리스도 안에서 우리는 단순한 죄인 그 이상이다.

칭의: 그리스도인의 삶의 시작

수년 전 '나는 믿는다'(I Believe)라는 코미디 쇼가 인기를 끌었다. 유명한 코미디언이 나와 그가 믿는 다양한 것들을 줄줄 읊는 짤막한 농담이었는데, 한번은 불쑥 자신은 십계명 중 여덟 계명을 믿는다고 말했다. 이런 뜬금없음이 그가 웃음을 유발하는 지점이었다. 너무 장난스럽게 말해 사람들은 알아채지 못했지만, 나는 어쩐지 그가 하나님의 율법에 대해 보다 높은 관점을 지닌 게 아닐까 하는 생각이 들었다. 십계명 가운데 여덟 가지도 대지 못하면서 말로만 믿는다고 하는 오늘날 대부분의 그리스도인들보다 말이다.

십중팔구 이 애석한 현실은 대다수 그리스도인이 만든 결과이다. 그들은 그리스도인의 삶을 위한 하나님의 완전한 도덕적 규범에는 자신이 미치지 못함을 마음 깊숙한 곳, 하나님의 법이 기록된 곳(렘 31:33, 34)으로부터 너무나도 잘 알지만 이를 태만하게 무시한다. 그들은 마땅히 하나님을 사랑하고 이웃을 사랑해야 하지만 자신이 그와는 거리가 멀다는 걸 안다. 그들은 하나님의 계명 중 하나 이상을 어겼고 자신이 범법자라는 것도 안다(약 2:10). 또한 주님께서는 마음을 살피시기에(삼상 16:7; 잠 21:2) 단지 형식적으로 순종하는 자들을 위한 피난처는 없음을 안다.

그러나 산상수훈에서 주님은 어떤 금지된 행동을 하지 않는 것만으로는 율법의 요구를 충족시킬 수 없다고 가르치셨다. 우리 안에 깊이 내재하는 주님의 이 요구들은 폐부를 찌른다. 우리는 살인하지 않았을지 모르지만 누군가를 미워했고 그리스도께서는 이것이 여섯 번째 계명을 어긴 거라고 말씀하셨다(마 5:21-26). 유감스럽게도 우상숭배자, 거짓 예배하는 자, 비방자, 안식일을 범한 자, 반역하는 자, 살인자, 간음하는 자, 도둑, 거짓말쟁이, 은밀한 죄인은 교회당 밖에서만 발견되지 않는다. 그들은 교회당 의자에, 정확히 말해 당신이 앉은 그 자리에 앉아있다. 크든 작든, 뚱뚱하든 날씬하든, 젊었든 늙었든 우리는 모두 하나님의 거룩한 법을 범했다. 날마다 계속해서 생각으로 말로 행동으로 범하고 있다.

하나님의 법을 범하는 성향은 회심 전에는 우리를 최고로 지배했다. 우리가 하나님의 주권과 은혜로 하나님께서 자기 백성과 세우신 언약 안에 이끌림 받았을 때도 존속했다. 그 죄 된 성향은 우리가 영광의 주님과 얼굴과 얼굴을 맞댈 그 복된 날까지 우리 안에 남아있을 것이다.

많은 그리스도인이 자동차에 붙이는 스티커 구호 '그리스도인은 완전하지 않아요, 단지 용서받았을 뿐.'이라는 말은 참이면서도 거짓이다. 그리스도인은 계속 죄를 짓기에 '완전하지 않아요'라는 말은 참이다. 그러나 그리스도인은 '단지 용서받았을 뿐'이 아니기에 이 구호는 거짓이다. 이 구호 안에는 그리스도의 완전한 의(義)를 힘입어 그들이 **현재** 완전하다는 의미가 있다.

종교개혁자들이 신자들에게 '의인인 동시에 죄인'(simul instus et peccator, 시물 인스투스 에트 페카토르)를 가르침으로써 그리스도인은 이 땅에서 죄인인 동시에 의인 혹은 의롭다 하심을 받은 사람이라는 진리를 드러냈다. 이 말은 좋은 날, 심지어 가장 좋은 옷을 입고 가장 선한 행동을 하는 주일에도 그리스도인은 죄를 짓는다는 뜻이다. 그러나 정확히 이 지점에서 그리스도인은 기뻐할 수 있다. 하나님께서 이미 그들을 의롭다 하셨고, 사면하셨으며, 그리스도께서 이루신 사역에 근거해 그들을 의인이라 선언하신 것을 알기 때문이다.

그리스도인은 단지 용서만 받았을 뿐이 아니다. 다시 말해 그리스도인은 단순한 죄인이 아니라 의롭다 하심을 받은 죄인이다. 즉 그리스도인은 계속 의롭다 하심을 받는 죄인이다. 이것이 세상에서 모든 차이를 만든다!

그리스도인의 믿음과 삶에서 칭의교리는 결정적이다. 이 교리 위에 교회가 서고 무너질 뿐 아니라 그리스도인의 삶, 곧 그리스도인으로서 당신의 삶도 서고 넘어진다. 그리스도인의 삶에 진전이 있으려면 다시 시작해야 한다. 그러므로 이 모든 것이 어떻게 시작하는지 살펴보도록 하겠다. 죄인인 우리는 어떻게 의롭다 함을 받는가? 어떻게 우리는 이 세상에서 의롭다 함을 받은 죄인으로 남는가?

의인은 하나도 없다

우리의 존재와 행한 일에 의해, 즉 본성과 행위 모두에 있어 우리가 죄인이라는 사실은 전혀 놀랍지 않다. 우리는 본성적으로 죄인으로서 아담의 죄책을 전가받았다. 혹은 그의 상속자로서 우리에게 주어졌다. 바울에 따르면 우리는 아담의 불순종으로 말미암아 '죄인이 되었다'(롬 5:19). 다윗은 우리가 "죄악 중에서 출생하였고"(시 51:5) "모태에서부터 멀어졌다"(시 58:3)고 말하며 이 진리를 반복한다.

아담의 죄가 우리에게 전가된(주어진) 것은 단순히 그가 우리의 언약의 대표자 또는 법적 대표자로서 행했기 때문이다. 예를 들어 국회의원이 특정 법안에 대한 투표에 참여할 때 그는 지역주민을 대표해 한 표를 행사한다. 아담은 그의 주민들, 곧 그의 상속자들을 대표해 죄를 지었다. 아담은 우리 모두를 대표했다. 그러므로 그가 행한 것은 그를 통해 우리가 행한 것으로 인정된다(롬 5:12, 16-19). 우리가 금지된 열매를 직접 먹지는 않았지만 아담의 자손으로서 우리는 죄인으로 인정되고 아담의 죄로부터 흘러나온 죄악의 본성과 타락과 부패를 지닌다.

우리는 본성적으로 죄인일 뿐 아니라 행함에 있어서도 죄인이다. 죄인이기에 우리는 매일 죄를 짓는다. 정확한 사실이다. 결과적으로 의로운 사람은 하나도 없다. 선을 행하는 자는 하나도 없으며, 설사 이웃 사람보다 독실하다 해도 마찬가지다(롬 3:9, 12). 우리가 만일 누가 봐도 분명한 '선'을 행한다 해도 하나님 눈에는 '더러운 누더기들'이다(사 64:6, NKJV 직역).

참으로 모든 사람이 죄를 범하며 하나님의 영광에 계속 미치지 못한다. 그러므로 이 기소에서 제외되는 사람은 하나도 없다(롬 3:23). 모든 사람은 하나님의 법이 요구하는 의를 완전하게 이루는 데 실패했기에 저주 아래 놓였다(신 27:26; 갈 3:10; 약 2:10). 정말이다. 우리는 아담의 불순종으로 죄인이 되었기에 저주받은 죄인들이며 그로 인해 매일 계속해서 죄를 범한다.

완전히 거룩하시고 의로우신 성경의 하나님께서는 그럼에도 구원받기 원한다면 죄가 없어야 할 뿐 아니라 완전하게 의로워야 한다고 우리에게 요구하신다. 우리는 주님과 같이 거룩하게 되어야 하며(레 11:44-45; 벧전 1:15, 16) 그분을 본받아야 한다(엡 5:1). 그러나 우리가 어떻게 항상 그분을 본받을 수 있겠는가? 어떻게 우리가 늘 모든 것에서 거룩하신 하나님처럼 완전하게 거룩해질 수 있나? 우리는 이미 죄를 범했으며 계속해서 죄를 범하는데 어떻게 늘 죄가 없을 수 있는가? 우리는 본성적으로 죄인인데 어떻게 늘 완전하게 의로울 수 있는가? 요컨대 우리는 어떻게 늘 하나님 앞에 의로워질 수 있나?

정말 불가능한 일일까? 정황은 약간 다르지만 제자들 또한 이 같은 생각을 했다. "그러면 누가 구원을 받을 수 있나이까?" 그리스도께서는 그들의 초점을 바꾸심으로 위로하셨다. 그들은 반드시 사람이 아닌 하나님께 초점을 두어야 했다. 구원받기 위해 사람이 할 일이 아닌 오히려 사람을 위해 하나님께서 하신 일을 살펴보아야 했다. 그리스도에 의하면 구원은 사람이 이룰 수 없다. 그러나 하나님만이, 오직 하나님만이 이루신다(눅 18:26, 27).

다시 말해 사람은 스스로를 구원할 수 없다. 사람이 구원받고자 한다면 그는 결국 하나님께 구원받아야 한다. 처음부터 끝까지 구원은 오직 주님께로부터 온다. 어떤 권위자는 이렇게 말했다. 우리는 죄 지은 것 말고는 우리가 구원받는 데 기여한 것이 아무것도 없다! 그렇다면 우리는 어떻게 죄가 없으시고 완전히 의로우신 하나님 앞에 의로워지는가? 우리가 의롭다 함을 받았다는 성경의 말은 무엇을 의미하는가?

의롭다고 판결함

구약성경에서 **의롭다 함**을 받음은 '옳게 됨'을 의미한다. 이 말은 최우선적으로 법률상 한 사람의 입장을 선언하는 법적 용어이다. 만일 한 사람이 법을 준수하면 그는 의로운 자 또는 의롭다 함을 받는다. 반대로 법을 범하면 그는 사악한 자로 정죄를 받는다. 예를 들어 신명기 25:1에서 재판장은 사람들의 시비에 대해 "의인은 의롭다 하고 악인은 정죄"한다. 재판장이 백성들을 사악하게 하거나 의롭게 하는 게 아니다. 다만 법을 준수한 자에게는 올바르다, 법을 거역한 자에게는 사악하다 선언할 뿐이다(출 23:8; 시 51:24; 사 5:23; 43:9; 50:8).

신약성경에서 칭의는 어떤 사람을 의롭다고 선고함 또는 공표함 같은 법적 의미를 전달하는 용어를 사용한다. 그리스도께서는 바리새인들을 향해 "사람 앞에서 스스로 옳다 하는 자들"(눅 16:15)이라 말씀하셨다. 하나님께서 그들 마음의 진정한 상태를 아심에도 불구하고 바리새인들은 그들의 법적인 의를 다른 사람에게 고백하기 좋아했다. 그러나 그들은 실제 의롭게 됨과는 거리가 멀었다. 그들의 말은 천박했다. 그들은 입술로만 하나님께 영광을 돌리고 마음으로는 그분에게서 멀리 떨어져 있었다. 그들은 정말 조금도 의롭지 못했음에도 불구하고 자신들이 하나님의 율법 앞에서 의롭게 되었다고 선언했다.

칭의는 확실히 사법적인 영역이다. 앞으로 살펴보겠지만 칭의는 단 한 번의 행하심과 관련된다. 재판장이신 하나님께서 기꺼이 은혜롭게 우리의 죄를 그리스도께 전가시키신, 혹은 그분의 죄로 여기신 동시에 그분의 의는 우리에게 전가시키신 그 행하심과 말이다. 그분께서는 우리의 죄를 사면하시고, 우리가 그분 안에서 법적으로 의롭다고 선언하셨다. 간단히 말해 하나님께서 죄인을 의롭다 하신 것은 율법이 죄인에게 청구하는 모든 요구가 그리스도께서 죄인을 위해 이루신 사역으로 충족되었다고 법적으로 선언하신 것이다.

이처럼 칭의는 하나님께서 우리를 **위해** 행하신 것이지, 우리 **안에서** 행하신 것이 아니다. 우리에게 있어 칭의는 객관적이고 외부적인 것이다. 주관적이거나 내부적이지 않다.

칭의는 우리가 내적으로 의로워짐에 따라 진행되는 것이 아니다. 물론 하나님께서 우리를 영적으로 살리실 때 우리는 내적으로 의로워진다(중생). 이 내적 의로 우리는 그리스도인의 삶 전반에 걸쳐 자라며(성화), 몸과 영혼이 모두 완전히 속죄될 때 우리는 완전히 의로워질 것이다(영화). 하지만 이 내적 의의 현존과 성장과 궁극적인 완성은 칭의에 관한 전부가 아니다.

우리는 자신의 내적 의로 말미암아 의롭다 함을 받지 않지만, 그러나 칭의는 우리의 내적 의에서 완전히 분리될 수도 없다. 즉 칭의는 한편으로 성화와 관계가 있지만 다른 한편으로는 영화와 관계가 있다. 칭의 없이 우리는 결코 성화될 수도, 영화될 수도 없다. 마찬가지로 실로 의롭다 함을 받는다면 우리는 성화될 것이며 영화될 것이다. 하나님께서는 의롭다 한 사람들을 성화시키시고 영화롭게 하신다(고전 6:11; 롬 8:17, 29, 30). 그분께서 우리 안에 시작하신 역사를 그분께서 이루신다(빌 1:6).

그러나 칭의와 성화는 같은 것이 아니다. 결코 서로 분리될 수는 없더라도 칭의와 성화는 성경에서 분명하게 구별된다. 성화는 우리를 의롭게 만드는, 새롭게 하시며 거룩하게 하시는 하나님의 은혜와 연관된다. 반면 칭의는 우리를 위해 그리스도께서 홀로 이루신 사역을 믿음으로 말미암아 우리를 의롭다고 은혜롭게 선언하시는 하나님의 완성된 행하심과 연관이 있다. 로마가톨릭과 비개혁주의의 다른 형태들은 이 중요한 구별을 경시하지만 개혁주의 신앙은 성경을 단서로 이 구별을 항상 견지한다. 성경은 적어도 세 가지 방식의 논쟁을 통해 칭의가 우리에 대한 법적인 선언, 즉 내적인 도덕적 변화와는 반대되는 외부적인 법적 판결과 관련되는 것임을 입증한다.

첫째, 우리의 칭의를 묘사하는 데 사용되는 언어가 성부와 성자 두 분과 관련해서도 사용된다. 이미 알듯이 그분은 이미 도덕적으로 완전하시기에 의로워지실 수도 도덕적 변화를 겪으실 수도 없다. 예를 들어 누가복음 7:29은 백성들과 세리들이 '하나님을 의롭게 했다'고 말했는데(NKJV 직역) 어느 그리스도인이 한순간이라도 사람이 하나님을 공의롭고 의롭게 만든다고 생각할 수 있을까? 그럴 수 없다. 그들은 다만 그분 자신의 판단들로 의롭게 되시는 그분을 알았고 또는 선언한 것이다.

같은 방식으로 성경은 그리스도께서 의롭다 함을 받았다고 말한다(딤전 3:16). 그러나 이 역시 어떤 신적인 주입으로 그분이 의롭게 되셨다는 뜻이 아니다. 그분은 이미 완전히 의로우시다. 그분은 자신의 부활의 승리를 통해 하나님에 의해 의로워지셨다.

둘째, 신명기 25:1을 비롯해 다른 곳에서도 발견되듯 칭의는 종종 정죄와 대조된다(왕상 8:32; 욥 9:20; 34:17; 잠 17:15; 사 5:23; 마 12:37; 롬 5:16; 8:33, 34). 그리고 이미 살펴본 대로 정죄가 사람을 악하게 만들지 않듯이 칭의도 사람을 의롭게 만들 수 없다. 정죄는 어떤 사람이 법률상 악하다고 판결하는 것이다. 마찬가지로 칭의도 사람이 법률상 의롭다고 선언하는 것이다.

셋째, 몇몇 구절들은 칭의의 개념을 심판의 개념과 분명히 연결한다. "누가 능히 하나님께서 택하신 자들을 고발하리요 의롭다 하신 이는 하나님이시니"(롬 8:33). 이 구절은 그들이 이미 의롭다고 선언되었으니 하나님께서 택하신 자들은 정죄될 수 없다고 강조한다. 34절은 이 점을 분명히 한다. "누가 정죄하리요 죽으실 뿐 아니라 다시 살아나신 이는 그리스도 예수시니 그는 하나님 우편에 계신 자요 우리를 위하여 간구하시는 자시니라." 한 번 의롭다 함을 받은 사람들, 즉 의롭다고 선언된 사람들은 그 후에 정죄될 수 없다(롬 8:1).

다른 구절에서 **칭의**와 **의**라는 용어는 심판과 관련해 나란히 위치하는데 여기서 이들 용어의 사법적 성격을 넌지시 드러낸다. 창세기 18:25은 이와 관련해 의인과 악인을 동등하게 심판하지 않으시는 심판자에 대해 언급한다(참조. 시 143:2). 다른 구절들도 동일한 진리를 가르치는데 예를 들어 아브라함이 하나님을 믿었을 때 그것이 그에게 의로 여겨졌다. 즉, 인정되어졌거나 돌려졌다(창 15:6; 롬 4:3; 갈 3:6). 아브라함이 하나님의 완전한 의를 이미 가졌다면 하나님께서는 그것을 아브라함의 의로 여기실 필요가 없었을 것이다! 아브라함이 의를 가지지 않았기에 하나님께서는 그것을 의로 여기셨다. 하나님께서 자신의 완전한 의를 아브라함의 의로 여기셨기에 다윗도 "여호와께 정죄를 당하지 아니하는 자"(시 32:2)가 참으로 복되다고 선포할 수 있었다.

이들 두 구약성경 구절만으로도 우리는 칭의에 대한 전부를 알게 된다. 곧 하나님께서는 우리의 죄를 우리의 것으로 여기지 않으시고 오히려 자신의 완전한 의를 우리의 것으로 여기신다(요 5:24; 롬 4:6-9, 11; 고후 5:19-21).

성경은 분명하고 일관되게 증언한다. 칭의는 하나님께서 악한 자를 내적으로 의롭게 만드는 과정이 아니다. 악한 자를 법적으로 의롭다 선언하시는 하나님의 단 한 번의 공표이다. 하나님의 법정에서 악한 자는 그분의 거룩한 법을 범한 것에 대해 사형에 처할 죄로 재판을 받았으며 유죄판결이 내려졌다. 그러나 하나님께서는 그들을 사면하실 뿐 아니라 세상의 재판장이 할 수 없는 일을 하신다. 곧 그들을 의롭다고 선언하신다. 바울의 말을 빌리자면 하나님은 악한 자를 의롭다 하신다(롬 4:5).

의롭다 하심의 기반

그러나 우리가 다른 곳에서 논의했듯 악인을 의롭다 하는 것은 하나님 눈에 가공할 만한 일인데(잠 17:15; 참조. 출 23:7; 사 5:23), 어떻게 하나님께서 악한 자를 의롭게 하시거나 그들을 의롭다 선언하실 수 있을까? 악한 자를 의롭다 선언하는 것은 하나님의 완전한 공의와 모든 악에 쏟아부으시는 의로운 분노(롬 1:18)에 어떻게 일치하는가? 하나님께서는 어떻게 악한 자에 대해 '의로우시면서 의롭게 하시는' 분 둘 다가 되실 수 있나?(롬 3:26; 4:5)

그 답은 칭의의 근거와 기반에서 찾을 수 있다. 하나님께서는 우리의 죄를 그리스도께 돌리시며(전가하시며) 그분의 의를 우리에게 돌리신다. 하나님께서는 오직 순결하고 완전한 의만 받으시기에 그분에 의해 우리가 바로잡아지는 그 순결하고 완전한 의는 우리에게서 비롯될 수 없다. 대신 그 의는 오직 언제나 순결하시고 완전하게 의로우신 유일한 분, 주님 그분께로부터 나와야 한다. 루터는 이 의를 밖으로부터 오는 그리스도의 의(alien righteousness of Christ)라고 불렀다. 루터의 말은 이 의가 다른 행성에서 온다는 뜻이 아니라 우리 밖에서 온다는 뜻이다. 다시 말해 이 의는 우리 외부에 있으며 우리에게 전가된다. 이 의는 우리에게 주어졌다. 혹은 우리의 계좌에 입금되었다.

이렇게 생각해보라. 그리스도와 떨어진 우리는 전적으로 빚진 자요 완전히 파산한 자다. 그러나 때가 되어 그리스도께서는 우리를 도우러 오셨고, 우리의 빚을 떠맡으셨으며, 우리를 위해 청산해주셨다. 우리의 빚은 그분께 얹혔고 결과적으로 그분의 무한한 재산이 우리 계좌로 예치되었다. 이 거래가 바로 바울이 고린도 교인들에게 하나님께서 "죄를 알지도 못하신 이를 우리를 대신하여 죄로 삼으신 것은 우리로 하여금 그 안에서 하나님의 의가 되게 하려 하심이라"(고후 5:21)고 말했을 때 마음에 두었던 것이다. 여기에 따르면 우리는 이 위대한 교환을 기반으로 의롭다 함을 받는다.

- 우리의 죄가 그분께 전가되었으므로 그리스도께서는 우리를 위해 죄가 되셨다(그분께서 우리 빚을 떠맡으셨다). 그리고,
- 우리가 그분 안에서 하나님의 의가 되도록 그분의 완전한 의가 우리에게 전가되었다(그분께서는 그분의 무한한 재산을 우리 계좌에 예치하셨다).

그리스도께서는 왜 우리의 죄를 취하시고 우리에게 그분의 의를 주기까지 하셔야 했을까? 성경은 우리를 죄인으로 만드는 율법의 이중 요구를 만족시

키려면 그리스도께서 그렇게 하셨어야 했다고 답한다. 이중 요구는 첫째, 율법의 교훈에 완전히 순종해야 한다는 것과 둘째, 율법의 교훈을 어긴 형벌은 완전하게 치러져야 한다는 것이다.

우리에게 맡겨졌다면 우리는 결코 율법의 이중 요구를 만족시키지 못했을 것이다. 우리는 율법에 완전히 순종할 수도 없을 뿐 아니라 율법을 어긴 형벌도 완전히 치를 수 없다. 그러나 복음의 영광된 좋은 소식은 우리를 대신해 행하시고 또 우리를 대신하신 그리스도께서 이미 우리를 위해 율법의 이중 요구를 만족시키셨다고 전한다.

어떻게 그렇게 하셨는가? 아담이 우리의 언약의 머리 혹은 법적 대표자로서 우리를 죄와 죽음으로 이끌었듯이 마지막 아담이신 그리스도께서는 우리의 언약의 머리 혹은 법적 대표자로서 우리를 의와 생명으로 이끄셨다(롬 5:12-21). 그리스도께서는 우리를 대신해 우리를 위해 하나님의 율법에 완전히 순종하심으로 율법의 첫째 요구를 만족시키셨다. 그러고는 죄에 대한 율법의 완전한 형벌을 당하심으로 율법의 둘째 요구를 만족시키셨다.

그분을 통해 우리는 율법의 이중 요구를 실제로 만족시켰다. 그러므로 칭의는 몇몇 사람들이 오해하는 것처럼 하나님께서 법적 의제(擬制)를 행하시는 척하는 게 아니다. 하나님께서는 무엇도 가식적으로 행하지 않으신다. 그분은 실제로 우리의 죄를 우리의 언약의 머리이신 그리스도께 전가시키셨다. 그리고 실제로 그분의 의를 우리에게 전가시키셨다. 그리스도께서 죽으셨을 때 그분께서 우리를 위해 죽으셨을 뿐 아니라 동시에 우리 또한 그분과 함께 죽었다(롬 6:5, 8; 7:4; 고후 5:14; 갈 2:20).

삼위 하나님께서 입히신 옷

이 얼마나 엄청난 진리인가! 그리스도께서 자신의 생명과 죽음으로 우리를 위해 행하신 일 때문에 우리는 이사야처럼 선언할 수 있다. 우리의 '의와 힘'은 '여호와께만' 있다. 그분 안에서만 "이스라엘 자손은 의롭다 함을 받고 영광을 돌릴 것이다"(사 45:24, 25, NASB 직역). 예레미야의 선언처럼 그분은 "여호와, 우리의 의"(렘 23:6, NASB 직역)이시다. 바울도 그리스도를 "우리의 의와 거룩과 구원"(고전 1:30, NIV 직역)이시라 선언하며 이 합창에 가담한다.

한때 우리는 타락 후의 아담과 하와처럼 우리의 수치와 죄책과 악의로 벌거벗은 채 서있었다. 그러나 하나님께서는 아담과 하와에게 하셨듯 우리에게도 옷 입히셨다. 그러나 이번에는 무화과나무 잎으로 만든 옷보다 훨씬 나은 것으로 입히셨다. 즉 그분 자신의 옷, '구원의 옷'을 우리에게 주셨다. 우리는 그분의 의로 예복을 입는다!(사 61:10)

하나님께서는 우리의 '아주 더러운 옷'을 벗기시고 우리의 '죄악을 제거하셨으며' 우리를 '잔치 예복'으로 입히셨다(슥 3:4, NASB 직역). 우리의 칭의는 우리가 자신에게 행한 일이 아닌 그분께서 우리를 위해 행하신 일에 기초한다. 그리고 여기서 선한 의식이 나온다. 우리의 칭의는 우리의 의에 기초를 둘 수 없다. 다시는 결코 죄를 짓지 않는다 해도 우리의 의는 완전하고 무한하신 하나님의 공의가 우리의 과거 죄에 요구하는 바를 결코 만족시킬 수 없다.

앞서 살펴보았듯 우리의 가장 뛰어난 의도 하나님 눈에는 더러운 누더기일 뿐이다(사 64:6). 영광의 측면에서 결코 완전하지 못하기에 하나님께서 우리에게 요구하시는 완전한 의에 미칠 수 없다(마 19:17; 눅 10:28; 롬 2, 3장; 10:5; 갈 3:10; 5:3; 약 2:10). 세상 사람들의 믿음과는 달리 하나님께서는 상대평가를 하지 않으신다. 그분은 우리가 완전하기를 요구하신다. 물로 희석된 정도가 아닌, 그분의 완전함과 같은 방식의 완전함을 요구하신다(마 5:48).

하나님께서 요구하시는 완전에 비해 우리는 절망적으로 불완전하므로 우리의 칭의는 우리의 선한 행위에 근거할 수 없다. 그럴 수 있다고 생각하는 사람은 누구든지 이를 기억해야 한다. 자신의 행위로 의롭다 함을 받기 원한다면, 그저 자기 이웃보다 조금 더 나은 정도로는 안 된다. 인생 목표가 단순히 이전에 행한 선보다 아주 조금씩만 더 나아지는 정도로도 안 된다. 그는 길을 건너는 노인을 훨씬 더 많이 도와야 하고 자선 단체에 훨씬 더 많이 기부해야 한다. 그는 죄가 없어야 한다. 그러나 죄 없는 자는 하나도 없다(롬 3:10-24).

그러므로 설사 우리의 행위와 노력이 좋은 동기를 부여하더라도 우리의 칭의는 절대로 거기에 근거될 수 없다(롬 3:20; 4:2; 10:3, 4; 갈 2:16; 3:11; 5:4; 엡 2:8; 딛 3:5). 우리도 바울을 따라 다음과 같이 고백해야 한다. "[우리] 자신의 의를 가진 것이 아니라 ……그리스도를 믿음으로 말미암은 것, 곧 믿음에 근거한 하나님께로부터 난 의를 가짐을 그[그리스도] 안에서 발견되려 함이라"(빌 3:9, NASB 직역). 우리는 은혜로 구원받았다. 즉 우리에게서 비롯된 무엇이 아닌 자격 없는 자에게 값없이 베푸시는 하나님의 호의로 구원받았다(롬 3:24-26; 4:16; 5:15-21; 11:6; 갈 3:12). 그러므로 우리는 칭의의 근거를 자신의 내부에서 찾을 수 없다. 그보다는 그리스도를 향해 우리 자신의 바깥에서 찾아야 한다.

우리의 칭의는 시작부터 끝까지 우리 밖에, 삼위일체 하나님 안에 뿌리를 둔다. 곧 성자께서 이루신 사역을 통해("그분[그리스도]을 통하여 믿는 자마다 자유케 됨[의롭다 함을 얻는다]"[행 13:39, NASB 직역].) 성령님에 의해("그러나 너희가 의롭다 하심을 받았느니라 ……우리 하나님의 영에 의해서"[고전 6:11, NKJV 직역].) 성부 하나님께서 우리를 의롭다 하신다("의롭다 하신 이는 하나님이시니"[롬 8:33]).

하나님께서 홀로 의롭다 하신다. 우리의 죄에 대한 배상이 이미 이루어졌으며 은혜에 의하여 믿음으로 말미암아 영생이 우리에게 주어졌음을 그분께서 선언하신다.

은혜에 의하여 믿음으로

지금까지 살펴보았듯 절대로 칭의를 우리의 행위로 여겨서는 안 된다. 칭의는 우리 안에 혹은 우리가 행한 무엇에도 달려있지 않다. 심지어 하나님께서 우리에게 주신 믿음에도 아니다. 결과적으로 우리는 믿음에 의하여 은혜로 말미암아 의롭다 함을 받지 않는다. 그보다는 은혜에 의하여 믿음으로 말미암아 의롭다 함을 받는다(엡 2:8; 롬 3:24 이하; 5:15-21).

더욱 정확히 말하자면 그리스도께서 우리를 위해 행하신 일로 말미암아, 그분의 은혜를 깨닫는 데 필요한 믿음을 우리에게 은혜로 주신 하나님에 의해, 의롭다 함을 받는다. 이렇게 생각하면 믿음은 우리가 의롭다 함을 받는 도구일 뿐이며, 그리스도 안에서 값없이 주시는 선물을 우리가 받도록 하나님께서 주신 빈손일 뿐이다(엡 2:7, 8; 행 14:27).

우리의 칭의의 근거나 기반은 믿음이 아니다. 그리스도이다. 그러므로 성경은 바르게 해석될 때 믿음 그 자체로, 믿음 그 자체 때문에, 믿음 그 자체로 말미암아 우리가 의롭다 함을 얻는다고 결코 말하지 않는다. 그리스도께서 우리를 위해 이미 이루신 일을 믿음으로써(by), 믿음으로 말미암아(through), 또는 믿음으로(upon) 의롭다 함을 얻는다고 말한다(롬 1:17; 3:22, 25-28, 30; 4:3, 5, 16, 24; 5:1; 갈 2:16; 3:8, 9; 5:4; 빌 3:9).

믿음은 단지 믿음의 대상이며 칭의의 근거이신 그리스도를 향하게 하는 칭의의 도구이다. 참된 믿음은, 그리스도와 그분이 죄인들을 위해 이루신 사역 위에, 죄인들이 하나님의 은혜만으로 자신의 유일하며 완전한 의지를 내던지고, 그리스도께서 그들을 위해 하신 일을 아는 구속력 있는 신뢰를 수반한다.

우리가 "은혜에 속하기 위하여 믿음으로"(롬 4:16) 의롭다 함을 받는다고 쓴 바울의 마음에는 이 같은 구속력 있는 신뢰가 있었다. 즉 믿음에는 하나님의 은혜에 근거한 칭의를 나타내는 특별한 무엇이 있다는 뜻이다. 우리가 자신을 그리스도께 내어 맡긴다면, 구원하는 믿음으로 그분을 완전히 의지하고 신뢰한다면, 결국 우리는 자신의 노력을 모두 버리고 우리의 칭의는 오직 그분께만 뿌리를 내리고 기반을 둔다는 사실을 나타내게 된다. 존 머레이의 글처럼 "의롭다 하는 것은 믿음뿐이다. 그리스도와 그분의 의 안에 있는 우리의 모든 것을 발견하는 것이 믿음의 뚜렷한 특성이기 때문이다."[1]

우리의 유일한 소망

모든 것을 고려할 때 우리는 오직 찬양 가운데 무릎을 꿇고 그분께서 우리를 위해 행하신 일을 굳게 붙잡도록 값없이 은혜롭게 믿음을 주신 하나님께

---

1) John Murray, *Collected Writings of John Murray*, 4 vols. (Edinburgh: Banner of truth, 1977), 2:217.

감사드릴 것이다. 어떤 면에서 율법은 우리의 악함에 대해 우리를 두려워 떨게 하고 정죄하기 위해 왔다. 그러나 그리스도께서는 우리에게 지워진 율법의 요구를 성취하기 위해 오셨다. 우리를 대신해 우리를 위해 그분께서는 율법을 범한 우리의 형벌을 완전히 처리하셨고 율법의 모든 교훈에 완전히 순종하셨다. 아우구스투스 토플레이디(Augustus Toplady)가 "만세 반석"이라고 칭한 유일하신 분 안에 참으로 우리의 유일한 소망이 있다.

> 만세 반석 열리니 내가 들어갑니다.
> 창에 허리 상하여 물과 피를 흘린 것
> 내게 효험되어서 정결하게 하소서.
>
> 내가 공을 세우나 은혜 갚지 못하네.
> 쉼이 없이 힘쓰고 눈물 근심 많으나
> 구속 못할 죄인을 예수 홀로 속하네.
>
> 빈손 들고 앞에 가 십자가를 붙드네.
> 의가 없는 자라도 도와주심 바라고
> 생명 샘에 나가니 나를 씻어 주소서.
>
> 살아 생전 숨쉬고 죽어 세상 떠나서
> 거룩하신 주 앞에 끝 날 심판 당할 때
> 만세 반석 열리니 내가 들어갑니다.[2]

참으로 우리의 수고와 열심과 눈물은, 영원한 반석께서 우리를 위해 행하신 일을 할 수 없다. 우리는 벌거벗었으나 주님께서 우리를 옷 입히셨다. 속수무

---

2) Augustus M. Toplady, "Rock of Ages, Cleft for Me", *A Treasury of Hymn Stories* (1776; reprint, Grand Rapids, 1992 [1945]), 63-64.

책인 우리를 주님께서 구원하셨다. 더러운 우리를 그분께서 씻기셨다. 우리가 의롭다 함을 받았더라도 이 세상에서는 여전히 죄가 있다. 그러나 언젠가는 그분의 심판의 보좌에 좌정하신 그분을 뵐 것이다. 그분과 함께 영원히 영화롭게 될 것이다. 이를 알기에 우리는 오직 그분의 의와 피로 크게 기뻐할 수 있다. 우리는 진실로 영광을 향해 간다.

제 17 장

그리스도를 닮아가는 삶

칭의가 그리스도인의 삶의 시작이라면 성화는 그 중간 과정이고 영화는 끝이다. 지금까지 그리스도께서 우리를 위해 행하신 일에 기초해 하나님께서 우리를 어떻게 의롭게 하시는지 논의했다. 이제는 방향을 바꿔 우리를 영광의 한 단계에서 또 다른 단계로 바꾸실 때 그분께서 우리 안에 행하시는 일에 대해 논의하겠다.

성화: 하나님께서 도우시는 과정

피할 길은 없다. 하나님께서는 성경 도처에서 그분의 율법에 계시하신 바로 그 완전한 의를 우리에게 요구하신다. 그러나 단지 율법 안에서 완전한 의를 요구만 하시지는 않는다. 그분은 또한 복음 안에서 그분의 완전한 의를 은혜롭게 우리에게 주신다.

그렇다면 그리스도인의 삶에서 복음과 율법은 어떤 관계인가? 즉, 하나님께서 우리를 위해 행하신 일과 그분께서 우리에게 요구하시는 것 사이에는 어떤 관계가 있는가? 간단히 말하자면 우리는 구원받기 위해 그분의 법에 순종하는 것이 아니다. 오히려 우리는 그분의 법에 순종하기 위해 구원을 받는다 (엡 2:8-10). 일단 우리가 구원을 받으면 우리는 성화를 위한 모범으로써 그분의 법을 지킨다.

그러나 우리는 반드시 바른 관점을 가지고 순종해야 한다. 우리가 행한 것 때문이 아니라, 그리스도께서 **우리의 칭의와 성화**이시며 하나님께서 그분 안에서 우리를 **의롭고 거룩하게** 되었다고 선언하시기 때문에 구원받는다. 우리는 하나님의 은혜에 의해 그분께서 우리를 의롭다고 선언하신(칭의) 후에만 의 가운데 마음껏 자랄 수 있다(성화).

칭의가 단번에 전가된 의라면, 성화는 그리스도인의 삶 전반에 걸쳐 점차적으로 전가되는 의이다. 새로운 탄생에서 시작해 계속해서 성화되는 그리스도인의 삶은, 우리를 그리스도 안에 살도록 단번에 선언하신 그분을 더욱 닮아가기 위해 하나님께서 도우시는 과정이다.

우리는 이미 그리스도 안에 있는 자로서 바울의 말처럼 부르심에 합당하게 (엡 4:1) 매일의 삶을 살도록 부름받았다.

세 가지 성화

그럼에도 우리의 순종은 현세에 사는 동안은 불완전할 것이다. 참으로 우리가 중생하여 의롭다 함을 받는 그 순간, 우리는 그리스도의 죽음과 부활에 의해 객관적으로 우리에게 초래된 **결정적 성화**(definitive sanctification)를 경험한다 (롬 6:1-11; 엡 2:5).

우리가 결정적으로 거룩하게 된 순간, 우리 위에 놓였던 죄의 지배와 저주는 단번에 산산이 부서졌다. 우리는 이미 그리스도의 "의로움과 거룩함과 구원함"(고전 1:30; 골 3:1, 9, 10)을 받았기에 거룩해진다. 간단히 말해 그리스도 안에서 우리는 이미 죄에 대해 죽었다(과거시제).

이 결정적 성화가 바로 우리는 이미 거룩하게 되었다고 말하는 구절들의 목적이다(요 17:19; 행 20:32; 26:18; 고전 6:11; 히 10:10-14, 29; 13:12; 벧전 1:2). 우리를 위해 과거에 이미 성취되었다는 결정적 성화에 대한 이 이해는, 실제로는 거룩과 상당히 거리가 멀었던 악명 높은 불완전한 그리스도인들이 어떻게 고린도 교인들처럼 성도라 부르심을 받을 수 있었는지(고전 1:2) 설명한다. 고린도 교인들처럼 우리도 성도이다. 이는 우리 안에 있는 무엇 때문이 아니라 오직 그리스도께서 단번에 우리를 위해 행하신 일들로 말미암아 그렇다.

우리가 이미 결정적으로 거룩하게 되었더라도 우리는 여전히 이 세상에서 점차적으로 거룩하게 되어야 한다. 결정적 성화는 일부에 불과하기 때문이다. 우리가 결정적으로 거룩하게 되었을 때 죄는 우리 삶에서 쫓겨나 더 이상 우리를 지배하지 못한다(롬 6:2-6, 14; 요일 3:9; 5:18). 그러나 일부 죄는 여전히 우리 안에 남아있다(롬 6:20; 7:14-25; 요일 1:8-10; 2:1).

결정적 성화가 한순간에 일어난다면 **점진적 성화**(progressive sanctification)는 일평생 죄에서 하나님께로 돌아서는 과정이다. 이 과정은 이 세상에서 결코 완성될 수 없다. 결정적 성화는 과거에 한 시점에서 죄의 지배에 대한 우리의 죽음을 수반한다. 반면 점진적 성화는 현재 살아있는 죄를 파괴하는, 계속 진행 중인 전쟁이다. 우리는 미래의 영광에서만 **최종적 성화**(final sanctification), 즉 죄의 완전한 사라짐을 경험할 것이다(슥 14:20, 21; 계 21:2).

결정적 성화(과거)와 점진적 성화(현재)와 최종적 성화(미래)의 차이를 알겠는가? 우리가 한때 적진에 잡혀있었다고 생각해보라. 그리스도께서는 이미 우리를 적의 지배권에서 해방시키셨다(과거에 있었던 결정적 성화). 그리고 그분께서는 우리에게 집으로 가는 여행을 명하신다(현재 있는 점진적 성화). 집에 안전히 도착한 후에야 우리는 그분의 은혜로 적에게서 완전히 자유할 것이다(미래에 있을 최종적 성화).

이 세상에서 참 그리스도인은 집으로 가는 여행을 계속한다. 그는 결코 성경의 칭의교리를 부도덕한 삶을 변명하는 데 사용하지 않는다(롬 6-8장). 루터가 지적했듯이 우리는 오직 믿음으로만 구원을 받는다. 그러나 믿음 그 자체로가 아니다. 이 금언은 우리가 하나님의 은혜에 의하여 믿음으로 말미암아 오직 그리스도로 인하여 받는 의롭다 하심에 대한 부인을 아주 간단명료히 경계한다. 또한 믿음과 참 회개 사이, 칭의와 성화 사이의 불가분한 연합을 부인하는 것도 경계한다. 누구도 행위로 구원받지 못하지만, 행함이 없는 자는 누구도 구원받지 못할 것이라 확신한다.

믿음으로만 의롭다 함을 받는다는 바울의 가르침과, 믿음과 행함에 의해 의롭다 함을 받는다는 야고보의 가르침 사이에서 분명한 차이는 무엇인가? 그 답은 문맥을 통해 두 가르침을 이해할 때 발견된다. 그때 바울과 야고보가 말하는 '믿음', 그리고 '행함'은 서로 다른 종류임을 알 수 있다.

바울이 말하는 믿음은 우리가 의롭다 함을 받는 도구인 구원하는 믿음이다. 반면 야고보는 죽은 믿음에 대해 먼저 말하는데 실로 다만 지적 동의에 불과한 믿음, 즉 귀신들도 가진 '믿음'(약 2:19)으로서 우리의 칭의도구가 될 수 없는 믿음을 말한다. 그 후 야고보는 죽은 믿음과 구원하는 믿음을 대조하는데, 죽은 믿음이 진정한 행위를 낳지 못하는 반면 살아있는 믿음은 항상 진정한 행위를 낳는다.

주의하라. 죽은 믿음과 연관된 행위, 구원하는 믿음과 연관된 행위는 다르다. 행위가 우리를 의롭게 할 수 없다는 바울의 말은 죄인이 하나님의 율법에 순종하여 자신의 공로로 하나님의 호의를 얻으려는 법적인 행위에 대한 것이다. 야고보가 말하는 행위는 그야말로 구원하는 믿음을 증거하고 나타내는 선한 행위에 대한 것이다.

그렇다면 바울과 야고보 두 사람의 가르침에서 무엇을 알게 되는가? 간단히 말해 이것이다. 죽은 믿음을 가진 사람은 의롭게 되는 데 행위를 더할 필요가 없다. 그에게는 선물로 주어지는 구원하는 믿음이 필요하다. 게르하르드 포르데(Gerhard Forde)가 쓴 것처럼, "만약 믿음이 죽는다면 그것은 반드시 다시 살아나는 믿음이다."[1] 그리고 믿음, 만약 그것이 구원하는 믿음이라면 선한 행위를 배태하고 낳을 것이다.

그러므로 우리가 참으로 구원받았다면 그 구원은 선한 행위의 열매, 즉 하나님께서 성경을 통해 명하신 행위들을 낳을 것이다. 성경의 교훈을 따르고 사랑을 통해 행하는 믿음으로부터, 하나님께 영광 돌리려는 열망으로부터 솟아나는 행위들을 말이다. 이러한 행함이 없는 믿음은 죽은 것이다(약 2:17). 좋은 나

---

[1] Cited by Donald Alexander, ed., *Christian Spirituality: Five Views of Sanctification* (Downers Grove, Ill.: Inter Varsity Press, 1988), 78.

무는 좋은 열매를 맺는다(마 7:16-20; 요 15:8, 16). 선은 그분의 선한 기쁨을 위해 우리 안에 소원을 두고 행하도록 역사하기 때문이다. 우리는 반드시 경건한 경외심으로 우리의 구원을, 즉 점차 거룩하게 됨을 나타내야 한다(빌 2:12, 13).

구원하는 믿음이 없는 곳에는 선한 행위도 없으며 선한 행위가 없는 곳에는 구원하는 믿음도 없다. 원인(구원하는 믿음)과 결과(선한 행위)를 절대 혼동해서는 안 된다. 우리는 행함으로써가 아니라 행함을 위해 구원받는다(엡 2:8-10). 이러한 행함은 오직 그리스도의 공로를 통해서만 하나님을 기쁘시게 하는 것임을 기억하자.

성화를 이끄는 힘

주요동인이란 시계와 같은 기계장치를 작동시키는 주 원동력으로, 끊임없는 반동을 통해 시계를 계속 똑딱거리게 한다. 그리스도인의 삶은 이런 시계처럼 독특한 주요동인을 가지는데 바로 신자와 그리스도의 연합이다. 칭의가 그리스도와의 연합을 통해서만 우리의 것이 되듯 성화도 마찬가지다.

그리스도는 우리의 칭의이신 동시에 우리의 성화이시다(고전 1:30).[2] 칭의와 성화를 모두 그리스도와 연합한 결과로 볼 때 그들 사이에 추측되는 긴장은 사라진다. 우리는 하나를 다른 하나에서 축소시키거나 둘 사이의 성경적인 구별을 부정할 필요가 없다.

하나님께서는 성령의 능력으로 그분이 의롭다 하신 이들을 거룩하게 하신다(고전 6:11). 그리고 하나님께서는 그리스도 안에서 그렇게 하신다. 다음과 같이 쓴 칼빈의 생각은 옳았다. "우리의 구원 전체와 그 모든 부분은 그리스도 안에 포함된다(행 4:12). 그러므로 우리는 그것의 가장 작은 부분이라도 다른 어디에서 이끌어내지 않도록 주의해야 한다. 구원을 구한다면 우리는 예수의

---

[2] Sinclair Ferguson, "A Reformed Response [to the Lutheran View]", in Alexander, *Christian Spirituality*, 34. 신자의 성화와 그리스도와의 연합에 대한 이 상기는 퍼거슨이 47-76쪽에서 분명하고 설득력 있게 제시한 내용에서 많은 도움을 받았다.

이름, 즉 구원이 '그분의 것'이라는 그 뜻에서 배워야 한다(고전 1:30)."[3] 이어서 칼빈은 우리가 그분 안에서 누리는 복들을 열거한다. 즉 그분의 피로 정결해지고, 그분의 무덤 안에서 육을 죽이고, 그분의 부활 가운데 얻는 새로운 생명 등이다.

로마서 6:1-14에서 바울은 그리스도와 우리의 연합이라는 주제와 그것이 우리의 성화에 미치는 영향에 대해 세부적으로 구체화했다. 로마서 5:20에서 죄가 더하는 곳에 은혜가 더한다고 말한 것을 상기하라. 바울은 6장 첫 절 "은혜를 더하게 하려고 죄에 거하겠느냐"에서 반대자들이 그 진리에서 끌어내고 싶어 할 법한 잘못된 추론을 예상한다. 그리고 신자와 그리스도의 연합에 대해 이 잘못된 추론을 끌어내고 싶어 하는 사람들을 겨냥한다. 그는 반대자들이 놓치지 않도록 한 단계씩 논의를 옮긴다.

1. 신자로서 우리는 그리스도와의 연합을 누린다.
2. 우리가 연합된 그 그리스도께서 죄에 대해 죽으셨다.
3. 그리스도께서 죄에 대해 죽으셨고 우리는 그분께 연합되었기에 우리 또한 과거의 죄에 대해 죽었다.
4. 만약 우리가 죄에 대해 죽었다면 우리는 이미 죄에서 해방된 것이며 현재 죄 가운데 계속 살 수 없다.
5. 이런 이유로 우리는 죄에서 자유하고 죄 가운데 계속 살 수 없다.
6. 그러므로 우리는 은혜가 더해질지 모른다는 이유로 죄 가운데 계속 살 수 없다.

주의하라. 로마서 6장은 우리가 죄에 대해 죽으려면 무엇을 어떻게 해야 하는지 말하는 구절이 아니다. 바울이 논쟁에서 강조하는 것은 그리스도 안에서 우리가 이미 죄에 대해 죽었다는 것이다. 우리는 이미 죄에 대해 죽었기에 죄

---

3) John Calvin, *The Institutes of the Christian Religion*, ed., John T. McNeill, trans. Lewis Ford Battles (Philadelphia: Westminster Press, 1960), 2.16.19.

가 더 이상 우리를 지배하지 못한다는 점에서 우리는 죄로부터 해방되었고 우리는 그러한 사실대로 살아야 한다.

우리는 이미 과거에 결정적으로 거룩하게 되었다. 이제 우리는 현재에서 점차적으로 거룩해질 필요가 있다. 우리는 옥에서 석방되었다. 이제 우리는 하나님의 은혜에 의해 그리스도와의 연합 안에서 성령의 능력을 받아 집으로 여행하는 것이 필요하다.

이 구절의 큰 그림은 우리가 그리스도 안에서 의롭다 함을 받았고 결정적으로 거룩하게 되었으므로 죄는 더 이상 우리를 지배하지 않는다는 것이다. 따라서 이 구절은 우리의 과거가 아닌 그리스도의 과거에 초점을 맞춘다. 우리는 자신을 보는 일을 중단하고 그리스도를 보기 시작해야 한다. 많이 들어본 말 아닌가?

그리스도와 우리의 연합이 우리 칭의의 주요동인이듯 마찬가지로 그것은 우리 성화의 주요동인이기도 하다. 우리는 우리 자신을 들여다보는 대신 그리스도를 내다보아야 한다. 많은 그리스도인이 그리스도를 향해 망원경을 겨누어야 할 때도 자신을 향해 현미경을 겨눈다. 우리는 우리의 진보에 깊이 골똘하지 말아야 한다. 대신 하나님께서 그리스도 안에서 우리를 위해 행하신 일을 생각해야 한다. 그때 우리의 참된 거룩이 자랄 수 있다.

이 큰 그림을 마음에 가지고 우리는 그리스도 안에서 죄에 대해 죽었으며 하나님께 대해서는 산 자로 자신을 "여길" 필요가 있다(11절). 즉, 우리는 이미 그런 자임을 인정할 필요가 있다. 로마서 6장을 근거로, 우리는 죄에 대해 죽게 될 자가 아니다. 우리는 이미 죄에 대해 죽은 자다. 죄에 대해 죽는 것은 얼마쯤 진정한 영적 신자가 되기 위한 경험이 아니다. 이미 모든 신자에게 적용된 사실이다.

그러므로 신자들은 자신을 결정적으로 죄에 대해 죽고 그리스도에 대해 산 자로 여겨야 한다. 또한 그들은 이 귀중한 진리, 비록 그들은 죄에 대해 죽었지만(결정적 성화) 죄는 아직 그들 가운데 살아있어서 계속 그들 안에서 죽어져야 한다는 것(점진적 성화)을 알고 계속해서 투쟁할 것이다.

바울은 로마서 6장에서 우리는 이미 그리스도 안에서 죄에 대해 죽었다(결정적 성화)는 위대한 진리를 자세히 설명했다. 그리고 두 장 뒤인 로마서 8:13에서 우리의 죄 된 욕망을 죽이기 위한 우리의 부단한 필요(점진적 성화)를 철저히 조사한다. 바울은 골로새서 3장에서도 똑같은 일을 한다. 몇몇 구절에서 그는 그리스도 안에서 단번에 이루어진 우리의 죄에 대한 죽음(3절)과 옛 사람을 벗고 새 사람을 입음으로써 우리 자신을 죄에 대해 죽은 자로 여기는 계속되는 책무(5-11절)를 둘 다 논의한다.

바울은 과거에서 현재로, 결정적인 것에서 점진적인 것으로 쉽게 옮겨간다. 우리는 이미 결정적으로 거룩해졌으므로 점진적으로 거룩하게 되는 것이 필요하다. 이 점진적인 성화는 내주하시는 성령의 능력에 의해 우리의 삶 가운데 죄가 발견될 때마다 죄에 대해 죽을 것(롬 8:13)과 의를 실행할 것(갈 5:22, 23)을 모두 우리에게 요구한다.

바울은 골로새서 3:5-11과 에베소서 4:22-24에서 옛 사람을 벗고 새 사람을 입으라 말하며 죄에 대해 죽고 의를 실행하는 이중 책무에 대해 설명한다. 또한 우리 자신을 모든 육적 더러움으로부터 깨끗이 하고 여호와를 경외하는 가운데 거룩함을 온전히 이루라고 권하며 같은 점을 강조한다(고후 7:1).

실패를 낳는 세 가지 공식

죄에 대해 죽고 의를 행하는 것, 옛 사람을 벗고 새 사람을 입는 것, 우리 자신을 더러움으로부터 깨끗이 하고 하나님을 경외하는 가운데 거룩함을 온전히 이루는 것, 이 과정은 쉽게 이루어지지 않는다. 이 과정은 우리로 하여금 하나님과 사탄 사이에 벌어지는 뿌리 깊은 영적전쟁에 적극적으로 참여하기를 요구한다(엡 6:12).

제2부에서 살펴보았듯 이 전쟁은 바로 여기, 이 땅에서 일어나는 여자의 후손과 뱀의 후손 사이의 전투이다(창 3:15; 마 12:30). 이 전쟁은 날마다 신자 각 개인에게, 그리고 그 안에서 끈질기게 벌어진다. 우리가 싸우도록 부름받은 주적은 다름 아닌 악명 높은 삼인조, 즉 세상과 육신과 마귀(요일 2:14-17)이다. 우

리는 그들을 과소평가해서는 안 되지만 과대평가해서도 안 된다. 그들은 가공할 존재들이지만 무적의 존재는 아니다. 그리스도와 연합한 우리는 단순한 정복자 이상이다(롬 8:37).

우리가 넉넉히 이긴다는 말은, 그저 특정한 공식을 따르면 그리스도인의 삶에서 승리하는 자가 된다는 뜻이 아니다. 비개혁주의 전통은 일반적으로 그리스도인의 삶에 비성경적 또는 성경 외적인 접근을 강조했다. 그러나 개혁주의 신앙은 필연적으로 실패할 수밖에 없는 이 같은 공식들을 거부한다.

완전에 대한 강박

'승리하는 그리스도인의 삶'을 살 수 있으며 이 세상에서 완전하게 될 것이라는 일부 신자들의 주장은 1세기에도 있었다(요일 1:8-10). 그러나 인간의 역사를 통틀어 완전하게 승리한 그리스도인의 삶은 오직 하나, 그리스도의 삶뿐임을 잊어서는 안 된다.

완전하게 또는 완벽하게 승리하는 그리스도인의 삶을 산다고 주장하는 사람들은 그야말로 그들의 죄가 지닌 '엄청난 사악함'에 너무나도 정직하지 않은 것이다. 그들은 죄를 표면 위 거품 같은 의식적인 행동에만 국한시킨다. 그러나 성경은 표면 아래 거품 같은 "숨은 허물"(시 19:12)도 하나님의 법에 따르지 않는 것이라 말하며 죄로 규정한다.

완벽주의자들과 승리하는 삶 지지자들은 그들이 가정하는 완전을 이루기 위해 하나님께서 말씀으로 우리에게 요구하신 완전한 거룩에 대한 그분의 기준(레 11:44, 45; 마 5:48; 엡 5:1; 벧전 1:15, 16)을 낮춘다. 그러나 하나님의 기준을 낮출 때마다 결국 우리는 하나님 그분을 공격하는 것이다. 하나님의 법은 그분의 완전함과 변하지 않는 속성을 나타내기 때문이다. 하나님 그분께서 바로 기준이시다. 그분은 어제나 오늘이나 영원히 동일하시므로(히 13:8) 그분의 기준 또한 어제나 오늘이나 영원히 동일하다.

죄를 재정립하고 하나님의 완전한 기준을 낮추는 것만도 충분히 악한데 완벽주의자들과 승리하는 삶 지지자들은 거기서 멈추지 않는다. 그들은 신약성경의 중대한 주제들, 곧 우리는 이미 얻었다 함도 아니요, 이미 완전해진 것이 아니고, 우리는 여러 면에서 실수하며, 그리스도 안에서 모든 면에서 자라나야 한다(빌 3:12-14; 약 3:2; 엡 4:14, 15; 참조. 빌 1:9; 골 1:10; 2:19; 살전 3:12; 4:1; 10:2; 살후 1:3; 히 12:5-14; 벧전 2:2; 벧후 3:18)는 말씀들을 무시한다.

또한 그들은 요한일서 1:8을 무시한다. 거기서 요한은 "만일 우리가 죄가 없다고 말하면 스스로 속이고 또 진리가 우리 속에 있지 아니할 것이요"라고 말했다. 이 구절의 논리는 매우 분명하다. 곧 진리가 우리 안에 있다면 우리는 자신을 속이지 않기에 우리는 자신에게 죄가 없다고 말하지 않는다는 것이다.

승리하는 그리스도인의 삶을 사는 척하는 사람들은 로마서 7장에 나온 바울의 고백, 자신을 "곤고한 사람"이라 칭한 그의 고뇌를 결코 읽어본 적 없을 것이다. 아니, 더 정확하게 그들은 그것을 그들의 성경에서 완전히 삭제했을지 모른다. 로마서 7장을 읽고 그것이 무엇인지 알았다면, 즉 모든 그리스도인이 피할 수 없이 직면하는 전쟁을 가장 잘 묘사한 것임을 알았다면, 더욱 잘 안다고 생각할 때에도 그들은 얼마나 자주 하나님의 완전한 기준에 미치지 못하는지 이해했을 것이다. 그리고 십자가로 피하는 것이 그들에게 얼마나 필요한지 이해했을 것이다.

이 진리는 로마서 7장에만 국한되지 않는다. 로마서 7장을 바울의 회심 이전[4]에 대한 묘사로 생각하는가? 설사 그렇다 해도 성경은 다른 곳에서 또한 보통의 그리스도인의 삶을 죄와의 끊임없는 투쟁으로 묘사한다. 로마서 7장

---

4) 롬 7장의 고백이 바울의 회심 이전에 대한 것이 아니라 그리스도인으로서 그의 생애에 대한 것으로 결론 내리게 하는 설득력 있는 주석적 이유들이 있다. 첫째, 첫 부분(7-13절)은 과거시제(부정과거 시제[헬라어 시제를 말함. -역자주])로 쓰인 반면 두 번째 부분(14-25절)은 현재시제로 쓰였다. 첫 부분이 자전적인 것으로 자연스럽게 이해된다면 두 번째 부분 또한 그와 같이 이해하는 게 자연스럽다. 이 본문을 바울의 회심 이전과 연관해 이해하는 것은 매우 부자연스러울 뿐 아니라 바울의 다른 어떤 본문과도 평행구절을 찾을 수 없을 것이다. 더욱이 바울은 자신이 하나님의 법을 사랑하고 그 안에서 기뻐한다고 진술한다(15, 16, 18, 22절). 그러나 회심하지 않은 자는 하나님의 법에 복종할 수 없다(8:5, 7). 그들은 하나님의 일들을 이해할 수 없다. 그것을 이해하는 데 필요한 영적 안목이 없기 때문이다(고전 2:14). 그들은 눈멀고 부패하고 무법하고 하나님과 원수 된 자들이다(엡 2:3; 4:17 이하) 바울이 말하려는 것은 회심 이전의 그의 생애와는 거리가 멀다. 바울은 겸손히 그리스도인의 삶에서 겪은 자신의 실패를 보여준다. 그로써 우리의 유일한 소망, 홀로 우리의 승리가 되시는 주 예수 그리스도를 가리킨다(롬 7:24, 25). 이 본문에 대한 자세한 연구를 위해 J. I. Packer, "Appendix: The 'Wretched Man' in Romans 7", in *Keep in Step with the Spirit* (Grand Rapids: Revell, 1984), 263-70을 보라. 대부분의 개혁주의 신학자들은 롬 7:14-25을 그리스도인으로서의 바울과 연관시키지만 모두가 그런 것은 아니다. 예를 들면 Anthony A. Hoekema, "The Reformed Perspective", in *Five Views on Sanctification* (Grand Rapids: Zondervan, 1987), 232, 243 n. 25을 보라.

을 쓴 바울은 갈라디아서 5:17에서도 성령과 육체는 그리스도인의 삶 전반에 걸쳐 끊임없는 적대 가운데 있다고 말했다. 성령과 육체의 평생에 걸친 적대는 부정해야 하는 상태가 아니라 받아들여야 하는 사실이다.

오늘날 부화뇌동하기 좋아하는 몇몇 가르침과는 반대로 성령님께서는 우리가 갈등을 직면하지 못하도록 막지 않으신다. 오히려 성령님의 임재하심으로 이러한 갈등이 일어난다. "격렬한 내적 전투에 참여함은 [우리의] 구원의 증거"[5]이다. 그러므로 우리는 거룩한 전쟁의 격렬함에 놀라지 말아야 한다. 물론 이것은 그리스도 안에서 우리를 **위한** 하나님의 역사는 완전하지만 이 세상에 있는 우리 **안에서** 행하신 그분의 역사는 불완전함을 언급하는 또 다른 방식일 뿐이다. 그리고 우리 안에서 행하신 하나님의 역사의 불완전성은 내적 전투의 원인이 된다.

만약 '승리하는 그리스도인의 삶'을 산다고 주장하는 사람을 만난다면 회의론자가 하는 것처럼 해보라. 즉, 자칭 승리자를 한쪽으로 제쳐두고 그의 아내에게 물어보라! 그리고 기억하라. 당신이 맞닥뜨리는 모든 전투에서 그리스도의 승리가 곧 당신의 승리이다.[6]

포기에 대한 착각

어떤 사람들은 일종의 불굴의 노력으로 분투하면 이 세상에서도 승리하는 그리스도인의 삶을 완전하게 이룰 수 있다고 주장한다. 반면 다른 사람들은 참 성화란 하나님께서 역사하시도록 자신을 포기해야, 즉 그분의 뜻이 우리 안에서 이루어지도록 우리가 성령께서 흘러나가는 수동적인 통로가 되어야만 가능하다고 주장한다.

죄와 싸우고 있음을 정직하게 인정하는 사람이라면, 그것은 단순히 '영적인 것을 생각하는' 정도나 하나님께 '굴복하는' 정도, 혹은 수동적인 정도가 아님

---

5) Jay E. Adams, *The War Within: A Biblical Strategy for Spiritual Warfare* (Eugene, Oreg. : Harvest House, 1989), 29.
6) 보다 고상한 삶과 승리하는 삶에 대한 가르침뿐 아니라 완전주의에 대한 상세한 반론을 위해 B. B. Warfield, *Perfectionism*, in *The Works of Benjamin B. Warfield*, vols. 7-8 (1931; reprint, Grand Rapids: Baker, 1991)을 보라.

을 알게 될 것이다. 성경은 우리를 영적인 구경꾼으로 부르지 않는다. 악한 것의 공격에 적극 저항하도록 부르신다. 바울에 의하면 우리는 "선한 싸움을 싸워야" 하고(딤전 6:12) "그리스도 예수의 좋은 병사로 고난을 받아야" 한다(딤후 2:3). 그런데 자신을 포기하여 활동하지 않는 상태가 되었다면 어떻게 그리스도의 좋은 병사로 싸울 수 있겠는가?

이러한 오해는 '하나님께서 역사하시도록 자신을 포기한다'는 개념에 있어 칭의와 점진적 성화에 대한 본질적인 혼동이 있기 때문이다. 칭의와 점진적 성화는 모두 하나님의 선물이지만 칭의는 시간상 한순간에 수동적으로 받는 것인 반면, 점진적 성화는 우리의 삶 전반에서 계속해서 능동적으로 추구하는 것임을 그들은 알지 못한다.

그렇다. 삼위일체 하나님께서는 우리의 점진적 성화의 주권자이시다. 즉, 성령을 통해(벧전 1:2; 살후 2:13) 성자께서 하셨듯이(엡 5:25-27; 딛 2:14) 성부 하나님께서 우리를 거룩하게 하신다(요 17:17; 히 12:10). 그러나 우리 또한 우리의 점진적 성화에 책임이 있다. 성경의 모든 명령과 금지법이 직접적으로 우리에게 순종을 지시한다는 사실이 이를 증명한다. 만유의 주권자이신 하나님께서는 이웃을 사랑하고 악덕을 피하며 항상 기도하라고 우리에게 말씀하시면서 우리가 그분께 순종하기를 기다린다고 말씀하신다.

우리의 점진적 성화에 대한 하나님의 주권과 인간의 책임 사이의 관계에 대해 빌립보서 2:12, 13과 골로새서 1:29보다 더 분명하게 초점을 맞추는 곳은 없다. 바울은 빌립보서 2:12, 13에서 "두렵고 떨림으로 너희 구원을 이루라 너희 안에서 행하시는 이는 하나님이시니 자기의 기쁘신 뜻을 위하여 너희에게 소원을 두고 행하게 하시나니"라고 단숨에 말한다. 골로새서 1:29에서는 자전적인 말로 "이를 위하여 나도 내 속에서 능력으로 역사하시는 이의 역사를 따라 힘을 다하여 수고하노라"라고 쓴다.

하나님께서는 우리를 구원하심으로 역사하시고 우리는 그리스도인의 삶 전반에서 구원의 결과를 개선해 나아간다. 하나님의 역사는 우리의 일을 중단시키지 않으며 우리의 행위도 그분의 역사하심을 중지시키지 않는다. 그러나 하나님의 역사는 마치 우리의 행함과 전혀 관계가 없다는 듯, 하나님께서는 그저 그분의 몫을 행하시고 우리는 우리의 몫을 행한다는 듯 생각해서는 안 된다. 그보다는 하나님께서 역사하시기에 우리가 행한다는 표현이 정확하다.

바울은 우리의 행함이 필요하다고 말한다. 더불어 우리가 행하도록 동기를 부여하는 것은 우리 안에서 행하시는 하나님의 역사라고 말한다. 하나님의 주권은 실제로 인간의 책임을 북돋운다. 막는 것이 아니다. 그분께서는 우리가 그분께 순종하도록 주권적으로 권능을 부여하신다.

이 중요한 진리를 더욱 잘 이해하도록 포도나무와 가지에 대해 생각해보라. 가지들은 포도나무와 떨어져 자랄 수 없다. 포도나무와 분리되면 가지들은 말라 비틀어져 죽는다. 포도나무에 붙어있기에 가지들은 자랄 수 있다. 무엇보다 우리의 성장을 가능하게 한 것은 포도나무였음을 결코 잊지 않는다면 우리는 가지들의 성장을 증명하게 될 것이다. 그리스도께서 포도나무이시다. 우리는 가지이다. 그분을 떠나서 우리는 아무것도 할 수 없다(요 15:1-5).

결론적으로 '포기하다'라는 공식을 "내적 수동성, 곧 성령의 능력 안에서 훈련된 도덕적 노력을 위한 성경적 부르심에 동반하는 거룩에 대한 공식"[7]과 동일시하는 것은 잘못이다. 그것은 패커의 언급처럼 그리스도인의 삶에 큰 혼란을 입히는 '망상'이다.

영과 속에 대한 오해

어떤 사람들은 승리하는 삶을 가르치는가 하면 어떤 사람들은 수동적인 삶을 가르친다. 그리고 또 다른 부류가 있는데 그들은 그리스도인의 삶의 핵심이란 '육적인' 이등 신자의 반대, 곧 '영적인' 일등 신자가 되는 것이라 주장한다. 우리가 주님이신 그리스도께 우리 삶의 왕권을 넘기거나 포기할 때 이루어진다고 알려진 그것 말이다.

그러나 분명히 짚고 넘어가자. 우리가 그리스도를 모든 것의 주님으로 만드는 것이 아니다. 그분께서는 이미 모든 것의 주님이시다. 더욱이 성경은 그리스도인을 일등 신자와 이등 신자로 결코 나누지 않는다. 성경은 오히려 직설

---

7) J. I. Packer, *Rediscovering Holiness* (Ann Arbor: Servant, 1992), 43.

적으로 우리에게 말씀한다. 회심한 그리스도인은 모두 '육적'이며 '영적'이다. 다시 말해 죄인인 동시에 의롭다 함을 받은 자다.

마이클 호튼(Michael Horton)은 다음과 같이 정확하게 말한다. "우리는 육적인 그리스도인이거나 영적인 그리스도인 둘 중 하나가 아니다. 오히려 모든 그리스도인은 그들의 '포기' 때문이 아니라 그리스도의 소유이기 때문에 악한 동시에 영적이다. 우리 모두는 같은 부류에 속하며 단지 방법에 따라 각기 다른 관점이 있을 뿐이다."[8]

참으로 십자가 아래의 땅은 평평하다. 진실로 영적으로 되는 것을 주장하는 자들은 그곳에 갈 필요가 있을 것이다. 십자가 아래에서 그들이 자신을 위해 죽임 당하신 완전한 어린양을 골똘히 응시한다면 아마도 자신의 판단이 섣불렀음을 깨달으면서 욥처럼 자신의 손으로 자신의 입을 막을 것이다.

승리를 위한 세 가지 위로

은혜의 수단을 붙들자

죄를 극복하는 데 공식이나 비법들은 도움이 되지 않는다. 성경을 승리 한 토막, 수동성 한 토막, 포기 한 토막을 추천하는 요리책으로 대한다면 그 사람의 결국은 항상 그리스도인의 삶에 대한 섣부른 이해로 끝날 것이다. 그리스도께서 하늘로부터 오신 생명의 떡이므로 우리는 아무것도 요리할 필요가 없다. 우리는 그분을 먹기만 하면 된다(요 6:48-51).

이것은 중요한 부분이다. 우리의 양육과 성장을 위해 그분께서 은혜로 주신 수단으로 그분을 먹지 않는다면 우리는 결코 삶에서 죄를 실제적으로 처리할 수 없다. 우리는 옛 사도들의 교회에서처럼 계속해서 말씀에 헌신하고 떡을

---

8) Michael S. Horton, "Don't Judge a Book by Its Cover", in *Christ the Lord*, ed. Michael S. Horton (Grand Rapids: Baker, 1992), 33. 육적인 것과 영적인 것의 이분법에 대한 더 자세한 논의를 위해 체이퍼(Lewis Sperry Chafer)가 쓴 *He That Is Spiritual*에 대한 워필드(B. B. Warfield)의 정평 있는 논박, 원본 *Princeton Theological Review* 17 (April 1919): 322-27을 보라. 이 논평은 Horton, *Christ the Lord*, 211-18로 재발행 되었다.

떼고 기도하는 일의 중요성을 다시금 배워야 한다. 이것이 성령께서 우리로 하여금 우리 주 예수 그리스도를 아는 지식과 은혜 안에서 자라가게 하는 수단이다.

또한 사도행전 2:42과 같은 구절에서 교회가 맡은 필수적인 역할에 주목하라. '굳건한 개인주의'에 자부심을 느끼는 사람에게는 이상하게 들리겠지만 성화는 단지 개인적인 것이 아니다. 제3부에서 이미 살펴보았듯 하나님의 백성은 영과 진리로 그분을 예배하고 성례에 참여하고 특히 성경적 교회의 권징을 실행하는 교회 지도자에게 순종함으로써 영적으로 함께 자란다.

끝으로, 실재하는 고난과 고통의 한가운데 놓인 우리의 삶을 주권적으로 계획하고 섭리적으로 인도하심으로써 하나님께서 어떻게 우리로 은혜 가운데 엄청난 성장을 경험하게 하시는지 주의하지 않는다면 우리는 완전히 태만해질 것이다. 사랑하는 이의 임종을 지켜보는 비통, 직장을 잃은 절망, 가정이 파탄될 때의 비탄은 참으로 슬프지만 그 각각은 독특한 방식으로 그분께 대한 우리의 신뢰를 깊게 한다. 그분은 자신의 지혜와 사랑과 능력 안에서 참으로 모든 것들이 우리의 선을 위해 함께 역사하게 하신다. 우리 삶의 모든 조각들은 정말로 그분의 온화한 손안에 있다. 심지어 우리가 아직 그분 보시기에 적합하지 않을 때에도 그 모든 조각들은 실로 서로에게 딱 맞는다.

하나님께서는 은혜 안에 자라가는 수단들을 우리에게 은혜롭게 공급하신다. 먹지 않고서 육체의 성장을 기대할 수 없듯 우리는 그 수단들을 경시하면서 자라나기를 절대 기대할 수 없다.

내적 전투를 인정하자

우리는 그분께서 우리를 위해 제공하신 은혜의 수단을 통해 자라나므로 절대 그리스도께서 이루신 사역을 잊어서는 안 된다. 그리스도는 우리의 믿음의 창시자요 완성자시다(히 12:2). 일단 우리의 눈을 그분께 고정한다면 우리는 결국 하나님의 법이 지닌 목적을 이해하게 될 것이다.

그 법은 그리스도와 복음으로 우리를 데려가기 위해 우리를 책망하며 자기 의를 추구하는 우리의 성향을 책망한다. 그리고 거룩한 삶을 위한 하나님의 뜻을 우리에게 가르친다. 만약 당신의 삶을 그 법에 비추어본 후 자신의 구원을 의심하게 되었다면, 당신은 로마서 7장 마지막 부분과 로마서 8장에서 바울이 했던 대로 십자가 아래 피해야 한다.

우리는 우리가 불법과 죄로 죽었을 때 그랬던 것만큼 지금 살아있는 모든 순간에도 그리스도의 죽음이 필요하다. 그 법은 여전히 우리를 인도하지만 결코 우리를 사법적으로 정죄하거나 협박하지 않는다(롬 8:1, 33, 34). 결코, 두 번 다시는. 그러나 가끔 우리는 이 귀중한 진리를 쉽게 잊은 결과 절망의 수렁에 빠져들곤 한다. 루터의 도움을 받은 제자 필립 멜란히톤(Philipp Schwarzert Melanchthon)은 언젠가 자신이 구원받을 만큼 충분히 그리스도를 신뢰하는지 궁금해하면서 루터에게 편지를 썼다. 우리 모두는 그에게서 동질감을 느낄 것이다.

루터는 다음과 같이 쓰면서 그 제자에게 또 우리에게 분명히 답한다. "멜란히톤! 용감하게 죄를 향해 가시오! 그런 다음 십자가로 가서 용감하게 고백하시오! 복음은 모두 우리 밖에 있소."[9] 몇몇 사람들은 이 강력한 충고를 두고 루터가 부도덕하게 살기를 조언한 것으로 잘못 이해한다. 그러나 루터는 '멜란히톤에게 충격을 주어서 그의 유일하며 참된 의는 그의 밖에 있음을 깨닫게'[10] 하려는 것이었다.

루터가 진술한 충격적인 현실에 정곡을 찔릴 때 우리는 겸손히 이 세상에서 아직은 죄인이지만 의롭다 함을 받는다고 고백할 수 있다. 그때 우리는 자신에게 정직해지는 일이 얼마나 우리를 새롭게 하는지 발견할 것이다.

우리의 창조나 본성에 의해 우리 안에는 선한 것이 거하지 않음을 우리는 안다(롬 7:18). 그러나 또한 우리는 그리스도 안에서 참으로 씻음을 얻으며 의롭게 되며 거룩하게 됨을 안다. 그러므로 어떤 의미에서 영광은 이미 우리 안에서 시작되었다(고전 6:11)고 분명히 말할 수 있다.[11]

---

9) Rod Rosenbladt, "Conclusion: Christ Died for the Sins of Christians, Too", in Horton, *Christ the Lord*, 199.
10) Ibid., 200.
11) Ferguson, "A Reformed Response", 67.

하나님께서는 영광된 인생의 종국과 더불어 우리에게 새 정체성을 은혜롭게 주셨다. 하지만 우리 자신은 완전히 더럽혀졌고 오직 죽음과 멸망을 당하기에 합당함을 우리는 애석하게도 시인해야만 한다. 이 세상에서 우리는 로마서 7장의 마지막과 로마서 8장의 시작을 모두 살고 있다.

우리 안에 있는 이 긴장은 단순한 작은 충돌 이상이다. 우리 안에서 일어나는 일들은 천상에서 벌어지는 본격적인 전쟁의 일부임을 정직하게 인정할 때 우리는 우리의 전쟁을 실제적이며 성경적으로 처리할 수 있다.

그때 우리는 더 이상 우리 앞에 놓인 전쟁을 없는 척하거나 혹은 이미 완전히 승리한 것처럼 말할 필요가 없다. 더 이상 소극적이거나 수동적인 태도로 전쟁의 맹렬함에서 물러날 필요가 없다. 더는 만유의 주권자이신 하나님께서 우리 삶 가운데 왕권을 가지고 좌정하시도록 그분께 완전히 항복할 것을 고민하면서 백병전 한가운데서 자신을 흐트러뜨릴 필요가 없다.

잔인한 내적 전투를 인정함으로써, 우리는 자신의 승리를 의지해서도 아니고 자신의 수동성 또는 굴복에 의해서도 아니며 오직 그리스도만을 의지함으로써 그 전투에서 싸우는 법을 배울 수 있다. 우리는 자신의 능력이나 공로를 가지고는 이 전쟁을 이길 수 없다. 우리 안을 바라보길 중단하고 우리 밖을 바라보아야 한다.

우리는 의롭다 함을 받은 죄인으로서 그분의 무한하신 자비 가운데 피난처를 구하며 우리에게 그분의 한없는 능력을 주시기를 간청해야 한다. 또한 우리의 유일한 공로로서 그분의 완전한 공로를 확고히 하면서 계속해서 우리 자신을 그리스도께 맡겨야 한다. 그리고 그리스도 안에서 우리의 모든 위로를 발견해야 한다.

영광의 소망을 바라보자

이 세상에서 의롭다 함을 받은 죄인이 그리스도 안에서 모든 위로를 발견하는 것은 놀라운 특권이다. 그런데 패커는 거장답게 이 특권의 위대함보다 훨씬 더 좋은 것은 아직 우리에게 오지 않았다고 상기시킨다.

현시점의 자기 자신을 아는 것, 곧 루터의 구(句)에서 언급한 *simul justus et peccator* (시물 저스투스 에트 페카토르), 곧 여전히 죄를 범하지만 하나님의 의로 의롭다 함을 받은 죄인이 되는 것은 놀라운 특권이다. 그러나 우리 앞에 놓인 소망은 심지어 더욱 놀랍다. 우리는 이제 죄인이 아닌 자로서 그분을 뵙고 그분과 교제하면서 하나님의 임재 가운데 있게 된다. 이 목적지까지 우리를 이끄시는 것이 현재 우리를 향한 하나님의 계획이다.[12]

참으로 하나님께서는 주권적으로 은혜롭게 이 목적을 향해 우리를 이끌고 계신다. 실제로 우리는 이를 위해 예정되었다. 말하자면 우리는 영광에 구속되어 있다. 바울은 이렇게 말한다.

"우리가 알거니와 하나님을 사랑하는 자 곧 그의 뜻대로 부르심을 입은 자들에게는 모든 것이 협력하여 선을 이루느니라 하나님이 미리 아신 자들을 또한 그 아들의 형상을 본받게 하기 위하여 미리 정하셨으니 이는 그로 많은 형제 중에서 맏아들이 되게 하려 하심이니라 또 미리 정하신 그들을 또한 부르시고 부르신 그들을 또한 의롭다 하시고 의롭다 하신 그들을 또한 영화롭게 하셨느니라" (롬 8:28-30).

바울은 고통의 시간을 보내는 로마의 그리스도인들에게 위로와 확신을 주고자 했다. 곧 하나님께서 그들을 영화롭게 하기로 영원한 목적을 세우셨기에 미래에 있을 영광을 과거 시제로 말할 수 있다고 전했다. 하나님의 관점에서 그것은 이미 성취된 일이었다.

그렇다면 우리의 미래의 영광은 무엇을 포함하는가? 하나의 예로 우리가 죽을 때 일어나는 일은 하나님의 즉각적인 임재 가운데 거하는 것 그 이상이다. 그리스도와 함께하기 위해 죽는 것이기 때문이다(빌 1:21; 고후 5:8). 물론 그리스도의 임재 가운데 있는 것은 그 자체로 경탄할 일이다. 그러나 영화는 우리

---

12) Packer, *Rediscovering Holiness*, 60.

의 몸과 영혼이 모두 완전해지고 궁극적으로 속죄되는 그 순간에 관한 것이므로 경탄할 일 그 이상이다.

영화롭게 되는 그때 우리는 부활하시고 하늘에 오르시고 영화롭게 되신 우리의 구속주의 모습과 동일하게 될 것이다. 우리의 이 천한 몸은 그분의 영광의 몸과 같아질 것이다(빌 3:21).[13] 우리의 영광의 소망은 고난의 때에 참으로 놀라운 위로이다.

그러나 우리의 영광의 소망은 그보다도 훨씬 더 풍성하다. 그것은 우리가 현재 여기서 거룩 가운데 자라도록 자극한다. 요한은 그의 첫 번째 편지에서 이렇게 말한다. "그가 나타나시면 우리가 그와 같을 줄을 아는 것은 그의 참모습 그대로 볼 것이기 때문이니"(요일 3:2). 요한은 이어서 "주를 향하여 이 소망을 가진 자마다 그의 깨끗하심과 같이 자기를 깨끗하게 하느니라"(3절)고 덧붙인다. 우리는 요한이 말한 대로 '그분과 같이 될,' 곧 그분의 모습이 우리 안에서 완전하게 영원히 회복될 복된 날을 사모하면서 그리스도인의 삶을 살아야 한다.

우리는 타락한 이후 그분의 모습이 우리 안에서 완전하게 회복되기를 갈망해왔다. 아담은 하나님의 형상으로 창조되었으나(창 1:26, 27) 죄에 빠짐으로 그 형상이 손상되고 왜곡되었다. 그는 이제 이전만큼 깨끗한 하나님의 형상이 아니었다. 그의 타락으로, 또 그를 통한 우리의 타락으로 하나님의 형상은 놀이공원의 요술거울로 보는 것 같이 되었다. 당신은 어쩌면 하나님의 형상을 흉내 낼 수 있을지는 모르지만 그 형상은 왜곡되며 심하게 망가진 것이다.

그러나 그분의 선하신 때에 우리를 속죄하신 하나님께서는 주권적으로 은혜롭게 그분의 형상을 우리 안에 회복하셨다. 그때부터 그분은 우리 안에서 그분의 형상을 계속해서 새롭게 하는 부단한 과정을 시작하셨다(엡 4:24; 골 3:10). 이 부단한 새롭게 하심이 우리가 점진적 성화라 부르는 것이다. 이 과정 가운데 우리 안에 있는 하나님의 형상은 더욱더 깨끗해진다.

이 세상에서 우리는 "거울을 보는 것 같이 주의 영광을 보매 그와 같은 형상

---

[13] John Murray, *Redemption: Accomplished and Applied* (Grand Rapids: Eerdmans, 1955), 175.

으로 변화하여 영광에서 영광에"(고후 3:18) 이른다. 우리는 하나님의 영광을 되비출 뿐 아니라 그분의 영광을 더욱더 바라볼 것이다. 하나님의 영광을 되비춤과 바라봄은 서로 연결되어 있다. 완전한 "하나님의 영광의 광채시요 그 본체의 형상"(히 1:3)이신 그분을 바라보기에 우리는 그분의 영광을 되비춘다. 그분의 비할 데 없는 영광을 응시할수록 더욱더 그분과 같이, 한 수준에서 또 다른 수준의 영광된 모습으로 완전히 변형될 때까지 우리는 변화된다.[14]

우리가 완전히 변형될 그날에 하나님께서는 완전히 영광을 받으시며 자신의 영광을 드러내실 뿐 아니라 회복하여 지키신다. 이것이 바울이 크게 기뻐한 '하나님의 영광의 소망'이다(롬 5:2). 이 소망은 전적으로 그분께 근거를 둔다. 우리가 그분의 은혜로 궁극적으로 거룩하게 되어야만 그분의 영광의 완전한 현현을 지닐 수 있기 때문이다. 그러나 그분의 영광의 완전한 현현은 '그 자체로 신자의 영광을 가져온다.'[15] 이것이 "그의 영광의 찬송"(엡 1:12, 14)이며 우리를 구속하신 궁극적인 목적이다.

우리는 그날을 갈망하며 사는 모든 날 동안 그리스도께서 우리를 위해, 또 우리 안에서 행하신 일들로 그분 앞에 무릎을 꿇고 찬양하고 영광 돌려야 한다. 그분께서는 참으로 "그리스도 안에서 하늘에 속한 모든 신령한 복을 우리에게 주셨다!"(엡 1:3) 우리는 그리스도 안에서 의롭다 함을 받았고 결정적으로 거룩하게 되었다. 우리는 그리스도 안에서 점진적으로 거룩하게 되어간다. 언젠가 그리스도 안에서 우리 모두가 그분과 함께 영화롭게 되는 날, 우리는 궁극적으로 거룩해질 것이다. 우리를 위해, 우리 안에 계신 그리스도께서 곧 우리의 영광의 소망이시다(골 1:27).

우리가 이 세상에서 의인이면서 또 죄인이라는 사실은 나쁜 소식이면서 또 좋은 소식으로 다가온다. 나쁜 소식은 그분과 떨어져서 우리는 아무것도 할 수 없다는 것이며, 좋은 소식은 그리스도인의 삶 가운데 우리의 유일한 소망은 그분 안에 있다는 것이다. 이것이 좋은 소식, 곧 복음에 관한 모든 것이다.

---

14) Ibid.
15) Ibid.

연구 질문

1. 로마서 6:14-20은 그리스도인의 삶에서 당신이 무엇을 해야 한다고 말하는가? 당신이 그리스도와 연합되었고 또 그 안에서 죄에 대해 죽었다 하더라도 여전히 당신의 삶에서 죄를 죽일 필요가 있는가?(고후 7:1; 롬 8:1-13; 갈 5:22, 23; 엡 4:22-24; 골 3:5-11을 보라) 오늘 당신은 그분의 은혜로 그 일을 어떻게 시작할 것인가?

2. 당신 내면에서 일어나는 잔인한 전투를 외면한 적은 없었는가? 날마다 직면하는 싸움을 주님의 능력으로 싸우기까지 그리스도인의 삶에 대한 개혁주의 관점은 어떻게 당신을 실제로 해방시키는가?

3. 당신의 몸과 영혼은 언제 완전하고 궁극적인 속죄함을 받을 것인가? 이 소망은 고통의 때에 어떻게 당신을 위로하는가?(롬 8:28-30) 요한일서 3:2, 3의 가르침대로 이 소망은 당신이 거룩 가운데 자라나는 데 어떻게 자극하는가?

제 18 장

참 자유를 누리는 삶

개혁주의 신앙의 관점에서 그리스도인의 삶을 조망하고자 우리는 지금까지 상당히 웅장한 산을 올라왔다. 한쪽 경계는 우리의 칭의에, 다른 쪽 경계는 우리의 영화에 맞닿은 그 관점은 실로 숨이 턱 멎을 듯한 놀라움이었다. 그런데 이들 경계 사이에는 멀리 본다고 놓치지 말아야 할 주목할 만한 관점이 몇 가지 있다. 물론 우리는 앞에서 그 일부를 짧게 살펴보았으므로 그것들 하나하나를 살피기 위해 일일이 멈추지는 않을 것이다.

큰 그림을 보았고 나침반을 바로잡았고 지도에 표시를 했으니 이제는 골짜기 아래로 내려가 구별되었으나 주목할 만한 세 가지 관점을 탐사할 차례이다.

그 세 가지는 곧 우리가 그리스도 안에서 확실하게 즐기는 자유(18장), 우리가 각자의 부르심 안에서 실행하는 제사장 직분(19장), 우리가 생각하고 행하는 모든 것에서 그분을 영화롭게 하도록 배움으로써 함양하는 세계관(20장)이다. 이번 장에서는 그리스도 안에 있는 우리의 자유로부터 시작하겠다.

오직 하나님 말씀에 거할 때

그리스도 안에서 즐거워하는 자유를 생각하던 나는 문득 어린 시절의 일이 떠올랐다. 내가 5살 때 다녔던 다양한 개성의 아이들이 뒤섞인 주일학교 반은 이제 막 사고를 치기 직전이었다. 예배의 한 순서에서 우리는 시편 23편을 암송할 참이었는데 나는 외운 것 대부분이 생각나지 않았다! 우리는 완벽히 외우지는 못했지만 교회는 관대하게도 성경책을 선물로 주었다. 그 성경책은 나의 소유라고 할 수 있는 첫 번째 물건이었기에 나는 그것을 보물처럼 귀중하게 여겼다.

그러나 그것도 잠시 나는 곧 성경책을 어딘가로 치워버렸다. 무언가 마음에 불편함을 느꼈기 때문이다. 수년 후 대학생이 된 나는 개혁주의 신앙의 기초를 알게 되었다. 그리고 어느 날 상자에 담긴 성경책을 발견하고는 완전히 잊고 있던 기억이 떠올랐다. 나는 먼지를 떨어내고 성경책을 열었다. 우연히 뒤표지 안쪽에 발행자가 써놓은 것을 발견했는데 다소 경악하지 않을 수 없었다. 거기에는 피해야 할 죄의 목록이 적혀 있었다. 믿을 수 있겠는가? 그 목록 중 카드놀이가 있었다. 즉시 나는 내가 왜 불편함을 느꼈는지 기억났다. 이 '성경'은 나와 누나가 즐겨하던 카드놀이를 하면 안 된다고 말했던 것이다!

불행하게도 나의 첫 성경책에 있는 범죄 목록은 하나만이 아니었다. 그와 비슷한 다른 것들이 많았는데 성경책 뒤에 인쇄되지 않았더라도 선의를 지닌 교회들이나 성경대학 회원들의 자격요건 또는 다른 신실한 신자들이 마음 깊이 새길 만한 것이었다.

일부 '성경들'과 교회들, 신자들이 거룩한 삶을 위한 성경 외적인 규칙 목록을 길게 내세울 때 다른 이들은 그런 규칙들은 구약시대에나 해당되는 것이라고 말한다. 그리고 신자들은 어떤 규칙에도 구속받지 않음을 '보여주는' 화려한 시간일람표를 휘두른다.

그러나 성경 외적인 규칙을 만드는 일도, 참된 성경의 규칙을 지우는 일도 그저 중단하고 성경 그 자체를 읽는다면 그들은 아마 개혁주의 사상의 초석을 구성하는 귀중한 진리를 볼 것이다.

그리스도께서는 우리에게 자유를 주고자 오셨다. 그러나 오직 참으로 하나님의 말씀에 거할 때 우리는 그 자유와 해방을 소유할 것이다. 오직 그때에만 우리는 진리를 알 것이다. 오직 그때에만 우리는 참으로 자유롭게 될 것이다.

형벌과 죄의 저주로부터 놓여나 자유롭게 하나님 앞에 순종할 것이다. 이것이 그리스도인의 자유에 대한 개혁주의 교리의 전부이다.

참되게 영광 돌리는 삶

그리스도만이 만유의 주님이시다. 그분의 주 되심과 다스리심과 제어하심 그밖에는 아무것도 없다. 그리스도의 우주적 주권은 성속의 구별이 없다. 다음 두 장에서 볼 것처럼 우리는 그분의 왕 같은 제사장이다. 우리는 제사장으로서 우리 삶의 모든 영역에서 그분께 봉헌하고 우리 자신을 산 제사로 드려야 한다(롬 12:1, 2). 먹든지 마시든지 무엇을 하든지 우리는 모든 것을 그분의 이름으로, 그분의 영광을 위해 해야 한다(고전 10:31; 골 3:17). 바울의 말처럼 우리는 "주를 위하여 살아야 한다"(롬 14:7, 8).

그러나 하나님께 영광을 돌리고 주님을 위해 사는 삶은, 마치 그리스도께서 모든 소명의 주님이 아니시고 우리가 현실 세계에서 왕 같은 제사장이 될 수 없다는 듯(벧전 2:9) 수도원에 들어가 촛불 밝힌 방에서 성가를 부르며 여생을 보내기를 요구하지 않는다. 또한 마치 그리스도께서 만물의 주님이 아니시고 하나님께서 모든 것을 선하게(창 1:4, 10, 12, 18, 21, 25, 31; 딤전 4:4; 요 1:3) 만들지 않으셨다는 듯 결혼이나 특정한 음식을 포기하도록 요구하지 않는다. 그리고 그리스도께서 우리 몸의 주님이 아니시고 우리가 성령이 거하시는 성전이(고전 3:16; 6:19, 20) 아니라는 듯 우리의 '육체'를 때리거나 치고 훼손하는 행위를 분명 요구하지 않으신다.

참되게 하나님께 영광 돌리는 삶은 무엇을 요구하는가? 그것은 주님이신 그리스도께만 복종하며(약 4:12), 우리가 믿고 행하는 모든 것의 궁극적 권위인(행 17:11) 그분의 말씀을 따라 살기를 요구한다. 성경 말씀대로 그리스도만이 우리의 궁극적 권위시라면 그분만이 우리의 양심을 구속하실 수 있다. 하나님께 영광 돌리는 삶을 산다는 건 성경이 말씀할 때 말하고, 성경이 침묵할 때 침묵하는 것이다.

반율법주의와 율법주의

그런데 이상하게도 많은 그리스도인들은 완전히 반대로 행한다. 그들은 성경이 말씀할 때 침묵하거나 성경이 침묵할 때 말한다.

성경이 말씀할 때 침묵함

성경이 말씀할 때 침묵하는 사람은 하나님께서 말씀하신 요구를 거부함으로써 참된 경건을 무시한다. 그러나 우리는 그분께서 전부를, 정확히 말하자면 완전을 요구하심을 안다.

하나님의 말씀을 무시하고 말씀이 그들의 삶을 만든다는 주장을 무시함으로써 하나님을 무시하는 사람들을 반율법주의자(反律法主義, antinomians, anti -'반대하여', nomos -'법')라 부른다. 반율법주의자들은 그리스도인의 삶이란 어떤 의무나 책임 없이 회원의 특권을 즐기기만 하면 된다고 잘못 믿고 있다. 그들을 내버려둔다면 대다수가 부도덕으로 이어질 것이다. 그들이 생각하는 그리스도인의 삶은 어떤 의무나 책임이 없기에 무슨 일이든 허용된다.

결과적으로 반율법주의는 자유(죄에서 해방)가 방종(죄에게 자유)을 의미한다는 추측에 기초한다. 반율법주의는 언뜻 그리스도인의 자유 아래 활동하는 것 같지만 그 끝은 그리스도인의 자유까지 파괴한다. 반율법주의자는 더러운 물을 피해 해변으로 갈 자유를 주장하는 물고기와 같다. 그러나 물고기는 해변에서 전혀 자유로울 수 없다. 해변에 간 물고기는 죽은 물고기이기 때문이다! 이처럼 반율법주의자는 하나님의 말씀으로 자유로워지기를 거부하고 그만의 독자적인 방법을 따르는데 그 결과는 오직 자유의 말살뿐이다.

또 기차를 생각해보라. 기차는 오직 안전한 철로를 달릴 때 실제로 자유롭다. 철로 없는 기차는 탈선한 기차이며, 탈선한 기차는 참사를 부른다. 하나님의 말씀을 물고기를 위한 물, 기차를 위한 철로로 생각하든 말든 하나님의 말씀은 그리스도인을 자유롭게 하는 참된 경계를 제공한다. 우리는 하나님의 법을 따라 살 때에만 오직 자유롭다. 이것이 야고보가 하나님의 법을 자유의 법이라 두 번이나 칭한 이유이다(약 1:25; 2:12).

반율법주의자는 실패할 자유를 추구하는 동시에 참된 자유를 파괴하므로 실제로는 전혀 자유롭지 못하다. 그는 여전히 죄의 노예이며 죄의 지배를 받는다. 우리는 오직 말씀에, 곧 자유의 완전한 법에 거할 때만 참으로 자유롭다(요 8:31; 약 1:25; 2:12). 오, 더 많은 그리스도인들이 말씀을 듣고 행하는 법을 배우게 되기를! 말씀을 듣고 성경이 말씀하는 것을 삶으로 말하는 자들이 되기를 바란다!

성경이 침묵할 때 말함

반율법주의자들은 성경이 말씀할 때 침묵하는 반면, 다른 사람들은 성경이 침묵할 때 말한다. 그들은 성경 외적인 규칙 또는 행동강령을 지어냄으로써 참으로 거룩해지거나 하나님 앞에 바로 설 수 있다고 생각한다. 다시 말해 이들은 성경이 금하지 않은 것을 금하거나 성경이 명하지 않은 것을 명한다. 우리는 이들을 율법주의자라 부른다.

그러나 모든 율법주의자가 고의로 성경에 무엇을 더하는 건 아니다. 실제로 그들 중 일부만이 자신들의 규칙과 강령이 참으로 성경적이라 믿는다. 다른 율법주의자들은 항상 그렇게 가르침을 받아왔기 때문에, 또는 항상 살아왔던 방식이기에 자신들의 규칙과 성경이 일치한다고 주장한다. 그러나 어느 쪽이든 율법주의의 결과는 같다. 율법주의는 성경이 침묵할 때 말하며 다른 사람들에게 그렇게 따르기를 지시한다.

극단적인 예로, 율법주의는 '참으로' 영적이 되려면 몸을 학대해야 한다고 많은 신자들을 이끌어왔다. 그들은 자신의 몸을 때리고 훼손시켰으며 씻기와 잠자기를 거부했고 기둥 꼭대기에 끝없이 앉아있었고 독신의 은사 없이 독신을 고집했다. 부패한 금욕주의로 알려진 이 같은 행동들에 다른 율법주의자들은 경악하며 크게 동요한다. 그러나 율법주의와 부패한 금욕주의는 모두 육체는 악하고 영혼은 선하다는 이원론적 이단에서 태어난 쌍둥이임을 거부할 수 없다.

율법주의자들과 부패한 율법주의자들은 처음보다 친밀해졌다. 율법주의자들이 보통 술 마시기, 춤추기, 영화 관람 같은 쾌락이나 오락을 맹렬히 비난한다면 부패한 금욕주의자들은 한 단계 더 나아가 위생, 휴식 같은 필요불가결한 것들을 맹렬히 비난한다. 그러나 율법주의와 부패한 금욕주의는 소위 거룩의 숨겨진 비밀들을 경솔히 풀기 위해 성경이 침묵할 때 말하고 자신들의 규칙을 다른 사람들에게 강요한다는 점에서 한 가지다.

이렇게 생각하면 부패한 금욕주의는 단지 맹렬한 율법주의일 뿐이다. 둘 다 참 자유를 전적으로 파괴하므로 둘 다 맹렬하게 비성경적이다. 성령, 즉 우리를 거룩하게 하시는 유일한 분께서는 거룩한 삶의 방편으로 율법주의와 부패한 금욕주의를 강권하는 사람들을 가차 없이 비난하신다. 성령께서는 율법주의와 부패한 금욕주의라는 쌍둥이 악(twin evils)이 우리에게 얼마나 치명적인지 바울을 통해 일깨우신다. 그것들은 화인 맞은 양심을 가진 거짓말쟁이의 위선일 뿐 아니라, 거짓의 영과 귀신의 가르침으로부터 나온다고 알려주신다(딤전 4:1, 2).

믿든지 안 믿든지 그것이 바로 좋은 소식이다. 나쁜 소식은 사람의 계명과 가르침은 우리의 범죄를 전혀 막을 수 없다는 사실이다. 조금도 막지 못한다. 자의적 숭배와 자의적 겸손과 몸을 괴롭게 하는 것이 지혜로워 보일지 모르겠으나, 실제로는 육체의 소욕과 싸우는 데 조금의 가치도 없다고 성경은 말한다(골 2:20-23). 그것을 생각하니 정신이 번쩍 든다. 정말이다.

자유와 책임의 균형

우리는 우리를 위한 그리스도의 주권적 역사로 참으로 자유롭게 되고, 성령님에 의해 하나님과 그분의 백성이 맺은 언약 안으로 은혜롭게 부르심 받은 자로서 성경이 말씀할 때 침묵할 수 없다. 그리고 성경이 침묵할 때 말할 수 없다. 우리는 반율법주의와 율법주의뿐 아니라 그 파생물인 방탕함과 부패한 금욕주의를 멀리하도록 부르심 받았음을 항상 기억해야 한다. 그리스도께서는 우리로 생명을 얻게 하고 더욱 풍성히 얻게 하도록 오셨다(요 10:10). 사람이 만든 규칙들로부터 자유로워지고 그분의 말씀으로 계시된 그리스도의 주되심에 복종하는 삶만이 풍성한 삶이다.

이처럼 풍성한 삶의 특징은 자유와 책임이 동반된다. 그리스도인의 관점에서 이들 두 기둥은 서로를 반대하지 않는다. 우리는 자유로울 뿐 아니라 책임 있는 존재가 되도록 부름받았기에 그들은 오히려 서로 끌어들인다. 그리스도 안에서 우리는 책임감 있게 자유롭고, 자유롭게 책임감을 지닌다. 그러므로 참 그리스도인의 자유에는 죄와 그 저주로부터의 자유(해방), 그리고 하나님의 말씀에 순종함으로써 하나님을 위해 사는 자유(책임)가 있다. 갈라디아 사람들을 향한 바울의 말이 이를 잘 표현한다. "형제들아 너희가 자유를 위하여 부르심을 입었으나 그러나 그 자유로 육체의 기회를 삼지 말고 오직 사랑으로 서로 종 노릇 하라"(갈 5:13).

자유와 방종의 분별

그러나 우리가 우리를 자유롭게 하는 것과 육체를 따르는 기회 사이의 차이를 어떻게 구별할 수 있을까? 우리는 분명 하나님께서 명하신 것(예를 들어 서로 사랑하는 것)을 해야 하고 금하신 것(예를 들어 행음)을 삼가야 한다. 동시에 우리는 하나님께서 허용하신 것(예를 들어 고기 먹는 것)을 마음껏 즐길 수 있다.

그런데 음주나 춤, 영화 관람, 카드놀이 같이 일부 그리스도인들이 반대하는 활동들은 어떠한가? 언뜻 까다로운 문제처럼 보인다. 하나님께서는 모든 행위에 있어 그분께 영광을 돌리고, 그분을 위해 살면서 무엇을 하든 그리스도의 이름으로 행하라고(고전 10:31; 골 3:17; 롬 14:7, 8) 명하셨다. 이것을 두고 술 마시고 춤추고 영화를 즐기고 카드놀이를 하라는 하나님의 명령이라고 진지하게 주장할 사람은 없을 것이다.

이런 활동들에 관한 결정적인 질문은 이것이다. 모든 행위에 있어 하나님께 영광 돌리라는 일반명령은 우리에게 그런 활동들을 금하는가? 아니면 참여를 허용함으로 그것들을 통해서도 하나님께 영광 돌리도록 하는가?

초대교회에서 맹렬히 계속되었던 두 논란에 대해 잠시 생각해보면 여기에 답하는 데 도움이 된다. 그 논란은 곧 우상에게 바쳤던 고기를 먹어도 되는지, 전혀 먹어서는 안 되는지 하는 것이었다. 고기를 먹는 그 자체는 명령에 있지도 금지되지도 않았기에 신자들은 우상에 바쳐진 고기를 먹는 일이 허용되는 지 고심했다. 이를 위해 이 논란을 유발하거나 언급했던 다음의 구절들을 생각해보라.

"땅과 거기에 충만한 것과 세계와 그 가운데에 사는 자들은 다 여호와의 것이로다"(시 24:1).

"입법자와 재판관은 오직 한 분이시니 능히 구원하기도 하시며 멸하기도 하시느니라 너는 누구이기에 이웃을 판단하느냐"(약 4:12).

"너희는 다 내 말을 듣고 깨달으라 무엇이든지 밖에서 사람에게로 들어가는 것은 능히 사람을 더럽게 하지 못하되 ……속에서 곧 사람의 마음에서 나오는 것은 악한 생각 곧 음란과 도둑질과 살인과 간음과 탐욕과 악독과 속임과 음탕과 질투와 비방과 교만과 우매함이니 이 모든 악한 것이 다 속에서 나와서 사람을 더럽게 하느니라"(막 7:14, 15, 21-23).

"내가 주 예수 안에서 알고 확신하노니 무엇이든지 스스로 속된 것이 없으되 다만 속되게 여기는 그 사람에게는 속되니라 ……만물이 다 깨끗하되"(롬 14:14, 20).

"모든 것이 내게 가하나 다 유익한 것이 아니요 모든 것이 내게 가하나 내가 무엇에든지 얽매이지 아니하리라 ……모든 것이 가하나 모든 것이 유익한 것은 아니요 모든 것이 가하나 모든 것이 덕을 세우는 것은 아니니 ……이는 땅과 거기 충만한 것이 주의 것임이라"(고전 6:12; 10:23, 26).

"그러나 성령이 밝히 말씀하시기를 후일에 어떤 사람들이 믿음에서 떠나 미혹하는 영과 귀신의 가르침을 따르리라 하셨으니 자기 양심이 화인을 맞아서 외식함으로 거짓말하는 자들이라 혼인을 금하고 어떤 음식물은 먹지 말라고 할 터이나 음식물은 하나님이 지으신 바니 믿는 자들과 진리를 아는 자들이 감사함으로 받을 것이니라 하나님께서 지으신 모든 것이 선하매 감사함으로 받으면 버릴 것이 없나니 하나님의 말씀과 기도로 거룩하여짐이라"(딤전 4:1-5).

"너희가 세상의 초등학문에서 그리스도와 함께 죽었거든 어찌하여 세상에 사는 것과 같이 규례에 순종하느냐 (곧 붙잡지도 말고 맛보지도 말고 만지지도 말라 하는 것이니 이 모든 것은 한때 쓰이고는 없어지리라) 사람의 명령과 가르침을 따르느냐 이런 것들은 자의적 숭배와 겸손과 몸을 괴롭게 하는 데는 지혜 있는 모양이나 오직 육체 따르는 것을 금하는 데는 조금도 유익이 없느니라"(골 2:20-23).

이 구절들은 그리스도인의 자유에 대한 개혁주의 관점을 드러내는 적어도 다섯 가지의 중요한 진리를 지니고 있다. 그것들은 개혁주의 관점을 분명하게 이해하도록 가르치는 데 도움이 될 것이다.

첫째, 그리스도만이 온 세상과 세상 모든 것의 주님이시다(시 24:1; 고전 10:26). 그리스도만이 삶의 모든 것의 주님이시기에 그분만이 그분의 형상으로 지음받은 이들의 양심을 구속하신다.

야고보에 따르면 입법자와 재판관은 오직 한분이시다(약 4:12a). 그리스도만이 그리스도와 같이 되는 규칙을 정하신다. 그러므로 우리는 그리스도께서 말씀을 통해 명확히 명시적으로 알리지 않으신 법과 규칙들로 서로를 판단해서는 안 된다(약 4:12b). 또한 다른 신자들이나 기관들이 사람의 규칙을 우리에게 시행하지 못하도록 거부해야 한다.

둘째, 하나님께서는 실로 모든 것의 주님이시며 유일한 입법자와 재판관이신 그리스도를 통해 모든 것을 창조하셨다(요 1:3). 성경이 하나님의 창조를 어떻게 묘사하는지 보라. 성경은 그의 창조물이 하나님 보시기에 좋았다고 분명히 말한다(창 1:4, 10, 12, 18, 21, 25, 31).

성경이 세계를 창조하신 하나님의 방법에 대해 하나님께서 모든 것을 '좋게'(well) 창조하셨다고 부사로 설명하지 않았음에 주목하라. 그보다는 하나님께서 모든 것을 창조하시니 '좋았다'(good)고 말씀하시며 창조 그 자체를 형용사로 설명한다. 물론 하나님께서는 모든 것을 좋게 창조하셨다. 그러나 성경은 여기서 창조 그 자체의 선함을 강조한다.

창조가 지닌 선함은 타락 이전의 상태에만 제한되지 않는다. 비록 타락은 창조에 깊은 영향을 미쳤지만(롬 8:18-22) 타락 후에도 "하나님께서 지으신 모든 것이 선하다"(딤전 4:4a)고 바울은 주저 없이 단언한다.

셋째, 창조 그 자체가 선하기에 창조에는 본질적으로 악한 것이 아무것도 없다. 그러므로 우리 외부에는 우리를 더럽게 할 수 있는 것이 아무것도 없다(막 7:14, 15). 바울은 다른 곳에서 약간 다른 표현으로 동일한 설명을 한다. 그는 하나님께서 창조하신 모든 것은 선하기에 거부될 것이 아무것도 없다는 일반원리를 세운다(딤전 4:4b). 그리고 "무엇이든지 스스로 속된 것이 없다"고 말하며 "만물이 다 깨끗하다"(롬 14:14, 20)고 분명히 한다. 이렇듯 "모든 것이 가하다"(고전 6:12; 10:23).[1]

성경은 동일한 일반원리를 약간 다르게 다룬다. 즉 우리 외부에는 그 자체로 악한 것이 아무것도 없다. 거부될 것 또한 아무것도 없다. 부정한 것은 아무것도 없다. 모든 것은 깨끗하며 모든 것은 가하다. 모든 것들은 하나님께서 만드셨기 때문이다. C. S. 루이스가 익살스럽게 한 말처럼 "하나님께서는 물질을 좋아하신다. 그분은 그것을 발명하셨다."[2]

넷째, 하나님께서는 우리가 그리스도 안에서 자유롭다고 반복적으로 말씀하시지만 우리는 우리의 자유를 가지고 육체를 위한 기회로 삼지 말아야 한다(갈 5:13; 벧전 2:16). 그리스도 안에서 우리는 죄로부터 자유로운 동시에 그분의 종으로서 하나님께 자유롭게 순종한다.

우리는 우리의 자유를 악을 위한 구실로 사용해선 안 된다. 대신 우리의 유

---

1) 일부 신약성경 학자들은 "모든 것이 가하다"는 진술에 대해 이는 고린도 교인들의 방종주의(libertinism) 표어인데 바울이 올바른 관점에서 참 그리스도인의 자유를 말함으로써 이를 논박하고 있다고 본다. 다른 학자들은 이 구절을 그 후 제시된 유익과 통제에 제한을 받는 그리스도인이 갖는 자유의 일반원리로 본다. 다행히도 성경이 모든 것들 그 자체의 선함과 용인을 우리에게 가르치는 구절은 이곳만이 아니다. 두 관점은 단지 경로만 다를 뿐 모두 동일한 지점에 이른다. 바울의 말처럼 우리는 그리스도 안에서 자유로우나 그 자유를 가지고 육체를 따르는 기회로 삼아서는 안 된다(갈 5:13).

2) Alan Maben, "When World Denial Becomes Worldliness", *Modern Reformation*, March/April 1992, p.6에서 인용.

일한 입법자시요 재판관이신 그리스도께서(약 4:12) 규정하신 영역 안에서 우리의 자유를 실행해야 한다. 어디부터가 우리의 자유의 영역 밖인지 성경의 계명과 금지들은 우리가 해야 할 것과 삼갈 것을 제시한다. 그러나 자유가 허락된 일에 있어서도 성경 그 자체가 우리의 행함 가운데 확실한 제한이 된다는 걸 우리는 반드시 알아야 한다.

바울은 이러한 목적으로 우리가 감사로 받고 하나님의 말씀과 기도로 거룩해지면 거부될 것은 아무것도 없다고 말한다(딤전 4:4). 이 원리는 우리가 무엇을 거부한다면 그것을 감사로 받지 못했거나 하나님의 말씀과 기도로 거룩해지지 않았기 때문이라는 점을 시사한다. 즉 우리는 그리스도 안에서 바른 동기(이 경우에는 감사)와 성경과 기도 아래 자유를 시행해야 한다. 우리가 무엇을 행하든지 성경이 규정하는 참된 자유의 영역 안에 있음을 확신할 수 있어야 한다.

결국 믿음에서 비롯되지 않은 일은 무엇이든 죄다(롬 14:23). 옳은 일이라 할지라도 그릇된 동기로 행한다면 잘못이기 때문이다. 그 자체로는 정말 아무 문제가 없는 일이라도 그렇다.

우리는 또한 신자로서 우리의 궁극적 목적은 하나님을 영화롭게 하고 그분의 나라를 이 땅에 확장시키는 것임을 명심하면서 우리 행동의 결과를 제대로 검토했는지 확인해야 한다. 그 목적을 좌절시키거나 우리 자신과 주변 사람들을 해치는 일은 무엇도 해서는 안 된다. 모든 것이 가하다고 말하는 성경은 동시에 우리의 유일한 참되신 주인 외에는 다른 무엇도 주인 삼지 말라고 말한다(고전 6:12; 마 6:24).

우리는 더욱이 유익한 일들, 우리 자신과 우리의 보살핌 아래 있는 자들에게 덕을 세우는 일들만 행해야 한다(고전 6:12). 연약한 형제가 죄라고 믿는 일을 함으로써 그가 실족하는 원인을 제공하지 않도록 주의해야 한다(롬 14:1-15:3; 고전 8:7-13; 10:13-23). 성경 윤리에서 최우선으로 고려할 것은 우리 행동이 다른 사람에게 어떤 영향을 미치는가 하는 것이다. 물론 우리 자신의 정당한 이익을 구하는 것은 아무 문제가 없다. 그러나 우리는 다른 사람의 이익 또한 고려해야 한다(빌 2:4).

다섯째, 우리 삶을 이루는 성경의 요구에 사람의 요구를 추가하는 것은 주님의 주 되심을 빼앗으려는 시도로써 하나님을 모독하는 행위이다. 이런 사람들은 하나님의 창조의 선함을 거부하며 그리스도 안에 있는 우리의 자유를 부인한다. 본질적으로 그들은 우리로 "모든 선한 일을 행할 능력을 갖추게"(딤후 3:16, 17) 하는 무오한 하나님의 말씀에 유오한 인간의 말을 어떻게든 보충할 필요를 느낀다. 그래서 결국 사람의 말로 하나님의 말씀을 대신하는 일이 벌어진다!

사람이 만든 규칙을 널리 퍼뜨리는 자는 믿음을 저버린 자라고 성경이 분명히 밝힌다 해서 놀라지 말라. 바울은 율법주의자들에 대해 그들은 거짓의 영과 귀신의 가르침에 주의를 기울이며, 거짓말쟁이의 위선으로 그들의 양심은 화인 맞았다고 말한다. 바울은 가장 강력한 단어를 사용해 '거룩한 삶'의 규칙을 지어내는 자들을 맹렬히 비난한다. 그것은 하나님과 하나님의 말씀으로 충분하다는 사실을 부인함으로써 믿음 또한 부인하는 행위이기 때문이다.

앞에서 경고한 대로 이와 같은 규칙들은 죄와 싸우는 데 전혀 쓸모가 없다. 우리는 그리스도인으로서 모든 믿음과 행위의 유일한 규준인 하나님의 말씀을 감히 가감할 수 없다(신 4:2; 계 22:18, 19).

하나님의 규칙을 이해할 때

이 시점에서 그리스도인의 자유에 대한 개혁주의 관점을 분명히 하는 것이 유익할 것이다. 개혁주의 관점에서 삶이란, 하나님의 영광을 위해 사는 그분의 자녀들을 위해 하나님께서 창조하신 놀이터다. 하나님께서는 또한 놀이터 주변에 울타리를 치시고 그것을 넘지 못하도록 금하셨다. 즉 놀이터 안에 있는 것은 일반적으로 허용되며 그것을 넘어가는 것은 금지된다.

만일 '밀지 않기', '차례로 하기' 같은 규칙이 없다면 놀이터는 놀이터가 되지 못할 것이다. 하나님의 놀이터에는 예외가 없다. 우리는 항상 놀이터에서 놀고 울타리를 넘지 않으면서 하나님을 영화롭게 하는 최우선의 규칙을 포함한 모든 규칙을 이해해야 한다.

다시 말해 우리는 반드시 삶에서 직면하는 다양한 상황에 적절한 성경 원리를 이해하고 적용해야 한다. 성경 원리에는 성경이 명령으로 명하고 금하며 허용하는 것들이 포함된다. 그렇지만 우리는 외부와 단절된 채 성경 원리들을 이해하고 적용할 수 없다. 우리는 성경 원리를 하나님의 백성이라는 우리의 정체성(예를 들어 우리의 동기, 능력, 강함과 약함, 호불호)에 비추어 이해하고 적용해야 한다. 또한 우리가 만나는 상황들과 문제들(예를 들어 우리 앞에 놓인 사실뿐 아니라 장단기적인 우리 행동의 결과)에 비추어 이해하고 적용해야 한다.

예를 들어 어떤 사람은 그네를 좋아하는 반면, 다른 사람은 어지러움 때문에 그네를 피할 수 있다. 그네를 좋아하는 사람은 자신과 다른 이들에게 해를 끼치지 않도록 매우 안전하게 타야 한다. 이기적으로 굴거나 다른 사람에게 강요해서는 안 된다. 즉 어떤 일이 허용된다 해서(예를 들어 고기를 먹는 것) 항상 선한 일이라 할 수 없으며, 어떤 사람(양심의 가책을 느끼는 이들)과 어떤 상황(예를 들어 만일 그것이 형제를 실족하게 하는 원인이 되면)에서는 바람직한 일이 아닐 수 있다.

자유와 책임을 보호함

이렇게 볼 때 그리스도 안에 있는 우리의 자유에 대한 개혁주의 관점만이, 자유에 대한 관점이 파괴된 반율법주의와 책임에 대한 관점이 파괴된 율법주의로부터 우리의 자유와 책임을 모두 보호한다.

그렇다고 개혁주의 관점을 고수하는 모든 사람이 모든 상황에서 의견이 일치한다는 것은 아니다. 또한 종교개혁자들이나 그 계승자들이 항상 이 견해를 고수하고 일관되게 살았다는 것도 아니다. 개혁주의 신자들 역시 일관되지 않을 수 있으며 일부 주제에 대해서 이견을 가질 수 있다. 또한 비개혁주의 신자들이 사용하는 많은 한계 활동들과 오락들도 허용 가능하다고 동의한다. 마치 귀신도 성경이 규정한 범위 안에서만 사용하면 허용 가능하듯 말이다.

그러나 비개혁주의 행동 규칙들은 불행하게도 우리가 고된 하루 일과를 마친 후 여가를 즐기는 정도의 선을 자주 넘는다. 또한 비개혁주의 진영에 있는 많은 사람들은 보통 '세속' 직업으로는 하나님을 정말로 섬기며 영화롭게 할 수 없다 여기므로 일 그 자체를 목록에 포함시킨다.

지금까지 우리는 그리스도 안에 있는 우리의 자유를 살펴보았다. 다음 장에서는 종교개혁자들이 신자로서 제사장 직분이라 부르는 것에 대해 살펴볼 것이다. 그가 부르신 곳이 어디든 우리는 삶 가운데서 하나님을 섬기며 영화롭게 해야 함을 배울 것이다.

연구 질문

1. 성경이 말씀할 때 침묵하는 그리스도인들은 어떻게 사는가? 성경이 침묵할 때 말하는 그리스도인들은 또 어떻게 사는가? 당신은 방심한 자들을 위한 함정에 빠져본 적이 있는가? 앞으로 이런 실수를 방지하기 위해 오늘 할 수 있는 일은 무엇이 있는가?

2. 하나님께서는 누구를 통해 만물을 만드셨는가?(요 1:3) 창조는 선한가?(창 1:4, 10, 12, 18, 21, 25, 31) 창조는 타락에 의해 극적인 영향을 받았다(롬 8:18-22). 그럼에도 하나님의 창조는 근본적으로 선하다고 말할 수 있는가? 디모데전서 4:4에서 바울이 어떻게 증거하는지 보라. 이 진리는 창조를 보는 당신의 방식을 어떻게 바꾸는가?

3. 그리스도 안에서 우리가 자유하다는 사실은, 무엇이든 언제든 누구에게든 우리가 원하는 것을 할 수 있다는 뜻인가?(갈 5:13; 벧전 2:16을 보라) 그리스도 안에 있는 우리의 자유는 무엇을 의미하는가? 우리가 아직 그분의 노예임에도 불구하고 어떻게 그리스도 안에서 자유롭게 되는지 설명하라. 우리가 그분을 즐거워하는 자유에 있어 그리스도께서 두신 제한은 무엇인가?(롬 14:1-15:3; 고전 6:12; 8:7-13; 10:13-23) 이 제한 안에서 당신의 자유를 실행하는가?

제 19 장

왕 같은 제사장의 삶

　단정한 트위드 코트, 단추를 채운 옥스퍼드 셔츠, 끈 없는 가죽구두. 이제 소개할 교수는 이런 차림과는 거리가 멀다. 그는 보통 사람들과의 연대 표시로 부츠, 그것도 카우보이 부츠를 신고 '악한' 자본주의와는 어떤 협상도 하지 않겠다는듯 으스대며 강의실을 걷는다. 그러나 그 강의실을 밤새 청소하는 관리원보다 그에게 더 많은 월급을 지불하는 것이 바로 그 자본주의라는 사실은 잊은 듯하다.

　언젠가 이 하버드 법학대학원 교수는 교수들과 관리원들의 자리를 바꾸자고 제안하는 유명한 기사를 썼다. 그러나 그는 결코 관리원들의 의향은 묻지 않았다. 어느 날 이 교수의 수업을 듣는 학생이 바로 그 일을 했다. 그리고는 월 스트리트 저널(Wall Street Journal)에 결과를 게재했다.

　학생은 정작 관리원들은 그 교만한 교수의 제안을 별로 기뻐하지 않았다고 보고했다. 교수의 제안 뒤에는 교수가 관리원보다 더 품위 있다는 오만한 억측이 도사리고 있기 때문이다. 교수가 관리원들의 품위를 보호하려던 것이었는지 모르겠지만 결국 그는 그들의 직업을 훼손했다. 교수는 그가 부정하려던 개념, 곧 교수가 관리원보다 더 품위 있고 좋은 직업이라는 개념을 조장했다.

　이처럼 선의였으나 잘못된 판단이었던 시도와는 대조적으로 다양한 직업을 추구하는 사람들의 품위를 보호하는 것은 성경의 명쾌한 진리, 곧 종교개혁자들이 선언했으며 모든 신자가 제사장 직분이라는 소명 교리와 연관된 진리에 있다. 제대로 이해한다면 이 교리들은 그분의 주권적인 부르심과 섭리에 따라 어떤 정당한 소명을 추구하든 그들이 하나님의 왕 같은 제사장이며 엄밀한 의미에서 그분을 섬기고 영화롭게 하는 법을 모든 신자에게 가르쳐 참 품위를 회복시킨다.

영과 속에 대한 착각

종교개혁자들과 대조적으로 오늘날의 많은 그리스도인은 일부 소명이 다른 소명보다 하나님 보시기에 더 품위 있다고 믿는다. 이는 그리스도인의 삶은 통합된 전체이며 또한 그리스도께서 삶의 모든 영역의 주님 되심을 보지 못하기 때문이다.

그리스도께서 모든 삶의 영역의 주님이시라면 우리에게는 이 세상에서의 삶을 '성'(聖)과 '속'(俗)으로 나눌 자격이 없다. 그러나 종교개혁시대의 로마가톨릭교회는 이 방식으로 삶을 나눴다. 그들은 사제직을 사람이 추구할 수 있는 가장 높은 부르심으로 여겼다. 사제들과 평신도(개혁주의에서는 '평신도'라는 호칭을 쓰지 않지만 가톨릭을 비롯한 잘못된 관점을 쉽게 이해하도록 이 용어로 번역했다. 개혁주의 관점을 설명할 때는 '일반신자'로 번역한다._역자주)는 아주 달랐다. 거기에는 사제직(영적 계급), 그리고 다른 사람들(세속적 계급)이 있었다.

불행하게도 중세 가톨릭의 후예들은 오늘날도 여전히 존재한다. 심지어는 일부 자칭 개신교계에도 조금 다른 옷을 입혔을 뿐 영적 세속적 구별이 존재한다. 이들 개신교 유형은 누구는 성직자, 누구는 평신도라고 드러내서 부를 만큼 당당하지는 않다. 그러나 나름대로 충분히 살핀다면 같은 종류의 계층구조를 발견할 것이다.

새로운 개신교 성직자는 '전임 기독교 사역'(full-time Christian service)을 하는 사람들로 구성된다. 이 땅에서 하나님을 정말로 섬기기 원한다면 해외 선교사가 되어야 한다는 말을 들어보았을 것이다. 여기서 한 단계 더 낮아진다면 도시 빈민지역 목사가 될 수 있다. 여기서 더 낮아지면 변두리 지역 목사, 마침내는 긴 의자에 옹기종기 모여 앉은 우리들의 모습이 보일 것이다. 그들은 사역(ministry)을 가지며 우리는 단지 직업(jobs)을 가진다.

애석하게도 이 계층구조는 우리가 마지못해 인정하는 정도를 넘어 보다 일반화되고 있다. 나는 법학대학원을 졸업하고 신학교를 다닐 생각으로 높은 평가를 받던 복음주의 신학교를 방문했다. 내가 입학담당자에게 계획을 말하자 그는 침울하면서도 단호하게 자신은 '사역'('전임 사역'이라 읽으라)을 위해 성공적인 사업가였던 자신의 직업을 그만두었다고 말했다. 그러고는 사역에 대해 정말 진지하게 생각한다면 '한 발은 세상에 또 한 발은 교회에 두고' 살 수 없다고 말했다.

그러나 입학담당자는 좀 더 잘 알았어야 했다. 아니, 복음주의권 전반이 그래야 한다. 그리스도인의 삶은 통합된 전체이다. 거기서 영적이고(성스럽고) 속된(세속적인) 것을 인위적으로 분리하지 말아야 한다. 우리는 그리스도인으로서 행하는 모든 일, 즉 먹고 마시는 일상적인 활동에서도 하나님을 영화롭게 하도록 부름받았다(고전 10:31). 우리는 무엇이든 그리스도를 통해 성부 하나님의 영광에 감사하면서 그리스도의 이름으로 행해야 한다(골 3:17). 간단히 말해 우리는 주님을 위해 살아야 한다(롬 14:7, 8).

우리의 온 삶은 통합된 전체로서 하나님의 영광을 위해 사는 것이기에 삶의 일부 영역을 마치 하나님 보시기에 덜 중요하거나 덜 품위 있는 것처럼 여길 수 없다. 그러나 일부 그리스도인은 분명 이런 행태를 취한다. 폴 헬름(Paul Helm)이 언젠가 썼던 것처럼 몇몇 그리스도인은 "마치 거기서 그리스도인의 책임이 끝나는 것처럼, 다시 말해 교회 밖의 인도와 도로에서는 기독교 복음이 아무것도 할 수 없는 것처럼 ……교회 문을 나섰다."[1] 폴 헬름은 계속해서 정확하게 언급한다.

> 오늘날 소명 혹은 사명이라는 단어의 사용을 보면 돌봄이나 사회복지와 같은 특별한 직업에 한정되어 있다. 그러나 성경적인 관점은 다르다. 합법적인 직업은

---

1) Paul Helm, *The Calling: The Gospel in the World* (Edinburgh: Banner of Truth, 1987), x.

무엇이든 소명이 될 수 있고, 또한 그것을 넘어서 개인의 온 삶이 곧 하나님의 부르심이다. ……이는 하나님의 섭리적인 다스리심의 결과다. 이러한 생각은 종교 개혁에서 중요한 것이었지만 이제는 많이 잊혀졌다.[2]

우리는 개신교가 무엇인지 자주 잊어버린다. 그러므로 하나님의 소명으로서 직업에 대해, 즉 신자로서 우리의 제사장 직분에 대해 종교개혁자들과 그 계승자들이 무엇이라 말했는지 정신을 차리고 주의 깊게 들어야 한다. 우리는 정말 하나님의 제사장인가? 어떻게 우리는 제사장이 되며 이 진리는 우리 삶을 어떻게 변화시키는가? 종교개혁자들과 그 계승자들이 밝힌 대로, 이 모든 중요한 질문들에 성경이 답하도록 하라.

그리스도의 죽으심으로

우리의 주권자이신 하나님께서 성경 메시지의 중심에 계신다. 그러므로 우리의 제사장직은 처음부터 끝까지 우리의 위대한 대제사장이신 예수 그리스도, 즉 사람이 아닌 하나님께서 대제사장으로 세우신 그분께 기반을 두고 근거함을 반드시 기억해야 한다.

사실 하나님께서는 삼위 하나님 사이의 언약으로, 즉 그리스도께서 멜기세덱의 반차를 따라 우리의 영원한 대제사장이 되시며 또 영원히 되실 것을 구속력있는 맹세로써 약속하셨다(히 5:6; 6:20; 7:26, 27). 그리스도만이 우리의 희생 제물로서, 스스로를 단번에 드리신 영원한 대제사장으로서, 곧 하나님과 사람으로서, 하나님과 사람 사이의 중보자가 되신다(딤전 2:5).

앞에서 살펴본 것처럼 그분은 우리를 우리의 죄책에서 속죄하고 정결케 하시려고, 우리의 죄에 대한 하나님의 진노를 가라앉히고 돌리시려고, 하나님(우리의 죄로 말미암아 우리로부터 멀어지신 분)과 우리를 화해시키고 회복하시려고,

---

2) Ibid., xiii.

죄와 죽음의 저주와 속박에서 우리를 속죄하고 속량하시려고 그렇게 하셨다.

그런데 성경은 우리의 위대한 대제사장께서 단지 우리를 대신해 속죄하려고 죽으셨다 가르치지 않는다. 그분의 죽으심으로 우리가 그분 안에서, 그분을 위한 제사장이 되었다고 가르친다. 그 동일한 제사장께서 "우리를 사랑하사 그의 피로 우리 죄에서 우리를 해방하시고 그의 아버지 하나님을 위하여 우리를 나라와 제사장으로 삼으셨다"(계 1:5, 6).

이 얼마나 놀라운 진리인가! 그리스도께서 우리의 위대한 대제사장으로서 죽으심으로 그분께서는 우리의 죄를 속죄하셨다. 뿐만 아니라 칼빈이 아주 적절하게 표현한 대로 그분께서는 이 위대한 제사장 직분 안에서 '그분의 친구로서' 우리를 받아주셨다.[3]

제사장으로 부르심

그리스도께서는 정확히 어떻게 우리를 이 위대한 제사장 직분의 동반자로 받아주시는가? 성경은 하나님께서 그분의 호의를 우리에게 베푸셨고, 자신을 위해 우리를 택하셨으며, 그분의 언약백성과 그분의 왕 같은 제사장이 되도록 우리를 부르셨다고 말한다. 간단히 말해 그분께서 먼저 우리를 자신의 선택된 백성으로 부르시지 않았다면 우리는 그분의 제사장이 될 수 없다. 이것이 우리를 제사장이라 부르는 대부분의 구절들이 또한 우리를 그분의 선택된 백성으로 하나님께 택하심을 받은 자들이라 부르는 이유이다.

베드로는 첫 번째 서신에서 하나님의 옛 언약백성들의 특징을 새 언약신자들인 우리에게 적용하면서 우리 또한 하나님의 언약백성임을 명확하게 선언한다. 우리는 구약성경을 통해 하나님께서 이스라엘 자손들을 자기 백성이 되도록 자비로 부르셨으며 그분의 언약에 순종하면 그들로 '자신의 백성'과 '제

---

3) John Calvin, *The Institutes of the Christian Religion*, ed. John T. McNeill, trans. Lewis Ford Battles (Philadelphia: Westminster Press, 1960), 2.15.6.

사장 나라'와 '거룩한 민족'을 삼겠다고(출 19:5; 참조. 신 14:2, 21) 약속하신 것을 본다. 베드로는 이를 신약성경 신자들에게 상기시키고 그 특성을 적용하며 다음과 같이 말한다.

"그러나 너희는 택하신 족속이요 왕 같은 제사장들이요 거룩한 나라요 그의 소유가 된 백성이니 이는 너희를 어두운 데서 불러 내어 그의 기이한 빛에 들어가게 하신 이의 아름다운 덕을 선포하게 하려 하심이라 너희가 전에는 백성이 아니더니 이제는 하나님의 백성이요 전에는 긍휼을 얻지 못하였더니 이제는 긍휼을 얻은 자니라"(벧전 2:9, 10).

요한계시록의 네 가지 생물과 이십사 장로들의 찬양도 같은 맥락이다. 그들은 "어린양께서 죽임 당하사 하나님을 위해 그분의 피로 각 족속과 방언과 백성과 나라를 사셨느니라 그리고 주님께서 그들로 우리 하나님 앞에서 나라와 제사장들을 삼으셨으니 그들이 땅에서 왕 노릇 하리로다"(계 5:9, 10, NASB에 고어를 추가한 변형)라고 찬양한다.

우리는 이들 구절에서 우리를 그분의 왕 같은 제사장이 되도록 부르신 하나님의 자비와 은혜에 대해 배운다. 특히 세 가지 중요한 진리를 배우는데 첫째, 하나님께서는 우리를 그리스도의 피로 속죄하심으로써 모든 족속과 방언과 백성이 회심하도록, 또는 베드로의 표현처럼 어두운 데로부터 그분의 기이한 빛에 들어가도록 자비롭게 부르셨다.

둘째, 우리는 그분의 택하신 백성과 그분의 왕 같은 제사장이 되도록 그분과의 언약 안으로 부르심을 받았다.

셋째, 우리는 그분의 왕 같은 제사장으로서 날마다 그분의 영광을 위해 그분의 아름다운 덕(우리의 제사장 역할)과 그분께서 땅을 통치하심(우리의 왕 같은 역할)을 선포함으로써 그분을 섬겨야 한다. 하나님의 은혜로 우리는 왕 같은 제사장일 뿐 아니라 제사장 같은 왕이다. 이를 기억하며 우리는 그분을 위해 다스리며 매일 그분을 섬겨야 한다.

신자의 직업과 소명

우리는 그분의 왕 같은 제사장으로서 매일 하나님을 섬기고 영광을 돌린다. 그러므로 만인제사장설을 낡아빠진 신학적 구호로 격하시켜서는 안 된다. 이 개념은 개혁주의 신학의 초석으로 우리가 소명을 추구하는 방법을 포함해 매일 우리의 삶에서 우리가 사는 방법을 변화시킨다.[4]

만인제사장설을 바르게 이해한다면 가정과 교회와 일터와 국가에 하나님께서 주신 권위를 해치지 않을 것이다. 만인제사장설은, 우리의 삶과 직업은 하나님께서 주신 소명이기에 영적인(성스러운) 것과 세속적인(속된) 것 사이에 구별은 없다고 가르친다. 삶 가운데 그들의 소명이 무엇이든 모든 신자들은 제사장이다. 루터가 쓴 다음의 글은 이를 잘 표현한다.

> 제사장, 주교, 혹은 교황들처럼 '영적'이라 불리는 사람들은 이제 다른 그리스도인들과 다르지 않다. 그들이 더욱 우월한 것도 아니다. 그들은 다만 하나님의 말씀과 성례들을 집행할 사역과 직분을 맡았으며 그로 인해 일시적인 권위를 받았을 뿐이다. 그들의 손에 들린 칼과 막대기는 사악한 자를 징벌하고 선한 자를 보호하기 위함이다. 저마다 자신의 사역과 직분을 가지는 구두수선공과 금속세공사와 소작농들 모두 봉헌된 제사장들, 주교들과 다르지 않다. 더 나아가 모든 사람들은 반드시 자신의 일과 직분으로 다른 사람들을 섬기고 유익하게 해야 한다. 몸의 모든 지체들이 서로를 섬기는 것과 같이(고전 12:14-26) 많은 종류의 일들은 공동체의 몸과 영의 안녕을 위해 행해져야 한다.[5]

---

[4] 이 책의 나머지 부분은 만인제사장 교리를 우리의 소명에 적용하는 데 초점을 맞출 것이다. 그러나 이는 결코 교리적인 적용만이 아니다. 사실 많은 그리스도인의 삶은 이 교리의 렌즈를 통해 알 수 있다. 구약성경의 제사장들은 그리스도께서 갈보리에서 완전히 충족하신 그 희생(히브리서; 벧전 3:18)을 사모하며 희생제물을 드렸다. 우리는 신양성경의 제사장으로서 갈보리를 되돌아보며 우리의 삶을 살아있는 희생제물로써 하나님께 바친다. 그분을 섬기고 영화롭게 하도록 삶의 모든 영역을 봉헌한다(롬 12:1, 2). 그리스도인으로서 우리의 모든 삶은 하나님께 드리는 제사장의 예배로 이루어진다. 구약성경의 제사장들이 백성들을 대신하여 중재한 사실을 생각할 때 우리는 신약성경의 제사장으로서 서로를 책망하고 가르치고 격려할 뿐 아니라 서로를 위해 기도함으로써 중재해야 한다.

[5] Martin Luther, *An Open Letter to the Christian Nobility of the German Nation Concerning the Reform of the Christian Estate, in Three Treatises*, based on the American edition of Luther's Works (1520;

루터에 따르면 제사장과 일반신자의 구별은 기능적이다. 제사장들이 그들의 소명으로 다양한 기능을 실행하듯 일반신자도 그렇다. 사실 일반신자들 또한 그분의 제사장으로서 하나님께서 임명하신 그들의 '직분'으로 그분을 섬기도록 하나님께서 성별하셨다. 루터는 우리의 직분이 무엇이든 겸손히 서로를 섬기며 자기를 돌보는 대신 몸의 생명을 위해 기여하라고 상기시킨다.

칼빈에 따르면 우리 인간의 본성이 우리를 '여기저기로' 이끌기에 하나님께서는 이 땅의 모든 사람에게 직책 혹은 직분을 정하셔서 그 안에서 행하게 하셨다.

칼빈은 이 직책 또는 지위를 '소명'이라 불렀는데 우리가 그것을 벗어나지 않을 때 우리의 삶은 가장 잘 정리된다고 믿었다.

> 따라서 이 목표(하나님의 소명)를 향할 때 당신의 삶은 가장 잘 정돈될 것이다. 누구도 자신의 무모함에 사로잡혀 소명이 허락하는 것 이상을 시도하지 않을 것이다. 그 경계를 넘는 것은 정당하지 않음을 알기 때문이다. 이름 없는 지위를 지닌 사람도 하나님께서 주신 자리를 지키기 위해 그 삶을 진심으로 살아갈 것이다. 소명은 하나님께서 모든 것에서 인도자이심을 깨닫도록 주신 돌봄, 일, 골칫거리, 다른 무거운 짐들을 조금도 덜어내지 않을 것이다. 치안판사는 자신의 역할을 더욱 흔쾌히 이행할 것이며, 가장은 자기 의무에 충성할 것이다. 그 짐들을 하나님께서 주셨음을 이해할 때 각 사람은 살면서 느끼는 불편, 짜증, 권태, 불안을 견디고 감수할 것이다. 여기에서 그 유일한 위로, 즉 소명에 순종할 때 어떤 직무도 추악하거나 천하지 않으며 하나님 보시기에 뛰어나지 않거나 귀중하지 않은 일은 없음을 발견할 것이다.[6]

루터와 칼빈에 따르면 구두수선공부터 금속세공사, 소작농까지 모든 신자는 하나님께서 주신 보물을 동등하게 받았다. 어떤 직업도 다른 사람 위에 있

---

reprint, Philadelphia: Fortress, 1966), 130.
6) Calvin, *Institutes*, 3.10.6.

지 않다. 다른 것보다 더 성스러운 직업은 없다. 항만 노동자부터 박사, 배달원부터 경영자, 전기기사부터 기업간부까지 하나님께서는 신자들에게 각기 다른 직분과 소명을 주신다. 하나님께서는 모든 정당한 직업을 통해 그분의 사역을 이루신다.

경건한 평계

근본적인 문제는 많은 그리스도인들이 직업을 그리스도인 소명의 중요한 부분으로 결코 인식하지 못한다는 것이다.[7] 결과적으로 그들은 자신의 직업을 하나님께서 그분의 제사장인 그들을 통해 그분의 사역을 이루시는 수단으로 보지 못한다.

신자들은 하나님께서 부르신 곳 어디서든지 매일 하나님을 위해 사역하는 믿을 수 없는 특권을 부여받는다. 그러나 일부 신자들은 제사장의 소명에 대한 관점을 잃어버렸기에 제사장으로서 자신의 직업을 통해 하나님을 섬기며 그분을 영화롭게 하는 값진 기회 또한 잃어버렸다. 그렇게 매일 매주 도처에서 자신의 일을 엉망으로 만든다.[8]

---

7) Helm, *The Callings*, 96.
8) 그리스도인 대부분은 직업을 그들의 소명의 일부로 이해하지 못하기에 주님을 위해 진심으로 일하지 못한다. 이와 반대쪽 극단에 있는 사람들은 직업을 그들의 유일한 소명으로 받아들이기에 그들 개인의 삶, 가정, 교회, 사회 전반에 놓인 그들의 책임을 이루는 데 실패한다. 청교도들은 일을 충분히 진지하게 취하지 않는 사람들에게 많은 말을 했는데 그들은 또한 반대쪽 극단에 있는 사람들, 즉 일만 남겨두고 다른 관점들은 삶에서 몰아낸 사람들에게도 많은 말을 한다. 조지 스윈녹(George Swinnock)은 그의 명작, *The Christian Man's Calling*에서 우리는 "하늘과 땅에 연관된, 즉 서로 개입하거나 거스르는 하나님과 (우리의) 가족에 연관된 일들"을 정리해야 한다고 경고한다([1868; reprint, Edinburgh: Banner of Truth, 1992], 307-8). 그는 계속해서 "신실하고 지혜로운 청지기는 때가 되면 모두에게 그들의 분깃을 줄 것이다. 매일 그가 그의 몸과 가족에게 그들의 몫을 주듯 하나님과 그의 영혼에도 매일 그들의 몫을 바칠 것이다"(309-10)라고 말한다. 그는 또 곧바로 "모든 것에는 때가 있다"며 그러므로 우리는 "버리는 시간이 부족한 시간보다 많아서는 안 된다"고 덧붙인다(310). 스윈녹의 관점은 일부 사람들이 지지하는 가족 위에 일, 또는 일 위에 가족이라는 극단을 피하고 균형을 이룬다는 점에서 신선하다. 우리의 소명에 대한 각자의 태도를 바라보는 성경의 관점은 그 의무를 받아들이는 것이다. 비록 이번 장은 우리의 직업적인 소명에 주로 집중하지만 성경이 우리에게 요구하는 개인의 삶, 가족, 교회, 일터, 문화 그리고 국가에 대한 균형 잡힌 시각을 잃지 말아야 한다. 모든 삶은 하나님 앞에서 거룩하다. 이에 대해서는 다음 장에서 논의할 것이다.

주일만을 위해 일함

어떤 그리스도인들은 때때로 그들이 평일에 유지하는 허술한 사고방식을 경건한 정장으로 포장한다. 예들 들어 그들은 진짜 소명, 즉 주일에 교회에서 다른 사람들을 섬기는 데 충실하도록 주중에는 적당히 일해야 한다고 생각한다. 이유는 모르겠지만 월요일부터 금요일까지 자신의 일을 포함한 자신의 소명, 곧 자신의 사역을 그들은 잊어버린다. 그러나 우리는 사역하기 위해 주로 일하는 것이 아니다. 우리는 일하는 동안 주로 사역한다.

애석하게도 평일을 대충 보낸 사람들은 그리스도인의 소명에 광채를 더하는 탁월한 표준을 따르는 데 종종 실패한다. 그들은 복음을 진전시키려 할지 모르지만 결국에는 복음을 약화시킨다. 하나님의 영광을 위해 그들 앞에 놓인 일을 도외시하기 때문이다(고전 10:31; 골 3:17).

이는 그리스도인 고용인(雇傭人)에게만 국한된 문제가 아니다. 일부 그리스도인 고용주는 레터헤드(윗부분에 주소, 이름 따위가 인쇄된 편지지 -편집자주)에 물고기나 십자가가 있으면 그것이 유능함을 대체한다는 듯 생각한다. 그래서 그들은 때로 고용한 사람들의 무능함을 견뎌야 한다. 물론 이 문제를 해결하기 위해 우리가 유능한 비신자를 고용할 필요는 없다. 그 상황에 처한 그리스도인 고용주 또는 고용인이 유능해져야 한다.

하나님과 다른 사람들을 향한 사역은 주일에 시작하거나 멈추지 않는다. 신자에게 이를 기억하는 것보다 더 좋은 출발점은 없다.

증거만을 위해 일함

그리스도인들이 주중에 하나님의 소명을 이루지 못하는 또 다른 이유는 직장을 단순히 선교지로 보기 때문이다. 그들은 심지어 믿지 않는 동료 또는 고객들에게 간증하기 위해 근무시간을 보내는데 그들은 그러는 내내 간증에도 실패하고 아마 사업에도 피해를 끼칠 것이다.

어떤 존경받는(?) 선교사에 대한 이야기가 있다. 그는 선교지에 가기 전, 낮에는 구두수선공으로 일하고 밤에는 선교지에 대한 공부를 했다. 저녁 공부에 자극을 받은 듯 그는 가게를 방문하는 모든 사람들에게 복음을 나누고픈 훌륭

'능력 이하의 일을 하는 근로자'와 꿈을 이루지 못한 공연예술가, 특별히 받은 훈련대로 하지 못하는 운동선수들 또한 전력을 다한다.

바울은 우리 일생에 하나의 부르심이 반드시 고정되는 건 아니라고 말한다. 그는 고린도전서 7:21, 22에서 우리는 다른 부르심으로 옮길 기회가 생길 때까지 현재 우리의 자리에 머무는 것이라고 말한다. 특별히 그는 종의 신분일 때 하나님께 부르심을 받은 이들에게 자유롭게 되지 못할까 염려하지 말라고 말하며 언제든 그렇게 될 수 있다면 자유로워지라고 가르친다.

바울의 권면에 기초해 하나님께서 기회를 주셨다면 그리고 탐욕, 선망, 조바심 등의 잘못된 이유가 아니라면 당신의 소명이 변하는 것은 잘못이 아니다. 그러나 하나님께서는 이러한 기회와 상관없이 당신이 현재의 부르심 가운데 그분의 제사장으로서 그분께 영광을 돌리기를 바라신다.

당신의 현재 부르심을 비행기 좌석처럼 생각해보라. 당신이 비행기에 탑승하면 당신이 앉을 특정한 자리가 주어진다. 비행이 끝나기까지 그 자리에 계속 앉을 수도 있지만, 어쩌면 다른 빈 좌석에 앉을 기회가 생길지도 모른다. 그러나 좌석을 바꿀 기회가 생길 때까지 당신의 유일한 좌석은 지금 앉은 그 자리다. 당신은 지금 그 자리에서 하나님을 섬겨야 하고 그분께 영광을 돌려야 한다.

하나님께서 현재 당신에게 맡기신 그 자리에 영원히 머물지 않는다 해도 당신은 현재 그 자리에서 하나님께서 부르신 목적을 이루어야 한다. 노아를 생각해보라. 그는 홍수 전에는 방주를 만드는 자로서, 홍수 때에는 선장과 동물원 관리자로서, 홍수 후에는 농장 관리인과 정원사로서 하나님께 영광을 돌렸다. 아니, 오히려 그것은 그가 950세의 고령까지 사는 데 도움을 주었다!

저주로 여기며 일함

어떤 이들이 주일에만 하나님을 위해 사역하도록 부르심을 받았다 생각한다면, 어떤 이들은 일터를 오직 선교지로 보고, 어떤 이들은 현재의 자리에 대해 불만을 가진다. 그러나 여전히 다른 유형이 있는데 그들은 일을 타락의 결과로 잘못 판단하기에 평일 동안 제사장으로서 하나님을 영화롭게 하는 데 실패한다. 즉 그들은 일에 대해 비성경적인 저급한 관점을 취한다.

그러나 일은 타락 후에 만들어진 제도가 아니다. 하나님께서는 타락 전에도 아담을 에덴동산의 관리원으로 삼으셨다(창 2:15). 또한 그분은 아담에게 땅을 '정복할' 것과 창조물을 '다스릴' 것을 명하셨다(창 1:27, 8). 누구도 잊지 못하도록 창세기 1장과 2장을 3장 앞에 두셨다!

물론 아담에게 내려진 하나님의 저주는 그의 일에도 임했다. 그는 사는 날 동안 고되게 일해야 했다(창 3:17-19). 그러나 올바로 이해할 필요가 있다. 저주는 일이라는 제도 자체가 아닌 그의 일을 둘러싼 환경에 영향을 미쳤다(창 5:29). 아담은 타락 전에도 일했고 타락 후에도 일했다. 다른 점은 타락 후 더욱 땀을 흘려 고되게 일해야 했다는 것이다.

일에 대해 비성경적인 저급한 관점을 취하는 사람들은 하나님께서 타락 전에도 사람으로 일하도록 임명하셨다는 사실을 잊어버린다. 또한 타락 후에도 일에 대한 높은 관점을 성경에서 찾을 수 있다는 사실을 잊는다.

예를 들어 출애굽기 20:8-11과 신명기 5:12-15을 보자. 네 번째 계명은 우리에게 쉴 것을("[안식일에] 아무 일도 하지 말라") 명하는 동시에 일할 것을("엿새 동안은 힘써 네 모든 일을 행하라") 명한다. 빈번히 주일을 경시하는 신자들이 결국 일을 경시하는 것은 놀랄 일이 아니다. 그 반대도 마찬가지다. 역설적이게도 주일을 경시하는 자들은 결과적으로 엿새 동안 쉬고 일곱째 날에 일한다!

성경에 나타나는 일에 대한 높은 관점은 나태와 게으름을 꾸짖고 부지런함과 근면을 극찬하는 많은 잠언들에서 발견된다(예를 들어, 잠 10:4, 5, 26; 12:11, 24, 27; 13:4; 14:23; 19:15, 24; 20:4; 21:5, 25; 22:13; 24:30-34; 26:13-16; 전 9:10). 솔로몬은 일의 열매뿐 아니라 노동에서도 우리 자신을 즐거워해야 한다고 말한다. 이 즐거움은 하나님께서 우리에게 주시는 선물이며 상급이기 때문이다(전 5:18-20).

바울은 주님을 기쁘시게 하도록 우리의 일을 하고(엡 6:5-8; 골 3:22-24) 참견을 삼가며 자신의 양식을 위해 조용히 일하고(살전 4:11, 12; 살후 3:7-12) 직접 수고하고 필요한 사람들을 위해 일하며(엡 4:28) 믿음을 부인하거나 믿지 않는 자들보다 더 악한 자가 되지 않도록 우리의 보살핌 아래 있는 자들을 부양하라고(딤전 5:8, 13-16) 명한다.

처음부터 끝까지 성경은 일을 단순히 타락 후에 주어진 고역으로 보는 견해에 난색을 표한다. 일은 타락 이전의 제도이다. 비록 타락 후일지라도 성경은 일을 명하고 또 권한다. 노예들조차 주께 하듯 전심을 다해 일한다면(엡 6:5-8; 골 3:22-24) 우리는 두말할 필요가 없다. 우리의 사슬은 상상 속에만 존재하지만 그들의 사슬은 진짜였다.

더 이상 흔들리지 말라. 경건한 변명을 멈춰라. 하나님께서 오늘 우리에게 주신 기회를 잡아야 한다. 우리의 위대한 대제사장을 섬기고 그분께 영광 돌리는 기회로 여기면서 각자의 직업을 추구하는 데 전념해야 한다. 윌리엄 퍼킨스(William Perkins)는 "우리 삶의 최종 목적은 우리가 부르심을 받은 일터에서 사람들을 섬기며 하나님을 섬기는 것"[12]이라고 썼다. 다시 말해 우리가 자신의 소명을 이행하고 소망 가운데 다른 사람들을 섬길 때 우리는 그로써 우리의 궁극적 목적인 하나님을 섬기고 영화롭게 한다.

우리는 단지 우연히 목수나 치과의사나 교수가 된 그리스도인이 아니다. 우리는 그리스도인 목수, 그리스도인 치과의사, 그리스도인 교수가 되라고 부름받는다. 우리는 단지 주일에만 그리스도인이 아니다. 우리는 월요일부터 금요일까지를 포함해 매일 그리스도인이 되라고 부름받는다. 우리는 단지 교회와 기도실에서만 그리스도인이 아니다. 우리는 일터를 포함한 어디서든지 그리스도인이 되라고 부름받는다.

이렇게 생각할 때 우리의 소명은 단순히 시간을 바쁘게 보내는 수단으로써의 직업이 아니다. 그것은 소명이다. 다시 말해 하나님께서 우리를 부르셨다. 우리는 소명에 의해 또 소명을 통해 그분을 섬기고 영화롭게 한다. 우리는 하나님께서 우리의 위대하신 대제사장을 통해 베푸신 놀라운 특권을 겸손히 깨달으며, 오늘 그것이 무엇이든 우리의 정당한 소명은 하나님께서 임명하신 우리의 제사장직을 시행하는 삶의 한 영역으로 보아야 한다.

---

12) William Perkins, *A Treatise of the Vocation, or, Calling of Men, with the Sorts and Kinds of Them, and the Right Use Thereof* (Cambridge: John Legat, 1603), 911. (이 인용구와 이후 내용에는 현대영어가 사용된다.)

진정한 그리스도인의 대의

많은 그리스도인은 정확히 이 지점에서 틀어지고 만다. 만일 그들의 소명이 명백하게 그리스도인의 대의를 추구하지 않는다면 하나님을 실망시키거나 또는 하나님의 뜻을 이루지 못한다고 생각하는 것이다. 그러나 삶 가운데 그분의 부르심을 이행하여 그분의 제사장으로서 역할을 한다면 그는 이미 그리스도인의 대의를 추구하는 것이다. 하나님께 영광 돌리기 위해 24시간 '종교적인' 일을 할 필요는 없다.

우리는 그리스도인 변호사가 되기 위해 종교의 자유에 관한 사건을 맡을 필요는 없다. 그리스도인 화가가 되기 위해 최후의 만찬을 그릴 필요는 없다. 그리스도인 가수가 되기 위해 찬송가를 부를 필요는 없다. 그리스도인 판매원이 되기 위해 성경을 판매할 필요는 없다. 그리스도인은 사역과 일의 서열을 버려야 한다. 사역과 일의 서열을 나눌 때 우리는 평범해진다. 우리는 제사장의 부르심에 대해 어느 정도 시각을 잃어버렸기 때문에 예술에서뿐만 아니라 삶의 모든 부분에서 평범에 인이 박히게 되었다.

마이클 호튼은 다음과 같이 아주 강력하게 묻는다. "오늘날의 바흐, 헨델, 밀턴, 렘브란트, 뒤러, 크라나흐, 허버트, 단은 어디 있는가?" 그는 이어서 대답한다. "그들 중 일부는 아마 생계를 위해 두세 가지 일을 할 것이다. 나머지는 아마 그것만이 완전히 언제나 하나님을 영화롭게 하는 일이라 생각하며 전임사역을 밀어붙일 것이다." 호튼은 전임사역만이 인생의 가장 귀중한 최고의 부르심이라 생각하는 사람들에게 주의 깊게 대답한다.

> 그리스도인들이 사업가나 변호사, 주부, 예술가, 청소부, 의사, 건설노동자가 되는 것 또한 선교사나 복음전도자, 목사, 청소년 지도자, 기독교단체에 다니는 것처럼 경건한 일임을 알게 된다면, 그들은 다시 한 번 빛과 소금이 될 것이다. 그들이 메트로폴리탄 오페라하우스에서 노래하는 것 또한 교회찬양대에서 노래하는 것처럼 영적인 일임을 알게 된다면 우리는 창조주와 구속주께만 주목하는 해방된 기독교 소명의 새 시대를 볼 것이다. ……다시 한 번 모든 신자들이

제사장이 된다면 구별되고 우월한 소명으로서의 전임 기독교 사역은 끝을 드러낼 것이다.[13]

전임사역을 구별되고 우월한 소명으로 생각하는가? 정말로 메트로폴리탄 오페라하우스에서 노래하는 것이 교회찬양대에서 노래하는 것만큼 영적이며 하나님을 영화롭게 한다고 생각하는가?

당신은 사역과 일의 서열을 버렸는가? 종교개혁자들과 그 계승자들이 본 것을 당신도 보고 싶은가? 루터에 따르면 하나님 보시기에 사역자의 일은 "결코 밭에서 일하는 농부나 가정을 돌보는 여자의 일보다 더 우월하지 않다."[14] 퍼킨스도 언젠가 비슷하게 말했다. 양을 돌보는 목자의 일도 "형을 선고하는 판사나, 다스리는 치안판사나, 설교하는 목사의 일과 같이 하나님 앞에서 훌륭한 일이다."[15] 윌리엄 틴데일(William Tyndale)은 접시를 닦는 것과 복음을 설교하는 것은 하나님의 눈으로 볼 때 차이가 없다며 마찬가지로 강조했다.[16] 이 진리를 당신의 집으로 가져가지 않겠는가?

은사와 소명의 발견

당신은 접시를 닦기 위해 부름받았는가? 밭에서 일하기 위해, 메트로폴리탄 오페라 하우스에서 노래하기 위해서는 어떤가? 당신의 삶에서 하나님의 부르심은 무엇인가? 그 부르심을 알아내기 위해 당신은 어떻게 하는가?

좋은 출발점은 하나님께서 당신에게 주신 성경적 열망이 무엇인지 스스로에게 묻는 것이다. 즉, 당신은 무엇을 할 때 즐거운가? 그 즐거움은 성경적인가?

---

[13] Michael Horton, *Putting Amazing Back into Grace: An Introduction to Reformed Theology* (Nashville: Thomas Nelson, 1991), 197.
[14] Ryken, *Worldly Saints*, 228 n.3, 인용 W. R. Forester, *Christian Vocation* (New York: Scribner, 1953), 148.
[15] Perkins, *A Treatise of the Vocation*, 913.
[16] William Tyndale in *The Parable of the Wicked Mammon*, Ryken, *Worldly Saints*, 25에서 인용했음.

당신은 숫자를 활용하는 일이 즐겁지 않고 거기에 열망도 없다면 하나님께서는 아마 당신을 회계사나 수학자로 부르지 않으셨을 것이다. 장담한다. 그러나 숫자로 일하는 것이 즐겁다 해도 도박사가 되는 것은 비성경적이다. 하나님께서는 누구도 그분의 말씀에 반대되는 무엇을 하도록 부르시지 않는다.

도움이 될 만한 다른 방법은 하나님께서 당신에게 주신 책임들과 당신이 한 약속들이 무엇인지 가늠하는 것이다.

당신은 하루 종일 색소폰을 불면서 거리 모퉁이에 서있기를 열망하지만 가족을 부양하고 월세를 지불해야 할지 모른다. 기억하라. 하나님께서는 결코 맡기신 책임과 당신이 동의한 약속들을 회피하도록 당신을 부르시지 않는다.

당신이 책임과 약속을 태만히 한다면 다시 생각하라. 이미 살펴보았듯 그의 가족을 부양하지 않는 자는 믿지 않는 자들보다 더 악하다(딤전 5:8).

또한 성경으로 자신을 구속한 사람은 자신의 손실까지 각오해야 한다(시 15:4). 일부 소명이 재정적 희생을 포함하는 것은 사실이다. 그러나 우리는 결코 개인의 이익을 희생하는 일과 개인의 책임을 태만히 하는 것을 혼동하지 말아야 한다. 희생은 존경받을 일이지만 태만은 혐오스럽다.

또한 하나님께서 지금까지 당신의 삶을 어디로 이끄셨는지 돌아보아야 한다. 그동안 받은 교육과 경험은 당신의 열망과 책임에 어울리는 특정한 직업을 하도록 당신을 준비시켰는가? 예를 들어 의대 근처에 가보지도 않은 사람이 뇌 전문 외과의사가 되려고 한다면 상당히 어려운 과제가 될 것이다.

동시에 하나님께서는 우리 모두에게 다른 은사와 다른 능력을 주셨음을 기억해야 한다. 존 머레이는 이것들이 그분의 뜻을 나타내는 색인이며 따라서 우리의 삶을 향한 그분의 부르심을 드러낸다고 말했다.[17] 스틸은 하나님께서는 이제 "귀에 들리는 음성이 아닌 실제적이고 적합한 은사를 주심으로" 우리를 부르신다고 썼다.[18]

---

17) John Murray, *Principle of Conduct* (1957; reprint, Grand Rapids: Eerdmans, 1984), 86.
18) *The Religious Tradesman or Plain and Serious Hints of Advice for the Tradesman's Prudent and Pious Conduct; From His Entrance into Business, to His Leaving It Off* (1603; Harrisonburg, Va.: Sprinkle Publications, 1989), 27.

만일 특별한 직업에 부르심을 받았는지 궁금하다면 잠시 멈추고 그 부르심이 요구하는 기본적인 은사들을 당신이 가졌는지, 그 은사들이 당신 안에서 발전해가는 것을 당신과 다른 사람들이 보는지 스스로에게 물어보라. 하나님께서는 특정한 직업에 필요한 은사를 주시지 않으면서 누군가를 그 직업으로 부르시는 일이 결코 없다.

이 진리로부터 두 가지 중요한 결과가 뒤따른다. 첫째, 하나님께서 우리의 소명을 위해 은사를 주셨다면 우리는 그 은사들을 깨달아 하나님을 섬기고 영화롭게 하는 데 사용해야 한다. 많이 받은 자는 할 일도 많은 법이다.

둘째, 하나님께서는 모든 사람에게 동일한 은사를 주시지 않는다. 그러므로 모든 사람이 동일한 일을 하도록 부르심을 받았다고 생각해서는 안 된다. 예를 들어 부모들은 하나님께서 반드시 동일한 은사를 동일한 분량으로 베푸시지 않으며 따라서 그 자녀들을 동일한 학업 또는 직종을 따르도록 부르시지 않는다는 것을 배워야 한다.

하나님께서는 어떤 사람들을 머리를 쓰는 일에 부르시는 반면 다른 사람들은 손으로 수고하게 하시고, 또 다른 사람들은 둘 다를 활용하게 하신다. 하나님께서 아담을 동산 관리인으로 부르셨을 때 아담은 하나님의 형상으로 창조된 부(副)통치자로서 그런 일은 품위에 어울리지 않는다고 생각하지 않았다. 그는 일의 내용에 대해 불평하지 않았고, 근무시간에 보다 지적인 업무(예를 들어 동물들 분류함)를 할 수 없다면 그만두겠다고 협박하지 않았다.

우리도 그래야 한다. 바로 그 첫 시작부터 동산을 돌보는 부르심과 동물을 분류하는 부르심은 나란히 존재했지만 둘 중 하나가 다른 것보다 우월하지 않았다. 아담의 직무는 육체노동과 지적노동 모두를 포함했다.

다음과 같은 머레이의 말은 옳다. 많은 사람들이 '천하다'고 비하하는 일의 진가를 알아보는 가르침을 받았다면 그들은 "경제적, 도덕적, 종교적 붕괴라는 재앙에서 구원받았을 것이다. 진지하고 현명하게 숙고했다면 구하지 않았을, 자질도 갖추지 못한 직업을 추구하는 헛된 야망으로부터 보호받았을 것이기 때문이다."[19]

당신은 어떤가? 목수이신 그리스도께 무엇이든 배울 수 있는가? 어부인 베드로, 야고보, 요한에게는 어떠한가? 천막을 만드는 바울에게서는? 당신의 은사들은 무엇이며 그 은사들은 당신의 삶을 향한 하나님의 소명에 대해 무어라 말하는가?

때때로 우리는 다른 사람의 현명한 조언이 있어야 우리의 은사나 소명을 진지하게 숙고할 수 있다. 솔로몬은 풍부한 조언자들 안에 승리가 있다(잠 11:14; 15:22; 24:6)고 말한다. 많은 사람이 소명을 찾는 데 실패하는 이유 중 하나는 아마도 부모나 또래나 목사의 조언을 무시하는 그들의 성향 때문이다. 아버지는 종종 어머니나 형제들, 자매들이 그러하듯 가정과 그리스도의 몸 모두에 대해 실로 가장 잘 안다. 이것은 우리가 고려해온 그 소명을 지금 구하는 이들에게 특별한 진리가 된다.

같은 맥락에서 리처드 백스터(Richard Baxter)는 다음과 같이 상기시킨다. 우리는 "몇몇 신중하고 신실한 사람들의 충고 없이 ……소명을 선택해서는 안 된다. 왜냐하면 그들이 자신의 직업으로 가장 잘 판단할 수 있기 때문이다"[20]

우리의 열망과 책임과 경험과 은사를 가늠하고 다른 사람들의 지혜와 조언을 구하면서 우리의 소명을 추구하고 성취할 때 우리는 또한 삶의 모든 걸음을 주권적으로 부르시고 섭리적으로 이끄시는 하나님께 기도하고 그 안에서 받는 위로를 기억해야 한다. 우리는 전심으로 그분을 신뢰하고 우리의 모든 행함에서 그분을 인정해야 한다. 그분께서 우리의 길을 인도하실 것이다(잠 3:4, 5; 16:3).

우리는 계획을 세울 수 있지만 그 걸음을 인도하는 분은 주님이시다(잠 16:9). 우리를 부르고 이끌고 인도하는 것이 그분의 일이다. 우리의 일은 그분을 신뢰하고 우리를 부르신 그분의 소명을 가늠하는 것이다. 칼빈의 말처럼

---

19) Murray, *Principle of Conduct*, 35.
20) Richard Baxter, *Baxter's Practical Works*, vol. 1: *A Christian Directory* (1673; reprint, Ligonier, Pa.: Soli Deo Gloria Publication, 1990), 378.

모든 소명은 "그분 앞에서 매우 귀중한 것으로 여겨지며"[21] 빛난다는 것을 알고 그분 앞에서 책임감 있게 겸손히 우리의 삶을 사는 것이다.

정말 고려해야 할 최선

바르게 이해한다면 만인제사장설에는 오만과 안주와 불만 같은 적개심이 하나님의 백성 사이에 있을 자리가 없다. 어떤 신자도 그가 추구하는 소명 때문에 하나님 앞에서 더 높은 특권이나 지위를 갖지 않는다. 바울에 따르면 우리는 모두 그리스도 안에서 하나이기에 종도 자유인도 없다(갈 3:28).

누구든 부르심에 충실하고 어떤 소명이든 힘차게 해나간다면, 하나님 보시기에 동일한 위엄과 진실함으로 그분 앞에 나아가는 것이다. 헬름은 다음을 상기시킨다. "모든 정당한 소명들은 동등하게 유효하며 가치가 있다. 각 소명의 원천은 하나님이시며 그 목적은 하나님을 섬기는 것이기 때문이다."[22]

또 루터의 말처럼 "우리는 모두 영적인 신분이며 모두가 참된 제사장이다. ……그러나 모두가 똑같은 일을 수행하는 건 아니다."[23] 참으로 저마다의 소명은 그를 수행하는 사람에게 각기 다른 일과 의무를 부여한다. 심지어 어떤 소명은 다른 것들보다 많은 보수를 지불하기도 한다. 그러나 누군가 보수를 많이 받는다 해서 보수가 적은 사람보다 더 품위 있다는 뜻은 결코 아니다. 보수는 우리가 정말 고려해야 할 대상이 아니다.

우리가 정말로 고려해야 할 대상은 한 사람을 다른 사람들과 궁극적으로 구별하시는 분, 참으로 누군가를 특별한 누군가로 만드시는 분, 바로 그리스도시다. 언젠가 존 바클레이(John Barkley)는 이렇게 말했다. "그리스도인 농부만이 진정한 농부이며 그리스도인 의사만이 진정한 의사이고 그리스도인 남성

---

21) Calvin, *Institutes*, 3.10.6.
22) Helm, *The Callings*, 61.
23) Luther, *To the Christian Nobility of the German Nation, in Three Treatises*, 14.

만이 진정한 남성이며 그리스도인 여성만이 진정한 여성이다. 그 밖의 삶의 모든 세부사항과 양상과 지위 또한 그렇다. 그리스도와 떨어졌을 때 우리는 되어야만 하는 우리 자신이 아니다.[24]

그리스도와 떨어져서 우리는 아무도 아니며 아무것도 할 수 없다(요 15:5). 우리는 그분의 은혜로 말미암아 특별한 누군가가 되며 그분께서 하도록 부르신 모든 것을 한다(빌 4:13). 이같이 '최선을 다하는 것'은 특정한 소명에 선행하는 특징이 아니다. 그리스도인이 되었을 때, 곧 위대하신 대제사장 예수 그리스도를 알 때, 그리고 그분께서 당신으로 하도록 부르신 일을 행할 때 나타나는 직접적인 결과이다.

만인제사장설은 우리 각자의 소명을 활기차게 수행하여 하나님을 섬기고 영화롭게 하는 데 있어 우리 내면에 초점을 맞추지 않는다. 만인제사장설은 우리 밖을 향해 초점을 맞춘다. 우리의 빛이 일터에서도 모든 사람 앞에 밝게 비추도록, 그래서 그들 또한 하나님의 특별한 자녀가 되도록, 결국 그들 또한 하늘에 계신 아버지께 영광 돌리도록 말이다.

특별한 누군가가 된다는 건 다른 사람과 자리를 맞바꿔서 이루어지는 게 아니다. 그것은 우리 대신 죽으심으로 우리와 자리를 맞바꾸신 위대한 대제사장을 통해 우리에게 은혜와 자비를 베푸심으로 우리를 그분의 왕 같은 제사장으로서 그분을 섬기고 영화롭게 하신 그분의 부르심을 알 때 이루어진다. 이것이 바로 카우보이 부츠를 신은 교수가 들어야 할 메시지이다.

---

24) Cyril Eastwood, *The Priesthood of All Believers: An Examination of the Doctrine from the Reformation to the Present Day* (London: Epworth, 1960), 73에서 인용했음.

연구 질문

1. 주중에 하나님께 영광 돌리는 데 최선을 다하지 못하는 이유는 무엇인가? 그 이유들은 성경적인가? 당신은 업무를 시작하며 나는 그분을 섬기는 자로서 하나님께 영광 돌리기 위해 일한다는 것을 상기시키는가? 언제 마지막으로 그런 생각을 했는가? 오늘부터 그렇게 해본다면 어떻겠는가?

2. 그리스도인으로서 근무 중에도 명백히 '종교적인' 일들을 해야만 하는가? 이에 대해 설명하라. 메트로폴리탄 오페라하우스에서 노래하는 것도 교회찬양대에서 노래하는 것만큼 영적인 일인가? 성경은 무엇이라 말씀하는가?

3. 당신의 삶 가운데서 하나님의 부르심과 은사들을 분별하는 방법으로는 무엇이 있는가?

제 20 장

|

하나님께 영광 돌리는 삶

지금까지 우리는 그리스도인의 삶에 대한 개혁주의 관점과 비개혁주의 관점을 구별하는 몇 가지 중대한 주제들을 검토했다.

먼저 우리는 칭의와 결정적 성화에서 하나님께서 우리를 위해 이미 이루신 일을 살펴보고 우리의 점진적 성화에서 그분께서 계속 행하시는 일, 최종적 성화와 영화에서 아직 이루시지 않은 일을 살펴보았다. 또한 우리는 두 장에 걸쳐 두 가지 특별한 개혁주의 주제를 알아보았는데 곧 그리스도 안에 있는 우리의 자유와, 신자로서 우리의 제사장 직분에 관한 것이다.

그리스도인의 삶에 대한 개혁주의 관점의 다양한 주제들을 보면 그 각각은 결국 한목소리로 우리 삶의 최고 목적은 하나님을 영화롭게 하며 즐거워하는 모든 일을 하는 것이라 상기시킨다. 그러나 '모든 것으로 하나님께 영광 돌리라'는 말이 너무 친숙한 나머지 우리는 그 진정한 의미를 이해할 시간조차 충분히 갖지 않은 채 의무감으로 고개를 끄덕인다.

우리가 궁극적으로 하나님을 영화롭게 하기 위해 산다는 말은, 온 세계의 모든 영광의 하나님께 우리가 영광을 덧붙일 수 있다거나 그분의 본질을 어떻게든 더욱 영광스럽게 만들 수 있다는 뜻이 아니다.

가득 찬 양동이에는 단 한 방울의 물도 더할 수 없다. "영광의 하나님"(행 7:2)은 완전하고 무한한 영광을 지니시지만 그럼에도 그분은 자신의 본질적 영광을 나타내신다는 의미에서 스스로를 영화롭게 하기로 결정하셨다. 이것이 그분께서 창조뿐 아니라 구속에서도 행하시는 일이다.

우리는 "하늘이 하나님의 영광을 선포하고 궁창이 그의 손으로 하신 일을 나타내는도다"(시 19:1)라는 시편기자의 선포에서 하나님께서 창조를 통해 스스로를 어떻게 영화롭게 하셨는지 알 수 있다. 또한 사도 바울의 펜을 통해 구속에 계시된 하나님의 영광에 대해 배운다. 바울은 하나님께서 "영광 받기로 예비하신 바 긍휼의 그릇에 대하여 그 영광의 풍성함을 알게 하고자" "멸하기로 준비된 진노의 그릇을 오래 참으심으로 관용"(롬 9:22, 23)하셨다고 말한다.

이와 같이 하나님께서는 그분의 영광을 하늘뿐 아니라 그분께서 정하신 긍휼의 그릇, 곧 그분께서 주권적으로 은혜롭게 회심시키시며 그분과의 연합과 교제의 언약 관계 안으로 이끄시고 자신의 교회로서 세상에서 불러내시며, 그들을 대신해 그리스도께서 홀로 이루신 일에 근거하여 의롭다 칭하신 자들에게 그분의 자비를 부어주심으로 나타내신다.

다른 말로 하면 하나님께서는 그분께서 정하신 긍휼의 그릇인 우리를 위해 그분께서 행하신 일을 통해 스스로 영광을 받으신다. 또한 그리스도인의 삶 가운데 그분께서 우리 안에 이미 행하신 일과 지금 행하시는 일, 그리고 아직 행하지 않으신 일을 통해 스스로 영광을 받으신다.

하나님께서 우리 그리스도인의 삶으로 그분을 영화롭게 하기 위해 우리를 부르실 때, 하나님은 우리를 그의 임재 안으로 불러들여 그의 영광에 흠뻑 젖게 하신다. 그리하여 우리가 하나님의 어떠하심과 우리를 위해 하신 일에 대해 영광을 돌리는 반응을 하게 하신다. 이런 의미에서 우리가 그분께 영광 돌리도록 부름받을 때 우리는 매일의 생활 가운데 그분의 영광을 비추고 선포하며 "여호와의 이름에 합당한 영광을 그에게 돌리기 위해"(대상 16:29; 시 29:2) 살도록 부름받는 것이다.

마찬가지로 우리가 그분을 찬양할 때(시 50:23; 86:12) 그분을 경외하며 예배할 때(계 14:7; 대상 16:29; 시 29:2) 육체 가운데 그분을 거역하는 죄를 끊을 때(고전 6:20) 그분 안에서 우리의 믿음이 굳건하게 자랄 때(요 15:7-8) 그리고 착한 일을 행함으로 그분께 순종할 때(마 5:16) 우리는 하나님을 영화롭게 한다. 우리의 삶에서 하나님을 영화롭게 하는 데는 제한이 없다. 우리는 무엇을 하든 모두 그분의 영광을 위해 해야 한다(고전 10:31). 믿고 행하는 모든 면에서 우리는 그분의 영광을 비추고 나타내며 살아야 한다.[1]

이처럼 그분께 영광 돌릴 때 우리는 비로소 그분을 즐거워하게 된다. 그분의 영광을 위해 살고자 힘쓴다면 우리는 우리의 시선을 그분께 고정하고 매일매일 새로이 그분을 즐거워할 것이다. 다윗처럼 건강을 잃어가면서도 하나님께서 우리 마음의 반석이시요 우리의 영원한 분깃이시라고 선포할 것이다(시 73:25, 26).

비록 우리 자신은 헛되고 부족하지만 우리는 그분 안에서, 오직 그분 안에서 우리의 완전함과 충만함을 본다. 비록 지금은 영광의 주님과의 연합과 교제 안에서 참되나 불완전한 기쁨을 맛보지만 그분의 완전한 영광 가운데 거하며 그분을 영원히 즐거워할 그날을 간절히 갈망한다. 그날에 불완전한 것은 사라질 것이다. 우리는 영광의 주님을 얼굴과 얼굴을 맞대며 뵐 것이다. 그분의 임재 안에서 우리는 "충만한 기쁨"(시 16:11)을 경험할 것이다. 토마스 왓슨(Thomas Watson)의 말처럼 우리는 "하나님을 영원히 즐거워하기까지 우리 자신을 결코 즐거워하지 못할 것이다."[2]

삶의 모든 영역에서

우리는 비록 이 세상에서 불완전할지라도 우리의 기쁨이 완전해질 그날을 고대하면서 모든 행함에 있어 하나님의 영광을 비추고 나타내며 그분을 즐거

---

1) 하나님을 영화롭게 하고 즐거워하는 우리의 궁극적 목적에 대해 더 알고 싶다면 다음을 보라. Thomas Ridgely, *Commentary on the Lager Catechism* (1853; Edmonton: Still Waters Revival Books, 1993), 3-9; Thomas Boston, *Commentary on the Shorter Catechism* (1853; Edmonton: Still Waters Revival Books, 1993), 9-14; Thomas Vincent, *The Shorter Catechism Explained* (1674; Edinburgh: Banner of Truth, 1986), 13-15; Thomas Watson, *A Body of Divinity* (1692; Edinburgh: Banner of Truth, 1986), 6-25; G. I. William, *The Shorter Catechism for Study Classes*, vol. 1 (Phillipsburg, N.J.: Presbyterian and Reformed, 1970), 1-4.

2) Watson, *A Body of Divinity*, 26을 보라.

위하는 삶을 추구해야 한다. 개혁주의 신앙은 지금뿐 아니라 영원히 우리는 하나님을 영화롭게 하고 즐거워하도록 존재하는 것임을 상기시킴으로써 완전히 영화로우신 성경의 하나님을 아는 것과 하나님의 영광을 위해 사는 것 사이의 연결은 피할 수 없다고 강조한다.

즉 그분의 영광에 대해 아는 것만으로는 충분하지 않다. 그분의 영광을 위해 살아야 한다. 하나님의 영광은 시장에서 집으로 가져와 식품저장고 뒤에 처박아두고 다시는 보지 않는 잡화품처럼 생명을 잃은 진리가 아니다. 개혁주의 신앙의 모든 진리가 말하듯 하나님의 영광은 우리가 사는 집으로 가져와야 한다. 일단 집에 가져왔다면 보존하고 준비하고 맛을 냄으로써 영양분을 공급하고 강하게 하고 우리 존재의 모든 영역을 유지해야 한다.

다시 말해 개혁주의 신앙의 진리들은 우리 삶의 모든 영역에 생명을 주는 영양분을 공급해야 한다. 우리의 모든 믿음과 행함에 있어 종교개혁자들의 표어, 곧 **오직 하나님께만 영광**(soli Deo gloria, 솔리 데오 글로리아)이 맛을 내도록 삶이 변화되어야 한다.

개혁주의 신앙은 삶의 모든 영역에 영향을 주는 진리의 체계이다. 이를 확인하기 위해 믿음과 행함, 신앙과 실천, 교리와 삶, 진리에 대한 지식과 실천 사이의 관계를 이해하는 것이 오랫동안 개혁주의 신조를 이끌어왔다. 완전히 영화로우신 성경의 하나님을 우리가 참으로 이해한다면 그 이해는 이론뿐만 아니라 실천에 있어서도 우리의 모든 삶을 지배하지 않을 수 없다.

이와 뜻을 같이한 아브라함 카이퍼(Abraham Kuyper)는 개혁주의 신앙을 "하나님께 영광 돌리기 위해 모든 힘을 다해 삶의 모든 영역을 바치라는 높고 거룩한 부르심"[3]이라 설명했다. 우리는 카이퍼를 알아야 한다. 주목할 만한 많은 업적들 가운데서도 그는 정당과 대학을 이끈 설립자였으며 다작하는 신학자요 논지가 뚜렷한 목사이며 영향력 있는 언론인과 유명한 교수이고 능력 있는 수상이었다. 이 전부를 통해 그는 자신의 모든 삶의 영역이 그리스도의 주되심에 종속되어야 한다는 것을 알았다. 그는 그리스도께서 '내 것'이라 말씀

---

3) Abraham Kuyper, *Lectures on Calvinism* (1931; Grand Rapids: Eerdmans, 1987), 24.

하시지 않은 창조물은 하나도 없다고 즐겨 말했는데 결과적으로 그는 나의 삶은 '당신의 것'이라 말하는 삶을 일관했다.

카이퍼만이 아니다. 그에 앞선 종교개혁자들은 교회가 시대 반영이란 명목으로 두 팔을 활짝 벌려 세상을 껴안으며 흉내 내기 급급하거나(이를 흉내주의 Iapism라 부르겠다), 경건이란 명목으로 세상에서 도망치기 급급한(이를 도피주의 Iescapism라 부르겠다) 오늘날에는 상상도 할 수 없는 방식으로 세상을 변화시켰고 문화를 움직였다.

그런데 이보다 더 심각한 문제는 많은 그리스도인들이 자신만의 하위문화를 만들어냄으로써 세상에서 도망치는 것이다. 오늘날 소위 말하는 '기독교' 음악, '기독교' 텔레비전, '기독교' 엔터테인먼트, '기독교' 기타 등등에서 흔히 목격되는데 한번 그곳에 편안히 자리 잡으면 단순한 세상 흉내로 끝이 난다.

흉내주의-도피주의 성향이 자주 드러나는 현대교회와는 대조적으로 종교개혁자들과 그 계승자들은 강의실이든, 미술작업실이든, 실내악단실이든, 법정이든, 실험실이든, 정치단체든, 설교강단이든 또는 회중석이나 그 어디든 하나님의 은혜로 말미암아 그들이 믿고 행한 모든 것에서 하나님의 영광을 추구했다. 그들은 세상에서 벗어나려 하지 않았다. 무비판적으로 세상을 흉내 내지도 않았다. 그들은 모든 위험과 기회가 공존하는 세상에 있었으나 세상에 속하지 않았다.

그들은 성부 하나님께서 그들을 세상에서 빼내지 않으실 것을 알았다. 대신 그분께서는 악한 것에서 그들을 지키실 터였고 그들은 이 사실에서 위로를 찾았다(요 17:15). 루터의 구절을 빌리자면 그들은 세상 가운데 즉, "하나님의 임재 안에서"(*coram Deo*, 코람 데오) 살았다. 칼빈의 말처럼 그들은 "하나님과 함께 하는 일"(*negotium cum Deo*, 네고티움 쿰 데오)이 없는 삶의 영역은 없음을 인식했다(코람 데오의 정확한 뜻은 "하나님 앞에서"이지만 여기서는 '하나님의 임재 안에서'라고 풀어서 설명했다. 네고티움 쿰 데오는 "하나님과 함께 모든 것을 다 하는 것"이다. 여기서의 일은 우리가 앉고 일어서고 기동하며 행하는 삶의 모든 것을 의미한다._역자주)

이 점에 관해 종교개혁자들에게서 무엇을 배울 수 있는가? 우리는 정확히 어떻게 종교개혁자들처럼 그분의 임재 안에 계속 살면서 하나님과 함께하는 일을 해야 하는가? 종교개혁자들은 '우리가 행하는 모든 것에서 그분을 영화롭게 함으로써'라고 말했다. 그래서 개혁주의 신조를 따르는 신자들은 오랫동안 "사회 각계각층에서 하나님을 영화롭게 하기 위한 전부를 아우르는 목적"[4]을 만들어왔다.

그러나 사회 각계각층에서 하나님을 영화롭게 하기란 단순히 자동적으로 일어나는 일이 아니다. 물론 그것은 하나님의 주권과 분리되어서는 일어날 수 없다. 하지만 그렇더라도 우리 역시 혼신의 노력을 다해야 한다. 그분의 은혜로 삶의 모든 영역에서 성경의 진리를 꾸준히 신실하게 적용해야 한다.

성경을 따라 진정으로 개혁된 믿음, 성경을 따라 언제나 개혁하는 믿음이 참된 개혁주의 신앙이다. 참된 개혁주의 신앙은 그 믿음을 붙잡은 사람들에게 세상과 그 삶의 모든 면에서 지속적인 성경의 관점을 기르도록 배우라고 강력히 말한다. 개혁주의 신앙은 하나님의 선한 창조를 단언함으로써 도피주의를 피한다(딤전 4:4). 그러나 또한 하나님의 선한 창조가 여전히 타락한 상태임을 기억함으로써 흉내주의를 반대한다(롬 8:18-22).

참된 개혁주의 신앙은 모든 민족들을 제자 삼는 복음적 사명을 진지하게 받아들임으로 하나님의 타락한 창조물들을 향해 속죄의 필요를 선언한다. 그러나 선언이 끝이 아니다. 그 믿음은 하나님의 선한 창조물 안에 있는 문화적 사명을 성취함으로 더 나아간다. 그리스도께서는 제자들에게 그분의 부(副)통치자요 왕 같은 제사장으로서 그들이 어디에 있든 그분의 영광을 위해 땅에 충만하며 땅을 정복하고 땅을 다스림으로써 그분께서 명하신 모든 것을 지키게 하라고 가르치셨다(마 28:18-20; 창 1:27, 28; 벧전 2:9).

그리스도께서는 속죄에 있어 우리 심령의 주님이시지만 그분의 주되심은 결코 거기서 끝나지 않는다. 그분은 창조물, 즉 우리가 사는 세상과 우리의 모든 문화를 다스리시는 만유의 주님이시다. 만유의 주님으로서 그분은 모든 곳과 모든 사람, 모든 것을 자신의 영광을 위해 자신의 말씀을 따라 다스리신다.

---

4) H. Henry Meeter, *The Basic Ideas of Calvinism*, ed. Paul A. Marshall, 6th ed. (Grand Rapids: Baker, 1990), 21.

개혁주의 신앙은 그리스도의 주 되심과 그 결과 삶의 모든 영역에서 발생하는 그분의 소유권을 항상 강조한다. 때문에 이 신앙이 세상과 우리의 삶을 보는 관점, 곧 세상과 삶을 아우르는 관점, 또는 단순히 세계를 보는 독특한 기독교적 세계관을 낳는 것은 놀라운 일이 아니다. 이제 하나님을 완전히 영화롭게 하고 즐거워하기 위해 그리스도의 주 되심이 어떻게 우리 삶의 모든 영역을 변화시키며 또 우리로 어떻게 독특한 기독교 세계관을 기르게 하는지 검토함으로써 그리스도인의 삶을 바라보는 개혁주의 관점에 대한 고찰을 결론지으려 한다.

그리스도의 주 되심

태초에 하나님이 계셨다. 그 유일하신 분은 무(無)에서 하늘과 땅뿐 아니라(창 1:1) 그 안에 있는 모든 것을 창조하셨다(출 20:11; 느 9:6). 모든 것들은 '그분에게서 나오고 그분으로 말미암으며 그분께 돌아간다.' 바로 이것이 모든 영광이 그분께 영원히 돌려져야 하는 이유이다(롬 11:36).

다윗은 "그 땅은 주님의 소유물이 가득하나이다"(시 104:24, NASB 직역)라고 선언했다. 그분은 온 세계를 상징하는 일천 산의 가축을 소유하신다(시 50:10). (NASB는 '일천 산'이라고 했지만 한글 개역개정판은 '뭇 산의 가축'이라 번역하고 각주를 달아 히브리어로는 일천이라고 표기했다._역자주) 시편기자는 다른 시편에서 그것이 주인의 소유라고 말했다(시 24:1). 참으로 모든 것은 절대적으로 그분의 소유이다(대상 29:11; 창 14:19; 출 9:29; 신 4:39; 10:14; 욥 41:11).

그분께서는 영원한 창조자요 소유주로서 홀로 만유에 대한 사법권과 지배권을 가지신다. 그분의 권위에는 한계가 없다. 그분은 확실한 영토의 경계를 따라 권위가 제한된 법 집행관과 같지 않다. 하나님의 권세는 한계가 없다. 그분의 사법권은 절대적이다. 그분께서는 만유 위에 계시고 만유에 대한 지배권을 가지신 주님으로서 높임을 받으신다. 때문에 하늘과 땅에 있는 모든 것은 그분의 것이다(대상 29:10, 11). 그분은 모든 곳, 모든 사람, 모든 것에 대한 절대적 권위와 지배권을 가지신다.

성경은 그분의 다스리심이 땅 끝까지 미친다고 말한다(시 59:13; 103:19; 느 9:6). 주님은 "그의 보좌를 하늘에 세우시고 그의 주권으로 만유를 다스리신다"(시 103:19, NASB 직역). 그분은 하늘과 땅의 모든 권세를 가지시며(마 28:18) 하늘과 땅에서 그분의 뜻을 이루신다(마 6:10). 그분께서 모든 곳을 다스리실 뿐 아니라 그분의 다스리심은 결코 끝이 없다. 그분의 보좌는 영원하다(시 93:1, 2; 97:1, 2; 99:1, 2). 그분은 만물의 으뜸이시고 영원히 으뜸이 되신다(골 1:18).

오직 성경의 인도를 따라

최고의 창조주시요 소유주시며 통치자이신 분, 곧 세계와 그에 속한 만물의 주님께서는 만유 가운데 영광을 받으심으로 우리 삶에서 으뜸이 되신다고 말씀하셨다. 그러나 그분께서 우리에게 그분을 영화롭게 하고 즐거워하는 방법을 계시하시지 않았다면, 또 우리의 모든 믿음과 행함 가운데 그분을 영화롭게 하고 즐거워하도록 그분 앞에서 우리 삶의 순서를 정하는 법을 계시하시지 않았다면, 우리가 그분을 영화롭게 하고 즐거워하는 일은 전혀 불가능했을 것이다.

과거에는 하나님께서 자신을 여러 방법으로 계시하셨다. 그러나 그분의 아들(히 1:2)을 통해, 그리고 그분의 아들을 증언하는 기록, 곧 구약성경과 신약성경을 통해 그분은 최종적이며 완전하게 우리에게 자신을 계시하셨다. 우리는 성경을 통해 어떻게 하나님을 영화롭게 하며 즐거워하는지 배운다. 우리가 하나님에 대해 믿어야 할 것과 그분께서 우리에게 요구하시는 행동을 성경이 가르치기 때문이다.

또한 우리는 성령께서 우리 안에 거하시는 특혜를 받는다. 바로 그 하나님의 영께서 그분의 말씀을 조명하시며 우리 삶의 모든 영역과 우리가 만나는 모든 상황에서 우리가 말씀에 순종하도록 능력과 권한을 주신다. 대중적인 믿음과는 반대로 성경은 우리를 성경에서 벗어나는 방법으로 인도하시지 않는다. 그분은 바로 그 목적을 위해 영감을 불어넣으신 성경을 통해 인도하신다 (요 14:26; 16:13; 17:17; 딤후 4:16, 17).

그런데 오늘날 많은 그리스도인은 잘못된 곳에서만 인도하심을 기다리는 것 같다. 얼마 전, 가장 중요한 도덕적 윤리적 결정의 근거를 묻는 설문에서 자신을 그리스도인이라 주장하는 사람 가운데 놀랄 만큼 많은 수가 성경을 거론조차 하지 않았다.[5] 성경을 언급한 대다수 역시 다른 질문에 대한 대답에서 그들의 믿음과 행함의 진정한 기준은 성경이 아님을 드러냈다.[6] 또한 거듭났다고 답변한 사람의 4분의 1은 한 번도 성경을 읽어보지 않았다고 밝혔다. 복음주의자의 수는 늘어났지만 여전히 암울하다.[7]

분명히 무언가 잘못되었다. 성경을 읽는다 해서 우리가 그대로 이해하고 순종할 거란 보장은 없지만 그래도 한 가지 충격적인 질문이 남는다. 성경이 무엇을 말하는지 읽는 것조차 하지 않는다면 어떻게 성경이 우리의 믿음과 행함의 기준이 될 것인가? 어쩌면 우리는 복음주의자로서 성경의 무오성에 대한 전투는 이겼을지 모른다. 하지만 성경의 충분한 공급력에 대한 전투는 패할 위기에 놓여 있다. 성경의 완전함을 기꺼이 인정하는 일부 신자들이 바로 돌아서서 성경을 무시한다는 것은 자명한 사실이다.

종교개혁자들의 계승자로서 복음주의자들은 그 어디선가 '오직 성경'(*sola Scriptura*, 솔라 스크립투라)이라는 종교개혁의 공식원리를 잊었다. 성경은 우리의 모든 믿음과 행함에 있어 최고의 기준이다. 성경과 동등한 자리에 둘 수 있는 것은 아무것도 없다. 앞에서 이미 살펴보았듯, 성경을 보충하려는 우리의 시도는 결국 성경을 다른 것으로 대체하며 끝난다.

그리스도 시대에 바리새인들은 성경과 전통을 나란히 두었다. 그 결과 그들의 전통은 성경보다 우선되고 말았다. 오늘날에는 값싼 대체물이 아주 많다. 이들 값싼 대체물이 실제로 성경을 능가한다고 대놓고 말하는 그리스도인은

---

5) Gorge Barna, *Absolute Confusion: How Our Moral and Spiritual Foundations Are Eroding in This Age of Change*, The Barna Report, vol. 3 (Ventura, Calf.: Regal, 1993), 245-46.
6) Ibid.
7) Ibid.

많지 않지만 성경이 그것들과 충돌할 때 그들은 종종 다음과 같이 말한다. "성경은 그것에 관한 책이 아니야." "성경은 믿음에 관한 것이지 …에 관한 것은 아니야." "성경은 죄인들을 구원하기 위해 기록되었지 …에 대해 어떻게 하라고 기록하진 않았어." "성경은 …에 대해서는 언급하지 않아."

계속, 계속, 이런 핑계들은 계속 나온다. 그렇게 그들은 모든 삶을 다스리시는 그리스도의 주 되심과 그 결과적인 권위, 그리고 모든 삶에 대한 그분의 말씀이 지니는 충분성을 얼마나 조금 이해하는지 보여준다. 우리는 중요한 윤리적 도덕적 결정을 위해서 뿐 아니라 우리가 하는 모든 결정을 위해 반드시 성경으로 돌아가야 한다. 성경이 하나님의 감동으로 된 것은 우리가 "모든 선한 일을" 온전하게 갖추기 위해, 우리로 아무 부족함이 없도록 하기 위해서이다(딤후 3:16, 17).

당신은 하나님께서 요구하는 모든 것을 행하는 데 필요한 것을 성경이 충분히 갖췄다고 정말로 믿는가? 당신은 삶의 모든 영역이 주님 앞에서 절대적으로 거룩해져야 한다고 믿는가?(벧전 1:15, 22-25) 당신은 경건이 모든 것에 유익하다고 믿는가?(딤전 4:8) 우리의 생각은 그리스도의 주 되심의 영역을 전혀 벗어나지 못한다.

바울에 따르면 우리는 "모든 생각을 사로잡아 그리스도에게 복종하게" 함으로써 하나님 알기를 반대하는 모든 것을 무너뜨려야 한다(고후 10:5). 곧 우리의 생각은 예술, 과학, 역사, 수학, 경제, 심리학, 철학 무엇이든 그리스도께 사로잡혀야 한다. 그분께서 곧 "지혜와 지식의 모든 보화가 감춰진"(골 2:3) 유일한 분이시기 때문이다. 그분께서 만물보다 먼저 계시고 만물이 그분 안에 존재하고 결합하기 때문이다(골 1:16, 17).

우리는 "말이나 행동이나 우리가 무엇을 하든지 그분을 통해 하나님 아버지께 감사를 드리면서 주 예수의 이름으로"(골 3:17, NASB 직역) 행하도록 그리스도의 말씀이 우리 안에 풍성하게 거하도록 해야 한다. 다시 말해 먹거나 마시는 것 같은 아주 흔한 활동에서도 우리는 하나님께 영광을 돌려야 한다. 참으로 우리는 무엇을 행하든지 그분의 영광을 위해 해야 한다(고전 10:31). 우리는 주님을 위해 살거나 죽어야 한다(롬 14:7, 8). 우리의 마음과 목숨과 뜻과 힘을 다해 주 우리 하나님과 우리의 이웃을 자기 자신 같이 사랑해야 한다(마 22:37; 참조 신 6:5).

그러면 우리는 어떻게 살 것인가?

우리는 모든 삶에서 성경을 따라 하나님을 사랑하고 영화롭게 해야 하기 때문에 성경은 가장 중요한 의미에 있어서 결코 침묵하지 않는다.[8] 당연히 "성경은 프랑스어로 말하기, 자동차 수리, 초상화 그리기, 또는 사업 경영을 어떻게 해야 하는지 상세하게 말씀하지 않는다."[9] 그러나 존 프레임의 언급처럼 "이 같은 모든 활동에서 우리는 반드시 우리의 위대하신 하나님을 영화롭게 하기를 추구해야 한다."[10]

성경은 세부항목이나 완전한 적용에 대한 개론서가 아니다. 성경은 올바르게 해석되었을 때 삶의 세부항목에 적용되는 주된 원리를 말씀한다. 따라서 구별된 기독교 세계관을 세우는 데 우리가 할 일은 모든 삶의 영역에 신실하게 성경을 적용하고, 또 매일 직면하는 상황 가운데 성경의 원리를 적용하는 것이다. 분명 우리의 임무는 항상 쉽지만은 않다. 때때로 힘든 연구가 필요하며 상당히 어려운 일도 있을 것이다(딤후 2:15; 벧후 3:16, 17). 그러나 그럼에도 불구하고 이것은 우리의 임무이다.

기독교 세계관이라는 용어가 만들어지기 전부터 청교도들은 기독교 세계관을 세우는 일을 그들의 임무로 이해했다. 그들이 우리의 모든 삶과 관계는 반드시 '주님께 거룩하게' 되어야 한다고 주장했을 때도 그들은 동일한 것을 말했다. 패커에 따르면 청교도들은 "그리스도인의 삶의 모든 부분, 즉 하나님과 하나님의 창조물과 그와의 관계, 가족과 교회와 세상 안에 있는 다른 사람

---

8) Frame, "The Lordship of Christ and the Regulative Principle of Worship", 미간행물, 4.
9) Ibid.
10) Ibid.

들과 그와의 모든 관계, 또한 자기훈련과 자기관리 전반에 걸친 자신과의 관계는 '주님께 거룩'하게 되어야 한다"[11]고 제대로 이해했다.

19세기 저자인 라일(J. C. Ryle)은 청교도들의 거룩에 대한 개념을 "삶에 있어서 모든 의무와 관계에 대한 신실함"으로 묘사했다. 이것은 참으로 거룩한 사람들의 표징인데 그들은 모든 것에 있어 바르게 행하기를 목표로 하고 또한 "착한 남편과 착한 아내, 착한 부모와 착한 자녀, 착한 주인과 착한 종, 착한 이웃과 착한 친구, 착한 국민, 사적으로 착한 사람과 공적으로 착한 사람, 사업에 있어서 착한 사람과 난롯가에서 착한 사람"이 되고자 분투했다.[12]

주님께 거룩이라는 청교도 개념은 정신적 훈련의 연습이 아닌, 그보다는 오히려 개인의 삶과 사회적 기관들이 만든 물리적인 것이라는 데 주목하라. 그들은 기도실과 거실, 회중석, 가게, 그리고 시장에서 실천하고자 진리를 추구했다. 그들은 삶의 모든 것은 주님이신 그리스도께 연결되었다고 보았기에 모든 삶에서 주님께 거룩을 실천하고자 추구했다.

이와 대조적으로 오늘날 우리는 자주 그리스도의 주 되심을 개인적 삶의 한 영역으로 제한한다. 그리고 사회 전반의 삶과 문화에 대한 그분의 주 되심을 경시한다. 기껏해야 우리는 삶의 일부분이 거룩해질 필요가 있다고 말한다. 우리는 풍부한 개혁주의 유산을 무시함으로써 우리 자신에게 손해를 입혔다. 카이퍼에 따르면 개혁주의 유산은 "엄격한 순종으로 모든 삶을 그분을 예배하는 데 드리며" 믿음을 "작은 방이나 작은 집이나 교회에" 국한시키기를 거부한다.[13]

헨리 미터(H. Henry Meeter)를 통해서도 정확히 배울 수 있다. 그의 말에 따르면 참된 개혁주의 신자는 "신실하신 구주 예수 그리스도께 속하는 순간, 그의 영혼이 영원을 향함을 선언할 뿐 아니라 그 육체에 관한 문제에 대해서도 분명히 말한다. ……[그는] 삶의 모든 방면에서 순종해야 한다."[14] 클래런스 보

---

11) J. I. Packer, *Rediscovering Holiness* (Ann Arbor: Servant, 1992), 106.
12) J.C. Ryle, *Holiness*, Christian Life Classics, vol. 3 (Lafayette, Ind.: Sovereign Grace Trust Fund, 1990), 37.
13) Kuyper, *Lectures on Calvinism*, 24.
14) Meeter, *Basic Ideas of Calvinism*, 76.

우마(Clarence Bouma) 역시 카이퍼와 미터에게 동의하면서 그리스도의 주 되심에 대한 개혁주의 이해를 제대로 주장한다.

> 삶의 모든 영역에서 그리스도의 증인이 되어야 한다. 가정에서, 교회에서, 학교에서, 나라에서, 그리고 다른 모든 사회 영역에서 그리스도의 증인이 되어야 한다. 복음을 설교하고 사회를 개혁하는 일은 특권층만의 것이 아니다. 삶의 모든 관계에서 하나님께 영광 돌리며 사는 것은 인간활동의 모든 영역에서 왕을 위한 군사가 되는 것이다. 참되고 완전한 그리스도인이 되는 바로 그 본질에 속한 것, 그리고 서투른 모방이 아닌 이 임무에 헌신하는 참된 칼빈주의자가 되는 것이다.[15]

우리가 받은 구원이 죄의 모든 규모를 아우르기에 보우마는 전체를 아우르는 참된 구원의 본질을 이야기할 수 있었다. 구원을 말하기에 앞서 우리는 전적으로 타락했다. 이 말은 우리의 악함이 갈 데까지 갔다는 뜻이 아니라 우리 삶의 모든 측면이 죄의 타락과 오염에 의해 악영향을 받았다는 뜻이다. 죄가 삶의 모든 측면에 영향을 미쳤다면 죄로부터의 구원, 참된 구원 또한 삶의 모든 측면에 영향을 미쳐야 한다.

그러므로 죄로부터의 구원은 내면에만 국한되지 않는다. 하나님과 다른 사람들 앞에 존재하는 사람의 모든 면이 구원받는다. 따라서 하나님의 은혜로 참되게 구원받은 사람은 온 마음과 목숨과 힘과 뜻을 다해 그분을 사랑하며 이웃을 자기 몸과 같이 사랑할 것이다. 우리의 구원의 전체성(totality)에 관련하여 미터는 이렇게 말했다.

> 하나님께서 사람을 구원하실 때 그분은 전인(全人)을 구원하신다. 그러므로 구원받은 전인은 교회에서뿐만 아니라 다른 사무를 처리할 때나 어떤 종류의 정치나 사회활동에 참여할 때도 하나님의 대의(大義)에 헌신해야 한다. 어떤 삶의 영

---

[15] Clarence Bouma, "The Relevance of Calvinism for Today", in *God-Centered Living or Calvinism in Action* (Grand Rapids: Baker, 1951), 20.

역도 제외되지 않는다. 전체로서의 삶은 하나님의 인도하심을 받아야만 한다. 즉 정치적, 사회적 관계와 노사관계, 가족관계, 교육, 과학, 예술은 모두 하나님 중심이 되어야 한다. ……하나님께서 삶의 모든 부분을 지배하셔야 한다.[16]

만유의 주 되심에 대한 그리스도의 주장에 비추어 슬로스버그(Herbert Schlossberg)와 마빈 올라스키(Marvin Olasky)가 기독교 사회에 던진 통찰력 있는 질문을 우리는 솔직히 자문해야 한다. "우리는 삶의 모든 영역에서 개인적 삶뿐 아니라 모든 삶과 문화를 아우르는 주님이신 그리스도를 드러냄으로써 우리의 믿음을 실행하며 살 것인가?"[17]

그야말로 이 질문은 프란시스 쉐퍼(Francis Schaeffer)의 유명한 질문, "그러면 우리는 어떻게 살 것인가?"의 확장판이다. 여기서 '그러면'이라는 단어가 품은 전제가 있는데, 이어지는 질문은 그 전제에 뒤따르는 결과이다. 그리스도께서 만유의 주님이시므로 삶의 모든 영역에서 그분의 말씀에 순종해야 한다면, 그러면 우리는 삶의 모든 영역에서 어떻게 살아야 하는가? 그러면 우리는 개인적 삶, 가정, 교회, 일터, 문화와 나라에서 어떻게 살 것인가?

그렇다면 당신은 어떻게 살 것인가? 당신은 가정과 일터와 문화와 나라 가운데 주님 앞에서 거룩하게 살고 있다고 솔직하게 고백할 수 있는가? 그리스도께서 만유의 주님이시며 당신의 삶의 모든 것에 소유권을 주장하신다. 그러면 당신은 어떻게 살아야 하는가? 그러면 당신은 어떻게 살 것인가?

오직 주만 섬김

그리스도께서는 만유의 주님이시기에 삶의 모든 영역에서 최고의 충성과

---

16) Meeter, *Basic Ideas of Calvinism*, 48.
17) Herbert Schlossberg and Marvin Olasky, *Turning Point: A Christian Worldview Declaration* (Westchester, Ill: Crossway, 1987), 8.

충직을 우리에게 요구하신다. 프레임은 다음과 같이 정확하게 언급한다. "삶에는 우리가 자치권을 주장하며 자신을 섬기도록 남겨진 구획은 없다. 우리는 하나님의 영광을 위해 모든 것을 해야 한다. 단지 공적예배만이 아니라 삶의 모든 부분이 신앙생활, 곧 하나님을 섬기는 것이다. 우리는 모든 결정에 있어 그리스도를 위할지, 그분께 맞설지를 결정한다."[18]

우리는 그리스도를 위하거나 그분께 맞서거나 혹은 성자께 충성을 맹세하거나 그분께 반역을 저지르거나 둘 중 하나이다. 중립이나 공평에 대한 여지는 전혀 없다. 개혁주의 신학자 핫지(A. A. Hodge)는 진지하게 우리를 상기시킨다.

> 이 땅 위에 있는 하나님 나라는 단지 교회 영역에만 국한되지 않는다. 절대적 보편성(absolute universality)을 목표로 인간 삶의 모든 부분에 걸쳐 절대적인 주권을 확장한다. 그러므로 모든 충성스런 종의 의무는 교회뿐 아니라 사회적이고 정치적인 모든 인간 사회로 하여금 하나님 나라의 의의 법에 순종하도록 노력하는 것이다.

그는 계속해서 말한다.

> 우리의 의무는 힘이 닿는 한, 독특한 기독교적 기초를 바탕으로 인간 사회와 그에 속한 모든 단체들, 기관들을 즉시 조직하는 것이다. 하나님 나라의 법과 세상의 법 혹은 그 통치자 마귀 사이의 중립이나 공평은 의의 왕이신 그분께 대한 완전한 반역죄이다. 하나님 나라의 법령을 모은 위대한 책 성경은 정직하게 적용될 때 모든 관계에 있어서 인간 존재의 활동을 규제하는 원리들을 명쾌하게 규정한다. 거기에 타협은 없다. 왕께서는 모든 활동영역 가운데 모든 종류의 도덕적 행위자로서 인간에 대해 다음과 같이 말씀하셨다. "나와 함께하지 않는 자는

---

18) John Frame, *The Amsterdam Philosophy: A Preliminary Critique* (Phillipsburg, N.J.: Presbyterian and Reformed, 1972), 4.

나를 반대하는 자니라."[19]

당신이 삶의 한 부분에서 그리스도를 위하지 않는다면 당신은 그분을 반대하는 것이다. 그분과 함께하지 않는다면 당신은 흩어지고 만다. 아담스(Jay Adams)는 이 대립에 관해 다음과 같이 썼다.

에덴동산의 두 나무(하나는 허용되고, 하나는 금지된)로부터 천국이냐 지옥이냐 하는 인간 존재의 영원한 작정에 이르기까지 성경은 오직 두 가지 길만을 제시한다. 곧 하나님의 길과 다른 길이다. 그에 따라 사람의 구원과 멸망이 결정된다. 하나님의 백성이 아니면 세상에 속한 자다. 복의 산 그리심산이 아니면 저주의 산 에발산이다. 영생 아니면 멸망, 둘 중 하나로 이끄는 좁은 길과 넓은 길이 있다. 우리를 반대하는 사람들이 있고, 우리와 함께하는 사람들이 있다. 안에 있는 사람들이 있고 밖에 있는 사람들이 있다. 생명과 죽음, 선과 악, 빛과 어둠, 하나님의 나라와 사탄의 나라, 사랑과 증오, 영적 지혜와 세상의 지혜가 있다.[20]

하나님께서는 동산에서부터 사탄과의 전면전을 선포하셨다. 천상에서는 천사와 마귀가 싸우고 땅에서는 여자의 후손과 뱀의 후손이 싸우는 전쟁을 선포하셨다. 자신을 속이지 말라. 양자택일만 있다. 비무장지대도 없고 중용도 없고 중립도 없다. "한 사람이 두 주인을 섬기지 못할 것이니 혹 이를 미워하고 저를 사랑하거나 혹 이를 중히 여기고 저를 경히 여김이라"(마 6:24). 약속의 땅에 들어가는 이스라엘과 같이 우리도 오늘 우리가 섬길 분을 택해야 한다.

---

19) A. A. Hodge, *Evangelical Theology: A Course of Popular Lectures* (1890; reprint, Edinburgh: Banner of Truth, 1976), 283-84.
20) Jay E. Adams, *A Call to Discernment: Distinguishing Truth from Error in Today's Church* (Eugene, Oreg.: Harvest House, 1987), 31.

모든 일을 통해 영광받으심

우리가 무엇을 택하든 하나님께서는 영광을 받으신다. 정말이다. 그분은 영광의 하나님으로서 그분이 행하시는 모든 일을 통해 심지어는 그분을 반대하는 사람들, 곧 바울이 멸하기로 준비된 진노의 그릇이라 거리낌 없이 부른 사람들을 통해서도 스스로를 영화롭게 하신다. 사실 하나님께서는 "그분께서 또한 부르신 우리도 영광 받기로 예비하신 바 긍휼의 그릇에 대하여 그 영광의 풍성함을 알게 하고자"(롬 9:23, 24, NASB 직역) 이 진노의 그릇들을 오래 참으신다고 바울은 말한다.

이 구절은 성경의 독특한 대립을 보여주는데 창조 이전에 하나님의 뜻 가운데 있던 대립과 종말의 시대에 있을 대립을 연결하기 때문이다. 하나님께서는 태초부터 진노의 그릇과 긍휼의 그릇을 준비하셨다. 그러나 매우 다른 종국 곧 멸망과 영광을 그들 앞에 준비하셨다.

여기서 놓치지 말아야 할 요점은 이것이다. 곧 하나님께서는 양쪽 그릇 모두를 통해 자신의 영광을 나타내신다는 것이다. 막이 내리는 날, 하나님께서는 진노의 그릇과 긍휼의 그릇 모두에 의해 영광을 받으실 것이다. 하나님의 드라마에서 그들은 분명 다른 배역을 맡았다. 바울에 따르면, 하나님께서는 영광받기로 예비하신 긍휼의 그릇에게 그분의 영광의 풍성함을 알게 하고자 멸하기로 준비된 진노의 그릇이 일으키는 반란까지 이 드라마의 장치로 사용하셨다.

그렇다면 누가 영광받기로 예비된 긍휼의 그릇이란 특혜를 얻겠는가? 곧 하나님께서 회심과 언약과 교회와 그리스도의 삶으로 부르신 자들이다(24-29절). 사랑하는 그리스도인이여, 당신은 긍휼의 그릇이다. 당신은 영광받기로 예비되었다. 하나님께서는 당신에게 자신의 영광의 풍성함을 알게 하셨다. 이것이 하나님의 영원하고 무한한 영광을 나타내고 비춤으로써, 스스로는 이룰 수 없는 임무들과 당신이 하는 모든 일들 가운데 하나님을 참으로 즐거워함으로써, 그분께 영광 돌리도록 하는 이것이 하나님께서 지금 당신을 부르신 이유이다.

다시 한 번 우리는 자신에게서 눈을 들어 성부 하나님의 영광의 완전한 빛이신 유일한 분, 영광의 주님을 바라보지 않을 수 없다. 우리는 부활하시고 높이 올리신 영광의 주님과의 연합 가운데 매일 살면서 영광 가운데 그분과 함께 있을 그날을 간절히 고대한다. 우리는 그날에 자신의 모든 영광 가운데 계신 그분을 볼 것이다. 우리의 영혼과 육체는 모두 그분과 함께 영원히 영화롭게 될 것이다. 그때 우리는 비로소 그분의 영광을 완전하게 나타내고 비출 것이다.

그분은 참으로 우리의 소망, 곧 우리의 유일한 영광의 소망이시다. 그분께 영원토록 영광이 있기를. 아멘.

연구 질문

1. 하나님께 영광을 돌리라는 성경의 명령은 어떻게든 하나님께 영광을 더욱 덧붙이라는 명령인가? 아니라면 이유는 무엇인가? 하나님께서는 어떻게 스스로를 영화롭게 하시는가? 어떻게 우리는 하나님을 영화롭게 해야 하는가? 당신은 이런 방식으로 하나님을 영화롭게 하는가?

2. 현대교회들이 우리가 사는 세상과 우리의 모든 문화를 흉내 내거나 도피하는 방식을 나열해보라. 당신은 어떤 방식으로 세상과 문화를 흉내 내거나 도피했는가? 그리스도인은 흉내주의자나 도피주의자가 되어야 하는가? 흉내주의자나 도피주의자가 되는 것으로부터 무엇이 당신을 지킬 수 있나?

3. 당신의 삶은 그리스도께서 만유의 주님이시라는 사실을 어떻게 비추어야 하는가? 그렇다면 개인적 삶, 가정, 교회, 일터, 문화와 나라에서 당신은 어떻게 살아야 하는가? 그러면 당신은 어떻게 살 것인가?

나가는 글

지금, 새 노래로 찬양

"기본으로 돌아가라." 오늘날 익숙하게 들려오는 말이다. 이 외침은 메아리치는 학교강당에서든 청사건물 또는 생산현장에서든 듣는 사람에게 문제를 인식하고 바로잡기를 촉구한다. 그러나 적당히 바로잡으라는 말이 아니다. 가장 중요한 지점으로 돌아가 본질을 회복하고 잃어버린 기반을 되찾는 일이 수반되어야 하며, 그러기에 기본으로 돌아가라는 외침이다.

어느 때든 현대교회가 기본으로 돌아가야 한다면 바로 오늘이 그때이다. 교회, 적어도 현대 복음주의 교회가 곤경에 처했다는 명백한 사실은 현대 복음주의권의 무심한 관찰자라도 쉽게 알아챌 수 있다. 몇몇 유명한 금세기 복음주의 학자들은 성경의 진리에서 이단과 신이교주의로 넘어가는 현대교회의 추이를 기록하며 비탄을 드러냈는데 전혀 놀랍지 않은 일이다.

옛 신앙의 선구자들

거의 5세기 전, 중세교회는 현대교회와 같이 진리에서 오랫동안 벗어난 상태였다. 그때 하나님께서는 은혜롭게 선구자를 일으키셔서 교회를 향해 기본으로 돌아가라고 외치게 하셨다. 우리는 이 선구자들을 종교개혁자라 부른다. 이들은 성경의 참 신앙으로 돌아갈 것을 교회에 촉구함으로써 교회를 개혁하려 했다.

16세기에 **개혁주의**라는 용어는 **복음주의**라는 용어가 그러했듯 그 메시지와 실제 모든 개신교 교회들에 적용되었다. 그 시대에 개혁주의자 또는 복음주의자가 된다는 건 성경을 따라 교회를 개혁하려는 종교개혁자의 열렬한 열망을 공유함을 의미했다. 그런데 시간이 흐르면서 스위스 종교개혁자들은 특별한 방식에서 개혁주의자라 불리게 되었다. 그들은 교회뿐만 아니라 삶의 모든 영역에서 성경을 따라 개혁하는 데 헌신했기 때문이다.

그들이 말하고 기록한 개혁은 삶에서 분리된 교리의 문제가 아니었다. 삶을 변화시키기 위한 교리적 진리의 문제였다. 즉, 변화를 위한 개혁이었다. 진리를 아는 것에 만족하지 않고 하나님의 영광을 위해 진리와 더불어 계속해서 열심히 살기 원했다. 그들은 무지와 미신 가운데 놓인 교회를 성경지식으로 가르쳤고 열심 있는 삶으로 잠자고 무기력한 교회를 깨웠다.

풍부한 지식과 진정한 열심

옛 개혁주의 신앙의 선구자들과 달리 오늘날 많은 교회들은 열심과 지식의 균형을 이루는 데 실패했다. 그 스펙트럼의 한쪽 면을 차지하는 사람들은 온갖 종류의 일을 열심히 하느라 스스로 분주한 자들인데, 이들의 열심은 자주 성경이 정말로 가르치는 것을 고질적으로 무시하는 데서 기인한다. 바울의 말에 따르면

"그들은 하나님께 열심은 있으나 지식을 따른 것은 아니다"(롬 10:2, NASB 직역).

또한 많은 그리스도인, 그것도 오늘날 개혁주의 진영에 속한 자들을 포함한 다수가 애석하게도 그 스펙트럼의 반대편에 있다. 곧 풍부한 지식을 가졌으나 진정한 열심은 없는 자들이다. 다시 바울의 표현을 빌리자면 그들은 교만하게 하는 '지식'을 가진다(고전 8:1).

이들 극단이 위험한 것은 자신의 덫에 사로잡혀 가르침을 받지 않으려고 하는 그들의 경향 때문이다. 잘못된 열심을 가진 자들은 가르침을 거부한다. 그들에게 교리는 전혀 중요하지 않기 때문이다. 생명이 없는 지식인들도 가르침을 거부한다. 그들에게는 교리만이 중요하기 때문이다.

감사하게도 우리는 두 극단 중 하나를 선택하도록 강요받지 않는다. 바울의 책망에 주의를 기울인다면 오직 우리는 지식을 따라 열심을 나타내기를 선택해야 한다.

다시 말해 진리에 관한 우리의 지식은 우리가 진리를 위해 열심히 사는 원인이 되어야 한다. 또한 진리를 따라 살려는 우리의 열심은 진리에 관한 우리의 지식이 자라는 원인이 되어야 한다. 우리는 지식 있는 열심과 열심 있는 지식을 모두 갖춰야 한다.

신학은 결코 외부와 단절된 상태에서 존재하지 않는다. 모든 신학은 어떻게든 우리가 사는 방식에 영향을 미친다. 문제는 실행이 아니라 방법이다.

패커는 "모든 신학은 영적이다"라고 언급함으로써 동일한 강조를 했다. 곧 모든 신학은 "선하든지 악하든지, 긍정적이든지 부정적이든지, 신학을 받아들이는 사람과 하나님의 관계 혹은 하나님과의 관계 부족에 대해 영향을 준다."[1]

그는 "우리의 신학이 양심을 되살리고 마음을 부드럽게 하지 않는다면 신학은 실제로 양심과 마음 모두를 완악하게 한다. 신학이 믿음의 약속을 북돋우지 않는다면 신학은 불신앙을 강화한다. 신학이 겸손을 증진하지 못한다면 신학은 필연적으로 자만심을 공급한다"고 주장했다.[2]

패커는 또한 다른 곳에서 신학의 궁극적인 목적을 우리에게 상기시킴으로써 동일한 생각을 나타냈다. "신학은 송영과 헌신을 위한 것이다. 다시 말해 하나님을 찬양하며 경건을 실천하는 것이다. 그러므로 신학은 하나님의 임재

---

1) J. I. Packer, *A Quest for Godliness: The Puritan Vision of the Christian Life* (Wheaton, Ill: Crossway, 1991), 15.
2) Ibid.

에 대한 의식(awareness)을 불러일으키는 방식으로 나타나야 한다. 신학은 증언의 대상이신 하나님을 의식하여 그분 앞에 있을 때, 그리고 그분의 영광을 찬양할 때 가장 건강하다."[3]

패커는 신학을 직무로 하는 사람들에게 그들의 신학을 듣고 읽을 사람들이 받을 영향을 오랫동안 철저히 생각하라고 도전하며 경고한다. 그러나 신학을 듣고 읽는 사람들 또한 이 경고를 유념해야 한다. 받아들이는 사람에 따라 하나님의 영광을 찬양하는 신학도 단조롭고 지루한 것이 될 수 있다. 다시 말해 신학 그 자체, 혹은 신학자에게 문제가 필연적으로 존재하는 것은 아니다. 때로 문제는 다른 훌륭한 노래를 함께 따라하지 못하는 자칭 거장들에게 있다.

참 개혁의 노래

지금까지 우리는 개혁주의자들이 어떤 노래를 부르는지 소개하고, 다시 알렸다. 이 얼마나 하나님을 영화롭게 하는 노래인가! 우리는 성경에서 자신을 계시하신 주권자시며 은혜로우신 하나님으로 시작해 하나님께서 우리를 회심 가운데 그분께로 은혜롭게 이끄시는 방법을 포함한 모든 것을 그분의 목적을 따라 주권적으로 계획하셨음을 살펴보았다.

성부 하나님께서는 우리를 영생하도록 정하셨고, 성자 하나님께서는 그분의 귀중한 피값으로 우리를 사셨으며, 성령 하나님께서는 믿음과 회개로 그분께 돌아서도록 우리의 마음을 여셨다. 우리의 회심은 처음부터 끝까지 그분께서 자신의 백성인 우리를 위해, 그리고 우리 안에 주권적이고 은혜롭게 역사하신 결과이다.

그러나 하나님의 주권과 은혜는 독립적이지 않다. 그것들은 하나님의 백성인 우리를 향해 언약의 방법으로 행해진다. 곧 하나님께서는 자신의 백성과

---

[3] J. I. Packer, *Concise Theology: A Guide to Historic Christian Beliefs* (Wheaton, Ill: Crossway, 1991), xii.

그 자손들과의 연합과 교제의 구속 관계를 세우셨다. 하나님과 그분의 백성 간의 이 신성한 구속은 창세전, 삼위일체 하나님께서 사람과 연합하고 교제하기로 언약하시기 전에 세워졌다.

창세에 하나님께서는 온 인류의 대표자인 아담과 신실한 순종을 조건으로 영생을 약속하셨다. 하지만 아담은 그분의 주권적이고 은혜로운 언약에 반역했다. 그러나 그때에도 하나님께서는 자신의 놀라운 은혜를 계속해서 나타내셨다. 비록 여자의 후손이 뱀의 후손과 싸울 것이었지만, 하나님께서는 여자의 후손 중 한 사람을 통해 뱀과 뱀의 후손을 영원히 멸하고 여자의 후손을 구속하기로 약속하셨다.

하나님께서는 이 놀라운 약속을 그 시점부터 노아와 아브라함과 모세와 다윗과 선지자들을 통해 펼치시고 확장하셨다. 그리고 성취의 때가 되어, 에덴동산에서 나온 예기(豫期)는 그 관리인과 십자가, 마침내 빈 무덤을 가리켰다.

여자의 후손인 그리스도께서는 자신의 백성 삼은 우리를 죄의 속박에서 대속하시고, 자신의 신부 삼은 우리와 결혼으로 연합하시며, 뱀의 후손에 대한 우리의 원한을 풀어주시고, 잃어버린 우리의 기업을 되찾으심으로 뱀을 멸하셨고, 또 계속 그렇게 하신다. 그분은 계속 우리를 대신해 일하신다. 또 지옥 문이 결코 우리를 이기지 못하리라 약속하셨다. 그분께서 우리와 우리 자손의 하나님이 되실 뿐 아니라, 우리도 이제부터 영원히 그분의 백성이 될 것이다.

교회에 대한 개혁주의 관점의 핵심은 하나님의 주권적인 은혜와 하나님께서 그분의 백성 및 그 후손들과 맺으신 언약이다. 하나님께서 주권적인 은혜로 우리를 회심케 하시고 그분과의 언약 안으로 이끄실 때 그분께서는 또한 그분의 백성, 곧 교회와의 언약 안으로 우리를 이끄신다. 우리를 세상 밖으로 불러내시며 우리가 그분의 백성과 함께 영과 진리로 예배하도록 그리스도와 그분의 교회로 우리를 인도하신다.

하나님께서는 우리가 은혜 가운데 성장하도록 자신의 말씀을 은혜롭게 선포하셔서 우리의 회개와 크디큰 순종을 불러일으키신다. 또한 그리스도를 나타내는 물과 포도주를 주셔서 우리가 그분 안에서 누리는 구속의 은택을 인치시고 우리가 그분의 소유임을 표시하시며 주님과 서로에게 더욱 신실하도록 촉구하신다. 동시에 그분은 목자장으로서 그분의 말씀이 우리에게 선포되고 우리가 몸 된 교회에서 서로 권징을 통해 거룩 가운데 자라도록 촉구함으로써 그분의 교회를 다스리도록 자신의 대리 목자들에게 권위를 부여하신다.

우리는 회심케 되어 하나님과의 언약 안으로 이끌림을 받고 그분의 교회로 부르심 받은 자로서 이제부터 영원히 그분을 영화롭게 하고 즐거워하는 그리스도인의 삶을 살아야 한다. 주님의 주 되심과 주님께서 우리를 위해 이루신 일로 인해 그분께 영광 돌리는 삶을 살아야 한다. 그러나 그분과 떨어져서는 그리스도인의 삶을 살 수 없다. 오직 그리스도만이 이를 가능케 하신다.

우리는 자신으로부터 눈을 들어 우리 믿음의 창시자시요 온전케 하시는 그분을 바라보아야 한다. 그분과 연합된 우리는 그분과 영광 가운데 있을 그날까지 그분께서 우리 안에 시작하신 착한 일을 온전케 하심을 신뢰해야 한다.

그리스도는 우리가 그분 안에서 하나님의 의가 되도록 우리를 위해 죄가 되신 유일한 분이시다. 또한 성령님을 통해 영광의 한 단계에서 다른 단계로 우리가 그분의 형상과 점차 닮아가게 하시는 유일한 분이시다. 그분은 죄의 지배와 속박에서 우리를 해방시키심으로 참 자유를 주시는 유일한 분이시다. 우리 각자를 왕 같은 제사장으로 부르셔서 그분의 친구가 되게 하시는 유일한 분이시다. 우리가 삶의 모든 영역에서 그분께 복종하여 행하는 모든 것으로 영광을 돌려야 할 유일한 분이시다.

우리는 그분을 떠나서 아무것도 할 수 없다. 우리 자신을 의지한다면 멸망으로 끝날 것이다. 그러나 그분 안에서 우리는 천상에 있는 모든 신령한 복을 받는다. 따라서 그리스도인의 삶은 우리를 위해 계시며 우리 안에 계신 그리스도, 영광의 소망이다.

함께 부르는 새 노래

와서, 크게 들려오는 노래를 따라 함께 찬양하자. 독창할 일은 없으니 걱정하지 말라. 당신이 음에서 이탈하지 않도록 돕는 많은 목소리를 따라 부르기만 하면 된다.

칼빈, 윗시우스(Witsius), 퍼킨스, 에임즈(Ames), 백스터, 오웬, 길레스피(Gillespie), 번연, 코튼(Cotton), 보스톤, 투레티니(Turretin), 우르시누스, 차녹(Charnock), 셰퍼드, 십스(Sibbes), 왓슨, 버로스(Burroughs), 베이츠(Bates), 비닝(Binning), 휘트필드, 스펄전, 뉴턴, 에드워즈, 하우(Howe), 잔키우스(Zanchius), 핫지 일가(The Hodges), 알렉산더 일가(The Alexanders), 지라두(Giradeau), 브레켄리지(Breckenridge), 톤웰(Thornwell), 다브니(Dabney), 토플레이디, 셰드(Shedd), 라일, 카이퍼, 워필드, 바빙크(Bavinck), 버르카워(Berkouwer), 메이첸(Machen), 쉐퍼, 반틸, 영, 윌슨, 머레이, 벌코프(Berkof), 호크마(Hoekma), 혹스마(Hoeksma), 보스(Vos), 리델보스(Ridderbos), 로이드 존스 등 너무 많아 일일이 지적할 수조차 없다. 이들 중 몇몇은 분명 이 책이 제시하는 주제들을 아주 조금 변주했지만 기본적인 노래는 모두 함께 불러왔으며 또 계속해서 부른다.

불협화음이 울려 퍼지는 요즘이야말로 교회가 시편기자를 따라 주님께 새 노래로 찬양할 때 아닌가? 그러나 새 노래는 참으로 옛 노래와 다르지 않다. 하나님께서 고통당하는 자들을 어떻게 구원으로 아름답게 하시는지(시 149:4) 그들을 언약백성 삼으심으로써 어떻게 기뻐하시는지(4절) 경건한 자들의 모임 가운데 어떻게 기쁨을 받으시는지(1절) 그분의 말씀으로 그분의 적들을 물리친 자들이 어떻게 그분의 영광 가운데 높임을 받는지(5-9절) 곧 회심과 언약과 교회와 그리스도인의 삶에 대한 노래, 이제부터 영원히 우리의 삶을 변화시키는 참 개혁의 노래이다.

참으로 모든 신학은 송영이며 헌신이다. 그분께서는 주님이시고, 우리는 살아있는 동안 그분을 영화롭게 하며 즐거워하도록 존재한다. 이보다 더 기본은 없다. 오, 기본으로 돌아가는 것이 우리에게 얼마나 필요한가!

오직 하나님께 영광(*Soli Deo gloria*, 솔리 데오 글로리아)!

더 깊은 연구를 위한 도서들

아래 참고문헌은 각 저자가 쓴 신뢰할 만한 작품들 중 일부와 다른 도움이 될 만한 작품들이다. 물론 이 참고문헌은 결코 완벽한 목록이 아니며 안내서로서 제공하는 것이다. 또한 저자들은 각 책의 모든 내용을 반드시 지지하는 것은 아니다.

01_ 회심의 기본으로 돌아가자

Adams, Jay. *The Grand Demonstration*. Santa Barbara, Calif.: EastGate Publishers, 1991.
Bavinck, Herman. *The Doctrine of God*. Translated by William Hendriksen. 1951. Reprint, Edinburgh: Banner of Truth, 1991.
Berkhof, Louis. *Vicarious Atonement Through Christ*. Grand Rapids: Eerdmans, 1936.
Berkouwer, G. C. *Faith and Perseverance*. Translated by Robert D. Knudsen. Grand Rapids: Eerdmans, 1958.
Boettner, Loraine. *The Reformed Doctrine of Predestination*. Phillipsburg, N.J.: Presbyterian and Reformed, 1963.
Bridges, Jerry. *Trusting God*. Colorado Springs: NavPress, 1988.
Calvin, John. *Institutes of the Christian Religion*. 1536. Edited by John T. McNeill. Translated by Ford Lewis Battles. 2 vols. Philadelphia: Westminster, 1960.
Chantry, Walter. *Man's Will-Free Yet Bound*. Canton, Ga.: Free Grace Publications, 1988.
Charnock, Stephen. *The Doctrine of Regeneration*. 1840. Reprint, Hertfordshire: Evangelical Press, 1980.
_____. *The Existence and Attributes of God*. 2 vols. 1684. Reprint, Grand Raids: Baker, 1990.
Cheeseman, John, Philip Gardner, Michael Sandgrove, and Tom Wright. *The Grace of God in the Gospel*, Edinburgh: Banner of Truth, 1976.
Clark, Gordon H. *Predestination*. Jefferson, Md.: Trinity Foundation, 1987.
Custance, Arthur. *The Sovereignty of Grace*. Phillipsburg, N.J.: Presbyterian and Reformed, 1979.
Edwards, Jonathan. *On the Freedom of the Will*. In *The Works of Jonathon Edwards*, vol. 1. Edinburgh: Banner of Truth, 1974.
Gill, John. *The Cause of God and Truth*. 1735-38. Reprint, Grand Rapids: Baker, 1980.
Girardeau, John L. *Calvinism and Evangelical Arminianism Compared as to Election, Reprobation, Justification, and Related Doctrines*. 1890. Reprint, Harrisonburg, Va.: Sprinkle Publications, 1984
Hodge, A. A. *The Atonement*. 1867. Reprint, Memphis, Tenn.: Footstool Publications, 1987.
Kuiper, R. B. *God-Centered Evangelism*. Edinburgh: Banner of Truth, 1961.
Luther, Martin. *The Bondage of the Will*. 1525. Old Tappan, N.J.: Revell, 1957
Machen, K. Gresham. *The Christian View of Man*. 1937. Reprint, Edinburgh: Banner of Truth, 1965.
_____. *God Transcendent*. 1949. Reprint, Edinburgh: Banner of Truth, 1982.
Morris, Leon. *The Atonement*. Downers Grove, Ill.: InterVarsity Press, 1983.
Murray, John. *The Atonement*. Phillipsburg, N.J.: Presbyterian and Reformed, n.d.

_____. *Calvin on Scripture and Divine Sovereignty*. Grand Rapids: Baler, 1960
_____. *The Imputation of Adam's Sin*. Grand Rapids: Eerdmans, 1959.
_____. *The Sovereignty of God*. Philadelphia: Committee on Christian Education, 1943.
Murray, John J. *Behind a Frowning Providence*. Edinburgh: Banner of Truth, 1990.
Packer, K. I. *Evangelism and the Sovereignty of God*. Downers Grove, Ill.: InterVarsity Press, 1961.
_____. "Introductory Essay" for *The Death of Death in the Death of Christ*, by John Owen. 1647, 1852. Reprint, Edinburgh: Banner of Truth, 1959.
_____. "John Owen's *The Death of Death in the Death of Christ*." In *The Quest for Godliness: The Puritan Vision of the Christian Life*, Wheaton, Ill.: Crossway, 1990.
_____. *Knowing God*. Downers Grove, Ill.: InterVarsity Press, 1973.
Palmer, Edwin. *The Five Points of Calvinism*. Grand Rapids: Baker, 1972.
Pink, A. W. *The Sovereignty of God*. 1930. Reprint, Grand Rapids: Baker, 1990.
Rice, N. L. *God Sovereign and Man Free*. Harrisonburg, Va.: Sprinkle Publications, 1985.
Seaton, W. J. *The Five points of Calvinism*. 1970. Reprint, Edinburgh: Banner of Truth, 1993.
Smeaton, George. *Christ's Doctrine of the Atonement*. 1870. Reprint, Edinburgh: Banner of Truth, 1991.
_____. *The Doctrine of the Atonement According to the Apostles*. 1870. Reprint, Peabody, Mass.: Hendrickson, 1988.
Sproul, R. C. *Chosen by God*. Wheaton, Ill.: Tyndale House, 1986.
Steele, David N., and Curtis C. Thomas, *The Five Points of Calvinism*. Phillipsburg, N.J.: Presbyterian and Reformed, 1963.
Storms, C. Samuel. *Chosen for Life*. Grand Rapids: Baker, 1987.
Warfield, B. B. *The Plan of Salvation*. 1915. Reprint, Boonton, N.J.: Simpson Publishing Co., 1989.
_____. "Predestination in the Reformed Confessions." In *The Works of Benjamin B. Warfield*, vol. 9: *Studies in Theology*. 1932. Reprint, Grand Rapids, Mich.: Baker, 1981.
Zanchius, Jerome. *The Doctrine of Absolute Predestination*. 1779. Reprint, Grand Rapids: Baker, 1977.

02_ 언약의 말씀으로 돌아가자

Allis, Oswald. *Prophecy and the Church*. Philadelphia: Presbyterian and Reformed, 1945.
Campbell, Roderick. *Israel and the New Covenant*. 1954. Reprint, Phillipsburg, N.J.: Presbyterian and Reformed, 1981.
Clowney, Edmund P. *The Unfolding Mystery: Discovering Christ in the Old Testament*. Phillipsburg, N.J.: Presbyterian and Reformed, 1988.
Crenshaw, Curtis, and Grover Gunn. *Dispensationalism Today, Yesterday, and Tomorrow*. Memphis: Footstool Publications, 1985.
Davis, John Jefferson. *The Victory of Christ's Kingdom: An Introduction to Postmillennialism*. Moscow: Canon Press, 1995.
Frame, John. *The Doctrine of the Knowledge of God*. Phillipsburg, N.J.: Presbyterian and Reformed. 1987.
Fuller, Daniel. *Gospel and Law: Contrast or Continuum? The Hermeneutics of Despensationalism and Covenant Theology*. Grand Rapids: Eerdmans, 1980.
_____. *The Unity of the Bible*. Grand Rapids: Zondervan, 1992.
Gentry, Kenneth. *He Shall Have Dominion: A Postmillennial Eschatology*. Tyler, Tex.: Institute for Christian Economics, 1992.
Gerstner, John. *Wrongly Dividing the Word of Truth: A Critique of Dispensationalism*.

Brentwood, Tenn.: Wolgemuth Hyatt, 1991.
Hendriksen, William. *The Covenant of Grace*, Grand Rapids; Bake, 1932.
Kik, Marcellus J. *An Eschatology of Victory*. Phillipsburg, N.J.: Presbyterian and Reformed, 1975.
Morin, Terry, ed. *And It Came to Pass: Symposium on Preterism*. Moscow, Idaho: Canon Press, 1992.
Murray, Iain. The Puritan Hope: *Revival and Interpretation of Prophecy*. Edinburgh; Banner of Truth, 1971.
Murray, John. *The Covenant of Grace*. London: Tyndale Press, 1954.
Poythress, Vern. *Understanding Dispensationalists*. Grand Rapids: Zondervan, 1987.
Ridderbos, Herman N. *The Coming of the Kingdom*. Phillipsburg, N.J.: Presbyterian and Reformed, 1962.
Robertson, O. Palmer. *The Christ of the Covenants*. Phillipsburg, N.J.: Presbyterian and Reformed, 1980.
Sartelle, John P. *Infant Baptism: What Christian Parents Should Know*. Phillipsburg, N.J.: Presbyterian and Reformed, 1985.
Vos, Geerhardus. *Biblical Theology: Old and New Testaments*. 1948. Reprint, Grand Rapids: Eerdmans, 1985.
Witsius, Herman. *The Economy of the Covenants Between God and Man: Comprehending a Complete Body of Divinity*. 1822. Reprint, Escondido, Calif.: Den Dulk Christian Foundation, 1990.

03_ 교회의 본질을 회복하자

Adams, Jay. *The Handbook of Church Discipline*. Grand Rapids: Zondervan, 1986.
_____. *The Meaning and Mode of Baptism*. Phillipsburg, N.J.: Presbyterian and Reformed, 1975
Bannerman, James. *The Church of Christ: A Treatise on the Nature, Power, Ordinances, Discipline and Government of the Christian Church*. 1869. Reprint, Edmonton: Still Waters Revival Books, 1991.
Burroughs, Jeremiah. *Gospel Worship*. 1648. Reprint, Ligonier, Pa.: Soli Deo Gloria Publications, 1990.
Chantry, Walter. *Call the Sabbath a Delight*. Edinburgh: Banner of Truth, 1991.
Cunningham, William. *Discussions on Church Principles: Popish, Erastian, and Presbyterian*. 1863. Reprint,
Eyres, Lawrence R. *The Elders of the Church*. Phillipsburg, N.J.: Presbyterian and Reformed, 1975.
Gillespie, George. *A Dispute Against English Popish Ceremonies Obtruded on the Church of Scotland*. 1637, 1660, 1844. Reprint, Dallas, Tex.: Naphtali Press, 1993.
Girardeau, John L. *Instrumental Music in the public Worship of the Church*. 1888. Reprint, Havertown, Pa.: New Covenant Publication Society, 1983.
Kuiper, R. B. The *Glorious Body of Christ*. 1966. Reprint, Edinburgh: Banner of Truth, 1987.
Murray, Iain. *The Reformation of the Church: A Collection of Reformed and Puritan Documents on Church Issues*. Edinburgh: Banner of Truth, 1964.
Murray, John. *Christian Baptism*. Phillipsburg, N.J.: Presbyterian and Reformed, 1980.
Wray, Daniel E. *Biblical Church Discipline*. 1978. Reprint, Edinburgh: Banner of Truth, 1988.

04_ 그리스도인의 삶을 회복하자

Adams, Jay. *The War Within*. Eugene, Oreg.: Harvest House, 1989.
Alexander, Donald L., ed. *Christian Spirituality: Five Views of Sanctification*. Downers Grove,

Ill.: InterVarsity Press, 1988.

Baxter, Richard. *The Practical Works of Richard Baxter*, vol. 1: *A Christian Directory*. 1673. Reprint, Ligonier, Pa.: Soli Deo Gloria Publications, 1990.

Bolton, Samuel. *The True Bounds of Christian Freedom*. 1645. Reprint, Edinburgh: Banner of Truth, 1978.

Bridges, Jerry. *Transforming Grace: Living Confidently in God's Unfailing Love*. Colorado Springs: NavPress, 1991.

Buchanan, James. *The Doctrine of Justification*. 1867. Reprint, Edinburgh; Banner of Truth, 1991.

Clowney, Edmund P. *Called to the Ministry*. Phillipsburg. N.J.: Presbyterian and Reformed, 1964.

Downame, George. *The Christian's Freedom*. 1935. Reprint, Ligonier, Pa.: Soli Doe Gloria Publications, 1994.

Eastwood, Cyril. *The Priesthood of All Believers: An Examination of the Doctrine from the Reformation to the Present Day*. London: Epworth, 1960.

Ferguson, Sinclair. *The Christian Life: A Doctrinal Introduction*. 1981. Reprint, Edinburgh: Banner of Truth, 1989.

_____. *Discovering God's Will*. Edinburgh: Banner of Truth, 1982.

Frame, John. "*Doctrine of the Christian Life*." Unpublished course syallabus, n.d.

_____. *Medical Ethics*. Phillipsburg, N.J.: Presbyterian and Reformed, 1988.

Gentry, Kenneth L., Jr. *Lord of the Saved*, Phillipsburg, N.J.: Presbyterian and Reformed: 1992.

Helm, Paul. *The Beginnings: Word and Spirit in Conversion*. Edinburgh: Banner of Truth, 1986.

_____. *The Callings: The Gospel in Today's World*. Edinburgh: Banner of Truth, 1987.

Hodge, Charles. *The Way of Life: A Guide to Christian Belief and Experience*. 1841. Reprint, Edinburgh: Banner of Truth, 1978.

Horton, Michael S., ed. *Christ the Lord: The Reformation and Lordship Salvation*. Grand Rapids: Baker, 1992.

_____. *Putting Amazing Back into Grace: An Introduction to Reformed Theology*. Nashville: Nelson, 1991.

Kevan, Ernest. *Salvation*. Hertfordshire: Evangelical Press, 1973.

Kuyper, Abraham. *Lectures on Calvinism*. 1931. Grand Rapids: Eerdmans, 1987.

Luther, Martin. *The Freedom of a Christian*. 1520. In *Three Treatises*. Philadelphia : Fortress, 1966.

_____. *An Open Latter to the Christian Nobility of the German Nation Concerning the Reform of the Christian Estate*. 1520. In *Three Treatises*. Philadelphia: Fortress, 1966

Machen, J. Gresham. *What Is Faith?* 1925, Reprint, Edinburgh: Banner of Truth, 1991.

McGrath, Alister E. *Justification by Faith*. Grand Rapids: Zondervan, 1988.

_____. *Justitia Dei*, Cambridge: Cambridge university Press, 1986.

Martin, A.N. *A Life of Principled Obedience*. Edinburgh: Banner of Truth, 1992.

_____. *Living the Christian Life*. Edinburgh: Banner of Truth, 1986.

_____. *The Practical Implications of Calvinism*, 1979. Reprint, Edinburgh: Banner of Truth, 1983.

Meeter, H. Henry. *The Basic Ideas of Calvinism*. 1939. Reprint, Grand Rapids: Baker, 1990.

Murray, John. *Principles of Conduct: Aspects of Biblical Ethics*. 1957. Reprint, Grand Rapids: Eerdmans, 1984.

_____. *Redemption: Accomplished and Applied*. Grand Rapids: Eerdmans, 1955.

Packer, J. I. *Keep in Step with the Spirit*. 1984, Grand Rapids: Revell, 1993.

_____. *A Quest for Godliness*. Wheaton, Ill.: Crossway, 1990.

_____. *Rediscovering Holiness*. Ann Arbor, Mich.: Vine Books/Servant Publications, 1992.

Perkins, William. *A Treaties of the Vocations, or, Callings of Men, with the Sorts and Kinds of Them, and the Right Use Thereof*. Cambridge: John Legat, 1603.

Reisinger, Ernest C. *What Should We Think of the Carnal Christian?* Edinburgh: Banner of Truth, 1992.
Ryken, Leland. *Worldly Saints: The Puritans as They Really Were*. Grand Rapids: Zondervban, 1976.
Ryle, J. C. *Holiness*, Reprinted in *Christian Life Classics*, edited by Jay P. Green. Lafayette, Ind.: Sovereign Grace Trust Fund, 1990.
Schlossberg, Herbert, and Marvin Olasky. *Turning Point: A Christian World View Declaration*. Wheaton, Ill.: Crossway, 1987.
Sproul, R. C. *Pleasing God*. Wheaton, Ill.: Tyndale House, 1988.
Steele, Richard. *The Religious Tradesman or Plain and Serious Hints od Advice for the Tradesman's Prudent and Pius Conduct; From His Entrance into Business to His Leaving It Off*. 1603. Reprint, Harrisonburg Va.: Sprinkle Publications, 1989.
Swinnock, George. *The Works of George Swinnock*, vols. 1-3: *The Christian Man's Calling*. 1968. Reprint, Edinburgh: Banner of Truth, 1992.
Van Til, Henry. *The Calvinist Concept of Culture*. 1959. Reprint, Phillipsbrug, N.J.: Presbyterian and Reformed, 1972.
Warfield, B. B. "Benjamin B. Warfield on Lewis Sperry Chafer: A Review of *He That is Spiritual*." In *Christ the Lord*, by Michael S. Horton. pp. 211-18 (Originally printed in Princeton Theological Review 17 [April 1919]: 322-27.)

조직신학 서적과 여러 권으로 된 작품들

Berkhof, Louis. *Systematic Theology*, 1939. Reprint, Grand Rapids: Eerdmans, 1991.
Boice, James M. *Foundations of the Christian Faith*. Downers Grove, Ill.: InterVarsity Press, 1986.
Boston Thomas. *The Complete Works of the Late Rev. Thomas Boston*. 12 vols. Reprint. Wheaton, Ill.: Richard Owen Roberts, 1980.
Bradford, John. *The Writings of John Bradford*. 1848, 1853. Reprint, Edinburgh: Banner of Truth, 1979.
Bunyan, John. *The Works of John Bunyan*. 3 vols. 1854. Reprint, Edinburgh: Banner of Truth, 1991.
Calvin, John. *Institutes of the Christian Religion*. 1536. Edited by John T. McNeill. Translated by Ford Lewis Battles. 2 vols. Philadelphia: Westminster Press, 1960.
Clarkson, David. *The Works of David Clarkson*. 3 vols. 1864. Reprint, Edinburgh: Banner of Truth, 1988.
Dabney, Robert L. *Lectures in Systematic Theology*. 1878. Reprint, Edinburgh: Banner of Truth, 1988.
Edwards, Jonathan. *The Works of Jonathan Edwards*. 2 vols. 1834. Reprint, Edinburgh: Banner of Truth, 1990.
Gill, John. *A Complete Body of Doctrinal and Practical Divinity*. 1769-70. Reprint, Paris, Alaska: Baptist Standard Bearer, 1989.
Gillespie, George. *The Works of George Gillespie*. 2 vols. 1640. Reprint, Edmonton: Still Waters Revival Books, 1991.
Hodge, A. A. *Evangelical Theology*. 1980. Reprint, Edinburgh: Banner of Truth, 1990.
_____. *Outlines of Theology*. 1860. Reprint, Edinburgh: Banner of Truth, 1983.
Hodge, Charles. *Systematic Theology*. 3 vols. 871-73. Reprint, Grand Rapids: Eerdmans, 1982.
Hoeksema, Herman. *Reformed Dogmatics*. 1966. Reprint, Grand Rapids: Reformed Free Publishing Association, 1985.
Howe, John. *The Works of John Howe*. 3 vols. 1724. Reprint. Ligonier, Pa.: Soli Deo Gloria Publications, 1990.

Murray, John. *Collected Writings*. 4 vols. 1976. Reprint, Edinburgh: Banner of Truth: 1989.
Newton, John. *The Works of John Newton*. 6 vols. 1820. Reprint, Edinburgh: Banner of Truth, 1988.
Owen, John. *The Works of John Owen*. 16 vols. 1850-53. Reprint, Edinburgh: Banner of Truth, 1987.
Packer, J. I. *Concise Theology*, Wheaton, Ill.: Tyndale House, 1993.
Shedd, W. G. T. *Dogmatic Theology*. 3 vols. 1888-94. Reprint, Grand Rapids: Zondervan, 1950.
Shepard, Thomas. *The Works of Thomas Shepard*. 1853, Reprint, Ligonier, Pa.: Soli Doe Gloria Publications, 1991.
Sproud, R. C. *Essential Truths of the Christian Faith*. Wheaton, Ill.: Tyndale House, 1992.
Strong, Augustus Hopkins. *Systematic Theology*. Chicago: Judson, 1947.
Thornwell, James Henley. *The Collected Writings of James Henley Thornwell*. 4 vols. 1975. Reprint, Edinburgh: Banner of Truth, 1986.
Toplady, Augustus. *The Works of Augustus Toplady*. 1794. Reprint, Harrisonburg, Va.: Sprinkle Publications, 1987.
Turretin, Francis. *Institutes of Elenctic Theology*. Translated by Geroge Musgrave Giger. Edited by James T. Dennison, Jr. 3 vols. 1679-85. Phillipsburg, N.J.: Presbyterian and Reformed, 1992-.
Warfield, B. B. *The Works of Benjamin B. Warfield*. 10 vols. 1932. Reprint, Grand Rapids: Baker, 1991.

신조들, 고백서들, 문답서들

Boston, Thomas. *Commentary on the Shorter Catechism*. 2 vols. 1853. Reprint, Edmonton: Still Waters Revival Books, 1993.
Clark, Gordan H. *What Do Presbyterians Believe?* 1956. Reprint, Phillipsburg, N.J.: Presbyterian and Reformed, 1989.
The [Westminster] Confession of Faith, The Larger Catechism, The Shorter Catechism, etc. 1646. Glasgow: Free Presbyterian Publications, 1990.
Hodge, A. A. *The Confession of Faith*. 1869. Reprint, Edinburgh: Banner of Truth, 1983.
Hoeksema, Herman. *The Triple Knowledge*. 3 vols. Grand Rapids: Reformed Free Publishing Association, 1971.
Hoeksema, Homer. *The Voice of Our Fathers: An Exposition of the Canons of Dordrecht*. Grand Rapids: Reformed Free Publishing Association, 1980
Noll, Mark A. *Confessions and Catechisms of the Reformation*. Grand Rapids: Baker, 1991.
Ridgely, Thomas. *Commentary on the Larger Catechism*. 2 vols. 1853. Edmonton: Still Waters Revival Books, 1993.
Schaff, Philip. *The Creeds of Christendom with a History and Critical Notes*. 3 vols. 1931. Reprint, Grand Rapids: Baker, 1985.
Shedd, W. G. T. *Calvinism: Pure and Mixed*. 1893. Reprint, Edinburgh: Banner of Truth, 1986.
Watson, Thomas. *A Body of Divinity*. 1692. Reprint, Edinburgh; Banner of Truth, 1986.
Williamson, G. I. *The Heidelberg Catechism: A study Guide*. Phillipsburg, N.J.: Presbyterian and Reformed, 1993.
_____. *The Shorter Catechism for Study Classes*. 2 vols. Phillipsburg, N.J.: Presbyterian and Reformed, 1970.
_____. *The Westminster Confession of Faith for Study Classes*, Phillipsburg, N.J.: Presbyterian and Reformed, 1964.
Witsius, Herman. *Sacred Dissertations on the Apostles' Creed*. 2 vols. 1681, 1823. Reprint, Escondido, Calif.: Den Dulk Christian Foundation, 1993.
Vincent, Thomas. *The Shorter Catechism Explained from Scripture*. 1674. Reprint, Edinburgh: Banner of Truth, 1984.

사명선언문

너희가 흠이 없고 순전하여……세상에서 그들 가운데 빛들로
나타내며 생명의 말씀을 밝혀 _ 빌 2:15-16

1. 생명을 담겠습니다
만드는 책에 주님 주신 생명을 담겠습니다.
그 책으로 복음을 선포하겠습니다.

2. 말씀을 밝히겠습니다
생명의 근본은 말씀입니다.
말씀을 밝혀 성도와 교회의 성장을 돕겠습니다.

3. 빛이 되겠습니다
시대와 영혼의 어두움을 밝혀 주님 앞으로 이끄는
빛이 되는 책을 만들겠습니다.

4. 순전히 행하겠습니다
책을 만들고 전하는 일과 경영하는 일에 부끄러움이 없는
정직함으로 행하겠습니다.

5. 끝까지 전파하겠습니다
모든 사람에게, 땅 끝까지, 주님 오시는 그날까지
복음을 전하는 사명을 다하겠습니다.

서점 안내

광화문점 서울시 종로구 새문안로 69 구세군회관 1층
02)737-2288(T) 02)737-4623(F)

강남점 서울시 서초구 신반포로 177 반포쇼핑타운 3동 2층
02)595-1211(T) 02)595-3549(F)

구로점 서울시 구로구 시흥대로 577 3층
02)858-8744(T) 02)838-0653(F)

노원점 서울시 노원구 동일로 1366 삼봉빌딩 지하 1층
02)938-7979(T) 02)3391-6169(F)

분당점 경기도 성남시 분당구 황새울로 315 대현빌딩 3층
031)707-5566(T) 031)707-4999(F)

신촌점 서울시 마포구 서강로 144 동인빌딩 8층
02)702-1411(T) 02)702-1131(F)

일산점 경기도 고양시 일산서구 중앙로 1391 레이크타운 지하 1층
031)916-8787(T) 031)916-8788(F)

의정부점 경기도 의정부시 청사로47번길 12 성산타워 3층
031)845-0600(T) 031) 852-6930(F)

인터넷서점 www.lifebook.co.kr